SPANISH NOW!

¡El español actual!

A Level-One Worktext
Primer programa

Fifth Edition

RUTH J. SILVERSTEIN
Chairman, Department of Foreign Languages
Richmond Hill High School, New York City

ALLEN POMERANTZ, Ph.D.
Deputy Chairman, Modern Language Department,
Bronx Community College, CUNY

HEYWOOD WALD, Ph.D.
former Chairman, Department of Foreign Languages
Martin Van Buren High School, New York City

General Editor
NATHAN QUIÑONES
former Chancellor, New York City Board of Education

BARRON'S EDUCATIONAL SERIES, INC.
New York • London • Toronto • Sydney

All inquiries should be addressed to:
Barron's Educational Series, Inc.
250 Wireless Boulevard
Hauppauge, New York 11788

Library of Congress Catalog Card No. 90-448

Paper Edition
International Standard Book No. 0-8120-4431-2

Library of Congress Cataloging-in-Publication Data

Silverstein, Ruth J.
  Spanish now! : a level-one worktext = El español actual! : primer
programa / Ruth J. Silverstein, Allen Pomerantz, Heywood Wald :
general editor, Nathan Quiñones. — 5th ed.
      p. cm.
  English and Spanish.
  Summary: Includes sections on structure, verbs, vocabulary,
idioms, reading and listening comprehension, writing, and Hispanic
culture.
  ISBN 0-8120-4431-2
  1. Spanish language—Grammar—1950-   2. Spanish language-
-Textbooks for foreign speakers—English. [1. Spanish language-
-Grammar.] I. Pomerantz, Allen. II. Wald, Heywood. III. Title.
IV. Title: Español actual!
(PC4112.S5   1990)
468.2'421—dc20   90-448
                                                   CIP
                                                    AC

Credits

The sources for the illustrations in this book appear below

xii, 352 Art Institute of Chicago
xxv, 427 Peabody Museum, Harvard University
11, 55, 67, 183 United Feature Syndicate, Inc.
100, 157, 227, 237, 323, 327, 337, 364 Tourist Office of Spain
267, 297, 339, 350 Tourist Office of Puerto Rico
305 The University Museum, University of Pennsylvania
312, 375 The Museum of Modern Art, New York
312 Marisol/VAGA, New York
343 Paul Conklin/Monkmeyer Press Photo Services
365 The Metropolitan Museum of Art, New York
373, 435 ARS N.Y./SPADEM
352 The Brooklyn Museum, Brooklyn, N.Y.
415, 445 Los Angeles County Museum of Art

PRINTED IN THE UNITED STATES OF AMERICA

9012 890 10 9 8 7 6 5 4 3 2

Part Two: Vocabulary

Preface

This worktext presents the Spanish language in a stimulating context. Humor, oral proficiency, interaction, and personalization are stressed for listening, speaking, reading, and writing effectiveness. There is a consistent emphasis on the acquisition of practical, useful vocabulary and expressions. The reading material consists of humorous stories, playlets, skits, and dialogues dealing with everyday situations relevant to the experiences of today's students. SPANISH NOW! LEVEL ONE contains a wealth of exercises, drills, puzzles, and activities designed to make learning the Spanish language a truly enjoyable experience.

The first part of SPANISH NOW! LEVEL ONE surveys the basic elements of the language. The book begins with a practical **Pronunciation Guide** and six **Preparatory Lessons.** Twenty-seven **Work Units** follow. Five distinctive **Cultural Units** are introduced intermittently. These Cultural Units stress the influence of Hispanic culture on the Americas. Parts Two and Three present topically arranged vocabulary—both single words and idiomatic expressions. Parts Four, Five, and Six are devoted to practice in listening, reading, and writing and allow the student to concentrate on particular areas of these skills. The final portion of the book provides Spanish-English and English-Spanish glossaries. A **Teacher's Manual** is available separately. It contains **auditory comprehension** and **dictation materials** to be used with the corresponding exercises in the worktext. Included in the Teacher's Manual are Suggestions to the Teacher and the Answer Key, which is also useful for students in self-instruction programs.

Written from an eclectic point of view, this worktext uses the best of both modern and traditional practice materials. The exercises are graded, varied, and illustrated by sample answers to stimulate the slow, the average, and the superior student to gain power and assurance. Many exercises provide functional response and rejoinder practice for answers in complete sentences. Several are entertaining as well and offer mental exercise in the form of puzzles. The skills sections provide visual stimuli, synonym and antonym work, and dictations, as well as sentences and paragraphs for listening and reading comprehension and for imitative writing. In contrast to other workbooks, this worktext stresses conceptualization, inductive reasoning, and the discovery approach to develop insight before the student is directed to respond.

Oral Proficiency practice is provided in each of the twenty-seven work units and throughout SPANISH NOW! LEVEL ONE.

A Word About Oral Proficiency

Your ability to speak the beautiful Spanish language is easy to develop. The following are some suggestions that show you how to take advantage of the many opportunities that SPANISH NOW! LEVEL ONE offers.

- Practice aloud the Pronunciation Guide.

- Use your new ability to pronounce Spanish by reading aloud the Lecciones Preparatorias that follow.

- Dramatize with friends and with other students dialogue material wherever you find it: in oral proficiency exercises, stories, models, dialogue exercises and in the final section called Idioms and Dialogues. Memorize some of the shorter dialogues.

- Be sure to act out the Oral Proficiencies at the end of each of the 27 Units.

Pronunciation Guide

Read aloud both the English and the Spanish examples, pronouncing them carefully. The similarity between the English and the Spanish pronunciations is shown in bold type. (NOTE: English examples are the closest approximations possible.)

	English Example	Spanish Example
VOWELS		
a	m**a**m**a**, y**a**cht	c**a**m**a**
e	t**e**n, d**e**sk	t**e**l**e**
i	tr**i**o, ch**i**c, el**i**te	s**í**, m**i**t**i**n
o	**o**bey	s**o**l**o**
u	l**u**nar	**u**s**o**
y (alone)	man**y**, penn**y**	**y**
COMMON DIPHTHONGS		
ai, ay	**i**ce	bail**ái**s, ¡**ay**!
ei, ey	v**ei**n	v**ei**nte, l**ey**
oi, oy	**oi**l, j**oy**	**oi**go, s**oy**
au	c**ow**, h**ow**	**au**to
CONSONANTS		
b and **v**	**b**at (at beginning of a breath group, and after *m* and *n*)	**b**amba, **v**amos un **b**eso un **v**als
	vat (between vowels)	e**v**itar, i**b**a
c before *a, o, u*	**c**at (*c* but without a puff of air)	**c**asa, **c**osa
c before *e, i*	**c**ent, **c**ity (in most of Spanish America)	**c**elos, **c**inco
	theater, **th**in (in a large part of Spain, especially in central and northern Spain)	**c**elos, **c**inco
ch	**ch**eck	**ch**ico
d	**d**o (at beginning of a breath group and after *l* and *n*—tongue touches back of upper teeth)	**d**onde, al**d**ea
	though (between vowels— with tongue between upper and lower teeth)	i**d**a
f	**f**ame	**f**ama
g before *a, o, u*	**g**as, **g**o, **g**un	**g**ala, **g**oma, **g**ustar
g before *e, i*	**h**ot (heavy aspirant *h*)	**g**esto, **G**il
h	silent as in **h**our, **h**onest, **h**onor	**h**asta
j before all vowels	**h**ot (heavily aspirated *h*)	**j**ota, **j**efe
k	**k**it (not used in words of Spanish origin)	**k**iosko (Russian origin; also, quiosco)

	English Example	Spanish Example
CONSONANTS (continued)		
l	similar, although not identical to English	lento
ll	million, billion	llama, ella
m	similar in most articulations	mi
n	similar in most articulations	no
ñ	onion, union	uña, año
p	similar to English, but without puff of air	
qu used only before *e* or *i*	clique (similar to English **k**, but without puff of air)	**que**, **qui**en
r	"th**rr**ee"—trilled **r** (tongue tip flutters against boney ridge behind upper teeth)	aroma
rr and **R** at beginning of a breath group	doubly trilled **r**	arroz, Rosa
s	similar, although often not identical to English	sin
t	similar, although often not identical to English	tu
w	not used in words of Spanish origin	
x	similar, although not identical to English	excepto
z	**s** sound in most of Spanish America	zona
	th as in **th**in in a large part of Spain, especially in central and northern Spain	zona
COMMON SEMI-CONSONANTS		
i before *e*	**y**es	bien
u before *a, e, i*	**w**as, **w**ent, **w**ind	agua, bueno, huir
y before *a, o*	**y**am, **y**olk	ya, yo

The Spanish alphabet, as you have probably noticed, consists of **a, b, c, ch, d, e, f, g, h, i, j, k, l, ll, m, n, ñ, o, p, q, r, rr, s, t, u, v, w, x, y, z.**

Rules:

1. Spanish speakers normally emphasize the last syllable of the word when the word ends in a consonant, provided that it is not an **n** or an **s**. *Example:* alrede**dor**, pa**pel**, ac**triz**.

2. When the last syllable ends in **n**, **s**, or a vowel, the *next to the last syllable* receives the stress or emphasis. *Example:* re**su**men, **ro**sas, **ca**sa.

The Accent Mark: Some Spanish words do not follow Rule One or Rule Two. These words show us where to place the stress or emphasis by using a **mark over the vowel** in the **stressed** syllable. That mark is called an **accent mark**; it looks like this ´. *Examples:* **lám**para, **lá**piz, de**trás**, reu**nión**.
    The accent mark has other uses. It distinguishes meanings between words that otherwise have the same spelling, for example, **el** (the) and **él** (he). The accent mark also causes **i** and **u** to be pronounced apart from the vowel near them, breaking the dipthong or semi consonant, for example, pa**ís**, poli**cí**a, a**ún**. Finally, the accent mark appears on the stressed vowel of every question word (interrogative), for example, ¿**dón**de? (where), ¿**có**mo? (how), ¿**quién**? (who), ¿**qué**? (what), ¿**cuán**do? (when).

LECCIONES PREPARATORIAS

Face of an Old Man.
Buff clay.
Teotihuacan III-IV.
Courtesy of the Art Institute of Chicago
Joseph P. Antonow Gift

I. La casa   The House (Home)   [El; la: The]

La sala   **The livingroom**

PREGUNTAS

Modelo:

*¿Es el televisor?

No, señor (señorita, señora), no es el televisor.
Es el gato.

1. ¿Es la puerta?

2. ¿Es la radio?

1. _No señor, no es el puerta. Es_

2. _No señor, no es el puerta_

*¿Es. . .? Is it. . .?
Es. . . It is . . .

3. ¿Es la lámpara? **4.** ¿Es el padre? **5.** ¿Es la madre? **6.** ¿Es el disco?

3. Sí, es la lampara

4. No senor, es el hermano.

5. No senor, es la hermana.

6. No senor, es una mesa.

7. ¿Es la ventana? **8.** ¿Es el teléfono? **9.** ¿Es la cocina? **10.** ¿Es la sala?

7. Sí, es la ventana.

8. No senor, es el disco.

9. No senor, es el televisor.

10. No senor, es la flor.

B. Draw pictures of as many items and people in your living room as you know how to label in Spanish. Label them in Spanish.

Remember these words in order to answer questions in the lessons that follow:

¿Qué? What?	**¿Quién?** Who?	**Dónde?** Where?	**¿Cómo es . . .?** What is . . .like?

II. Una escuela   A School   [Un; una: A; an]

Un salón de clase   A classroom

PREGUNTAS

Modelo:

Es **una** fruta.

*¿Qué es esto?

Es **un** lápiz.

¿Qué es esto?

A.

1. ¿Qué es esto?   2. ¿Qué es esto?   3. ¿Qué es esto?   4. ¿Qué es esto?   5. ¿Qué es esto?   6.¿Qué es esto?

1. ¿Que es esto? Es el libro.

2. ¿Que es esto? Es un cuaderno.

3. ¿Que es esto? Es un pupitre

4. ¿Que es esto? Es una mesa

5. ¿Que es esto? Es una/la pizarra

6. ¿Que es esto? Es una pluma

*¿**Qué?** What?

Modelo:

 Sí, señor (señorita, señora), es un disco.

¿Es un disco?

B.

1. ¿Es un papel? **2.** ¿Es un cuaderno? **3.** ¿Es un pupitre? **4.** ¿Es un lápiz?

1. *Sí señor, es un papel.*
2. *Sí señor, es un cuaderno.*
3. *Sí señor, es un pepitre.*
4. *Sí señor, es un lapin.*

C. Write an answer to the following question for each of the pictures seen below.
Modelo: ¿Qué es esto? Es un libro.

1.   **2.**   **3.**   **4.**

5.   **6.**   **7**   **8.**

1. *¿Que es esto? Es un lapin.*
2. *¿Que es esto? Es un libro.*
3. *¿Que es esto? Es una pijama.*
4. *¿Que es esto? Es un mapo.*
5. *¿Que es esto? Es un television.*
6. *¿Que es esto? Es una ventana.*
7. *¿Que es esto? Es un puerta.*
8. *¿Que es esto? Es un gato*

D. Draw a picture of the following in your notebook, and label the picture in Spanish.

1. una lámpara **2.** un libro **3.** un lápiz **4.** el profesor **5.** un disco **6.** una flor **xvii**

III. La ciudad **The City**

[El; la: The]
[Un; una: A; an]

PREGUNTAS

Modelo:

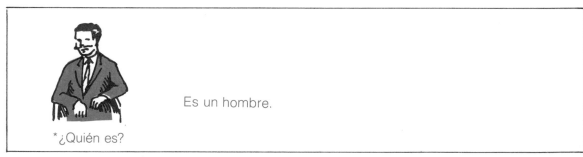

*¿Quién es?

Es un hombre.

A.

1. ¿Qué es? 2. ¿Quién es? 3. ¿Qué es? 4. ¿Qué es? 5. ¿Quién es?

1. ¿Qve es? Es la revista.

2. ¿Quien es? Es la policía.

3. ¿Que es? Es el banco.

4. ¿Quien es? Es la mujer.

5. ¿Qué es? Es el coche.

xviii

*¿**Quién?** Who?

Modelo:

¿Es un policía?

No es un policía. Es un ladrón.

B.

1. ¿Es una revista? **2.** ¿Es un hombre? **3.** ¿Es un coche? **4.** ¿Es el cine? **5.** ¿Es un profesor?

1. No es una revisa. Es el periodico.
2. No es un hombre. Es un muchacho.
3. No es un coche. Es el autóbus
4. Si senor, es el cine.
5. No es un profesa. Es el policia.

Modelo:

*¿Dónde está la mujer?

La mujer está en el banco.

C.

1. ¿Dónde está el muchacho? **2.** ¿Dónde está el policía? **3.** ¿Dónde está la madre? **4.** ¿Dónde está la radio? **5.** ¿Dónde está el hombre?

1. El muchacho en una escuela
2. La policia esta en la ciudad
3. La madre esta en la cocina
4. La radio esta en lo pupitre
5. El hombre esta en la puerta

*¿**Dónde?** Where?

Los alimentos

IV. Los alimentos   Foods   [Los; las:The]

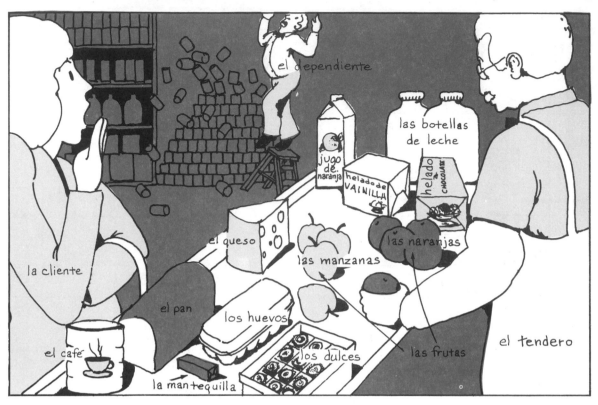

El supermercado   **The supermarket**

PREGUNTAS

Modelo:

*¿Qué compr**a** usted?   Compr**o** alimentos.

A.

1. ¿Qué compra usted?

2. ¿Qué compra usted?

3. ¿Qué compra usted?

1. ¿Que compra usted? Compro una botella de leche

2. ¿Que compra usted? Compro el pan

3. ¿Que compra usted? Compro jugo de naranja

*What **are you buying? I am buying** food.

4. ¿Qué compra usted?   **5.** ¿Qué compra usted?

4. ¿Que compra usted? Compro helado de chocolate

5. ¿Que compra usted? Compro el queso.

B.

1. ¿Compra usted helado?   **2.** ¿Compra usted naranjas?   **3.** ¿Compra usted dulces?   **4.** ¿Compra usted flores?   **5.** ¿Compra usted una Coca-Cola?

1. No, esta compro mantequilla.

2. No, esta compro las manzanas.

3. No, esta compro los huevos.

4. Si senor, compro flors.

5. No, esta compro un botella de leche.

C. Draw pictures of as many foods in your house as you know how to label in Spanish. Label them in Spanish.

V. Acciones

1. El alumno <u>estudia</u> la lección. *study*   **2.** El padre <u>mira</u> la televisión. *watch*   **3.** La muchacha <u>escribe</u> la frase. *write*   **4.** La alumna <u>lee</u> la revista. *read*   **5.** El policía <u>ve</u> el accidente. *to have*

6. El hombre <u>corre</u> en la calle. *run*   **7.** La mujer <u>come</u> helado. *eat*   **8.** El hermano <u>bebe</u> leche. *drink*   **9.** El profesor <u>pregunta</u>. *question*   **10.** El alumno <u>contesta</u> mucho.

11. La señorita <u>canta</u>. *sing*   **12.** El señor <u>escucha</u> la radio. *hear*   **13.** La hermana <u>baila</u>. *dance*   **14.** El padre <u>trabaja</u>. *work*   **15** Las mujeres <u>van</u> a la tienda. *go*

16. La madre <u>compra</u> alimentos. *buy*   **17.** María <u>camina</u> a la escuela. *walk*   **18.** Carlos <u>descansa</u> en casa.   **19.** Francisco <u>sale</u> de la casa.   **20.** Antonio <u>pone</u> la televisión.

PREGUNTAS:

A.

1. ¿Quién escribe en la pizarra?   **2.** ¿Quién come el pan?   **3.** ¿Quién sale de la escuela?   **4** ¿Quién bebe la Coca-Cola?   **5.** ¿Quién lee el periódico?

1. Si, el profesa escribe en la pizarra
2. La chica come el pan.
3. El chico sale de la escuela.
4. El policia bebe la cuca-cola
5. El hombre lee el periodico

B.

1. ¿Mira la mujer la televisión?　**2.** ¿Canta la hermana?　**3.** ¿Corre el policía?　**4.** ¿Estudia Carlos?　**5.** ¿Come María el queso?

1. No señor, la mujer escucha la radio.
2. Sí, la hermana canta.
3. No señor, el policía descansa en ela mesa.
4. No señor, Carlos mira la televisión.
5. No señor, Mía bebe jugo de naranja.

VI. Descripciones

1. fácil

2. difícil

3. grande

4. pequeño (a)

5. mucho (a)

6. poco

7. trabajador (a)

8. perezoso (a)

9. allí

10. aquí

11. tonto (a)

12. inteligente

13. bonito (a)

14. feo (a)

15. viejo (a)

16. joven

PREGUNTAS

Modelo:

*¿Cómo es Fifí?   Fifí es bonita.

A.

1. ¿Cómo es el hombre?　　**2.** ¿Cómo es la lección?　　**3.** ¿Cómo es el profesor?　　**4.** ¿Cómo es el alumno?　　**5.** ¿Cómo es la madre?

1. El hombre es grande.
2. La lección es difícil.
3. El profesor es perezoso.
4. El alumno es tonto.
5. La madre es trabajadora

B.

1. ¿Es pequeño el elefante?　　**2.** ¿Hay pocos alumnos en la clase?　　**3.** ¿Está aquí la casa?　　**4.** ¿Está deliciosa la manzana?　　**5.** ¿Come mucho el hombre?

1. No, el elefante es grande.
2. No sé.
3. Sí, esta la casa.
4. No, la manzana es mal.
5. Sí, el hombre come mucho.

xxiv

*¿**Cómo es...?** What is ...like?

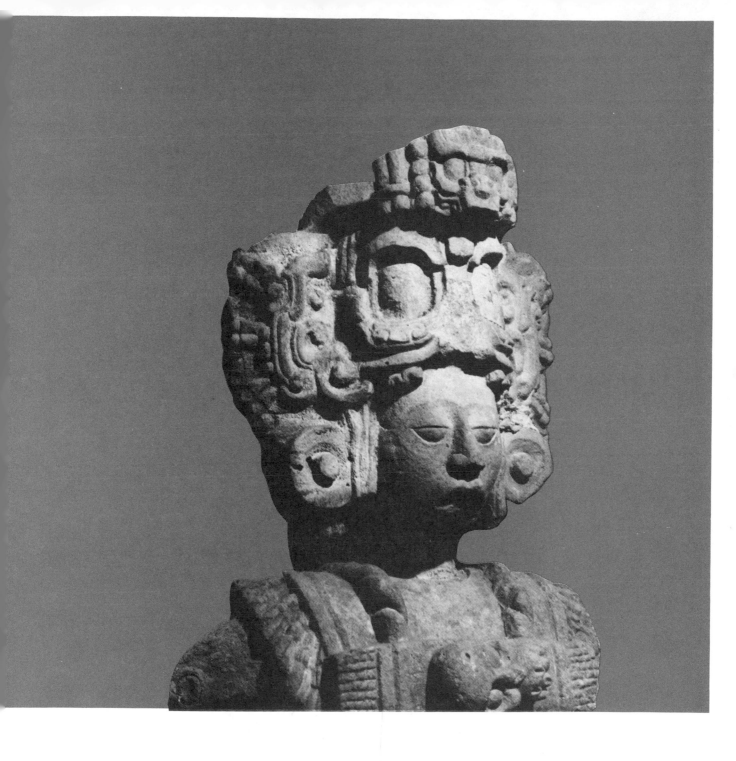

Part One
STRUCTURES AND VERBS

Stone Sculpture
Copan, Honduras
Peabody Museum, Harvard University

Carlos, el hermano de Pepita,
pone la televisión.

Part One: Structures and Verbs

What's more important, TV or homework?
Let's see what Pepita does.

¡La televisión es muy importante!

Pepita Gómez es estudiosa. Ella estudia en la escuela y en casa. Esta noche Pepita estudia la lección de español en la sala. Estudia con el libro de gramática y con el diccionario. Con su lápiz Pepita copia palabras y frases en el papel de su cuaderno.

El padre de Pepita lee el periódico en la sala. La madre escucha la radio en la cocina. Carlos, el hermano de Pepita, entra en la sala y pone la televisión.

Carlos:	Esta noche hay programas interesantes.
Pepita:	¡Ay, no, Carlos! Yo necesito estudiar. Mi examen de español es mañana.
Carlos:	¡Es posible estudiar mañana, muchacha!
Pepita:	¡Por favor, Carlos! El examen de español es muy importante. Yo necesito estudiar esta noche.
Carlos:	No es necesario estudiar el español. Es muy fácil. Yo quiero mirar la televisión.
El Padre:	¡No, Carlos! ¡La televisión no es importante! Es posible mirar la televisión mañana también.
La voz de la televisión:	Y ahora el programa: **El amor y la pasión.**
Pepita:	¡Ay, es mi programa favorito! ¡Ay, papá! ¡Sí, es posible estudiar mañana!

Palabras Nuevas

SUBSTANTIVOS (NOUNS)

el amor   *love*
Carlos   *Charles*
la casa   *the house*
  en casa   *at home*
la cocina   *the kitchen,*
  the cooking
el cuaderno   *the notebook*
el diccionario   *the dictionary*
la escuela   *the school*
el español   *the Spanish*
  language, Spanish
el examen   *the test*
  mi examen de español
  my Spanish test
la frase   *the sentence*
la gramática   *the grammar*
el hermano   *the brother*
  el hermano de Pepita   *Josie's*
  brother
el lápiz   *the pencil*
la lección   *the lesson*
  la lección de español   *the*
  Spanish lesson

el libro   *the book*
  el libro de gramática   *the*
  grammar textbook
la madre   *the mother*
la muchacha   *the girl*
la noche   *the night, the evening*
  esta noche   *tonight, this*
  evening
el padre   *the father*
  el padre de Pepita   *Josie's*
  father
el papel   *the paper*
la pasión   *the passion*
Pepita   *Josie*
el periódico   *the newspaper*
el programa   *the program*
  mi programa favorito
  my favorite program
la radio   *the radio*
la sala   *the living room*
la televisión   *the television*
la voz   *the voice*

ADJETIVOS (ADJECTIVES)
estudioso, a   *studious*

fácil   *easy*
favorito, a   *favorite*
importante   *important*
interesante   *interesting*
mi   *my*
necesario, a   *necessary*
posible   *possible*
su   *her*

VERBOS (VERBS)

copia   *(she) copies*
entra   *(he) enters*
es   *(it) is, (she) is*
  no es   *(it) is not*
escucha   *(she) listens to, is*
  listening to
estudia   *(she) studies, is*
  studying
estudiar   *to study*
hay   *there are*
lee   *(he) reads, is reading*
mirar   *to look at*
necesito   *I need*

*Adjectives that end in "**o**" describe masculine nouns.
  Adjectives that end in "**o**" change from "**o**" to "**a**" when describing feminine nouns.

pone la televisión *(he) turns
  on the television program*
quiero *I want*

**OTRAS PALABRAS
(OTHER WORDS)**

¡ay, papá! *Oh, Daddy!*

con *with*
de *of, in, from*
ella *she*
en *in, into*
mañana *tomorrow*
muy *very*

no *not, no*
por favor *please*
sí *yes; yes, indeed!*
también *also, too*
y *and*
yo *I*

EJERCICIOS

I. (A) Complete the sentence according to the story.

1. Pepita es muy _grande_____.
2. Ella estudia la _libro_____ de español.
3. Ella copia palabras y frases en su _cuaderno_____.
4. El padre lee el _periodico_____ en la_____.
5. La madre escucha la _____ en la _____.
6. El_____ pone la televisión.
7. El examen de español es muy _____.
8. Carlos quiere _____ la televisión.
9. Es posible mirar la televisión _____.
10. El programa es "el _____ y la _____."

(B) Rewrite the sentence replacing the underlined word with a word that will make the sentence true.

1. Pepita estudia con el libro y el periódico.
2. Ella estudia el amor en la clase de español.
3. Pepita copia palabras con su voz.
4. No es posible estudiar y también mirar la radio.
5. Es necesario estudiar la lección de cocina.

1. _____.
2. _____.
3. _____.
4. _____.
5. _____.

II. ¿Cómo se dice en español? Can you find these expressions in the story?

1. I need to study. _____.
2. Tonight there are interesting programs. _____
    _____.
3. It is very easy. _____.
4. It's my favorite program._____
    _____.
5. It is not necessary to study Spanish._____
    _____.

III. Word Hunt — Find these 15 words in Spanish in the squares.

1. pencil
2. living room
3. book
4. notebook
5. sentence
6. brother
7. also
8. with
9. easy
10. now
11. there is
12. he looks at
13. night
14. he reads
15. this (f.)

C	A	A	F	B	S	C	N	L	L
U	H	E	R	M	A	N	O	A	I
A	O	H	A	Y	L	E	C	P	B
D	R	E	S	D	A	I	H	I	R
E	A	L	E	E	F	B	E	Z	O
R	G	H	I	J	K	M	I	R	A
N	L	M	N	O	F	A	C	I	L
O	R	T	S	E	S	T	A	P	Q

IV. Oral Activities

A. Describe what is happening in the picture facing page 1.

B. Retell the story. Let classmates add details.

V. Write a note in Spanish to a pen pal in Mexico, telling whether television is important in your house. Describe what each member of your family does in the evening.

Begin with: **En mi casa la televisión (no) es importante.**

You may use the following suggestions: *(no) escucha la radio; (no) lee el periódico; (no) estudia; (no) pone la televisión; (no) quiero mirar; (no) necesito estudiar; (no) hay un programa interesante; mi programa favorito (no) es.*

ESTRUCTURAS DE LA LENGUA

The Noun (Persons, Things, Places, Ideas) and **the Definite Article** (Singular)

A. In Spanish, things as well as persons are of either masculine or feminine gender.

Examples:

Masculine Nouns

1. **El chico** es grande.
   The boy is big.

2. **El cuaderno** es grande.
   The notebook is large.

Feminine Nouns

3. **La chica** es grande.
   The girl is big.

4. **La pluma** es grande.
   The pen is large.

¿ Es el señor Gómez o la señorita Gómez?

Rules:

1. **El** means *the* before a masculine noun and is the masculine definite article.

2. **La** means *the* before a feminine noun and is the feminine definite article.

3. Masculine nouns often end in **o.** Feminine nouns often end in **a.** Feminine nouns also end in **-dad, -ción, -sión.** Learn: **la ciudad** (the city); **la canción** (the song); **la lección** (the lesson); **la nación** (the nation); **la televisión** (the television).

B. **El** and **la** indicate the gender of nouns that do not have the typical masculine ending **-o**, or the typical feminine endings: **-a, -dad, -ción, -sión.**

Examples:

Masculine Nouns	*Feminine Nouns*
El hombre usa **el lápiz** y **el papel.**	**La mujer** mira **la flor** en **la clase.**
The man uses the pencil and paper.	The woman looks at the flower in the class.

Rules:

1. Nouns should be memorized *with* their articles: **el** or **la.**

2. Learn these masculine nouns: **el avión** (the plane), **el coche** (the car), **el examen** (the test), **el hombre** (the man), **el hotel** (the hotel), **el lápiz** (the pencil), **el padre** (the father), **el papel** (the paper), **el profesor** (the teacher), **el reloj** (the clock, watch), **el tren** (the train).

3. Learn these feminine nouns: **la clase** (the class), **la frase** (the sentence), **la madre** (the mother), **la mujer** (the woman), **la noche** (the night).

4. The appropriate definite article must be used before *each* noun in a series: **el padre y la madre** (the father and mother); **el hombre y la mujer** (the man and woman).

C. Special uses of **el** and **la**   Special omissions of **el** and **la.**

Indirect Address (Narrative)	*Direct address*
1. **El señor Gómez** escucha *el programa.* Mr. Gomez listens to the program.	1. **Señor Gómez,** ¿escucha usted *la radio* todo *el día*? Mr. Gomez, do you listen to the radio all day?
2. **La señorita Molina** estudia *el idioma* y *el mapa.*	2. **Señorita Molina**, ¿estudia usted *el idioma* y *el mapa* de España?
Miss Molina studies the language and the map.	Miss Molina, do you study the language and the map of Spain?

Rules:

1. **El** or **la** is used *before a title* when talking *about* the person, but is *omitted* when talking *directly* to the "titled" person, in direct address.

2. A small number of masculine nouns end in **a** or **ma** and must be memorized with their articles: **el día** (the day), **el mapa** (the map), **el idioma** (the language), **el programa** (the program). But **la radio** (the radio) is feminine.

D. More uses of **el** and **la**

More special omissions of **el** and **la.**

1. **La escuela** está entre **la Avenida Arcos** y **la Calle Diez.**

   The school is between Arcos Avenue and Tenth Street.

2. Juan escucha **el español** y **el inglés.**

   John listens to Spanish and English.

1. Estudia **la lección de español** para hablar español bien.

   He studies the Spanish lesson in order to speak Spanish well.

2. Contesta **en español** en **la clase de español.**

   He answers in Spanish in the Spanish class.

Rules:

1. Use **la** before Avenida and Calle when identifying them by name or number.

2. Use **el** before all languages except when they directly follow **hablar, de, en.**

3. **De** indicates *concerned with* in expressions such as the following: **la clase de español** (the Spanish class), **la lección de español** (the Spanish lesson), **el profesor de inglés** (the English teacher), **el maestro de música** (the music teacher).

STUDY THE RULES, EXAMPLES, AND MODELS BEFORE BEGINNING THE EXERCISES!

Exercises

I. Rewrite the sentence, substituting the word in parentheses for the noun in *italics*. Make the necessary change in the definite article, **el** or **la**.

Model: La *profesora* es interesante.   (libro) El libro es interesante.

   The teacher is interesting.   The book is interesting.

A. La *revista* es interesante.   The magazine is interesting.

1. (escuela) _La escuela es interesante._

2. (libro) _El libro es interesante_

3. (alumna) _La alumna es interesante_

5

4. (señorita) _La señorita es interesante_

5. (periódico) _El periódico es interesante_

B. El *profesor* estudia mucho.   The teacher studies a great deal.

1. (padre) _El padre estudio mucho._

2. (madre) _La madre estudia mucho._

3. (hombre) _El hombre estudio mucho._

4. (mujer) _La mujer estudia mucho._

5. (señor) _El señor estudio mucho._

C. El *chico* es importante.   The boy is important.

1. (examen) _El examen es importante_

2. (lección) _La lección es importante_

3. (día) _El día es importante_

4. (noche) _La noche es importante_

5. (televisión) _La televisión es importante_

6. (nación) _La nación es importante_

7. (programa) _La programa es importante_

8. (ciudad) _La ciudad es importante_

9. (frase) _La frase es importante_

10. (idioma) _La idioma es importante_

11. (mapa) _El mapa es importante_

12. (cocina) _La cocina es importante_

13. (calle) _La calle es importante_

14. (español) _El español es importante_

15. (clase) _La clase es importante_

II. Rewrite as a simple statement. Use **el** or **la**. Omit **usted** and question marks.

      Model: Señor Smith, ¿estudia usted el español?   El señor Smith estudia el español.
                    Mr. Smith, do you study Spanish?   Mr. Smith studies Spanish.

1. Señor Moreno, ¿mira usted el programa de televisión?

El Señor Moreno mira el programa de televisión.

2. Profesora Mendoza, ¿lee usted el mapa de la ciudad?

La Profesora Mendoza lee el mapa de la ciudad.

3. Presidente Guzmán, ¿entra usted en la capital de la nación?

El Presidente Guzman entra en la capital de la nacion.

4. Señorita Gómez, ¿estudia usted el idioma toda la noche?

La Señorita Gomez estudia el idioma toda la noche.

5. Señorita Molina, ¿escucha usted la radio todo el día?

La Señorita Molina escucha la radio todo el dia.

III. Write two sentences using the name of language given in *italics*. Begin the first sentence with **Habla** . . . Begin the second sentence with **Pronuncia bien** . . .

      Model: El chico es de España. The boy is from Spain.
                       el español **Habla español. Pronuncia bien el español.**
                                 He speaks Spanish. He pronounces Spanish well.

1. El hombre es de México.

el español   *Habla español. Pronuncia bien el español*

2. La alumna es de Francia.

el francés   *Habla francés. Pronuncia bien el francés.*

3. El muchacho es de Italia.

el italiano   *Habla italiano. Pronuncia bien el italiano.*

4. Luis es de Inglaterra.

el inglés   *Habla ingles. Pronuncia bien el ingles.*

5. La muchacha es de Alemania.

el alemán   *Habla aleman. Pronuncia bien el aleman.*

7

IV. Rewrite the model sentence, substituting th noun in parentheses for the noun in *italics*. Make the necessary change in the definite article, **el** or **la**.

A. Model: **El alumno estudia en** *la clase.*   The pupil studies in the classroom.
(dormitorio) El alumno estudia en el   The pupil studies in the bedroom.
dormitorio.

1. (hotel) El alumno estudia en el hotel.
2. (clase de español) El alumno estudia en el clase de español
3. (edificio) El alumno estudia en el edificio
4. (sala) El alumno estudia en la sala.
5. (escuela) El alumno estudia en la escuela.

B. Model: La alumna escucha *la frase.*   The pupil listens to the sentence.

1. (música) La alumna escucha la musica.
2. (disco) La alumna escucha el disco.
3. (inglés) La alumna escucha el ingles.
4. (reloj) La alumna escucha la reloj.
5. (radio) La alumna escucha el radio.

C. Model: Su hermano mira *el diccionario.*   Her brother looks at the dictionary.

1. (lápiz) Su hermano mira la lapiz
2. (pluma) Su hermano mira la pluma.
3. (papel) Su hermano mira el papel
4. (casa) Su hermano mira la casa
5. (libro) Su hermano mira el libro
6. (cuaderno) Su hermano mira el cuaderno
7. (gramática) Su hermano mira la gramatica

8. (avión) _Su hermano mira el avión_

9. (tren) _Su hermano mira la tren._

10. (coche) _Su hermano mira el coche._

V. Complete with an appropriate selection: **el** or **la**. Write a dash (—) if no article may be used.

_La_ muchacha entra en _la_ escuela en _la_ Avenida de Las Américas de _el_ ciudad de
$\quad$ 1 $\qquad$ 2 $\qquad$ 3 $\qquad$ 4

Nueva York. Su profesor, _El_ señor Valdés, lee _el_ español muy bien. _El_ clase estudia
$\qquad$ 5 $\qquad$ 6 $\qquad$ 7

_la_ lección de ___ español y escucha _la_ idioma en _el_ radio y en _el_ televisión. Su
8 $\qquad$ 9 $\qquad$ 10 $\qquad$ 11 $\qquad$ 12

clase practica ___ inglés también: – _El_ Profesor Brown, ¿lee usted _el_ periódico en
$\qquad$ 13 $\qquad$ 14 $\qquad$ 15

_la_ casa? Sí, _El_ Profesor Brown lee mucho en _el_ tren también, y en _la_ casa por
16 $\qquad$ 17 $\qquad$ 18 $\qquad$ 19

_la_ noche.
20

VI. Oral Proficiency. Act your part, _tú_. Let a classmate act the parts of Ana and Alberto. (You may _later write_ your completed script.)

A. Situation: You are beginning your first Spanish studies. Your friend, Ana, asks you about your impressions of the Spanish language. You reply in _two_ or more sentences.

Ana: ¿Cómo es el español?
Tú (you): _Español es muy interesante y muy importante para mi._

You may use your own or the following ideas: _interesante y fácil; importante y necesario._

B. Situation: Ana also wants to know what you need for your new Spanish class. You tell her in _three_ or more sentences each item you need for that class.

You may use your own or the following ideas: _Yo necesito…; Yo quiero…; Es necesario…; Es importante…._ _Yo necesito los libros, los cuadernos y los lápices._

C. Situation: Your friend, Alberto, wants to visit you this evening but your family is busy tonight. Explain in _three_ or more sentences what each member of your family is doing tonight.

Alberto: ¿Es posible esta noche?
_Tú:_ $\quad$ Por favor, no. Esta noche no es posible. _Mi madre y padre es limpia_
la casa y yo también limpio mi cuarto.
Alberto: No es importante. Mañana también es posible.

You may use your own or the following ideas: _Mi madre…; Mi padre…; Mi hermano…; Mi hermana…._

D. Situation: This is your night to select your favorite program on the family television set, but your older sister, Anita, wants you to study tonight so that she may watch _her_ favorite programs instead of yours. You give reasons for watching television tonight instead of studying.

Anita: El examen de español es mañana.
_Tú:_ _No, el examen de español es en viernes._

Anita: Es importante estudiar ahora.
_Tú:_ _No, yo estudio mañana._

Anita: Es interesante estudiar con la música de la radio.
_Tú:_ _No, yo estudio con el televisión mucho bien._

Anita: Yo no quiero mirar _El amor y la pasión._
_Tú:_ _Sí, me gusta mira El amor y la pasión._

You may use your own or the following ideas: _Tell why you do not need to study for the test; suggest another time to study; say what you want to do tonight; suggest another program for your sister that is also your favorite._

64
PAGINAS
Cuatro Cuerpos

EL UNIVERSAL

CARACAS, DOMINGO 9 DE FEBRERO DE — AÑO LXV. — No. 23.584.

3o.
CUERPO

Los Equipos Respaldan al Presidente de la Liga

Suspendió, por Irrespetuoso, al Dirigente de Magallanes

El Presidente de la Liga de Beisbol Profesional de Venezuela, doctor Germán Parra Fernández, anunció para la próxima semana una reunión con los distintos equipos de circuito, para tratar la solicitud de la renuncia de su cargo que ha hecho la directiva de los Navegantes del Magallanes.

El Magallanes pidió la renuncia del doctor Parra Fernández, a raíz de la suspensión que se le aplicara por un lapso de 3 meses al doctor José Ettedgui, presidente de la popular divisa.

Ayer, el doctor Parra Fernández fue consultado al respecto y dijo que el lunes venidero se ocupará de ciertos detalles de la Serie del Caribe, para fijar luego en la misma semana, una reunión con los directivos de equipos que conforman nuestro circuito rentado.

—¿Y la petición del Magallanes?

—No me rebajo a entrar en polémicas. Da la impresión que el Magallanes es una sola persona y no una divisa. Realmente es difícil tratar con un fanático y no con un directivo. Parece un intocable.

—¿Y sus relaciones con los demás equipos?

—Absolutamente normales.

—¿Aceptaría una reelección?

—Tengo el respaldo de los clubes, pero pienso que es prematuro fijar una posición al respecto. He obrado siempre con conciencia y sin intención de perjudicar a determinado equipo o persona en particular.

Para el Suramericano
GOLFISTAS VENEZOLANOS
Depuran su Técnica

El equipo juvenil de Venezuela tiene grandes posibilidades de titularse Campeón en el Suramericano Juvenil de Golf que se iniciará el miércoles próximo en links del Valle Arriba Golf Club. En la foto de Hueck Condado están Vicente Amengual, Rafael Salas y Francisco Alvarado, quienes integran el conjunto nacional. Hoy son esperados los representantes de Argentina, Brasil, Colombia, Ecuador, Bolivia, quienes junto a chilenos, peruanos y venezolanos optarán a la victoria. (Información Pág. 3-2).

PERU SUSPENDIO
Actividades Deportivas

— *PAG. 3-3* —

OREJA A PALOMO en Cada Toro

— *Hoy en Coamo* —

MERIDA, febrero 8. (Exclusivo por Pepe Cabello) — Tres horas duró la primera de feria, con la participación de cuatro toreros que despacharon ocho astados. Sólo Palomo Linares —variada labor con la muleta en ambos enemigos, destacaron derechazos como en la gráfica—, pudo cortar trofeos. Un apéndice al que abrió plaza, liquidándolo de metisaca que tumbó sin puntilla, otorgándole sin razón de la presidencia el trofeo. Y en el quinto volvió Sebastián a fallar con el acero, acción cuida da que asomó por debajo queriendo en esta ocasión el público que fueran doble los galardones. Bronca fuerte a Usía al negar el segundo premio, dando Palomo varias vueltas al anillo. A Manolo Arruza y a Paco Alcalde le aplaudieron en banderillas, sin que pudieran lucirse con la muleta por mansos enemigos. Y el criollo Rafael Ponzo escuchó música en el cuarto, saliendo del paso con el octavo. Asistió el Presidente Carlos Andrés Pérez, el coso registró magnífica entrada. (Foto Nelson Benedeto). Reseña crítica en página 3-2.

Lucirio Garrido
en la Maratón de Puerto Rico

SAN JUAN DE LOS MORROS, febrero 9 (Innac). A. Sarmiento C. — El "Canciller Deportivo" de Venezuela, Lucirio Garrido, encabeza la tripleta que con Maldonado y Ruda se medirán hoy domingo 9 de febrero ante los más calificados fondistas centro y suramericano, en el Maratón Internacional "San Blas de Illesco", que anualmente se realiza en la hermana República de Puerto Rico.

La importante competencia tiene como escenario a la ciudad de Coamo, donde los participantes deberán cubrir un recorrido de 21 kilómetros, prueba de medio fondo que se cumple por las calles de la referida localidad, caracterizada por su terreno ondulado donde los atletas harán una demostración de su capacidad física, técnica y táctica, tras la supremacía del evento.

¡Aquí, Madrugador!
Black Gold - Oleander
El Jockey Club Resteado con "Tropel"

Black Gold-Oleander, en la tercera del "5 y 6", es la fija del Madrugador. Oleander viene de perder en una formidable demostración, a pescuezo de Camaruco. Pero ahora será piloteado por el fenomenal Angel Parra, largará por cómodo puesto de partida y en recorrido que lo favorece abiertamente. Lleva el refuerzo nada despreciable de Black Gold, un potro promisor. La llave 12 en la tercera, la imperdible de la sección.

La ausencia de Zona Verde le complicó la primera del pool hasta a los no copeyanos. Un hombre que esta en todo, el trujillano Olinto Pernía, va abrochado con la línea de Carvanal. Recuerden que Olinto Pernía se tiró la línea de La Comedia, aquí en Madrugador, abriendo un "5 y 6". Y La Comedia gano abonando maravilloso dividendo, Olinto Pernía sostiene que en pleno carnaval, en época de mascaritas, seria una ingenuidad no jugar a Carnaval. Es su fija abriendo. Pero vamos a acompañarla con La Nana, a la que se corren de atraco, y finalmente Coco, super linea de los vivos del sellado Gaeta. Tres para comenzar.

En la segunda pusimos otras tres: Aisha, Arequipa y Camarera. Esta última va bien a la distancia y los animales del Comendatore Jacial están moviendo las patas de verdad. En el Tonys 65, anoche, Guerrita y compañía tenían el dato de Camarera muy guillado.

En la cuarta valida trascendió que Tropel lleva la documentación en regla. La gente allegada a los Alvarado, en el Jockey Club, juega la feria de Tropel, dispuesta a liquidar a tutilimundi. Jugamos a Tropel, pero acompañamos con Frailejón y Bullicio, que se ven enormes en la carrera.

La otra linea del Madrugador es La Carlina. Su descomunal ensayo de 1.100 en 67,4 terminantemente, nos fuerzan a escogerla. A mitad de semana ajustó su estado cubriendo 24,4 desde el aparato, revolcando a Siesta. Contra las que salgan, La Carlina.

Y en la de cierre, Secretario, el lance del doctor José Colón, un tipo apretado como pocos, además de Altivo y Godfrey. El resto parece sobrar.

SALUDO

Vocabulario: ¿Qué más se le puede decir…?
   What else can one say…?

María mira cómo los hombres y las mujeres van de prisa.

*What a life! Work, work, work. And what does
it all lead to?*

Todo es rápido en la ciudad.

María visita la ciudad grande de Nueva York. Su primo, Francisco, es de esta ciudad. Ella es de la pequeña aldea de Miraflores, y desea ver todas las cosas importantes en Nueva York. Francisco y María visitan los teatros, los museos y los parques. Los primos van por muchas calles y avenidas y miran los edificio altos y las tiendas grandes. En las calles María mira cómo los hombres y las mujeres van de prisa a los cines, a los restaurantes, a las oficinas y a sus casas. Para María, esta experiencia es interesante y nueva pero es extraña también.

María: Mira, Paco, aquí en la ciudad todo es muy rápido. ¿Por qué? ¿Por qué hay tanta prisa?

Francisco: Pues, María, todas las ciudades grandes son así. Es necesario comer de prisa, trabajar de prisa y vivir de prisa. Así ganamos mucho dinero, y después de veinte o treinta años es posible descansar en una pequeña aldea, mirar las flores y respirar el aire fresco.

María: ¡Ay, Paco! Eso es tonto. En Miraflores, ¡yo hago todas estas cosas ahora!

Palabras Nuevas

SUBSTANTIVOS *(NOUNS)*

el aire   *the air*
la aldea   *the town*
el año   *the year*
la avenida   *the avenue*
la calle   *the street*
el cine   *the movie theater*
la ciudad   *the city*
la cosa   *the thing*
el dinero   *the money*
el edificio   *the building*
la experiencia   *the experience*
la flor   *the flower*
Francisco   *Frank*
   Paco   *Frankie*
el hombre   *the man*
María   *Mary, Marie*
la mujer   *the woman*
el museo   *the museum*
Nueva York   *New York*
la oficina   *the office*
el parque   *the park*
el primo   *the cousin*
la prisa   *the hurry*
   de prisa   *in a hurry, in a rush*
el restaurante   *the restaurant*
el teatro   *the theater*
la tienda   *the store*

ADJETIVOS *(ADJECTIVES)*

alto,a   *tall, high*
estos,as   *these*
extraño,a   *strange*
fresco,a   *fresh*
grande   *big, large*
mucho,a   *a great deal of, much*
muchos,as   *many, a great many*
nuevo,a   *new*
pequeño,a   *small, little*
rápido,a   *fast, rapid*
sus   *their*
tanto,a   *so much*
todos,as   *every, all*
tonto,a   *foolish*

VERBOS *(VERBS)*

comer   *to eat*
descansar   *to rest*
desea   *(she) wishes, wants*
hago   *I do*
ir   *to go*
ganamos   *we earn*
¡mira!   *look!*
mira   *(she) looks at, watches*
miran   *they look at, watch*
respirar   *to breathe*

son   *they are*
trabajar   *to work*
van   *they go, walk*
ver   *to see*
visita   *(she) visits*
visitan   *they visit*
vivir   *to live*

OTRAS PALABRAS *(OTHER WORDS)*

a   *to*
aquí   *here*
así   *so, (in) this way, thus*
cómo   *how*
después de   *after*
eso   *that*
las (fem. pl.)   *the*
los (masc. pl.)   *the*
o   *or*
para   *for, in order to*
pero   *but*
por   *along, through*
¿por qué hay. . .?   *Why is there . . .?*
pues   *well, then*
todo   *everything, all*
treinta   *thirty*
una   *a*
veinte   *twenty*

EJERCICIOS

I. (A) Rewrite the sentence, using the expression that best completes it.

1.   El primo de María es de (a) Los Ángeles (b) San Antonio (c) Nueva York (d) Miami. *El primo de Maria es de Nueva York.*

2. La aldea de María es (a) grande (b) alta (c) interesante (d) pequeña._____
   La aldea de María es pequeña

3. Los primos van por (a) las aldeas (b) las calles (c) las escuelas (d) las casas. _____
   Los primos van por las calles.

4. En la ciudad todo es (a) fresco (b) estudioso (c) necesario (d) rápido. _En la cuidad todo es rapido._

(B) Rewrite the sentence, substituting a correct word for the underlined word.

1. Nueva York es pequeña. _Nueva York es grande._

2. Los parques son muy altos. _Los aldeas son muy altos_

3. Los hombres y las mujeres van de prisa por las aldeas. _Los hombres y las mujeres van de prisa por las trabajo._

4. Es posible descansar en las calles. _Es posible descansar en las casas._

5. Para María es posible mirar las flores en su aldea mañana. _Para Maria es posible mirar las flores en su aldea en su aldea_

II. Match the following:

1. María visita _a su primo, Paco._   a. ~~interesante y nueva~~.

2. Ella desea ver _todas las cosas interosantes._   b. ~~de prisa~~.

3. Su experiencia es _intereste y nueva_   c. ~~en las aldeas~~.

4. Hay aire fresco _en las aldeas_   d. ~~a su primo, Paco~~.

5. Los hombres y las mujeres van _de prisa_   e. ~~todas las cosas interesantes~~.

III. Juego de palabras—Translate these words to fill in the boxes of the puzzle below.

1. pencil
2. love
3. movies
4. important
5. a *(f.)*
6. money
7. now
8. to rest

1.	2.	3.	4.	5.	6.	7.
L	A	C	I	U	D	A	D
A	M	I	M	N	I	H	O
P	A	N	P	A	N	O	R
I	R	E	O		E	R	M
Z			R		R	A	U
			T		O		E
			A				R
			N				D
			T				O
			E				

IV. Oral Activities
A. Describe what is happening in the picture facing page 13.
B. Retell the story. Let classmates add details.
V. Write a note in Spanish to a friend. Describe your city in *five* or more sentences.

Begin with: Mi ciudad de ___Kamloops___ es interesante.

You may use the following ideas: *What kind of buildings there are; what interesting places it is possible to visit; why (for what purpose) it is necessary to work fast; where and when it is possible to rest.*

ESTRUCTURAS DE LA LENGUA

The Noun and the Definite Article (Plural). Comparisons between singular and plural forms.

El libro

Los libros

Singular (one)	*Plural (more than one)*
1. **El chico** usa **el libro.** The boy uses the book.	**Los chicos** usan **los libros.** The boys use the books.
2. **La chica** usa **la pluma.** The girl uses the pen.	**Las chicas** usan **las plumas.** The girls use the pens.
3. **El hombre** y **la mujer** visitan **el hotel** en España y escuchan la canción. The man and woman visit the hotel in Spain and listen to the song.	**Los hombres** y **las mujeres** visitan **los hoteles** en España y escuchan las canciones. The men and women visit the hotels in Spain and listen to the songs.

Rules:

1. **Los** means *the* before a masculine plural noun and is the masculine plural article. **Las** means *the* before a feminine plural noun and is the feminine plural article. In summary, Spanish uses *four* definite articles:

	Masculine	Feminine
Singular	**el**	**la**
Plural	**los**	**las**

2. Add **s** to a noun of either masculine or feminine gender that ends in a *vowel:* **a, e i, o, u,** in order to form the plural, *e.g.* **el uso, los usos** (the uses); **la uva, las uvas** (the grapes).

3. Add **es** to a noun of either gender that ends in a *consonant* in order to form the plural, *e.g.* **el papel, los papeles** (the papers); **la flor, las flores** (the flowers)

4. Omit the accent mark from the final syllable when adding **es** to nouns ending in **ión,** *e.g. la lec-ción, las lecciones* (the lessons), *canción, las canciones* (the songs); *la.*

5. Change final **z** to **c** before adding **es,** *e.g.* **el lápiz, los lápices** (the pencils).

STUDY THE RULES, EXAMPLES AND MODELS BEFORE BEGINNING THE EXERCISES!

I. Complete the sentence with the plural of the article and noun in *italics,* e.g., *el uso* **los usos.**

1. *el chico* ___Los Chicos___ son estudiosos.

2. *la muchacha* ___Los muchachos___ son necesarias.

3. *el hombre* ___Los hombres___ son extraños.

4. *la madre* ___Las Madres___ son importantes.

5. *la lección* ___Las lecciones___ son interesantes.

6. *el lápiz* ___Los lápices___ son pequeños.

7. *el papel* ___Los papeles___ son muchos.

8. *la mujer* ___Las mujeres___ son elegantes.

9. *el profesor* ___Los profesores___ son altos.

10. *el cine* ___Los cines___ son nuevos.

11. *la frase* ___Las frases___ son tontas.

12. *el tren* ___Los trenes___ son rápidos.

13. *la ciudad* ___Las cuidades___ son grandes.

14. *el día* ___Los dias___ son fáciles.

15. *la flor* ___Las flores___ son atractivas.

II. Rita is quizzing her little brother Luis. Luis likes only things that are big. Write Luis's responses.

Model: *Rita:* ¿Son interesantes todos los libros?   *Luis:* No. Solamente **el libro** grande.
Are *all the books* interesting?   No. *Only the big book.*

1. ¿Son necesarios todos los restaurantes? No. Solamente el restaurante grande.

2. ¿Son buenos todos los museos? No. Solamente el museo grande.

3. ¿Son nuevas todas las aldeas? No. Solamente la aldea grande.

4. ¿Son fáciles todas las clases? No. solamente la clase grande.

5. ¿Son tontos todos los periódicos? No. Solamente el periódico grande.

6. ¿Son interesantes todas las gramáticas? _No. Solomente la gramatica grande._

7. ¿Son importantes todos los edificios? _No. Solomente el edificio grande._

8. ¿Son nuevos todos los hoteles? _No. Solomente el hotel grande._

9. ¿Son frescos todos los parques? _No. Solomente el parque grande_

10. ¿Son rápidas todas las calles? _No. Solomente las calle grande._

III. Write the following response: **Sí, todos los** _____ or **Sí, todas las** _____ according to the gender of the noun in the question.

Model: — ¿Desea usted libros?   — Sí, **todos los libros.**
             Do you want books?   Yes, all the books.

1. ¿Estudia usted libros? _Si, todo los libros._

2. ¿Necesita usted papeles? _Si, todo las papeles._

3. ¿Usa usted gramáticas? _Si, todo las gramaticas._

4. ¿Escucha usted canciones? _Si, todo los canciones._

5. ¿Usa usted trenes? _Si, todo los trenes._

6. ¿Escucha usted idiomas? _Si, todo las idiomas._

7. ¿Visita usted universidades? _Si, todo tos univesidads._

8. ¿Necesita usted mapas? _Si, todo los mapas._

9. ¿Estudia usted lecciones de español? _Si, todo los lecciones de español._

10. ¿Mira usted programas de televisión? _Si, todo las programas de teleusion._

IV. Oral Proficiency. Act your part, *tú*. Let a classmate act the parts of Carlos and Dolores. (You may *later write* your completed script for additional practice.)

Situation: Your married cousins, Dolores and Carlos, do not know whether they should move to your city. You try to persuade them of the advantages of city living.

Carlos: ¿Por qué es necesario vivir en la ciudad?
Tú: _____

Carlos: ¿Qué cosas importantes hay en la ciudad?
Tú: _____

Dolores: ¿Qué hay de interesante para las mujeres?
Tú: _____

Dolores: ¿Y para los niños?
Tú: _____

Carlos: Pero, todos siempre trabajan de prisa. ¿Cuándo es posible descansar?
Tú: _____

You may use your own or the following ideas: *Para trabajar; es interesante; escuelas, museos y oficinas; teatros, tiendas y restaurantes; parques y cines; después de trabajar, de noche, después de muchos (veinte o treinta) años.*

¡Qué horror!
Un fantasma abre la puerta.

*Did you ever get a letter and not know where
it was from? Juanita did and she's scared.*

La carta misteriosa

Cuando Juanita Pacheco recibe esta carta, está muy sorprendida. Ella abre la carta y lee:

Pero Juanita no comprende. ¿De quién es esta invitación? Y ¿por qué a las once de la noche? Juanita está loca de curiosidad.

Es el treinta y uno de octubre. Es muy tarde. Nadie camina por las calles. Juanita corre hasta la Calle Trienta y Cinco. Busca los números en las puertas de las casas. —¡Aquí está el número noventa y nueve! Es esta casa.

— Mmmmm. Es extraño. En la casa no hay luz. ¿Qué pasa aquí? — Juanita está nerviosa pero loca de curiosidad. Ella desea entrar. Toca a la puerta, y. . . .¡Qué horror! ¡Un fantasma abre la puerta!

¡Ay, no! ¡Qué sorpresa! No es un fantasma. Es su amigo, Paco, con una máscara. Paco vive en esta casa. Y los otros amigos están aquí también. En la casa hay fiesta. Claro, es la Víspera de Todos Los Santos. En las mesas hay muchas cosas buenas para comer y para beber. Hay música y los amigos cantan, bailan y comen.

Palabras Nuevas

SUBSTANTIVOS

el amigo   *the friend*
la Calle Treinta y Cinco   *Thirty-fifth Street*
la carta   *the letter*
el fantasma   *the ghost*
la fiesta   *the party*
el horror   *the horror*
la invitación   *the invitation*
Juanita   *Janie, Jeannie*
la luz   *the light*
la máscara   *the mask*
la mesa   *the table*
la música   *the music*
el número   *the number*
la puerta   *the door*

la reunión *the meeting*
la sorpresa   *the surprise*
el treinta y uno de octubre   *the thirty-first of October*
la Víspera de Todos Los Santos   *Halloween*

ADJETIVOS

bueno,a   *good*
loco,a   *crazy*
loco,a de curiosidad   *crazy with curiosity*
misterioso,a   *mysterious*
nervioso,a   *nervous*
otro,a   *other*
sorprendido,a   *surprised*

VERBOS

abre   *(she) opens*
bailan   *they dance*
beber   *to drink*
busca   *(she) looks for*
camina   *walks*
   (nadie) camina   *(nobody) walks*
cantan   *they sing*
comen   *they eat*
comer   *to eat*
no comprende   *(she) does not understand*
corre   *(she) runs*
entrar   *to enter*

está (she) is (with certain adjectives and locations)
están *they are*
recibe *(she) receives*
toca a la puerta *(she) knocks at the door*
vive *(he) lives*

OTRAS PALABRAS

a las *once* de la noche *at*

eleven *P.M.*
claro *of course*
cuando *when*
¿de quién? *from whom?*
en *on*
hasta *to, until*
nadie *nobody, no one*
no hay *there is no, there isn't any*
noventa y nueve *ninety-nine*
pero *but*

¿por qué? *why?*
¿qué? *what?*
  ¿Qué pasa? *What is happening?*
¡qué! *what a. . .!*
  ¡Qué horror! *What a horror!*
  ¡Qué sopresa! *What a surprise!*
tarde *late*
un (masc.) *a*
una (fem.) *a*

EJERCICIOS

I. Preguntas. Complete the answer according to the story.

1. ¿Qué recibe Juanita? __Juanita_____

2. ¿Para cuándo es la invitación? __La invitación_____
   _____

3. ¿Qué número busca Juanita? __Juanita_____
   _____

4. ¿Qué no hay en la casa? __No hay_____

5. ¿Cómo está Juanita? __Juanita_____

6. ¿De quién es la invitación? __La invitación_____

7. ¿Por qué no es un fantasma? __Es_____

8. ¿Para qué es la fiesta? __La fiesta_____
   _____

9. ¿Qué hay en las mesas? __En las mesas_____
   _____

10. ¿Por qué cantan y bailan los amigos? __Hay_____
    _____

II. Rewrite the sentence, using the correct word in place of the underlined word.

1. Juanita copia la carta. _____

2. Pero Juanita no mira la invitación. _____
   _____

3. Nadie corre por las calles. _____
   _____

4. Juanita camina por las calles. _____
   _____

5. Juanita desea beber en la casa. _____

_____

6. Ella abre la puerta. _____

7. Un fantasma toca a la puerta. _____

_____

8. Paco visita en esta casa. _____

9. En las mesas están muchas cosas buenas para mirar y estudiar. _____

_____

10. Los amigos caminan y corren con la música._____

_____

III. Acróstico — Complete the story by filling in the boxes of the puzzle

Hay una __1.__ en la casa.

__2.__ está el número 99.

Juanita está __3.__.

No hay personas porque es __4.__.

Un fantasma __5.__ la puerta.

Cuando recibe la carta está __6.__.

Es una carta __7.__.

Paco es el __8.__ de Juanita.

1. F
2. A
3. N
4. T
5. A
6. S
7. M
8. A

IV. Oral Activities.

A. Describe what is happening in the picture facing page 19.

B. Retell the story. Let classmates add details.

V. A. Write a note in Spanish to a classmate who sent you a mysterious invitation. Ask what you need to know about the invitation in *five* or more sentences.

Begin with: **Tu invitación es misteriosa.**

You may use the following ideas: *Why is the meeting mysterious? Why is it at 11 P.M.? What is happening? Is it a party? Are there good things to eat? Is it necessary to enter late? What a surprise it is!*

B. Write a copy for your family of the answers you receive.

ESTRUCTURAS DE LA LENGUA
The Present Indicative Tense

A. The endings of the present tense tell who is doing the action; they change as the subject or "doer" changes. Subject pronouns are often unnecessary. Learn the sets of personal endings for each of the **ar, er, ir,** infinitives.

	AR conjugation (I)	**ER** conjugation (II)	**IR** conjugation (III)
Infinitives:	**cantar** *to sing*	**comer** *to eat*	**escribir** *to write*
	I sing; do sing; am singing well.	I eat; do eat; am eating well.	I write; do write; am writing well.
*Optional subject pronouns			
Singular: 1. **Yo** *I*	Cant**o** bien.	Com**o** bien.	Escrib**o** bien.
2. **Tú** *You* (familiar)	cant**as**	com**es**	escrib**es**
3. **Él** *He*; **Ella** *She* **Usted** *You* (formal)	cant**a**	com**e**	escrib**e**
Plural: 1. **Nosotros-as** *We*	cant**amos**	com**emos**	escrib**imos**
2. **Vosotros-as *You* (familiar)	cant**áis**	com**éis**	escrib**ís**
3. **Ellos-as** *They* **Ustedes** *You* (formal)	cant**an**	com**en**	escrib**en**

*See subject pronouns p. 23.

Rules:

1. A Spanish verb has one of the following infinitive group endings: **ar, er,** or **ir.** These endings represent the English *to*. Examples: *cantar* to sing; *comer* to eat; *escribir* to write.

2. When a subject is given, the infinitive group ending, **ar, er,** or **ir,** drops and is replaced by personal endings according to the subject.

   a. **AR** verbs: Remove the infinitive group ending **AR**. Add the correct personal ending **o, as, a, amos, áis, an,** according to the subject given.

   b. **ER** verbs: Remove the infinitive group ending **ER**. Add the correct personal ending **o, es, e, emos, éis, en,** according to the subject given.

   c. **IR** verbs: Remove the infinitive group ending **IR**. Add the correct personal ending **o, es, e, imos, ís, en,** according to the subject given.

3. The endings of the present tense tell us that an act or a state of being is taking place at present or that it occurs as a general rule. **Am, is, are, do, does,** are included in the Spanish verb form of the present tense. Examples: *I am singing* **yo canto;** *she does eat* **ella come.**

B. Subject pronouns (See page 22 for the list of subject pronouns.)

1. The subject pronoun is used *to stress* or *to emphasize* the subject. The subject pronoun *precedes* the verb in a statement. The subject pronoun must be used when no verb is given.

2. Excepting **usted** and **ustedes,** subject pronouns are *normally omitted* because the verb *ending identifies the subject,* provided that no emphasis is intended.

Normal unstressed subject.	*Stressed subject.*	*Without a verb.*
Cant**a**. He sings.	***El** canta y **yo** canto, también.	***¿El?** Sí, **él** y **yo.**
Cant**o**. I sing.	*He* sings, and *I* am singing, too.	*He?* Yes, *he* and *I.*

3. Spanish subject pronouns show gender not only in **él** *he,* **ella** *she,* but also in **nosotros** *we* masculine, **nosotras** *we* feminine, and in **ellos** *they* masculine, **ellas** *they* feminine. ***Él** *he* commonly appears in print as **El** *without an accent mark when capitalized.*

4. Spanish has *four* subject pronouns meaning *you.* **Tú** addresses one person with familiarity, e.g., an intimate friend or someone younger. **Usted** (abbreviation: **Vd.**) addresses one person with formality, e.g., a teacher, the president, someone older than the speaker. **Ustedes** (abbreviation: **Vds.**), you *plural,* generally addresses two or more persons with either formality or familiarity in Latin America. In Spain **ustedes (Vds.)** addresses two or more persons only with formality. **Vosotros-as** is used chiefly in Spain to address two or more persons with familiarity. Since **vosotros-as** is *not* in general use in Latin America, it will receive limited treatment in this book.

C. Formation of yes-no questions:

Statement	*Question*
1. **Juan** canta aquí. John sings here.	¿Canta **Juan** aquí? *Does John* sing here?
2. **Vd.** canta también. You sing, too.	¿Canta **Vd.** también? *Do you* sing, too?

Rules:

1. The subject is generally placed *after* the verb to form a question.

2. An inverted question mark at the beginning of each written question informs the reader that a question is about to be asked. A final question mark punctuates the end of each question, like an English question.

*Capital letters may keep or may drop their accent marks.

STUDY THE RULES, EXAMPLES, AND MODELS BEFORE BEGINNING THE EXERCISES!

Exercises

I. **AR** verbs

AR: **andar** *to walk;* **bailar** *to dance;* **buscar** *to look for;* **caminar** *to walk;* **cantar** *to sing;* **comprar** *to buy;* **contestar** *to answer;* **desear** *to want;* **entrar** *to enter;* **escuchar** *to listen;* **estudiar** *to study;* **explicar** *to explain;* **hablar** *to speak;* **invitar** *to invite;* **llegar** *to arrive;* **necesitar** *to need;* **practicar** *to practice;* **preguntar** *to ask;* **preparar** *to prepare;* **regresar** *to return;* **tocar** *to play* (instrument); **tomar** *to take;* **trabajar** *to work;* **visitar** *to visit.*

A. Rewrite the sentence, substituting ONE appropriate pronoun for the subject(s) in *italics*.

Model: *Juanita y yo* hablamos español.   **Nosotros** hablamos español.
Joan and I speak Spanish.   We speak Spanish.

1. *Roberto* canta bien. _____

2. *María* necesita papel. _____

3. *Alberto y Tomás* caminan mucho. _____

4. *Ana y Clara* buscan la casa. _____

5. *Ella y yo* entramos ahora. _____

B. Rewrite the model sentence, substituting the subject in parentheses for the word(s) in *italics*. Make the necessary change in the verb.

Model: *Pedro y yo* bailamos.   (Vosotros) **Vosotros bailáis.**
Peter and I are dancing.   You (*fam., pl.*) are dancing.

1. (Yo) _____   6. (Tú y yo) _____

2. (Él) _____   7. (Ella) _____

3. (Vd.) _____   8. (Ellas) _____

4. (Tú) _____   9. (Ellos) _____

5. (Vds.) _____   10. (Nosotros) _____

C. Tell Francisca, an exchange student from Colombia, what you and your friends in the United States do in and out of the classroom. Follow the model.

Models: a. ¿Bailas *tú* en la fiesta?   a. **Sí, yo bailo** en la fiesta.
¿Baila *Vd.* en la fiesta?   Yes, I dance at the party.
Do you dance at the party?
b. ¿Y *Vds.*?   b. **Nosotros bailamos también.**
And do you (pl.)?   We dance, too.

1. a. ¿Canta ella en la escuela? _____

   b. ¿Y nosotros? _____

2. a. ¿Contestan ellos en la clase? _____

   b. ¿Y Pedro? _____

3. a. ¿Escuchan los amigos la música? _____

   b. ¿Tú y yo? _____

4. a. ¿Deseas tú la carta? _____

   b. ¿Juanita y Pablo? _____

5. a. ¿Andan ellos a casa? _____

   b. ¿Y Vd.? _____

D. Write an affirmative answer in a complete Spanish sentence according to the model.

Model: ¿Toma Vd. café?   **Sí, yo tomo** café.
         ¿Tomas tú café?   Yes, I take coffee.
         Do you take coffee?

1. ¿Compra Vd. flores? _____

2. ¿Visitas tú la ciudad? _____

3. ¿Estudian Vds. el español? _____

4. ¿Necesitamos Juan y yo dinero? _____

5. ¿Respiro yo aire fresco? _____

II. ER verbs.

   ER: aprender to learn; **beber** to drink; **comer** to eat; **comprender** to understand; **correr** to run; **creer** to believe; **leer** to read; **responder** to answer; **vender** to sell.

A. Rewrite the sentence, substituting ONE appropriate pronoun for the subject in *italics*.

Model: *Juanita* lee la carta.   **Ella** lee la carta.
         Jeannie reads the letter.   She reads the letter.

1. *La muchacha* aprende esto. _____

2. *Mi primo* comprende el libro. _____

3. *Ana y Laura* corren de prisa. _____

4. *Él y yo* bebemos mucho. _____

5. *Luis y Elena* comen bien. _____

B. Rewrite the model sentence, substituting the subject in parentheses for the word(s) in *italics*. Make the necessary change in the verb.

Model: *Alicia y yo* respondemos bien.   (Ella) **Ella responde** bien.
         Alice and I answer well.   She answers well.

1. (Yo) _____   3. (Tú) _____

2. (Vd.) _____   4. (Ella) _____

25

5. (Vds.) _____

6. (Vd. y yo) _____

7. (Ellos) _____

8. (Él) _____

9. (Nosotras) _____

10. (Él y ella) _____

C. Write affirmative answers in complete Spanish sentences. In answer (a) use **Sí.** In answer (b) use **también.**

Models:
a. ¿Crees *tú* esto?
¿Cree *Vd.* esto?
Do you believe this?
b. ¿Y *ellos*?
And do they?

a. **Sí, yo creo** esto.

Yes, I believe this.
b. **Ellos creen** esto **también.**
They believe this, too.

1. a. ¿Comemos rápido tú y yo? _____

   b. ¿Y la niña? _____

2. a. ¿Respondes tú bien? _____

   b. ¿Y María? _____

3. a. ¿Aprenden ellos el español? _____

   b. ¿Y Vds.? _____

4. a. ¿Lee José la gramática? _____

   b. ¿Y Vd.? _____

5. a. ¿Comprenden Vds. la frase? _____

   b. ¿Y los muchachos? _____

D. Write an affirmative answer in a complete Spanish sentence. Begin your answer with **Sí.**

1. ¿Corres tú en la calle? _____

2. ¿Venden Vds. limonada? _____

3. ¿Creemos María y yo el programa? _____

4. ¿Ponen las primas la televisión? _____

5. ¿Come Vd. bien aquí? _____

III. IR verbs

IR: **abrir** to open; **asistir** to attend; **cubrir** to cover; **describir** to describe; **escribir** to write; **omitir** to omit; partir to leave; **recibir** to receive; **subir** to go up; **vivir** to live.

A. Rewrite the sentence, substituting ONE appropriate pronoun for the subject in *italics*.

Model: *Mi amigo* abre la puerta.
My friend opens the door.

Él abre la puerta.
He opens the door.

1. Mi madre parte hoy. _____

2. Juanita y Vd. reciben la invitación. _____

3. Isabel y Gloria escriben la carta. _____

4. El padre y la madre viven aquí. _____

5. Vd. y yo abrimos el cuaderno. _____

B. Rewrite the model sentence, substituting the subject in parentheses for the words in *italics*. Make the necessary change in the verb.

Model: *Carlos y yo* asistimos hoy.   (Ellas) **Ellas asisten** hoy.
        Charles and I are attending today.   They are attending today.

1. (Tú) _____   6. (Ellas) _____

2. (Vd.) _____   7. (Yo) _____

3. (Ellos) _____   8. (Él) _____

4. (Vds.) _____   9. (Ella) _____

5. (Ella y yo) _____   10. (Nosotras) _____

C. Write affirmative answers in complete sentences. In answer (a) use **Sí.** In answer (b) use **también.**

Models: a. *¿Describes tú* la ciudad?   a. **Sí, yo describo** la ciudad.
           ¿Describe Vd. la ciudad?
           Do you describe the city?   Yes, I describe the city.
        b. *¿Y nosotros?*   b. **Vds. describen** la ciudad **también.**
           And do we?   You describe the city, too.

1. a. ¿Recibe Carlos dinero? _____

   b. ¿Y las hermanas? _____

2. a. ¿Escriben los amigos cartas? _____

   b. ¿Y nosotros? _____

3. a. ¿Vives tú en esta aldea? _____

   b. ¿Y los primos? _____

4. a. ¿Cubro yo el libro? _____

   b. ¿Y Vds.? _____

5. a. ¿Suben Vds. la montaña? _____

   b. ¿Y Luis? _____

D. Write an affirmative answer in a complete Spanish sentence. Begin your answer with **Sí.**

1. ¿Abrimos Ana y yo los periódicos? _____

2. ¿Cubres tú la mesa? _____

3. ¿Parten Vds. ahora? _____

4. ¿Describe Vd. la clase?_____

5. ¿Omite el profesor la palabra? _____

IV. AR, ER, IR, verbs

A. Rewrite the sentence, using the name in parentheses and the formal address **Vd.** in place of the familiar **tú.** Note: Omit the **s** from the verb ending.

Model: *Tú* comes poco.   (Señor Ortiz) **Señor Ortiz, Vd.** com**e** poco.
       You (fam.) eat little.   Mr. Ortiz, you (formal) eat little.

1. Tú entras en la sala. (Señor López)_____

2. Tú crees el libro. (Señora Gómez)_____

3. Tú vives aquí. (Profesor Ruiz)   _____

4. Tú tocas bien. (Señorita Marín)_____

5. Tú escribes el inglés. (Doctor Muñoz)_____

B. Rewrite the sentence, using the name in parentheses and the familiar address **tú** in place of **Vd.** Note: Add **s** to the verb ending.

Model: *Vd.* aprende bien.   (Felipe) **Felipe, tú** aprend**es** bien.
      You (formal) learn well.   Philip, you (fam.) learn well.

1. Vd. trabaja mucho. (Pepe)_____

2. Vd. contesta poco. (Ana)_____

3. Vd. aprende mal. (Carlos)_____

4. Vd. corre rápido. (niño)_____

5 Vd. lo describe bien. (niña)_____

C. Rewrite as a question, e.g., **Yo como mal.** *I eat poorly.*   **¿Como yo mal?** *Do I eat poorly?*

1. Yo comprendo la frase. _____

2. Carlitos corre a su madre. _____

3. Los niños desean la invitación. _____

4. El y yo asistimos a las clases. _____

5. Pedro y yo tomamos café. _____

V. **Oral Proficiency.** Act your part, *tú*. Let a classmate act Diego's part. (You may *later write* your completed script for additional practice.)

Situation: Diego, a new student in the school, wants to know what the classes are like. You explain why they are good.

Diego: ¿Están contentos los alumnos?
Tú: _____

Diego: ¿Por qué son buenos los maestros?
Tú: _____

Diego: ¿Escuchan bien los alumnos? ¿Por qué?
Tú: _____

Diego: ¿Hay mucho trabajo de casa para las clases?
Tú: _____

Diego: ¿Cuál es la clase favorita de los alumnos y ¿por qué?
Tú: _____

You may use your own or the following ideas: *¡Claro! Nosotros/asistir todos los días. Los maestros/explicar bien. Así nosotros/aprender. Nosotros/leer y/escribir tres horas en casa. Nosotros/comprender y/recibir buenas notas y/gozar más en las clases.*

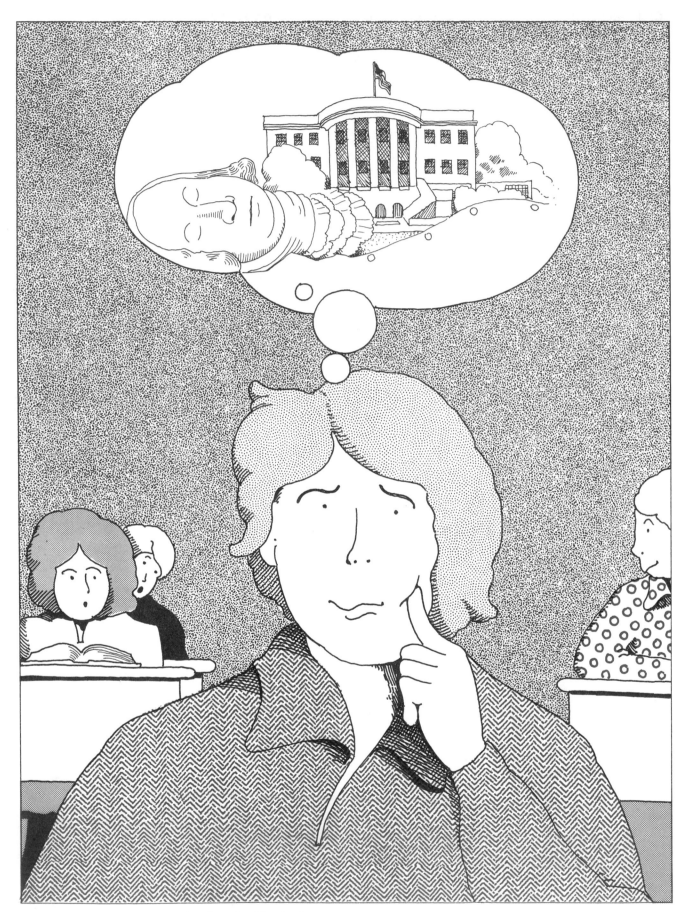

¿Quién es el presidente de los Estados Unidos?

Do you like quiz shows? Here's one which
might be embarrassing.

¿Conoce usted historia?

Para hacer interesante la clase de historia, el Profesor Fajardo decide usar otros métodos hoy. Todos los alumnos de la clase van a participar en un concurso. Luis, el muchacho más inteligente y más aplicado, va a ser el maestro de ceremonias. Otro muchacho, Jaimito, es perezoso. No estudia y no aprende mucho. Jaimito va a contestar primero.

Luis: Bueno, Jaimito. ¿Sabes mucho de la historia de los Estados Unidos?

Jaimito: Claro. Ya estoy en esta clase de historia tres años.

Luis: Pues bien, ¿quién es el presidente de los Estados Unidos?

Jaimito: Mmmmm. . . . No estoy seguro. Creo que es. . . . Creo que es Jorge Wáshington.

Luis: ¿Jorge Wáshington? ¡Ay, qué tonto! ¿No sabes que Wáshington está muerto? Otra pregunta: ¿Dónde vive el presidente?

Jaimito: Creo que vive en una casa blanca.

Luis: *Sí, claro. Vive en la Casa Blanca.* Pero, ¿en qué ciudad?

Jaimito: ¿En Los Ángeles?

Luis: No, tonto, en Wáshington.

Jaimito: Pero, ¿cómo es posible? Wáshington está muerto. No es verdad?

Luis: ¡Ay, tonto! ¿Cuándo vas a aprender? ¿Para qué vas a la escuela? ¿Por qué no conoces la historia de los Estados Unidos?

Jaimito: Pero, Luis, ésas ya son tres preguntas. ¿Cuántas debo contestar?

El profesor: ¡Ninguna! ¡Ninguna! Ya estoy enfermo. Mañana hay una lección normal.

Palabras Nuevas

SUBSTANTIVOS

el alumno *the pupil (masc.),*
   the student
la Casa Blanca *the White*
   House
el concurso *the contest*
los Estados Unidos *the*
   United States
la historia *history*
   la clase de historia *the*
   history class
Jaimito *Jamie (little James)*
Jorge Wáshington *George*
   Washington
Luis *Louis*
el maestro de ceremonias
   the master of ceremonies
el método *the method*
el muchacho *the boy*
la pregunta *the question*

el presidente *the president*
el profesor *the teacher*
   (masc.)
el tonto *the fool*

ADJETIVOS

aplicado,a *studious*
   más aplicado,a *most*
   (more) studious
blanco,a *white*
enfermo,a *sick*
inteligente *intelligent*
   más inteligente *Most (more)*
   intelligent
muerto,a *dead*
normal *normal*
otro,a *another, other*
perezoso,a *lazy*
seguro,a *sure*
tres *three*

VERBOS

aprender *to learn*
¿Conoce . . .? *Are you*
   acquainted with. . .?
contestar *to answer*
creer *to believe*
deber *should, must, to have*
   to
decidir *to decide*
estoy *I am*
   no estoy *I am not*
hacer *to make*
participar *to participate*
saber *to know*
   ¿No sabe Vd.? *Don't you*
   know?
ser *to be*
usar *to use*
¿vas a? *are you* (fam.)
   going to…?

van a *they are going to; you (formal pl.) are going to*	¿Dónde? *Where?*	hoy *today*
	¿Para qué *For what purpose? Why?*	más *most, more*
PALABRAS INTERROGATIVAS	¿Por qué? *Why?*	ninguna *none*
	¿Quién *Who?*	¿No es verdad? *Isn't it true? Right?*
¿Cómo? *How*		primero *first*
¿Cuándo? *When?*	**OTRAS PALABRAS**	pues bien *well, then*
¿Cuántos,as? *How many?*	ésas *those*	que *that*
		ya *already, now*

EJERCICIOS

I. (A) Complete.

1. El señor Fajardo es profesor de _____.

2. Luis es un muchacho _____ y _____.

3. Jaimito no _____ y no _____.

4. Jaimito no sabe que Jorge Wáshington está _____.

5. El profesor ya está _____.

(B) Preguntas personales y generales. Write your answer in a complete Spanish sentence.

1. ¿Quién es el presidente de los Estados Unidos?
2. ¿Cómo está una persona que va al hospital?
3. ¿Para qué debe Vd. ir a la escuela?
4. ¿Cuántos alumnos perezosos están en la clase de español?
5. ¿En qué clase aprende Vd. mucho de los Estados Unidos?

1. _____

2. _____

3. _____

4. _____

5. _____

II. Mixed-up sentences. Can you put the words in the correct order to form complete sentences?

1. el usar métodos otros decide profesor.
2. primero a va contestar Jaimito.
3. en estoy esta historia clase de tres años.
4. ¿vive presidente el dónde?
5. ¿es presidente los Unidos quién el Estados de?

1. _____

2. _____

3. _____

4. _____

5. _____

III. Oral Activities.

A. Describe what is happening in the picture facing page 31.

B. Retell the story. Let classmates add details.

IV. A. Write a note in Spanish to a friend who attends another school now. Ask about the school and his classes in *five* or more questions.

Begin with: **Deseo saber si tu escuela es diferente.**

You may use the following ideas: *Is the school large or small? How many students are there? Where is the school? Who is the favorite teacher and why?*

B. Write a copy of the answer you receive to send to other friends.

ESTRUCTURAS DE LA LENGUA

Simple Negative; Interrogative Words

A. To form the simple negative place **no** before the verb.

Affirmative	*Negative*
1. Ellos cantan hoy. They are singing today.	Ellos **no** cantan hoy. They are not singing today.
2. ¿Cantas tú? Do you sing?	**¿No** cantas tú? Don't you sing?

Rule:

Place **no** before the verb in *both* statements and questions to form the negative.

B. Interrogative words request specific information. They begin the question.

1. **¿Cómo** come Juan? *How* does John eat?

2. **¿Cuándo** come Juan? *When* does John eat?

3. **¿Cuánto** come Juan? *How much* does John eat?

4. **¿Dónde** come Juan? *Where* does John eat?

5. **¿Para qué** come Juan? *For what purpose* does John eat?

6. **¿Por qué** come Juan? *Why* does John eat?

7. **¿Qué** come Juan? *What* does John eat?

8. **¿Quién come?** *Who* (sing. subject) *is eating*?
   ¿Quiénes comen? *Who* (pl. subject) *are eating*?

9. ¿**A quién-es** ve? *Whom does he see?*
   ¿**A quién-es** corre él? *To whom does he run?*

Rules:

1. Interrogative words bear an accent mark on the stressed vowel.

2. **¿Cuánto?, ¿cuánta?, ¿cuántos?,** and **¿cuántas?** when followed by a noun are adjectives and must agree with the noun in gender and number.

3. **¿Quién?** is followed by a third person *singular* verb. **¿Quiénes?** is followed by a third person *plural* verb.

¿Cuán**to** dinero recibes?	How much money do you receive?
¿Cuán**ta** fruta comes?	How much fruit do you eat?
¿Cuán**tos** niños leen?	How many children read?
¿Cuán**tas** chicas estudian?	How many girls study?

STUDY THE RULES, EXAMPLES, AND MODELS BEFORE BEGINNING THE EXERCISES!
ALSO REVIEW LESSON 3, p. 22 — AR, ER, and IR Verbs

Exercises

I. Jaimito is in a very negative mood today. He constantly disagrees with his teacher, Miss Ruiz, who then questions what he said. Write (a) the negative sentence and (b) the negative question, following the model.

Model: *La señorita Ruiz:*   Ana come.
                                                    Ann eats

   a. *Jaimito:*   Ana **no** come.   b. *La señorita Ruiz:*   **¿No come Ana?**
                        Ann doesn't eat   Doesn't Ann eat?

1. Ellos hablan de la chica.   a. _____

   b. _____

2. Vd. canta en la fiesta.   a. _____

   b. _____

3. Tú escribes mucho.   a. _____

   b. _____

4. Nosotros vendemos periódicos.   a. _____

   b. _____

5. Yo vivo en la ciudad.   a. _____

b. _____

II. Write NEGATIVE answers in complete Spanish sentences according to the models.

Model: a. –¿Corre Vd. al parque?   Do you run to the park?
                  –**Yo no corro** al parque.   I do not run to the park.
          b. –¿Y Juan?   And John?
                  –**Juan no corre** al parque.   John does not run to the park.

1. a. ¿Come Vd. mucho en el café?_____

   b. ¿Y los amigos?_____

2. a. ¿Estudias tú por la noche?_____

   b. ¿Y Luis?_____

3. a. ¿Comprenden Vds. todo?_____

   b. ¿Y las alumnas? _____

4. a. ¿Asisten Rosa y tú a la clase?_____

   b. ¿Y Jorge y Elisa?_____

5. a. ¿Abrimos Juan y yo los libros?_____

   b. ¿Y Vds.?_____

III. a. Rewrite the sentence as a QUESTION (¿ ?) using the word in parentheses after **a.**
     b. Write a Spanish ANSWER to the question you formed using the word in parentheses after **b.**

Model: Estudia el español. a. (Quién)   a. –¿**Quién** estudia el español?
         He studies Spanish.   Who studies Spanish?

                              b. (Pablo)   b. –**Pablo** estudia el español.
                                                     Paul studies Spanish.

1. Ana escribe la lección.   a. (Cómo)   b. (de prisa)

   a._____

   b._____

2. Luis toma el tren.   a. (Cuándo)   b. (ahora)

   a._____

   b._____

3. Leen la pregunta.   a. (Cuántos alumnos)   b. (tres alumnos)

   a._____

   b._____

4. La niña y su madre escuchan al Doctor Solar.   a. (Dónde)   b. (en el hospital)

a._____

b._____

5. Mi amigo y yo leemos.   a. (Qué)   b. (la pregunta)

a._____

b._____

6. Recibe la invitación.   a. (Quién)   b. (El chico)

a._____

b._____

7. Preguntan mucho.   a. (Quiénes)   b. (Las chicas)

a._____

b._____

8. Marta y yo escribimos.   a. (A quién)   b. (al padre)

a._____

b._____

9. La alumna aprende muchas cosas.   a. (Por qué)   b. (porque escucha bien)

a._____

b._____

10. Luis compra fruta.   a. (Para qué)   b. (para la fiesta de Ana)

a._____

b._____

IV. Rewrite the QUESTION substituting the subject in parentheses and making the necessary change in the verb. (Review PRESENT TENSE, WORK UNIT 3, pp. 22 and 23.)

Model: ¿Por qué **canta** ella "La Paloma"?   (yo) ¿Por qué **canto yo** "La Paloma"?
         Why does she sing "La Paloma"?   Why do I sing "La Paloma"?

A. ¿Cómo **prepara** ella la lección? 1. (tú) _____

2. (Vd.)._____ 3. (ellos)_____

_____ 4. (nosotros)_____

¿Cuántas papas fritas comes?

B. ¿Qué **canta** Vd.? 1. (yo)_____ 2. (Vds.)_____

3. (Juan y yo)_____

C. ¿Dónde **beben** los animales? 1. (el animal)_____

_____ 2. (nosotros)_____

3. (tú)_____ 4. (Vd.)_____

D. ¿Cuántas papas fritas **comes** tú? 1. (Ana)_____

_____ 2. (ellos)_____

_____ 3. (tú y yo)_____

E. ¿A quién **escriben** ellos? 1. (Pepe)_____

2. (Vd. y yo)_____

3. (las niñas)_____

4. (Vd.)_____

F. ¿No **vive** Vd. en Los Ángeles? 1. (nosotros)_____

_____ 2. (¿Quién?)_____

_____ 3. (¿Quiénes?)_____

G. ¿Cuándo **toman** Vds. el tren? 1. (ella) _____

_____ 2. (su familia)_____

3. (nosotras)_____

H. ¿Para qué **aprende** Vd. el español? 1. (nosotros)_____

_____ 2. (yo)_____

3. (él y ella)_____

I. ¿Por qué **parte** Luisa? 1. (Vd. y yo)_____

_____ 2. (tú)_____

_____ 3. (Vds.)_____

V. A. Write the Spanish equivalent following the word order of the Spanish model.

1. **Ellos no andan a la escuela.**

    a. He is not walking to school. _____

    b. We are not walking to class. _____

    c. Who is not walking to class?_____

2. **¿Cuándo corre ella a casa?**

    a. When do I run home?_____

    b. Juanito, when do you (tú) run home?_____

    c. When does Mr. Torres run well? _____

3. **¿A quién escribo yo?**

    a. To whom (sing.) is she writing? _____

    b. To whom (pl.) are we writing? _____

    c. To whom (pl.) are they writing? _____

B. Write the Spanish equivalent following the word order of the Spanish model. Use the appropriate form of the verb cue given in parentheses.

1. **Aquí no venden periódicos.**

    a. Here they do not buy newspapers. _____

    (comprar)

    b. Here we do not read newspapers. _____

    (leer)

    c. Here you (tú) do not receive newspapers. _____

    (recibir)

2. **¿Cómo bailan Juan y tú?**

    a. How do you (tú) answer, John? _____

    (contestar)

    b. How does Mary understand? _____

    (comprender)

    c. How do we leave? _____

    (partir)

3. **¿Dónde cantas tú?**

    a. Where do we listen? _____

    (escuchar)

    b. Where do you (tú) learn, Anne? _____

    (aprender)

    c. Where do they attend? _____

    (asistir)

4. **¿Por qué describen ellos la ventana?**

    a. Why do you (Vd.) open the window? _____

    (abrir)

    b. Why do we cover the window? _____

    (cubrir)

5. **¿Cuánto dinero deseo yo?**

    a. How much money do we want? _____

    (desear)

    b. How much fruit (fruta) do we sell? _____

    (vender)

    c. How many books do they need? _____

    (necesitar)

6. **¿Quién no come en casa?**

    a. Who (sing.) is not living at home? _____

    (vivir)

    b. *Who (pl.) are not working at home?* _____

    (trabajar)

    c. *Who (pl.) are not answering at home?* _____

                                                                       (responder)

7. ¿Qué no preguntan ellos?

    a. What don't I ask?_____

                                                                        (preguntar)

    b. What don't we write?_____

                                                                         (escribir)

    c. What doesn't she practice?_____

                                                                         (practicar)

VI. **Oral Proficiency.** Act your part, *tú*. Let a classmate act the parts of Gloria and Felipe. (You may *later write* your completed script for additional practice.)

A. **Situation:** Your friends, Gloria and Felipe, invite you to participate in a contest. You ask for information about it in *five* or more questions.

Felipe y Gloria: ¡Vamos a participar en un concurso de historia! Tú sabes mucha historia.
Tú: Bueno, pero primero necesito saber unas cosas de su concurso _____

You may use your own or the following ideas: *When is the contest? What history is it necessary to know? How many students participate? Who are they? How do they prepare for the contest? How much does the best student receive?*

B. Gloria and Felipe answer your questions.

GUAVA MARMALADE

LaVictoria

MOLE POBLANO
CHILI GRAVY MIX
FOR POULTRY & MEATS

**SALSA CASERA
MEXICANA**
Con toda confianza... es
HERDEZ ®

PESO NETO 215 g.

SERVING
SUGGESTION

ribas

CALDO GALLEGO

INGREDIENTES

CALDO
VERDURAS (GRELOS)
ALUBIAS
PATATA
Y SAL

INSTRUCCIONES

Viértase el con-
tenido en una
cacerola y aña-
dase una canti-
dad igual de agua
y un poco de sal a gusto y se
pone a hervir unos minutos,
obteniéndose 3 o 4 platos de
sabroso caldo.

GARANTIA. Producto elaborado bajo
mi inspección con materias primas
en perfectas condiciones sanitarias.
El Veterinario I. S.

PRODUCT OF SPAIN

.A.
(pain)

GALICIA STEW
CALDO GALLEGO

**NET WEIGHT
13 OZS.**

| R. D. G. D. G. n.° 1713 |
| R. D. G. D. S. n.° 1835 |

PESO
NETO
390 gr.

*Bueno, aquí tiene una docena
de huevos, una botella de leche,
un pan y una libra de mantequilla.*

*Antonio **thinks** it's easy to be a **housewife**. Do*
*you **agree** with him?*

El trabajo de la mujer es fácil

Esta mañana Alicia no está bien. Ella siempre compra las cosas para la casa. Pero hoy es imposible.

Alicia:	Antonio, necesito unas cosas de la tienda de comestibles. ¡Por favor, mi amor! Ésta es una lista de las cosaŝ necesarias.
Antonio:	Mi amor, yo no necesito lista. Yo también compro cosas para la casa. Un tonto necesita una lista. Yo no.

Antonio va a la tienda de comestibles. Entra en la tienda y. . . . no sabe qué comprar. Sin la lista no sabe qué cosas necesitan en casa.

Dependiente:	Buenos días, señor. ¿Qué desea?
Antonio:	Mmmmm. . . La verdad es que no sé. Mi mujer está enferma y necesitamos unas cosas muy importantes en casa.
Dependiente:	Sí, sí. . . . unas cosas importantes como. . . .una docena de huevos, una botella de leche, un pan y una libra de mantequilla.
Antonio:	Ah, muy bien, Está bien.
Dependiente:	Y. . . .un poco de queso, jugo de naranja, y unas frutas como estas manzanas. Todo esto es bueno para la casa.
Antonio:	Muy bien. Y ¿cuánto es todo esto?
Dependiente:	Cinco dólares, cincuenta centavos.
Antonio:	Gracias, adiós.

Antonio paga y regresa a casa. Entra en la casa con los comestibles.

Alicia:	Oh, Antonio. . . . . ¡Exactamente las cosas que necesitamos! ¡Qué inteligente, mi amor!
Antonio:	Oh, eso no es nada. ¡El trabajo de la mujer es tan fácil!

Palabras Nuevas

SUBSTANTIVOS

Alicia   *Alice*
Antonio   *Anthony*
la botella   *the bottle*
el centavo   *the cent*
los comestibles   *the groceries*
　la tienda de comestibles
　　the grocery store
el dependiente   *the clerk*
la docena   *the dozen*
　la docena de huevos   *the*
　　dozen eggs
el dólar   *the dollar*
la fruta   *the fruit*
el huevo   *the egg*
el jugo   *the juice*
　el jugo de naranja   *the*
　　orange juice
la leche   *the milk*
la libra   *the pound*

la lista   *the list*
la mantequilla   *the butter*
la mañana   *the morning*
la mujer   *the wife, the woman*
el pan   *the bread*
un poco de   *a bit of, a little*
el queso   *the cheese*
el señor   *sir, mister*
el trabajo   *the work*
la verdad   *the truth*

VERBOS

comprar   *to buy*
desear   *to wich, to want*
necesitar   *to need*
pagar   *to pay*
regresar   *to return*
(yo) sé   *I know*
va   *he (she) goes; you (formal*
　sing.) go*

OTRAS PALABRAS

adiós   *good-bye*
bien   *well*
　está bien!   *it's all right, fine*
buenos días   *hello, good day*
cinco   *five*
cincuenta   *fifty*
como   *like*
¿cuánto,a?   *how much?*
doce   *twelve*
exactamente   *exactly*
gracias   *thanks*
nada   *nothing, not. . .anything*
siempre   *always*
sin   *without*
tan   *so*
yo no   *not I*
un, una   *a, one*
unos,as   *some*

43

EJERCICIOS

I. Preguntas. Write your answer in a complete Spanish sentence.

1. ¿Por qué no va Alicia de compras hoy? _____

2. ¿Qué necesita Alicia? _____

3. ¿Adónde va Antonio? _____

4. ¿Qué compra Antonio en la tienda? _____

5. ¿Cuánto es todo eso? _____

6. ¿Es Antonio tonto o inteligente? ¿Por qué? _____

II. Word Hunt — Find and circle these words in Spanish.

1.	dozen		9.	bread
2.	eggs		10.	three
3.	cheese		11.	pound
4.	dollars		12.	how much?
5.	cents		13.	things
6.	juice		14.	he leaves
7.	milk		15.	I know
8.	fruit			

D	O	C	E	N	A	H	C
O	L	E	C	H	E	U	U
L	I	N	P	A	N	E	A
A	B	T	R	E	S	V	N
R	R	A	J	U	G	O	T
E	A	V	Q	U	E	S	O
S	E	O	F	R	U	T	A
C	O	S	A	S	A	L	E

III. Oral Activities

A. Describe what is happening in the picture facing page 19.

B. Retell the story. Let classmates add details.

V. A. Write a note in Spanish to your mother who is still at work. You want to help her. In the note ask her what groceries you can buy and how to do so, in *five* or more sentences.

Begin with: **Querida mamá, quiero hacer las compras después de la escuela.**

You may use the following ideas: *What groceries does she need? When does she need the things? How much money is necessary? Where does she buy the groceries? Why doesn't she leave a list of groceries every day?*

B. Your mother answers you. Write her answers.

ESTRUCTURAS DE LA LENGUA

The Indefinite Articles: Un, Una, Unos, Unas.

Un chico canta

Unos chicos cantan

A. Uses of **Un** and **Una**

Un	Una
1. ¿Quiénes son los chicos? Who are the boys? **Un chico** es mi primo. *One* boy is my cousin. El otro es **un alumno** de mi clase. The other is *a* pupil in my class.	2. ¿Quiénes son las chicas? Who are the girls? **Una chica** es mi prima. *One* girl is my cousin. La otra es **una alumna** de mi clase. The other is *a* pupil in my class.

B. Uses of **Unos** and **Unas**

Unos	Unas
1. **Unos chicos** hablan español; otros hablan inglés. *Some (a few) boys* speak Spanish; others speak English.	2. **Unas chicas** estudian el español; otras estudian el inglés. *Some (a few) girls* study Spanish; others study English.

Rules:

1. **Un** and **una** single out *one* out of two or more.
   The English equivalents are *a, an, one.*
   Un precedes a masculine noun. **Una** precedes a feminine noun.

2. **Unos** and **unas** denote some samples of a class or a group.
   The English equivalents are *some, a few.*
   Unos precedes masculine nouns. **Unas** precedes feminine nouns.

3. **Unos pocos,** a few:

Unos pocos dulces A few candies	**Unas pocas** revistas A few magazines

STUDY THE RULES, EXAMPLES, AND MODELS BEFORE BEGINNING THE EXERCISES!

Exercises

I. El profesor Gómez is quizzing your class today. You answer, using the appropriate form of **un** or **una** and the noun followed by **interesante.**

Model: *Profesor:* ¿Qué libro desean?   *Tú:* **Un libro** interesante.
What book do they want?   An interesting book.

1. ¿Qué diccionario es? _____

2. ¿Qué revista desean?_____

3. ¿Qué profesor necesitan?_____

4. ¿Qué periódico prefieren?_____

5. ¿Qué ciudad visitan?_____

6. ¿Qué lección estudian?_____

7. ¿Qué pensión prefieren?_____

8. ¿Qué programa desean?_____

9. ¿Qué día es?_____

10. ¿Qué canción escuchan? _____

II. Write the following response, using the appropriate form of **un** and **una** and the noun in the singular: << **No. Solamente _____ _____. >>**

Model: ¿Deseas todos los libros?   No. Solamente **un libro.**
Do you want all the books?   No. Only *one book.*

1. ¿Necesitas todos los cuadernos?_____

2. ¿Estudias todas las palabras?_____

3. ¿Escuchas todas las frases?_____

4. ¿Usas todos los lápices?_____

5. ¿Estudias todos los idiomas?_____

III. Write the following negative response, using the appropriate form of **unos** or **unas** and the noun in the plural: << **No. Solamente** _____ _____. >>

> Model: ¿Deseas todos los dulces?   No. Solamente **unos dulces.**
>   Do you want all the candy?   No. Only *some* candy.

1. ¿Usas todos los periódicos?_____

2. ¿Deseas todas las revistas?_____

3. ¿Estudias todas las lecciones?._____ _____

4. ¿Escuchas todos los programas?_____

5. ¿Visitas todas las ciudades?_____

IV. Complete using the appropriate indefinite article: **un, una, unos,** or **unas.**

Entro en _____ tienda de comestibles. Compro _____ huevos, _____ botella
        1. (a)   2. (a few)   3. (one)

de leche, _____ pan y _____ manzanas.
        4. (one)   5. (some)

V. Complete using the appropriate indefinite article: **un, una, unos** or **unas.**

Asisto a _____ escuela grande. Hay _____ clases por la mañana y otras por la tarde. En _____
         1   2   3

pocos días no hay clases. Entonces, camino a _____ parque cerca de aquí donde paso _____
                                             4   5

horas al aire libre.

VI.   Oral Proficiency. Act your part, *tú*. Let a classmate act Paco's part. (You may *later write* your completed script for additional practice.)

Situation: You are working after school in a grocery store. Your friend, Paco, enters to buy many things, but he left his list at home. You make *five* or more suggestions to help him.

Paco: Buenas tardes, amigo. Sé que necesito muchas cosas pero no tengo mi lista.
Tú: _____

Paco: Gracias. Eres muy amable.

You may use your own or the following ideas: *¿Necesitas…? ¿Quieres…? ¿Deseas…? ¿Es necesario…? Siempre es importante… Es bueno(a) para la casa…*

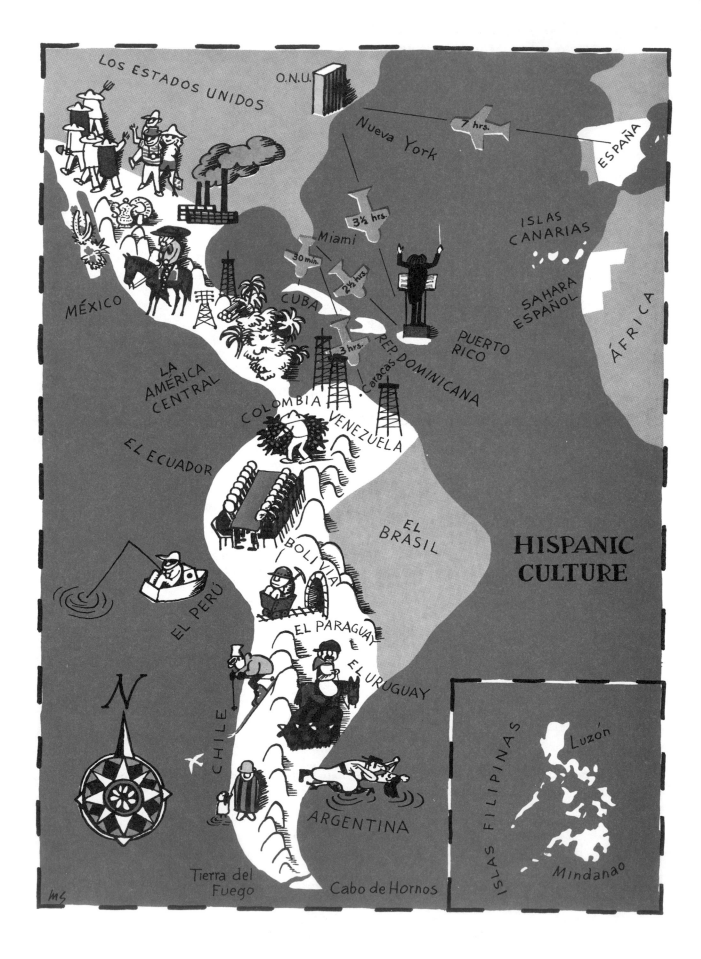

Culture Unit One

Sí, señor. Yo hablo español.

AN INTRODUCTION TO HISPANIC CULTURE IN AMERICA

A. Spanish is among the most widely spoken languages in the world. Its more than 325 million speakers live in Spain, Latin America, and the United States.

1. Boards of Education in many cities, especially in New York City, conduct bilingual programs in the public schools chiefly for the benefit of Puerto Rican, Cuban, Mexican-American, and other Latin-American children.

2. Our Spanish-speaking Puerto Rican neighbors are citizens of the United States, and are qualified to vote on the mainland of the United States simply by meeting state residence requirements.

3. A national High School Equivalency Test in Spanish enables Spanish-speaking adults to receive a High School Equivalency Diploma.

4. There are more than 24 million Spanish-speaking people in the United States.

5. Approximately one-fourth of the population of New York City speaks Spanish. Other cities in the United States have even greater proportions of Hispanic residents, e.g., Miami, Florida and San Antonio, Texas.

GEOGRAPHIC RELATIONS

B. The Spanish-speaking countries of the Caribbean, Central America, and northern South America are close neighbors of the United States.
The distance from Miami to some of our Latin-American neighbors is one-third less than the distance between New York and Miami.

1. Cuba is less than 90 miles from Florida, only minutes away by jet plane.

2. Puerto Rico is less than 3½ hours from New York City and only 2½ hours from Miami.

3. Mexico and the United States have a common border touching Texas, New Mexico, Arizona, and California.

4. Panama, Colombia, and Venezuela are just 3 hours away by jet from Florida.

Political, Economic, and Cultural Relations

C. The physical closeness of the United States and Latin America has produced a series of political ties and a need for harmonious interdependence.

1. **The Organization of American States** (O.A.S.), formerly the Pan American Union, is made up of all the countries in the Americas that have pledged to seek peaceful and progressive solutions to common problems.

2. **The Association between Puerto Rico and the United States:** After the War of 1898 Spain gave Puerto Rico as a colonial possession to the United States. Puerto Rico has developed from a United States possession to the position of an associated state of the United States. The inhabitants of Puerto Rico are citizens of the United States and have their representative in the United States Congress, but they do not have complete statehood in the United States or a vote in Congress.

3. **Operation Bootstrap (Fomento):** Puerto Rico's program to create employment, industry, and tourism has greatly increased North American investment throughout the island.

4. The United States, Canada, and all 21 Latin-American republics are members of the **United Nations,** the headquarters of which are in New York City.

D. One of the most important goals of the Organization of American States (O.A.S.) has been to encourage the economic development of all member nations through programs of economic assistance such as these:

1. **The Alliance for Progress** (*La Alianza para el Progreso*): A program of modernization whose purpose is to foster economic and agricultural progress in Latin America.

2. **Peace Corps** (*Cuerpo de Paz*): A program in which young Americans from the United States work closely with the people of the villages of Latin America to raise their standard of living.

3. **Intercontinental Trade:** Latin America uses the machinery and the capital of North American investors, while the United States, in turn, receives fruit from Central America, coffee from Colombia, tin from Bolivia, oil and silver from Mexico, and meat from Argentina, to name just a few Latin American exports.

E. Films, records, books, and intercontinental television represent a part of the cultural exchange among the Americas. More than 24 million Spanish-speaking people live in the United States, and an equally impressive number of travelers from the United States spend their vacations and conduct business in Latin America.

Popular and Fine Arts

1. a. Many Latin-American dances have had a lasting effect in the United States.
   Cuba: **Rumba, Conga** (Afro-Cuban origin), **Cha-cha-cha, Mambo**
   Argentina: **Tango**   Dominican Republic: **Merengue**

   b. North American bands that play Latin-American music use these instruments:

la guitarra   **las claves**   **el bongó**   **las maracas**

2. a. The great Mexican murals and paintings of **Diego Rivera, Orozco,** and **Siqueiros** have influenced many artists in the United States.

   b. The annual Casals Festival of music, inspired by the world's greatest cellist, Spanish-born **Pablo Casals,** who lived in Puerto Rico, attracts musicians and classical music fans from the whole world to Casals' adopted home.

   c. The folktunes of Mexico are the basis of **Aaron Copland's** (U.S.A.) orchestral work, **El Salón México**, and influenced **A Latin-American Symphonette**, composed by **Morton Gould** (U.S.A.).

Some Prominent Hispanic American Men and Women In Our Times

F. The following people represent a partial selection of prominent Latin or Spanish Americans. Many accomplished men and women have provided us with the benefit of their special talents. New students of Spanish may already be familiar with some of their names.

1. **Performing Artists**

   Alicia Alonso (Cuba) is artistic director of Cuba's national ballet company.

   Claudio Arrau (Chile) is a world-famous pianist and interpreter of Beethoven.

   Carlos Chávez (Mexico), a great musician and composer, was conductor of the National Symphony Orchestra of Mexico.

   Plácido Domingo (Spain; raised in Mexico) sings regularly with the world's opera companies.

   José Feliciano (Puerto Rico) is an internationally known guitarist and singer.

   Raúl Julia (Puerto Rico) has performed in New York City's Shakespearean productions in Central Park and in Broadway theaters. He is a major actor in American films.

   Edward James Olmos (United States) is an actor in the theater, in television and in films. He played the inspiring teacher in *Stand And Deliver.*

2. **Writers and Poets**

   Miguel Angel Asturias (Guatemala) is another of several Nobel Prize winners in Latin America; his novels deal with dictatorships in Centeral America and their exploitation of the people.

   Jorge Luis Borges' (Argentina) short stories in *Ficciones* have won him the praise of the world's readers.

   Juan Ramón Jiménez (Spain) was also a Nobel Prize winner and one of the Spanish writers who lived in Latin America after Franco's rise to power in Spain.

   Gabriel García Márquez (Colombia) won the Nobel Prize for Literature (1982). His novel, *Cien años de soledad* (*One Hundred Years of Solitude*), has become a modern classic; its brilliant story-telling technique and use of the imagination attract readers everywhere.

   Pablo Neruda's (Chile) Nobel Prize for Poetry in 1971 was long awaited by both poets and readers. His award recalls the same award won by Chile's *Gabriela Mistral* in 1945.

3. **Public Figures**

   Umberto Calderón Bertí (Venezuela), Minister of Energy and Mines of Venezuela, was President of the 1979 OPEC conference of oil-producing nations.

   Lauro Cavazos and *Manuel Luján, Jr.* (United States) are Secretaries of Education and of the Interior in the cabinet of President George Bush.

   Javier Pérez de Cuéllar (Peru) was recently the Secretary General of the United Nations.

   Franklin Chang-Díaz (Costa Rica) flew with the crew of the spaceship *Columbia. Sidney Gutiérrez* (United States) is another distinguished astronaut.

   César Chávez (United States) devoted his energy and his courage to help found the United Farm Workers of America.

51

Adolfo Pérez Esquivel (Argentina) received the Nobel Prize for Peace in 1980. *Alfonso García Robles* (Mexico) received it in 1982.

Felisa Rincón (Puerto Rico) is the former mayor of San Juan, a position she held with political wisdom and strength for 22 years.

4. **Sport Figures**

Roberto Cabañas (Uruguay) is the Hispanic world's leading soccer player.

Roberto Clemente (Puerto Rico) was not only a great baseball player but is remembered as a hero who lost his life during an airflight to aid the victims of an earthquake in Central America.

Lee Treviño and *Nancy López* (United States) and *Seve Ballesteros* (Spain) continue to rank among the world's best golfers.

Arantxia Sánchez (Spain) was the winner of the French Open Tennis Championship in 1981.

Rafael Santana (Dominican Republic) and *José Canseco* (Cuba) are among the major league baseball players who work to help young people.

5. **Entertainers**

Rubén Blades (Panama) is an actor, singer, and political activist.

Gloria Estefan (Cuba) has impressed the Hispanic world with her singing.

Los lobos (Mexico and the United States) is a rock group that turned a traditional Mexican song, "La bamba," into a national rock craze in the United States.

Menudo (Puerto Rico) is so named because only teenagers may belong to this popular singing group.

Jimmy Smits (Puerto Rico) has had his photograph on the covers of magazines all over the United States. His acting has helped popularize several television series and films.

Exercises

I. Write the letter of the correct answer on the *line* in the right column.

1. There are more than . . . . . . speakers of Spanish in the world.
   a. 100 million   b. 225 million   c. 300 million   d. 400 million   _____

2. Cuba is less than . . . . . miles from the coast of Florida.
   a. 100   b. 90   c. 80   d. 70   _____

3. Puerto Rico is only . . . . . . hours by jet from New York.
   a. 4½   b. 3½   c. 2½   d. 1½   _____

4. Texas, New Mexico, Arizona, and . . . . . . border on Mexico.
   a. California   b. Florida   c. Colorado   d. Mississippi   _____

5. There are more than . . . . . . Spanish-speaking people in the United States.
   a. 2 million   b. 3 million   c. 4 million   d. 14 million   _____

6. In the U.S. Spanish-speaking citizens like all others qualify to vote without tests in
   a. Spanish and English   b. Spanish only   c. Portuguese   d. any language   _____

II. Match the following items:

a.	Bolivia	1. ___Fomento	
b.	Operation Bootstrap	2. ___Colombia	
c.	21	3. ___ballet	
d.	Alicia Alonso	4.___republics	
e.	coffee	5.___tin	
f.	Mexico	6.___Central America	
g.	1898	7.___ Organization of the Americas	
h.	fruit	8.___War with Spain	
i.	O.A.S.	9.___oil and silver	
j.	claves	10.___instrument	

III. Write the letter of the word best associated with the *italicized* word.

1. *tango*	a. drink	b. dance	c. instrument	d. food ___
2. *García Márquez*	a. novelist	b. play	c. politician	d. dancer ___
3. *Felisa Rincón*	a. song	b. Chicago	c. author	d. mayor ___
4. *cello*	a. Treviño	b. Casals	c. Vilas	d. Rivera ___
5. *Secretary General*	a. Julia	b. Mistral	c. Feliciano	d. Pérez de Cuéllar ___
6. *Neruda*	a. instrument	b. dancer	c. poet	d. cello ___
7. *merengue*	a. dance	b. food	c. instrument	d. drink ___
8. *López*	a. baseball	b. racing	c. golf	d. dance ___
9. *Borges*	a. pitcher	b. dancer	c. singer	d. writer ___
10. *Plácido Domingo*	a. dance	b. opera	c. Ferrer	d. Casals ___

IV. Complete the following statements from the selection below.

1. A world-famous pianist from Chile is: _____

2. Copland used Mexican folktunes in his orchestral work,_____

3. The music festival in Puerto Rico is called Festival _____

4. Clemente and Santana are famous names in _____

5. The labor organizer of farm workers is _____

6. Gould used Latin-American rhythms in his work, _____

7. Drums of varying sizes, beaten with the hands, are _____

8. Raúl Julia is a famous Puerto Rican _____

9. Puerto Rico is just 2½ hours by jet from_____

10. Cuba is famous for its dance called la_____

Selection: baseball, El Salón México, rumba, Casals, bongós, Latin-American Symphonette, Miami, Claudio Arrau, César Chávez, actor.

V. Hispanic Who's Who Today

A.   What do they have in common? Complete from the selection below.

1. Manuel Luján, Jr., is a distinguished member of President Bush's cabinet, and so is

_____

2. Seve Ballesteros is an internationally known golfer, as is _____

3. Franklin Chang-Díaz is an astronaut for the United States. _____

4. Los Lobos is a musical group; _____ is another one.

5. Jimmy Smits is a well-known actor, as is _____

**Selection: José Canseco, Menudo, Lee Treviño, Eddie Olmos,
Sidney Gutiérrez, Lauro Cavazos**

B.   How are these people different from one another? Complete from the selection below.

1. Arantxia Sánchez is a young new _____ champion.
2. Xavier Suárez is a distinguished _____
3. Gloria Estefan is the new rage as a "latin" _____
4. Roberto Cabañas is the internationally known _____ star.
5. Rafael Santana is one of the leading _____ players.

Selection: singer, mayor, tennis, president of his country, soccer, baseball.

BOLAS DE NIEVE

PEANUTS strips ©1990 United Feature Syndicate, Inc.

Vocabulario: bolas de nieve *snowballs*
                listo *ready*

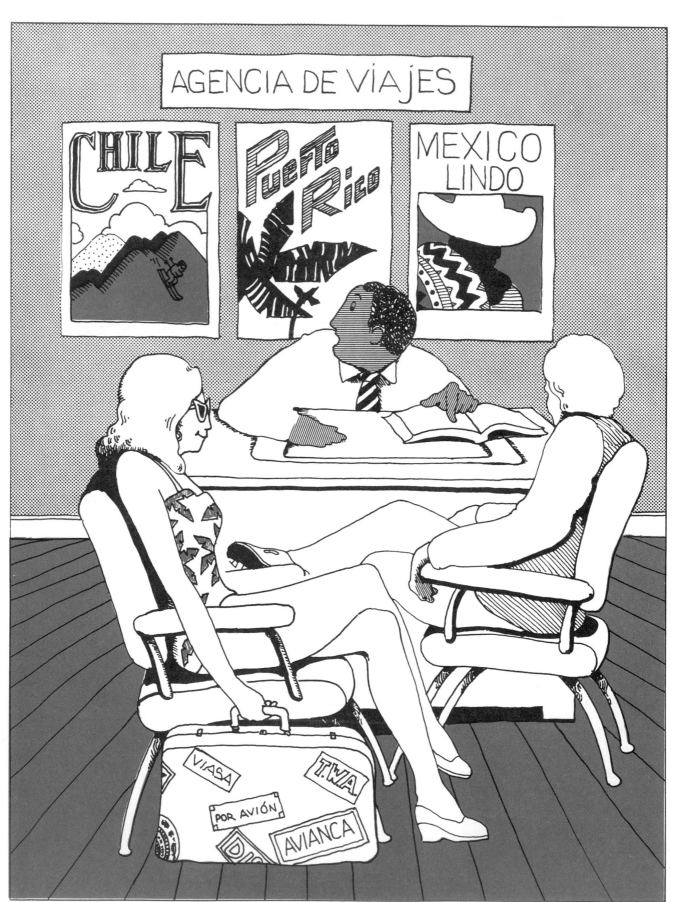

Los esposos, Marta y Miguel,
hacen sus planes de verano.

Where would you like to go on your vacation?
Miguel thinks he's going to a tropical paradise.

Vamos a un país tropical

Es el mes de mayo. Los esposos Marta y Miguel hacen planes para las vacaciones de verano.

Marta: Ay, Miguelito, este verano quiero descansar en una playa bonita, y mirar el mar y un sol brillante.

Miguel: Bueno, mi amor. Yo prefiero tomar las vacaciones en el otoño o en la primavera cuando no hace calor. Pero si tú quieres, vamos a un país tropical. Allí nadamos y tomamos el sol.

Marta: Muy bien. Entonces mañana vamos a la agencia de viajes. Así, en junio pasamos cuatro semanas de vacaciones en una playa bonita.

Al día siguiente, a las nueve de la mañana, Miguel y su esposa están en la agencia de viajes. Hablan con el empleado.

Empleado: Bueno. ¿Cuándo y adónde desean Vds. ir?

Miguel: A Sudamérica y en junio. Deseamos pasar un mes en Chile, en la famosa playa de Viña del Mar, para nadar y tomar el sol. ¿Qué tiempo hace? Hace buen tiempo. ¿Verdad?

Empleado: Pero … señores. … Chile no es el Caribe. ¿Mucho sol y calor en junio en Chile? Señores, en junio es el invierno allí. ¿No saben Vds. que en muchos países de Sudamérica las estaciones son diferentes? Cuando hace calor aquí, hace frío allí. Pero, si Vds. desean *esquiar* en Chile, en junio es posible.

Palabras Nuevas

SUBSTANTIVOS

la agencia de viajes   *the travel agency*
el calor   *the heat*
el empleado   *the clerk, the employee*
la esposa   *the wife*
los esposos   *the couple (husband and wife)*
la estación   *the season*
el invierno   *the winter*
junio   *June*
el mar   *the sea*
Marta   *Martha*
mayo   *May*
el mes   *the month*
Miguel   *Michael*
   Miguelito   *Mike*
el otoño   *the autumn*
el plan   *the plan*

la playa   *the beach*
la primavera   *the spring*
la semana   *the week*
señores   *sir and madam*
el sol   *the sun*
las vacaciones   *the vacation*
el verano   *the summer*
   las vacaciones de verano   *the summer vacation*

ADJETIVOS

bonito,a   *pretty*
brillante   *brilliant, shiny*
cuatro   *four*
diferente   *different*
este (m. sing.)   *this*
famoso,a   *famous*

VERBOS

esquiar   *to ski*

hace calor   *it is hot*
hace frío   *it is cold*
nadar   *to swim*
pasar   *to spend (time)*
prefiero   *I prefer*
quieres   *you (fam. sing.) want*
tomar   *to take*
tomar el sol   *to sunbathe*
vamos   *we are going*

OTRAS PALABRAS

a las nueve de la mañana   *at 9 A.M.*
al día siguiente   *on the following day*
allí   *there*
entonces   *then*
si   *if*

EJERCICIOS

I. (A) Preguntas. Write your answer in a complete Spanish sentence.

1. ¿Dónde desea Marta descansar?
2. ¿Quién prefiere pasar las vacaciones donde no hace calor?
3. ¿En qué país quieren nadar y tomar el sol en junio?
4. ¿Cuál es la estación en Chile en junio?
5. ¿Cuándo es posible esquiar en Chile?

1. _____

2. _____

3. _____

4. _____

5. _____

(B) Preguntas personales y generales. Write your answer in a complete Spanish sentence.

1. ¿Qué tiempo hace hoy?
2. ¿Adónde quiere Vd. ir para pasar sus vacaciones?
3. ¿En qué país hace siempre sol y calor?
4. ¿Adónde va todo el mundo para nadar?
5. ¿En qué meses hace mucho frío?

1. _____

2. _____

3. _____

4. _____

5. _____

II. Unscramble the following words and place them in the proper boxes.

1. PRIAVREAM
2. SEM
3. ROMA
4. YOMA
5. INOVERIN
6. LOS

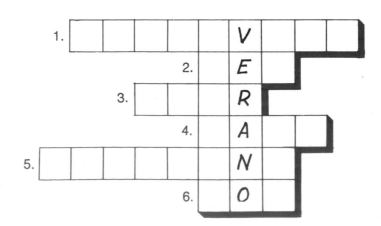

III. Place the following sentences in the order in which they occurred in the story.

1. Miguel prefiere el otoño.
2. Quieren pasar un mes en Chile.
3. Marta y Miguel hacen sus planes.
4. Los esposos van a una agencia de viajes.
5. Marta quiere ir a un país tropical.

1. _____

2. _____

3. _____

4. _____

5. _____

IV. Oral Activities.

A. Describe what is happening in the picture facing page 57.

B. Retell the story. Let classmates add details.

V. **Write a note** in Spanish to interest your cousin in joining you on a summer vacation. Explain your plans.

Begin with: **Las vacaciones de verano van a ser muy bonitas.**

You may use the following ideas: *Where it is good to spend the summer; what the weather is like there; in which month it is possible to go; what you prefer to do there; how many weeks or months you want to spend there; does your cousin wish to go there too?*

ESTRUCTURAS DE LA LENGUA

Cardinal Numbers: 1-31; Time: Days, Months, Dates, Seasons

1. uno (un, una)	11. once	21. veinte y uno (un, una)
2. dos	12. doce	22. veinte y dos
3. tres	13. trece	23. veinte y tres
4. cuatro	14. catorce	24. veinte y cuatro
5. cinco	15. quince	25. veinte y cinco
6. seis	16. diez y seis	26. veinte y seis
7. siete	17. diez y siete	27. veinte y siete
8. ocho	18. diez y ocho	28. veinte y ocho
9. nueve	19. diez y nueve	29. veinte y nueve
10. diez	20. veinte	30. treinta
		31. treinta y uno (un, una)

A. Arithmetic Examples

1. **Quince y diez son veinte y cinco.**	15 plus 10 are 25.
2. **Treinta menos diez son veinte.**	30 minus 10 are 20.
3. **Seis por dos son doce.**	6 times 2 are 12.
4. **Veinte dividido por cinco son cuatro.**	20 divided by 5 equals 4.

B. One

---

1. **Un libro** está en la mesa.   *One* book is on the table.

2. Hay **veinte y un alumnos.**   There are *21* pupils.

3. El cuaderno tiene **treinta y una páginas.**   The notebook has *31* pages.

Rules:

1. **Uno,** indicating *one,* shortens to **un** before a masculine singular noun and changes to **una** before a feminine singular noun, whether alone or after **veinte** and **treinta.**

2. The numbers 16-19 are combinations of **diez.** Alternate forms are **dieciséis, diecisiete, dieciocho, diecinueve.**

3. **Veinte y uno** may be written as **veintiuno,** etc. Note the accent mark, however, on **veintidós** and **veintitrés.**

C. Telling Time

---

1. ¿Qué hora es?   What time is it?

2. **Es la** un**a.**   It is 1:00 o'clock.

3. **Es la** un**a** y diez (y cuart**o;**   It is 10 minutes after 1:00 (a quarter past;
   y medi**a)**   half past).

4. **Son las** dos.   It is 2:00 o'clock.

5. **Son las** dos menos veinte y cinco.   It is 25 minutes to 2:00 o'clock *or* 1:35.

6. **Son las** dos menos quince.   It is 15 minutes to 2:00 o'clock *or* 1:45.

Rules:

1. One o'clock is feminine *singular;* 2 through 12 o'clock are feminine *plural.* **La** or **las** precede each hour. Use **es la** before **una,** and **son las** before **dos** through **doce** to express *it is.*

2. The hour is generally expressed *before* the minutes. Use **y** to *add* the minutes past the hour.

3. *After half past the hour,* the time is generally expressed in terms of *the next hour less the appropriate number of minutes.* Use **menos** to *subtract* the minutes.

4. Two forms of *P.M.* are used: For the afternoon an early evening until dinner, **de la tarde;** for the late evening, *de la noche.* *A.M.* is only **de la mañana.**

D. At What Time?

1. ¿A qué hora toma Vd. las comidas?	At what time do you take meals?
2. Tomo el desayuno a las siete de la mañana.	I eat breakfast at 7 A.M.
3. Tomo el almuerzo a las doce (al mediodía).	I eat lunch at 12 o'clock (at noon).
4. Llego a casa a las tres de la tarde y tomo café o leche.	I arrive home at 3 P.M. and take coffee or milk.
5. En casa tomamos la comida a las seis de la tarde.	At home we eat dinner at 6 P.M.
6. Vamos a la cama y dormimos a las diez de la noche.	We go to bed and sleep at 10 P.M.

Rule:

Use **a** to express *at* in telling time.

E. Days

1. Hoy es sábado. Mañana es domingo.	Today is Saturday. Tomorrow is Sunday.
2. Los días de la semana son: el domingo, el lunes, el martes, el miércoles, el jueves, el viernes, el sábado.	The days of the week are: Sunday, Monday, Tuesday, Wednesday, Thursday, Friday, Saturday.
3. Los sábados son para las tiendas. Los domingos son para descansar.	Saturdays are for shopping. Sundays are for resting.

F. Months and Dates

1. Los meses del año son: enero, febrero, marzo, abril, mayo, junio, julio, agosto, septiembre, octubre, noviembre, diciembre.
The months of the year are: January, February, March, April, May, June, July, August, September, October, November, December.

2. ¿Cuál es la fecha de hoy?	What is today's date?
Hoy es lunes el primero de mayo.	Today is Monday, May 1.
Mañana es martes el dos de mayo.	Tomorrow is Tuesday, May 2.

61

G. Seasons

Las estaciones del año son **la primavera, el verano, el otoño, el invierno.**
The seasons are spring, summer, fall, winter.

Rules:

1. Days
   After forms of **ser** omit **el** before the day: **Es lunes.** *It is Monday.*
   Days are generally written in small letters entirely.

2. Months and dates.
   a. Months are generally written in small letters entirely.
   b. In writing the date, the number is generally given before the month: **el primero de enero.**
      Primero is used for the first of the month. The rest of the month is expressed in cardinal numbers: **el dos, el tres, etc.**

3. Seasons
   Seasons are generally written in small letters and generally require the use of the appropriate article, e.g., **la primavera,** *spring.*

STUDY THE RULES, EXAMPLES, AND MODELS BEFORE BEGINNING THE EXERCISES!

Exercises

I. Elena is tutoring Luisito, her little brother, in arithmetic. You are Lusito. Read the example aloud and write the answers in Spanish words.

1. Cuatro y cinco son_____

2. Nueve y catorce son_____

3. Tres y siete son_____

4. Once y uno son_____

5. Trece y ocho son_____

6. Diez y siete y trece son_____

7. Ocho por dos son_____

8. Cuatro por dos son_____

9. Treinta y uno menos diez y seis son_____

10. Veinte y nueve menos dos son_____

11. Diez y nueve menos dos son_____

12. Veinte menos seis son_____

13. Diez y ocho dividido por tres son_____

14. Veinte dividido por cinco son_____

15. Quince por dos son_____

II. Abuelita is getting absent minded lately. She is always one day behind. You correct her, naming the day correctly.

Model: *Abuelita:* Hoy es martes.   *Tú:* No es martes. Es **miércoles.**
                    Today is Tuesday.   It is not Tuesday. It is Wednesday.

1. Hoy es lunes._____

2. Hoy es sábado._____

3. Hoy es miércoles._____

4. Hoy es jueves._____

5. Hoy es viernes._____

III. Complete in Spanish

Los meses de primavera son marzo,_____ y _____ . Los meses de verano son
                                        1   2

_____, julio y _____. Los meses de otoño son _____, _____,
    3   4   5   6

y noviembre. Los meses de invierno son _____, _____ y febrero. Celebramos la
                                               7   8

Navidad (Christmas) en el mes de _____. El Día de Año Nuevo (New Year's
                                           9

Day) es el _____ de enero.
               10

IV. Write the appropriate equivalent of *It is* to complete the sentence in Spanish: **Es la** or **Son las.** Then write the time in numbers within the parentheses.

Model: _____**ocho menos diez.** (_____)
       Son las ocho menos diez.   **(7:50)**

1. _____una y quince. (_____)

2. _____dos y media. (_____)

3. _____doce y cuarto. (_____)

4. _____una menos veinte y cinco. (_____)

5. _____once menos cuarto. (_____)

V. Complete in Spanish according to the information given in parentheses.

1. Son las_____ (half-past three P.M.)

2. Regresa a la_____ (quarter to one A.M.)

3. Sale a las_____ (3:40 P.M.)

4. ¿Qué_____(time is it?)

5. Llega_____(at 1:15)

VI. Write the response using the time given in *italics* and the appropriate expression for *A.M.* **(de la mañana)** or for *P.M.* **(de la tarde** or **de la noche).**

Model: —¿Estudiamos por la tarde?   (*a las tres*)   Do we study in the afternoon?

—Sí, estudiamos a las tres **de la tarde.**   Yes, we study at 3 *P.M.*

1. ¿Estudiamos por la tarde?   *a las cinco*

_____

2. ¿Tomamos el almuerzo por la tarde?   *a la una*

_____

3. ¿Dormimos por la noche?   *a las once menos veinte*

_____

4. ¿Toman el desayuno por la mañana?   *a las nueve y media*

_____

5. ¿Estudian por la tarde?   *a la una menos cuarto*

_____

VII. a. Write a *negative* response in a complete Spanish sentence.

 b. Then write a Spanish sentence stating the *next* day, hour, month, or season for each expression in *italics.*

Model: ¿Es hoy *martes el treinta y uno de enero*?

Is today Tuesday, the 31st of January?

 a. Hoy **no es martes el treinta y uno de enero.**

Today is not Tuesday, the 31st of January.

 b. Hoy **es miércoles el primero de febrero.**

Today is Wednesday, the 1st of February.

1.   ¿Es hoy *miércoles el treinta y uno* de *diciembre*?

 a._____

 b._____

2.   ¿Es todavía (still) *la primavera* en el mes de *junio*?

 a._____

 b._____

3.   ¿Son *las doce del mediodía* (noon)?

 a._____

 b._____

4. ¿Llegamos el *miércoles* el *treinta de septiembre*?

   a. _____

   b. _____

5. ¿Celebramos el día de la Navidad el *veinte y cuatro* de *noviembre*?

   a. _____

   b. _____

VIII. Complete the response.

1. ¿Cuáles son los días de la escuela?

   Son _____ _____ (Monday
   through
   _____ Friday)

2. ¿Qué día es para las tiendas?

   _____ es para las tiendas. (Saturday)

3. ¿Qué día es para descansar?

   _____ es para descansar. (Sunday)

4. ¿Cuántos días hay en la semana?

   Hay _____ días en la semana. (seven)

5. ¿Cuántos días hay en el mes de agosto?

   En agosto hay_____ días. (thirty-one)

6. ¿Cuántas horas hay en un día?

   En un día hay _____ horas. (twenty-four)

7. ¿A qué hora entramos en la escuela?

   Entramos _____ (at half-past 8 A.M.)

8. ¿Cuántas alumnas hay en la clase?

   Hay_____ alumnas. (twenty-one)

9. ¿A qué hora regresamos a casa?

   Regresamos _____ (3:25 P.M.)

10. ¿A qué hora vamos a la cama?

    Vamos _____ (10:40 P.M.)

IX. Oral Proficiency. Act your part, *tú.* Let a classmate act Julio(a)'s part. (You may *later write* your completed script for additional practice.)

Situation: You and your new friend, Julio(a), planned a vacation together after your June graduation. But Julio(a) is hesitating now. You telephone to persuade your friend to go with you.

Julio(a): Pero, ahora no sé si quiero ir. ¿Cuándo es la fecha para viajar?
Tú: _____

Julio(a): Hay mil cosas para preparar para la universidad.
Tú: _____

Julio(a): ¿Cuánto dinero es necesario para pasar una semana allí?
Tú: _____

Julio(a): ¡Imposible! Necesito el dinero para la universidad.
Tú: _____

Julio(a): Mmm. Bueno, si crees que vamos a gozar mucho.
Tú: _____

You may use your own or the following ideas: *Give a date in early August. Tell how many thousands of interesting things there are there, and how many hundreds of dollars you two need. Suggest that if your friend is going to work in July, he (she) is going to earn more money. Say, "Congratulations. We are going to have a good time."*

PEANUTS strips ©1990 United Feature Syndicate, Inc.

Vocabulario:
copos de nieve *snowflakes*
estoy contando *I am counting*
perder tiempo *to waste time*
ya *already*

PEANUTS strips ©1990 United Feature Syndicate, Inc.

Vocabulario:
has contado *you have counted*
han caído *have fallen*
lo apunté *I wrote it down*
lo mismo *the same*

¿Estás ocupada esta noche,
o quieres ir al cine?

Do girls really go for football players? Paco is going to find out.

Así es la vida

Paco Pérez sale de la clase de inglés, y allí, delante de él, ve a Josefina Jiménez, la muchacha más bella de la escuela. Ésta es la perfecta oportunidad para hacer una cita con ella. En este momento, el libro que Josefina trae, cae al suelo. ¡Perfecto! Paco pone el libro en la mano de Josefina y dice:

Paco: Perdone, señorita. ¿Es éste su libro?

Josefina: Ah, sí. Gracias, muchas gracias.

Paco: Vd. no me conoce. Soy Paco. . .Paco Pérez. ¿Tiene Vd. unos minutos para conversar?

Josefina: Gracias, no. Voy ahora a mi clase de álgebra.

Paco: Entonces, ¿después de las clases? ¿Tiene Vd. tiempo libre para tomar una Coca Cola?

Josefina: Gracias, pero tengo mucho trabajo esta tarde.

Paco: Pues, este sábado dan una película muy buena. Vengo en mi coche a las siete, si Vd. quiere.

Josefina: No, gracias. Voy a estudiar todo este fin de semana. Tengo muchos exámenes. Quizás la semana próxima. Ésta es mi clase. Hasta luego.

Una hora más tarde, Alejandro Hombrón, capitán del equipo de fútbol, ve a Josefina en la cafetería.

Alejandro: ¡Hola, Josefina! ¿Qué tal? Oye ¿estás ocupada esta noche o quieres ir al cine?

Josefina: Sí, por supuesto, Alejandro, con mucho gusto. ¡Tú eres tan amable!

Palabras Nuevas

SUBSTANTIVOS

Alejandro *Alexander*
la cafetería *the cafeteria*
el capitán *the captain*
el cine *the movie theater, the "movies"*
la cita *the appointment, the date*
la clase de álgebra *the algebra class*
la clase de inglés *the English class*
el coche *the car*
el equipo *the team*
los exámenes *the tests*
el fin de semana *the weekend*
el hombrón *the large man*
la hora *the hour, the time*
Josefina *Josephine*

el minuto *the minute*
la oportunidad *the opportunity*
la película *the film, the movie*
el sábado *(on) Saturday*
la tarde *the afternoon*
el tiempo *the time (period of time)*
la vida *the life*

ADJETIVOS

amable *kind*
bello,a *beautiful*
libre *free*
ocupado,a *busy*
perfecto,a *perfect*

VERBOS

caer *to fall*

conocer *to be acquainted with*
Vd. no me conoce. *You don't know me.*
conversar *to converse, to chat*
dar *to give*
dice *he (she) says; you (formal sing.) say*
eres *you (fam. sing.) are*
estás *you (fam. sing.) are*
¡oye! *listen!, hear! (fam. sing.)*
¡perdone! *pardon (formal sing.)*
poner *to place, to put*
quiere *you (formal sing.) want; he (she) wants*
quieres *you (fam. sing.) want*
salir *to go out*
soy *I am*

tengo   *I have*

tiene   *you (formal sing.) have;*
   he (she) has

tomar   *to drink*

traer   *to carry, to bring*

vengo   *I come*

ver   *to see*

voy   *I am going, I go*

OTRAS PALABRAS

ahora   *now*

a las siete   *at seven*

al   *to the (masc. sing.)*

   al suelo   *to the floor*

así es la vida   *such is life*

con ella   *with her*

con mucho gusto   *with great*
   pleasure

del   *of the (masc. sing.)*

delante de él   *in front of him*

en este momento   *at this*
   moment

en la mano de   *in the*
   hand of

esta tarde   *this afternoon*

¡hola!   *hi!*

más tarde   *later*

muchas gracias   *many thanks*

por supuesto   *of course*

¿qué tal?   *how are things?*

quizás la semana próxima
   maybe next week

EJERCICIOS

I. (A) Complete.

1. Paco _____ de la clase de inglés.   2. Él _____ a Josefina, la muchacha más

bonita de la escuela, y él desea una _____ con ella.   3. El libro de Josefina _____

al suelo, y Paco _____ el libro entre las manos de Josefina.   4. Paco invita a Josefina

al _____ pero ella dice que está ocupada todo el _____ de _____.

5. Josefina sale con Alejandro porque él es el capitán del _____ de _____.

B. Preguntas personales y generales. Write your answer in a complete Spanish sentence.

1. ¿Adónde va Vd. este sábado?
2. ¿Está Vd. ocupado(a) esta tarde o no?
3. ¿Qué películas dan en el cine?
4. ¿Adónde va Vd. después de su clase de español?
5. ¿Qué hace Vd. cuando tiene unos momentos libres?

1. _____

2. _____

3. _____

4. _____

5. _____

II. Each of the following sets of boxes contains a scrambled sentence. Can you figure the sentences out?

1.

Perdone	¿es	libro?
señorita	éste	su

2.

clase	de	a
voy	mi	álgebra

3.

Josefina	a	de
él	delante	ve

4.

película	dan	buena
este	una	sábado

1. _____

2. _____

3. _____

4. _____

III. Write a summary of the story. Make complete sentences using the following words. You may change the verbs from the infinitive and add any other words you wish.

Model: Paco Pérez/salir/clase/inglés.   Paco Pérez sale de la clase de inglés.

1. Paco/invitar/a Josefina cine _____

2. Josefina no/tener/tiempo libre _____

3. Alejandro/invitar/a Josefina a ver película _____

4. Josefina no/estar/ocupada y salir _____

5. Alejandro/ser/capitán equipo/fútbol _____

IV. Oral Activities.

A. Describe what is happening in the picture facing page 69.

B. Retell the story. Let classmates add details.

V. **Write a note** in Spanish to a new friend. Suggest an interesting date in *five* or more sentences.

Begin with: **Vamos a tener una cita perfecta.**

You may use the following ideas: *Where you two are going; what you are going to see; on what day and at what time your friend wants to go; what you two are going to chat about; isn't it a perfect opportunity to become acquainted with a new friend?*

ESTRUCTURAS DE LA LENGUA

Irregular Verbs of the Present Indicative Tense

A. Verbs that are *irregular* in *one person:* the first person singular, **yo.**

(1) The irregularity is **go.**

hacer *to do, make*	**poner** *to put, place*	**salir** *to leave*
I do the homework.	I put the book here.	I'm leaving now.
Hago la tarea.	**Pongo** el libro aquí.	**Salgo** ahora.
haces	pones	sales
hace	pone	sale
Hacemos la tarea.	Ponemos el libro aquí.	Salimos ahora.
hacéis	ponéis	salís
hacen	ponen	salen

71

(2) The irregularity is **igo.**

caer *to fall*   **traer** *to bring*

I fall into the water.	I bring money.
Caigo al agua.	**Traigo** dinero.
caes	traes
cae	trae
Caemos al agua.	Traemos dinero.
caéis	traéis
caen	traen

(3) The irregularity is **oy.**

dar *to give*   ***ir** *to go*

I give thanks	I go there
Doy las gracias.	**Voy** allá.
das	**vas**
da	**va**
Damos las gracias.	**Vamos** allá.
dais	**vais**
dan	**van**

***Ir,** *to go,* acquires the letter **v** at the beginning of each verb form. To the letter **v** are added endings like those of **dar: oy, as, a, amos, ais, an.**

***Ir** is, therefore, irregular in all persons; and its forms in the present tense rhyme with those of the **ar** verb **dar.**

(4) The irregularity is **eo**   (5) The irregularity is **é**   (6) The irregularity is **zco**

ver *to see*   **saber** *to know* (facts)   **conocer** *to know* (persons, places)

I see everything.	I know a great deal.	I know John.
Veo todo.	**Sé** mucho.	**Conozco** a Juan.
ves	sabes	conoces
ve	sabe	conoce
Vemos todo.	Sabemos mucho.	Conocemos a Juan.
veis	sabéis	conocéis
ven	saben	conocen

B. Verbs that are *irregular* in *four persons.*

   (1) The irregularities are **go** and **ie**

tener *to have*   **venir** *to come*

I have time.	I come home.
Tengo tiempo.	**Vengo** a casa.
tienes	**vienes**
tiene	**viene**
Tenemos tiempo.	Venimos a casa.
tenéis	venís
tienen	**vlenen**

Rules for **tener** and **venir:**

1. **Tener** and **venir** have similar *stems.*

2. The *irregular* verb forms are in the first, second, and third persons singular and in the third person plural: **yo, tú, él, ella, Vd.** and **ellos-as, Vds.**

3. Regular verb forms are in the first person plural and in the second person plural: **nosotros-as** and **vosotros-as**

C. Verbs that have *speical irregularities* in *four persons.*

decir *to tell*   **oír** *to hear*

I tell the truth.	I hear the song.
Digo la verdad.	**Oigo** la canción.
dices	**oyes**
dice	**oye**
Decimos la verdad.	Oímos la canción.
decís	oís
dicen	**oyen**

Rules for **decir** and **oír:**

1. The *irregular* verb forms are in the first, second, and third persons singular, and in the third personal plural: **yo, tú, él, ella, Vd., ellos-as, Vds..**

2. The only regular verb forms are those for **nosotros-as** and **vosotros-as.**

STUDY THE RULES, EXAMPLES, AND MODELS BEFORE BEGINNING THE EXERCISES!

Exercises

I. Rewrite the model sentence using the appropriate form of the verb in parentheses.

Model: **Yo preparo la tarea.**   (escribir) **Yo escribo** la tarea.
           I prepare the homework.   I write the homework.

1. (ver) _____   4. (hacer) _____

2. (traer) _____   5. (decir) _____

3. (tener) _____   6. (saber) _____

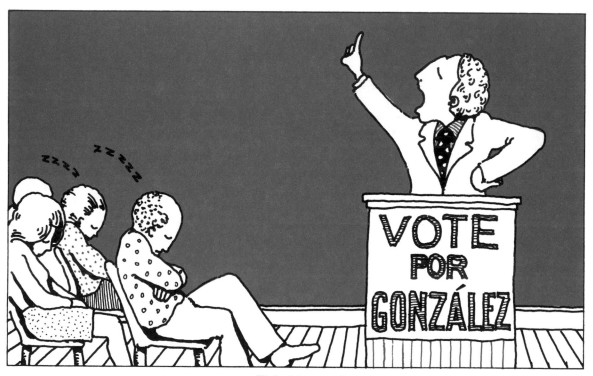

El habla mucho.

II. Write an affirmative answer in a complete Spanish sentence using **yo.**

Model: —¿Quién habla mucho?   **—Yo hablo mucho.**
              Who speaks a great deal?   I speak a great deal.

1. ¿Quién sale ahora?_____

2. ¿Quién conoce a Manuel?_____

3. ¿Quién viene a su casa?_____

4. ¿Quién le trae dinero?_____

5. ¿Quién cae en la calle?_____

6. ¿Quién hace excusas?_____

7. ¿Quién pone el dinero en la mesa?_____

8. ¿Quién va al cine con Manuel?_____

9. ¿Quién oye la música allí?_____

10. ¿Quién le da las gracias?_____

III. Rewrite the model sentence, substituting the subject suggested in parentheses and making the necessary changes in each verb.

    A. Model: Yo **vengo** a papá, le **digo** hola   (Vds.) Vds. **vienen** a papá, le
                 y le **doy** un beso.   **dicen** hola y le **dan** un beso.

                 I come to father, say hello   You come to father, say hello
                 and give him a kiss.   and give him a kiss.

1. (tú)_____

2. (él)_____

3. (ellos)_____

4. (nosotros)_____

5. (Vd.)_____

6. (yo)_____

    B. Yo **voy** a casa y **oigo** la canción que **tengo** que aprender.
        I go home and hear the song that I have to learn.

1. (tú)_____

2. (el chico)_____

3. (las chicas)_____

4. (tú y yo)_____

5. (Vds.)_____

6. (yo)_____

IV. Write an affirmative answer in a complete Spanish sentence. In **(a)** use **Sí.** In **(b)** use **también.**

Model: a. —¿Toman ellos café?   —**Sí. Ellos toman café.**
                Do they drink coffee?   Yes, they do drink coffee.

            b. —¿Y Vd.?   —**Yo también tomo café.**
                And do you?   I also drink coffee.

1. a. ¿Va Vd. a la escuela?_____

   b. ¿Y ellos?_____

2. a. ¿Oyen ellos el coche? _____

   b. ¿Y tú?_____

   c. ¿Y nosotros?_____

3. a. ¿Dices la verdad?_____

   b. ¿Y Vds.?_____

   c. ¿Y Luisa?_____

4. a. ¿Viene María mañana?_____

   b. ¿Y Vd.?_____

   c. ¿Y nosotros?_____

5. a. ¿Tenemos tiempo?_____

   b. ¿Y tú?_____

   c. ¿Y ellos?_____

6. a. ¿Ve Vd. el animal?_____

   b. ¿Y ellos?_____

7. a. ¿Da Vd. dinero?_____

   b. ¿Y yo?_____

8. a. ¿Trae Juan el periódico?_____

   b. ¿Y tú?_____

9. a. ¿Conoce Vd. al señor?_____

   b. ¿Juan y tú?_____

10. a. ¿Sabe Vd. la fecha?_____

    b. ¿Y ellas?_____

11. a. ¿Sale Vd. temprano?_____

    b. ¿Y nosotros?_____

12. a. ¿Pones tú el diccionario en la mesa? _____

    b. ¿Y tú y yo?_____

13. a. ¿Hace Vd. el ejercicio?_____

    b. ¿Y Vd. y Lola?_____

V. Complete the series telling about your day in school. Use **yo** with the appropriate form of the verb, and the vocabulary in parentheses.

1. (salir de la casa ahora)_____

2. (traer dos libros a la escuela)_____

3. (venir a la clase a las nueve)_____

4. (ver a mis amigos)_____

5. (poner un libro en la mesa)_____

6. (dar el examen al profesor)_____

7. (hacer los ejercicios)_____

8. (decir el vocabulario)_____

9. (saber bien las palabras)_____

10. (tener tiempo para conversar)_____

11. (conocer a un nuevo amigo)_____

12. (oír la música)_____

13. (ir a la cafetería)_____

14. (caer en el corredor)_____

15. (decir: —¡Ay!)_____

VI. Oral Proficiency. Act your part, *tú*. Let a classmate act the part of Carlos. (You may *later write* your completed script for additional practice.)

A. Situation: Your friend, Carlos, calls to invite you to a movie this Saturday. You need to know about the appointment and ask *five* or more questions.

Carlos: ¿Estás ocupado(a) este fin de semana o quieres salir al cine?
Tú: Con mucho gusto _____

You may use your own or the following ideas: *Explain why you have free time and are not busy. Ask whether your friend knows what film you are going to see and to what movie theater you are going; at what time you are leaving for the theater; what you two are doing after the film; when you are coming home.*

B. Carlos answers your questions.

GANA CON WELCH A MILLON

MOTORA, BICICLETAS, JUEGOS COLECO VISION, T-SHIRTS Y MUCHO MAS.

REGLAS DEL CONCURSO:

1. Los representantes de Welch Foods Inc. estarán recorriendo los diferentes pueblos de Puerto Rico durante las semanas del 12 de febrero al 12 de mayo de 1984.

2. Cuando uno de los representantes llegue a tu residencia y diga "Gana con Welch A Millón" muéstrale uno de los productos Welch o facsímil razonable y él te entregará una T-Shirt de Welch, un juguete, jugo de uva Welch y un boleto de participación que debes llenar con nombre y dirección y depositarlo en una pequeña urna que llevan los representantes. Este boleto participará en el sorteo de la semana siguiente a la visita y en el sorteo final del concurso.

3. Comenzando el 18 de febrero de 1984 y durante 13 semanas consecutivas se sorteará una bicicleta para niño o niña de 20 pulgadas, en el programa "A Millón" que se transmite por WAPA-TV, Canal 4. El sábado 12 de mayo de 1984, en adición al sorteo de la bicicleta, se sorteará entre todos los participantes del concurso, una motora de playa Suzuki y cuatro equipos Coleco Vision. Todos los sorteos se llevarán a cabo ante la presencia de un notario público en el programa "A Millón" televisado por WAPA-TV, Canal 4.

4. Los ganadores, además de ser anunciados en el programa "A Millón", recibirán notificación de sus premios por correo certificado. La carta certificada y una identificación razonable deberán ser presentadas al momento de reclamar los premios.

5. Los ganadores están sujetos a ser fotografiados y ser utilizadas sus fotos y nombres en anuncios de prensa sin cobrar por ello.

6. Podrán participar todos los residentes de Puerto Rico, excepto los empleados, familiares cercanos y las agencias de publicidad de Welch Foods Inc., Magna Trading, V. Suárez y Cía. y WAPA-TV, Canal 4.

7. Los premios estarán sujetos a las garantías que ofrece su manufacturero o distribuidor. Welch Foods Inc. no se hace responsable por cualquier accidente que ocurra como resultado de la obtención de los premios.

8. Los premios no reclamados en/o antes del 13 de julio de 1984, caducarán.

9. El concurso está sujeto a todas las leyes estatales y federales que se apliquen.

 Gana con Welch's en sabor.

Aquí tengo dos billetes para
una excursión esta noche para
visitar todos los cabarets.

Who says you get to rest on vacation? Ask Diego.

Una excursión por la ciudad

Diego y su mujer, Hortensia, visitan a los Estados Unidos por primera vez. Deciden tomar un autobús turístico para conocer una de las ciudades grandes. El primer autobús sale a las doce en punto. Diego y Hortensia toman asientos al frente para oír bien al guía. Escuchan con atención la voz del guía quien habla por micrófono.

Guía: Señoras y señores, bienvenidos a esta excursión. Esta tarde vamos a visitar varios sitios interesantes de esta gran ciudad. Primero, vamos al centro para conocer el barrio comercial, los hoteles y los grandes almacenes.

Hortensia: ¡Qué edificios tan altos! ¡Mira, Diego! Tienen al menos veinte pisos.

Diego: ¡Al menos! Ésta es una ciudad famosa por sus rascacielos.

Guía: Y ahora pasamos por el barrio cultural. A la derecha están la Biblioteca Central y el Museo de Arte. A la izquierda. . . .los edificios de la Universidad y varios teatros famosos.

Hortensia: ¡Cuánta gente! ¿Adónde va todo el mundo? ¡Mira! ¡Van debajo de la tierra!

Diego: ¡Claro! Van a tomar los trenes subterráneos. La entrada a la estación está allí.

Guía: Entramos ahora en el parque zoológico. Vamos a estar aquí media hora. Es posible caminar por el parque, mirar los animales, sacar fotografías y tomar un helado.

Después de cuatro horas en el autobús, marido y mujer regresan cansados al hotel.

Diego: Estas excursiones son muy interesantes. Pero estoy cansado. Gracias a Dios, podemos descansar un poco.

Hortensia: ¿Descansar? ¡Mira! Aquí tengo dos billetes para otra excursión esta noche. Vamos a visitar todos los cabarets.

Palabras Nuevas

SUBSTANTIVOS

el almacén *the department store*
el animal *the animal*
el autobús turístico *the tour bus*
el barrio *the district (of a city)*
la biblioteca *the library*
el billete *the ticket*
el centro *downtown; the shopping center*
Diego *James*
la entrada *the entrance*
la estación *the station*
los Estados Unidos *the United States*
la excursión *the short trip, the excursion*
la gente *the people*

¡Gracias a Dios! *Thank heaven! Thank God!*
el guía *the guide*
Hortensia *Hortense*
el marido *the husband*
el parque zoológico *the zoo*
el piso *the floor*
un poco *a little*
el rascacielos *the skyscraper*
señoras y señores *ladies and gentlemen*
el sitio *the place*
la tierra *the ground*
el tren subterráneo *the subway (train)*

ADJETIVOS

bienvenido,a *welcome*
cansado,a *tired*

central *central*
comercial *commercial*
cultural *cultural*
famoso,a *famous*
gran *great*
varios,as *various*

VERBOS

conocer *to become acquainted with, to know*
hablar por micrófono *to talk over the microphone*
oír *to hear*
poder *to be able to, can*
sacar fotografías *to take pictures*
tomar asiento *to take a seat*
tomar un helado *to eat (an) ice cream*

OTRAS PALABRAS

a la derecha   *at the right*
a la izquierda   *at the left*
¿adónde?   *where?*
a las doce en punto   *at twelve sharp*

al frente   *in the front*
al menos   *at least*
con atención   *attentively*
¡Cuánta gente!   *How many people!*
debajo de   *under, beneath*

hasta   *even*
media hora   *a half hour*
por primera vez   *for the first time*
quien   *who*
todo el mundo   *everybody*

EJERCICIOS

I. (A) Preguntas. Write your answer in a complete Spanish sentence.

1. ¿Qué país visitan Diego y Hortensia?
2. ¿Cuándo sale el primer autobús?
3. ¿Cuántos pisos tienen los edificios?
4. ¿Dónde es posible mirar los animales, caminar y sacar fotografías?
5. ¿Para qué tiene Hortensia billetes esta noche?

1. _____
2. _____
3. _____
4. _____
5. _____

(B) Preguntas personales y generales. Write your answer in a complete Spanish sentence.

1. ¿Qué hay en el centro de una ciudad?
2. ¿Dónde corre el tren subterráneo?
3. ¿En qué parte de la ciudad hay muchos rascacielos?
4. Para ver bien una ciudad ¿qué es bueno tomar un autobús turístico o un tren subterráneo?
5. ¿Dónde es bueno descansar cuando Vd. está cansado?

1. _____
2. _____
3. _____
4. _____
5. _____

II. ¿Cómo se dice en español?

1. Welcome to this trip. _____

2. To the left . . . the buildings of the university _____

    _____

3. To the right . . . the Central Library _____

    _____

4. This is a city famous for its skyscrapers. _____

    _____

5. It is possible to walk and to have an ice cream. _____

    _____

III. Match with their definitions. Write the correct letter.

A	*B*
1. el rascacielos _____	a. tienda muy grande
2. el barrio _____	b. sitio donde hay muchos libros
3. la universidad _____	c. edificio muy alto
4. el almacén _____	d. sitio para aprender
5. la biblioteca _____	e. sección de la ciudad

IV. Oral Activities.

A. Describe what is happening in the picture facing page 81.

B. Retell the story. Let classmates add details.

V. A. Write a note in Spanish to a bus company. Ask for information about an excursion to a neighboring city in *five* or more sentences.

Begin with: **Quiero hacer una excursión a** _____.

You may use the following ideas: *where, when and why you are going; where they sell tickets; how much the tickets are; when the buses leave and return.*

B. Write the note that the bus company sends in answer to your questions.

ESTRUCTURAS DE LA LENGUA

Uses of the Preposition *a*

A. **A** indicates direction *toward* or *to*.

To	*To the*
1. Corre **a Pedro.** He runs *to* (toward) Peter.	1. Corre **al chico.** He runs to (toward) *the* boy.
2. Corre **a mi amiga.** He runs *to* (toward) my friend.	2. Corre **a la chica.** He runs *to* (toward) *the* girl.
3. Viaja **a España** y **a Francia.** He travels *to* Spain and France.	3. Viaja **a los países.** He travels *to the* countries.
4. Viaja **a Madrid** y **a París.** He travels *to* Madrid and Paris.	4. Viaja **a las ciudades.** He travels *to the* cities.

Rules:

1. **Al** *to the*: **a** followed by **el** always combines as **al.**

2. **A la, a los, a las:** *to the* never combine.

3. **A** is repeated before each object noun in a series.

B. Personal **A** (Untranslated)

A indicates which person is the direct object. When there are two people, **A** precedes and clarifies the direct object.

Personal object nouns	*Places and things as object nouns*
1. José **visita a mi amiga.** Joe visits *my friend.*	1. José **visita mi casa.** Joe visits *my house.*
2. José **necesita al amigo.** Joe needs *the friend.*	2. José **necesita el libro.** Joe needs *the book.*

Rules:

1. **A** precedes and dignifies object nouns that are *persons,* but **a** is *not* used to dignify object nouns that are *things.*

2. *Personal* **a** does *not* mean *to.* It has *no* meaning in Spanish or in English here other than to introduce personal nouns as objects of the verb.

C. Omission of **a** after **escuchar** *to listen to*, **mirar** *to look at*, and **tener** *to have*

Things: 1. Escucha **el disco.**   3. Mira **el reloj.**
He listens to the record.   He looks at the clock.

Persons: 2. Escucha **al maestro.**   4. Mira **al chico.**
He listens to the teacher.   He looks at the boy.

5. Tiene **un** hermano.
He has a brother.

Rules:

1. **Escuchar** *to listen to* and **mirar** *to look at* include *to* and *at* and do not require **a** when things or places follow. **A** will follow **escuchar** and **mirar** only to introduce a personal object noun.

2. **Tener** *to have* never takes a personal **a** after it.

STUDY THE RULES, EXAMPLES, AND MODELS BEFORE BEGINNING THE EXERCISES!

Exercises

I. Your grandfather is visiting you in your city. He wants to know everything you do. Answer in a complete affirmative sentence, according to the model.

Model: —¿Caminas al parque?   —**Sí, camino** al parque.
          Do you walk to the park?   Yes, I walk to the park.

1. ¿Caminas al centro? _____

2. ¿Viajas al almacén? _____

3. ¿Corres a la tienda? _____

4. ¿Hablas a la chica? _____

5. ¿Corres a los museos? _____

6. ¿Caminas a los parques? _____

7. ¿Regresas a las escuelas? _____

8. ¿Hablas a María? _____

9. ¿Viajas a España? _____

10. ¿Regresas al amigo pronto? _____

II. Rewrite the sentence, substituting the word in parentheses for the word in *italics*. Make necessary changes in the use of **a** and the definite article **el, la, los,** or **las.**

Model: Corro al *parque.*   (ciudad) Corro **a la ciudad.**   (Anita) Corro **a Anita.**
          I run to the park.   I run to the city.   I run to Anita.

          Regreso al *parque.*   I am returning to the park.

1. (oficina) _____

2. (subterráneo) _____

3. (escuelas) _____

4. (parques) _____

5. (casa) _____

6. (biblioteca) _____

7. (centro) _____

8. (autobús) _____

9. (museo) _____

10. (Pedro) _____

III. Rewrite the model sentence, substituting the words in parentheses for the words in *italics*. Make necessary changes in the use of **a** and in the definite article. (Note: **escuchar** means *to listen to*.)

Model: **Escucho** *al maestro* **con atención.** (la canción) Escucho la canción con atención.
          I listen to the teacher attentively.   I listen to the song attentively.

1. (el piano) _____

2. (el alumno) _____

3. (las guitarras) _____

4. (las amigas) _____

5. (los discos) _____

6. (Luis) _____

7. (los señores) _____

8. (la música) _____

9. (la madre) _____

10. (Ana) _____

IV. Write two responses in complete Spanish sentences. Use cues where given.

Model: A. –¿Prefieres el helado?   **–Sí. Prefiero el helado.**
                Do you prefer the ice cream?   Yes, I prefer the ice cream.

             B. –¿A quién prefieres?   (el actor)**–Prefiero al actor.**
                Whom do you prefer?   I prefer the actor.

1. a. ¿Necesitas el lápiz?_____

   b. ¿A quién necesitas? (el amigo) _____

2. a. ¿Visitas los países?_____

   b. ¿A quiénes visitas? (los primos)_____

3. a. ¿Escuchas la radio?_____

   b. ¿A quién escuchas? (la madre)_____

4. a. ¿Prefieres las melodías?_____

   b. ¿A quiénes prefieres? (las niñas)_____

5. a. ¿Miras el programa?_____

   b. ¿A quién miras? (el chico)_____

V. Rewrite the sentence, substituting the word in parentheses for the word in *italics*. Make all necessary changes in the use of **a** and in the definite article *the.*

Model: *Vamos* **al concierto.**   We are going to the concert.
          (Escuchamos) Escuchamos **el concierto.**   We listen to the concert.

1. *Responden* a un profesor.
   (Tienen)_____

2. *Tengo* el libro.
   (Comprendo)_____

3. Escucho *la radio.*
   (profesoras)_____

4. Miras *al actor.*
   (cuadro)_____

5. *Viajan* a la ciudad.
   (Miran)_____

VI. Complete the narrative, with the correct word(s), or write a dash (—) on the blank line if no word is needed. Selection: **a, al, el, la, las, los.**

1. Por la mañana voy _____ escuela. 2. Miro _____ reloj y entro en _____

clase de español. 3. Escucho _____ las preguntas y escucho _____ profesor.

4. En otra clase tengo _____ un buen amigo. 5. Miro _____ mi amigo Juan

cuando él contesta _____ profesora. 6. Escribo _____ una carta _____

Luis y _____ su hermano. 7. No comprendo siempre _____ profesores. 8. Pero

admiro mucho _____ profesor de español. 9. Voy _____ parque con Juan.

10. En casa estudio _____ los libros.

VII. Write the equivalent in a *complete Spanish sentence*, using the vocabulary given.

1. At nine we look at the clock. _____

   A las nueve miramos/reloj _____

2. We go to class and listen to the teacher. _____

   Vamos/clase/escuchamos/profesor _____

3. We have a friend there and we speak to Louis. _____

   Tenemos/amigo allí/hablamos/Luis _____

4. We listen to the answers and copy the words. _____

   Escuchamos/respuestas/copiamos/palabras _____

5. We study the lessons and we understand the teachers. _____

   Estudiamos/lecciones/comprendemos/profesores _____

VIII. Oral Proficiency. Act your part, *tú.* Let a classmate act the part of *el guía,* the guide. (You may *later write* your completed script for additional practice.)

A. **Situation:** You are a tourist in a large Spanish-speaking city. Your tour guide has given you a free afternoon entirely on your own. You need *five* pieces of information about the city.

El guía: ¿Qué desea Vd. saber, señor (señorita)?
Tú: _____

You may use your own or the following ideas: *Does he know the city and people well? Is it necessary to know Spanish in order to speak to the people? Does the subway go to the museum? Is there an entrance to the right or to the left? Does a bus go to the department stores and to the shopping center? In which section does everybody live?*

B. *El guía* answers your questions.

¿De quién es éste?

Everyone looks forward to Christmas. But
sometimes we don't get the presents we expect.

¿De quién es este hueso?

Comedia en un acto

Escena: La sala de la familia Fandango. Es la mañana del Día de Navidad. Debajo del árbol de Navidad están los regalos para cada uno de la familia. Toda la familia está en la sala, lista para abrir los paquetes.

Personajes: El abuelo — un viejo de ochenta años

La abuela — una vieja de setenta años

El padre, Ambrosio — padre de la familia

La madre, Berta — madre de la familia

El hijo, Esteban — un joven de diez y seis años

La hija, Rosalía — una muchacha de trece años

El nene, Gualterio — un nene de nueve meses que sólo dice: — Gu, gu, ga, ga.

El perro, Capitán — perro norteamericano que no habla español

Rosalía: ¡Feliz Navidad a todos! ¿Podemos abrir los regalos ahora?

Todos: ¡Feliz Navidad! Sí, sí, sí.

Madre: Pero, Ambrosio, ¿qué pasa aquí? No veo las etiquetas con los nombres de las personas.

Padre: ¡Mira, Berta! El nene, Gualterio, tiene todas las etiquetas entre las manos.

Gualterio: Gu, gu, ga, ga.

Esteban: ¿Qué vamos a hacer? No sabemos para quién es cada regalo.

Abuela: Tengo una idea. Cada uno va a tomar un paquete sin saber para quién es.

Abuelo: Muy bien, y la persona que abra el paquete va a usar el regalo por un día. Así tenemos una buena sorpresa hoy, y mañana vamos a cambiar los regalos.

Todos: ¡Buena idea! ¡Buena idea!

Gualterio: ¡Gu, gu, ga, ga!

Cada uno toma y abre un paquete.

Abuelo: ¡Ay, Dios mío! Tengo una falda blanca de lana.

Abuela: ¡Y yo un guante de béisbol!

Ambrosio: ¡Yo tengo una blusa roja de algodón!

Madre: ¿Y yo? ¿Qué hago con esta navaja?

Esteban: ¡Oh, no! ¡Una muñeca de México!

Rosalía: ¡Ay! ¡Un cuchillo de explorador!

Abuelo: Pero, aquí hay un regalo más. ¿De quién es? (Abre el paquete.) ¡Es un hueso!

Capitán: Guao, guao. (Esto significa: ¡Ese hueso es mío, tonto!)

I. STRUCTURES AND VERBS

Palabras Nuevas

SUSTANTIVOS

la abuela   *the grandmother*
el abuelo   *the grandfather*
Ambrosio   *Ambrose*
el árbol   *the tree*
Berta   *Bertha*
la blusa   *the blouse*
el cuchillo   *the knife*
  el cuchillo de explorador
  the boy scout knife
la escena   *the scene*
la etiqueta   *the label*
la falda   *the skirt*
la familia Fandango   *the*
  Fandango family
el fandango   *the disorder*
Gualterio   *Walter*
el guante   *the glove*
  el guante de béisbol   *the*
  baseball glove
la hija   *the daughter*
el hijo   *the son*
el hueso   *the bone*
la idea   *the idea*
el joven   *the young man, the*
  youth

la muñeca   *the doll*
la navaja   *the razor*
la Navidad   *Christmas*
  el Día de Navidad
  Christmas Day
  ¡Feliz Navidad!   *Merry*
  Christmas
el nene   *the baby*
el nombre   *the name*
el paquete   *the package*
el perro   *the dog*
el personaje   *the character*
  (in a play)
el regalo   *the gift, the present*
Rosalía   *Rosalie*
todos   *everybody, everyone,*
  all
el tonto   *the fool*
la vieja   *the old woman*
el viejo   *the old man*

ADJETIVOS

blanco,a   *white*
cada   *each*
de algodón   *(of) cotton*
de lana   *(of) wool, woolen*

esa   *that (fem).*
ese   *that (masc.)*
listo,a   *ready*
mío,a   *mine*
norteamericano,a   *North*
  American (from the U.S.A.)
rojo,a   *red*

VERBOS

cambiar   *to change, to*
  exchange
significar   *to mean*

OTRAS PALABRAS

¿de quién?   *whose?*
  from whom?
¡Dios mío!   *My heavens!*
¿para quién?   *for whom?*
por   *for*
sólo   *only*
toda la familia   *the whole*
  family

EJERCICIOS

I. (A) Write the correct word(s) in place of the underlined expression to make the statement true.

1. Los <u>personajes</u> de la familia Fandango están debajo del árbol. _____

2. Los paquetes van a ser una sorpresa porque no tienen <u>regalos</u>. _____

3. Cada uno va a usar el regalo del paquete por <u>una semana</u>. _____

4. Mañana la familia va a <u>abrir</u> los regalos. _____

5. El perro, Capitán, recibe un <u>cuchillo de explorador</u>. _____

(B) Preguntas personales y generales. Write your answer in a complete Spanish sentence.

1. ¿Qué expresión usa Vd. el Día de Navidad?
2. ¿Cuál es un buen regalo para un abuelo? ¿Una blusa roja de algodón?
3. ¿Para quién es la muñeca de México?
4. ¿Cuál es un buen regalo para una madre? ¿Una falda blanca de lana?
5. ¿Qué quiere Vd. recibir esta Navidad? ¿Un hueso?

1. _____

2. _____

3. _____

4. _____

5. _____

II. Crucigrama

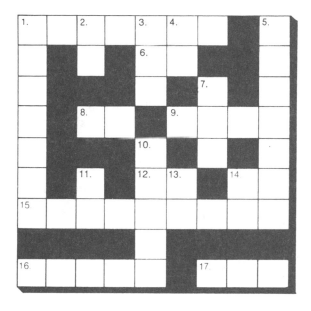

Horizontales   *Verticales*

1. Christmas   1. razors
6. to the (m.)   2. he sees
8. he goes   3. to give
9. baby   4. same as 6 horizontal
12. the (m. sing)   5. grandparents
14. I   7. he reads
15. surprises   10. dog
16. old   11. to go
17. there is   13. to him
                    14. already

III. Match columns *A* and *B* to form complete sentences.

A	*B*
1. En la sala	a. todas las etiquetas con los nombres.
2. Todo el mundo está listo	b. cambiar los paquetes
3. El nene tiene	c. para abrir los paquetes
4. Mañana vamos a	d. está el arbol de Navidad
5. ¿Qué voy a hacer con	e. una falda de lana?

1. _____

2. _____

3. _____

4. _____

5. _____

IV. Oral Activities.

A. Describe what is happening in the picture facing page 91.

B. Retell the story. Let classmates add details.

V. Write a note in Spanish to a pen pal in Venezuela answering his (her) *five* questions about Christmas in your country.

Begin with: **La Navidad es bonita aquí.**

You may use the following ideas: *what the weather is like when Christmas comes; where and how you spend the school vacation; what Christmas means to you; to whom you wish a Merry Christmas.*

ESTRUCTURAS DE LA LENGUA

Uses of the Preposition *de*

A. **De** indicates the place *from*: origin; the topic *of* or *about*

Origin: from	*Topic: of, about*
1. ¿**De dónde** son Vds.? Where are you from?	1. ¿**De qué** hablan Vds.? What are you speaking of (about)?
2. **Somos de** México. We are from Mexico.	2. **Hablamos de** Nueva York. We are speaking of (about) New York.

B. **Del:** *from the; of the; about the.* **De** followed by **el** is always combined as **del.**

1. **Son del** sur. They are from the south.	3. **Hablan de** la patria. They speak of their country.
2. No **son de los** Estados Unidos. They are not from the United States.	4. Hablan **de las** casas y **de las** comidas. They speak of the houses and meals.

Rules:

1. Although **de** followed by **el** must combine to form **del**, the following never combine: **de los, de la, de las.**

2. The preposition **de** in a series of nouns must be repeated before each noun.

> Hablamos **del** chico y **de la** chica.
> We speak of the boy and girl.

C. **De** indicates the owner (possessor) in Spanish just as **'s** indicates the owner in English.

de	*del, de la, de los, de las*
1. **Es de** Juan. No es **de Ana.** It's John's. It isn't Anna's.	4. **Es del** chico. No es **de la chica.** It's the boy's. It isn't the girl's.
2. **Es de** mi hermano. It is my brother's.	5. **Es de los** chicos. It is the boys'.
3. No **es de** su hermana. It isn't your sister's.	6. No **es de las** chicas. It isn't the girls'.

Rules:

1. **De** *precedes* the owner where English adds **'s** to the owner.

2. **De** is used instead of **'s** (single owner) or **s'** (most plural owners).

3. **Del, de la, de los, de las** are used when *the* precedes the owner.

D. Ownership word order:

The "possession" — the person, place, or thing owned — stands *before* **de** and the owner, unlike English.

la **chaqueta del chico** the boy's jacket	el **reloj de la chica** the girl's watch

Single owner	*Plural owners*
1. ¿**De quién** es el reloj? Whose (sing.) watch is it? Whose is the watch?	1. ¿**De quiénes es** la casa? Whose (pl.) house is it? Whose is the house?
2. Es el **reloj de Juan.** It is John's watch.	2. Es la **casa de los vecinos.** It is the neighbors' house.
3. El **reloj de la profesora** es **nuevo.** * The teacher's watch is new.	3. La **casa de los vecinos** es **nueva.** * The neighbors' house is new.

Rules:

1. ¿**De quién?** ¿**De quiénes?** *whose?* are followed by the Spanish *verb.* ¿**De quiénes?** anticipates more than one owner.

*2. The adjective describes and *agrees with the thing owned; not with the owner. See Chart D* above, #3 **nuevo, nueva.**

E. **De** indicates material (composition).

1. ¿**De qué** es el reloj? What is the watch made of?	1. ¿**De qué** son los abrigos? What are the coats made of?
2. El reloj **es de plata.** The watch is silver.	2. Los abrigos **son de lana** y **de algodón.** The coats are woolen and cotton.

Rules:

1. **¿De qué?** begins each question that asks *what a thing is made of.*

2. **De** must precede each material. No article follows **de**.

3. The material does *not* agree with the noun it describes in gender or in number.

4. Learn these materials:

1. **de algodón**	cotton	5. **de oro**	gold(en)
2. **de hierro**	iron	6. **de piedra**	stone(y)
3. **de lana**	woolen	7. **de plata**	silver(y)
4. **de madera**	wooden	8. **de seda**	silk(en)

F. **De** in special expressions:

1. ¿Va Vd. a **la clase de historia**? Are you going to the history class?	2. No. Voy a hablar al **profesor de español.** No. I'm going to speak to the Spanish teacher.

Rule:

De *about* indicates that the class, the teacher, etc., deal with a subject or with an organized body of knowledge. No article follows **de** in this use.

STUDY THE RULES, EXAMPLES, AND MODELS BEFORE BEGINNING THE EXERCISES!

Exercises

I. Gustavo borrows things from everybody, and later he cannot remember whose they are. To remind Gustavo of who owns what, write a sentence, using the words in parentheses according to the model.

Model: (Los sombreros/mi hermano)
Los sombreros son de mi hermano. The hats are my brother's.

1. (los lápices/el chico) _____

2. (los libros/la abuela) _____

3. (la plumas/el abuelo) _____

4. (los cuadernos/Juan) _____

5. (los 5 dólares/mi padre) _____

6. (los relojes/los hermanos) _____

7. (las bicicletas/María y Pedro) _____

8. (los guantes/sus amigos) _____

9. (los discos/las primas) _____

10. (las revistas/el hermano y la hermana) _____

II. Rewrite the sentence changing each *owner* to the *singular*. Make all other necessary changes.

Model: Los guantes son de los **nenes.**   The gloves are *the babies'.*
         Los guantes son **del nene.**   The gloves are *the baby's.*

1. Las casas son de los profesores. _____

2. Ella es la madre de las muchachas. _____

3. Somos los profesores de los chicos. _____

4. Es el padre de las alumnas. _____

5. Es la clase de los alumnos de español. _____

III. Write an affirmative answer in a complete Spanish sentence, using the words in parentheses.

Model: a. —¿De quién es el lápiz?   b. —¿De quiénes son los zapatos?
            Whose pencil is it?   Whose are the shoes?

(el chico) —**Es el lápiz del chico.**   (los chicos) —**Son los zapatos de los chicos.**
            It's the boy's pencil.   They are the boys' shoes.

1. ¿De quién es el libro? (la prima) _____

2. ¿De quiénes son las flores? (los muchachos) _____

3. ¿De quién son los cuadernos? (el chico) _____

4. ¿De quiénes es la casa? (mis padres) _____

5. ¿De quién es ella la madre? (el primo) _____

6. ¿De quiénes son ellas las primas? (Juan/Luisa) _____

7. ¿De quién son los papeles? (el hombre) _____

8. ¿De quiénes es la muñeca? (las hermanas) _____

9. ¿De quiénes es el regalo? (los chicos) _____

10. ¿De quién son las bicicletas? (el muchacho) _____

IV. Write an affirmative answer in a complete Spanish sentence, using the words in parentheses.

Model: —¿De qué es su sombrero?   (lana) — Mi sombrero es **de lana.**
            What is your hat made of?   My hat is *woolen.*

1. ¿De dónde es Vd.? (los Estados Unidos) _____

2. ¿En qué clase está Vd.? (historia) _____

3. ¿De qué es su casa? (piedra) _____

4. ¿De qué son las cortinas? (algodón) _____

5. ¿De dónde es su abuelo? (el otro país) _____

6. ¿De qué es su reloj? (plata/oro) _____

7. ¿De qué habla su hermanito? (el parque) _____

8. ¿A qué clase va su hermanita? (inglés) _____

9. ¿De qué son su blusa y su falda? (lana/seda) _____

10. ¿Qué profesora enseña aquí? (español) _____

V. Complete with the appropriate form: **de, del, de la, de los, de las**.

¿_____ quién es el mapa? Es _____ mis compañeros de clase. ¿Son los libros
        1   2

_____ chico? No. Son _____ chica. ¿Usa el profesor el lápiz _____ María?
        3   4   5

No. Usa el lápiz _____ alumno. ¿Mira los cuadernos _____ alumnos? No. Mira
               6   7

los cuadernos _____ alumnas. ¿Está Vd. en la clase _____ español? No. Estoy
                8   9

con el profesor _____ inglés. ¿_____ qué es su reloj? Es _____ plata.
                10   11   12

No es _____ oro. ¿Son _____ madera las escuelas? No. Son _____ piedra.
       13   14   15

¿_____ dónde es Vd.? No soy _____Cuba. Soy _____ país _____ mis
 16   17   18   19

padres. Somos _____ Estados Unidos.
           20

VI. Complete each sentence in Spanish. Use the vocabulary given below the line.

1. Where is your father's car? ¿Dónde está_____
                                      /coche/padre

2. It is near the girl's house. Está cerca de_____
                                      /casa/chica

3. She's in my history class. Ella está en_____
                                 mi clase/historia

4. What is her blouse made of? ¿_____
                                   /qué es/blusa

5. It's made of cotton and silk. Es_____
                                  /algodón/seda

6. Whose magazine is it? _____
                                  /quién es/revista

7. It is the boy's magazine. Es_____
                                /revista/chico

8. I don't read Robert's magazines. No leo_____
                                /revistas/Roberto

9. I look for the children's notebook. Busco_____
                                /cuaderno/niños

10. I'm speaking about them to my Spanish teacher. Hablo de ellos a_____
                              mi profesora/español

VII. Oral Proficiency. Act your part, *tú*. Let a classmate act Jorge's part. (You may *later write* your completed script for additional practice.)

A. **Situation:** Your cousins in Mexico sent your family *four* Christmas packages, but the gifts have no labels. You call your cousin, Jorge, long distance to describe your problem and each gift. You ask for whom and from whom each of the *four* gifts is.

Jorge: Hola. ¿Quién habla?
Tú: Habla _____. ¡Feliz Navidad!
Jorge: ¡Feliz Navidad! ¿Qué pasa?
Tú: _____

You may use your own or the following ideas: *State your problem. Describe the four gifts separately, asking for whom and from whom each one is.*

B. Jorge answers your questions.

Avenida del Mediterráneo, Benidorm Courtesy Tourist Office of Spain

Para la peor sed.

Cuando la profesora habla, Virgilio siempre
lee algo debajo del pupitre.

Let's play "Who am I?" In Spanish it's not that easy.

¿Quién soy yo?

Virgilio Chupadedos es un alumno que no presta atención y no aprende mucho. Cuando la profesora habla, Virgilio siempre lee su libro de adivinanzas que él tiene abierto debajo del pupitre. Virgilio tiene un talento para las adivinanzas y sabe muchas.

Aquí tiene Vd. unas adivinanzas que Virgilio lee en su libro. Las respuestas están al pie de la página.

1. Soy un hombre o una mujer. Siempre hago preguntas. Soy amigo de los alumnos aplicados. Generalmente soy inteligente. ¿Quién soy yo?

2. Estoy en todos los edificios. Soy de madera o de otros materiales. Soy útil para entrar y salir. Soy para abrir y cerrar. ¿Qué soy yo?

3. Yo también soy para abrir y cerrar. Tengo mucha información y muchas frases. Estoy en las casas, en las bibliotecas y en las escuelas. Soy de papel. ¿Qué soy yo?

4. Yo no soy muy grande. Soy negro, amarillo, azul, y de otros colores también. Soy útil para escribir en los cuadernos. ¿Qué soy yo?

5. Yo soy una parte de todas las personas. Tengo muchos unos: hablo, como, bebo. Tengo labios y dientes. ¿Qué soy yo?

6. Soy de madera. Estoy en todas las salas de clase. Hay uno para cada alumno. Los alumnos me usan para poner sus libros y para poner su papel para escribir. ¿Qué soy yo?

7. Yo soy muy grande. Estoy delante de la clase. El profesor escribe en mí. Así los alumnos pueden leer las frases importantes de la lección. ¿Qué soy yo?

8. Soy un animal. Soy grande o soy pequeño. Soy de varios colores. Dicen que soy el mejor amigo del hombre. No soy amigo de los gatos. ¿Qué soy yo?

9. Soy un edificio. Tengo varios cuartos. Los alumnos entran para aprender. Aquí todo el mundo trabaja y aprende. ¿Qué soy yo?

10. Soy para abrir y cerrar. Estoy en todos los cuartos. Soy necesaria para el aire y la luz. Soy de vidrio. ¿Qué soy yo?

11. Soy de un país grande donde hablamos inglés y aprendemos mucho español. ¿Quién soy yo?

1. el profesor o la profesora	5. la boca	9. la escuela
2. la puerta	6. el pupitre	10. la ventana
3. el libro	7. la pizarra	11. el norteamericano
4. la pluma, el lápiz	8. el perro	

103

Palabras Nuevas

SUBSTANTIVOS

la adivinanza   *the riddle*
la boca   *the mouth*
el color   *the color*
el cuarto   *the room*
el diente   *the tooth*
el gato   *the cat*
la información   *the information*
el labio   *the lip*
el material   *the material*
la página   *the page*
la parte   *the part*
la pizarra   *the blackboard*
la pluma   *the pen*
el pupitre   *the (student's) desk*
la respuesta   *the answer*

la sala de clase   *the classroom*
el talento   *the talent*
la ventana   *the window*

ADJETIVOS

abierto,a   *open*
amarillo,a   *yellow*
azul   *blue*
mejor   *better*
   el mejor   *the best*
negro,a   *black*
útil   *useful*

VERBOS

chupar los dedos   *to be a simpleton*

prestar atención   *to pay attention*
pueden   *they can; you (formal pl.) can*
soy   *I am*
trabajar   *to work*

OTRAS PALABRAS

al pie de   *at the bottom of*
de madera   *wooden, of wood*
de papel   *of paper*
de vidrio   *of glass*
delante de   *in front of*
en mí   *on me*
generalmente   *generally*
me   *me*
que   *which, that*

EJERCICIOS

I. Preguntas. Write your answer in a complete Spanish sentence.

1. ¿A quién no presta atención Virgilio?
2. ¿Qué lee debajo del pupitre?
3. ¿Qué deja entrar aire en la clase? ¿De qué es?
4. ¿Qué usa Vd. para escribir en la pizarra? ¿En el cuaderno?
5. ¿Para qué es útil una puerta? ¿De qué es?

1. _____

2. _____

3. _____

4. _____

5. _____

II. Acróstico español

1. pupil
2. tooth
3. intelligent
4. window
5. information
6. black
7. attention
8. North American
9. blackboard
10. to open

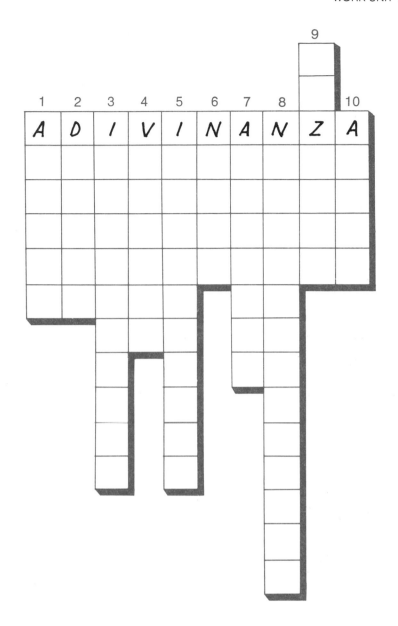

III. Oral Activities.

A. Describe what is happening in the picture facing page 103.

B. Retell the story. Let classmates add details.

IV. **Write a note** in Spanish to two of your teachers. Ask advice about how to improve in their classes, in *five* or more sentences.

Begin with: **Necesito recibir buenas notas.**

You may use the following ideas: *in which classes you pay little attention; why you don't pay attention; what you do in classes; what you do at home after school; what you need to do in order to get good marks.*

ESTRUCTURAS DE LA LENGUA

Ser *to be*

A. Ser is irregular in all persons of the present tense.

I am intelligent etc.	We are intelligent etc.
Yo **soy** inteligente.	Nosotros-as **somos** inteligentes.
Tú **eres**	Vosotros-as **sois**
Vd., él, **es** ella	Vds., ellos-as **son**

Rules:

1. *Are* is the English equivalent for (tú) **eres**; (Vd.) **es**; (nosotros) **somos**; (vosotros) **sois**; (ellos-as) **son**; (Vds.) **son**.

2. **Es** means *is* in **él es** (he is); **ella es** (she is); but **es** means *are* in **Vd. es** (you are).

B. Ser is used to describe the *nature of* persons and things as in A above. Other uses follow.

1. Identifications. Relationships.

a.	— ¿Quién eres tú? Who are you?	— Soy un chico norteamericano. I am an American boy.
b.	— ¿Es el hombre tu padre? Is the man your father?	— No. Es mi tío. Sus hijos son mis primos. No. He is my uncle. His children are my cousins.

2. *Profession.

a.	— ¿Qué es tu padre? What is your father?	— Es piloto. He is a pilot.
b.	— ¿Qué deseas ser? What do you want to be?	— Yo deseo ser actor. I want to be an actor.
c.	— ¿Es tu padre **un buen** piloto? Is your father a good pilot?	— Es **un** piloto **excelente.** He is an excellent pilot.

*Omit the articles *un* and *una* when describing profession. Use *un* or *una* only when the profession is accompanied by an adjective.

3. Origin and *nationality.

a.	— ¿De dónde es tu amigo? Where is your friend from?	— Es de Puerto Rico; es puertorriqueño. He is from Puerto Rico; he is (a) Puerto Rican.
b.	— ¿Eres tú español? Are you a Spaniard?	— Soy **un** español **sincero.** I am a sincere Spaniard.

*Omit the articles *un* and *una* when describing profession or nationality. Use **un** or **una** only when the profession or nationality is accompanies by an adjective.

4. Personality, nature, and characteristics.

—¿ Cómo son Vds.? What are you like?	—Somos buenos, alegres, amables y generosos. We are good, cheerful, kind and generous.

5. Characteristic appearance.

a.	—¿ Cómo es su amigo? What is your friend like?	—Es alto, moreno y guapo. He is tall, dark and handsome.
b.	—¿ De qué color son sus ojos? What color are his eyes?	—Sus ojos son negros. His eyes are black.

6. Possession and material.

a.	—¿ De quién es ese reloj? Whose watch is that?	—Es mi reloj. No es de María. It is my watch. It isn't Mary's.
b.	—¿ De qué es su reloj? What is your watch made of?	—Es de oro y de plata. No es de madera. It's (of) gold and silver. It isn't wooden.

7. Date and time.

a.	—¿ Qué día es? What day is it?	—Hoy es martes el dos de mayo. Today is Tuesday, May 2nd.
b.	—¿ Qué hora es? What time is it?	—Son las dos. No es la una. It is two o'clock. It isn't one o'clock.

STUDY THE RULES, EXAMPLES, AND MODELS BEFORE BEGINNING THE EXERCISES!

Exercises

I. The immigration officer at Barajas Airport, Madrid, Spain, is inquiring about a group of Hispanic students who have just arrived. The tour guide supplies information about each student's national origin. Write the guide's replies, using the words in parentheses and giving the correct form of the verb.

Model:　*Oficial:*　¿De dónde es el muchacho?　　*Guía:*　El muchacho es de Costa Rica
　　　　　　　　Where is the boy from?　　　　　　　　The boy is from Costa Rica.
　　　　　　　　(el muchacho/Costa Rica)

1. (La chica/los Estados Unidos) _____

2. (Yo/Cuba) _____

3. (Tú/México) _____

4. (Vd./Venezuela) _____

5. (Ella/Puerto Rico) _____

6. (Roberto/Colombia) _____

7. (Nosotros/Chile) _____

8. (Tú y yo/Chile) _____

9. (Vds./Bolivia) _____

10. (Eduardo y Pablo/España) _____

¿ Es alto el chico?

II. Rewrite the sentence in the *singular* using the subject given in parentheses.
Make all necessary changes.

Model: ¿Son altos los chicos?   (el chico) ¿**Es alto el chico**?
          Are the boys tall?   Is the boy tall?

1. Nosotros somos bonitos. (yo)_____

2. Vds. son actores. (Vd.)_____

3. Vds. son unos chicos aplicados. (tú)_____

4 ¿Son los relojes de oro? (el reloj)_____

5. Ellos no son de San Juan. (él)_____

III. Rewrite the sentence in the *plural* using the subject given in parentheses. Make all necessary
changes for agreement.

1. Ella es cubana. (ellas)_____

2. ¿Es la una? (las dos)_____

3. ¿Es sábado el día? (sábado y domingo)_____

4. Yo no soy de España. (Juan y yo)_____

5. Vd. es mi primo. (Vd. y Luis)_____

IV. a. Write a factual answer in a complete Spanish sentence. **b.** Write a factual answer to the
second question, adding **también.**

Model: a.—¿Eres de aquí o de Rusia?   Are you from here or from Russia?
          — **Soy de aquí.**   I am from here.
          b.—¿Y tu padre?   And your father?
          — **Mi padre es de aquí también.**   My father is from here, too.

1a. ¿Es Vd. de los Estados Unidos o de Oz?_____

 b. ¿Y el chico?_____

2a. ¿Son Vds. americanos o españoles?_____

 b. ¿Y ellos?_____

3a. ¿Somos tú y yo personas o cosas?_____

 b. ¿Y los hermanos?_____

4a. ¿Eres profesor-a o alumno-a?_____

 b. ¿Y la chica?_____

5a. ¿Somos yo y el Sr. Delibes maestros o alumnos?_____

_____ b. ¿Y la señora?_____

V. Write a complete Spanish sentence using all the cue words provided. Supply the appropriate form of SER in each sentence.

Model:
_____
Hoy / sábado (Today / Saturday)

Hoy es sábado.
(Today is Saturday.)

1. _____
   Hoy no / domingo.

2. _____
   Los días / largos.

3. _____
   Juan y María / inteligentes.

4. ¿_____?
   ¿ / yo inteligente?

5. ¿_____?
   ¿Por qué no / nosotros aplicados?

6. _____
   La chica / de los Estados Unidos.

7. _____
   Vd. / mi amigo.

8. _____
   Vds. / generosos.

9. ¿_____?
   ¿De qué color / los libros?

10. _____
    No / la una.

11. ¿_____?
    ¿Quién / tú?

12. _____
    Ellos / franceses.

13. ¿_____?
    ¿De quién / las casas?

14. ¿_____?
    ¿No / altos tú y yo?

15. ¿_____?
    ¿De qué / su sombrero?

VI. Write an affirmative answer in a complete Spanish sentence using the cue words given in italics.

Model: —¿Qué eres?   español —**Soy español.**
         What are you?   I am Spanish.

1. ¿Quién eres tú? _alumno-a_____

2. ¿Eres norteamericano-a? _sí_____

3. ¿De qué color son sus ojos? _negros_____

4. ¿Cómo eres? _inteligente y hermoso-a_____

5. ¿De dónde son sus padres? _los Estados Unidos_____

6. ¿Qué es su padre? _capitán_____

7. ¿De qué color es su casa? _azul_____

8. ¿De quién son Juan y tú alumnos? _del Sr. López_____

9. ¿De qué son su mesa y su silla? _de madera_____

110 10. ¿Qué deseas ser? _profesor-a_ _____

VII. Oral Proficiency. Act your part, *tú*. Let a classmate act the part of Juanita. (You may *later write* your completed script for additional practice.)

A. **Situation:** You and your friend are playing riddle games, *adivinanzas*. You give some sentence clues (descriptions) that lead your friend, Juanita, to try to guess the correct answer, *un alumno estudioso*. Tell what a student does in *five* sentences.

Juanita: Tú describes a una persona.
Tú: _____

Juanita: ¡Oh, es un alumno estudioso!

B. **Situation:** Juanita now invents a riddle, *adivinanza*. She gives *five* clues that lead you to try to guess the answer.

¡Mamá, estoy mejor!

*It's no fun to be stuck in bed all day. Would
you prefer that to going to school?*

Una enfermedad imaginaria

Hoy Ramón Tramposo no va a la escuela. Dice que es imposible bajar de la cama porque él está enfermo. Su madre está muy triste y preocupada por la salud de su hijo. Cuando llega el Doctor Humberto Matasanos, la madre va con el médico al cuarto de Ramón. El muchacho está sentado en la cama. Todas las ventanas están cerradas.

Médico: ¡Ah! Aquí está el enfermo. ¿Qué tiene el chico?

Madre: Oh, doctor, mi hijo no quiere comer. No quiere beber. Sólo quiere guardar cama todo el día.

Ramón: Ay, ay, ay. Estoy enfermo. Tengo dolor de cabeza, dolor de estómago, dolor de garganta. Es horrible.

Madre: ¡Ay, mi pobre Ramoncito!

Médico: Bueno, bueno joven. (El médico lo examina al chico.) Mmmmm. . . .El pulso está normal. Ramón, ¡abre la boca y saca la lengua!

Ramón: Aaaaaaaaah.

Madre: Mi pobre hijo. ¡Cómo sufre!

Médico: Yo no veo nada. La temperatura está normal. No tiene fiebre.

Ramón: Ay, tengo tanto dolor. Es terrible.

En ese momento suena el teléfono. Es Enrique, el amigo de Ramón.

Ramón: Hola, Enrique. ¿Qué hay?. . . . . . .¿Cómo?. . . .¿No hay examen de matemáticas? (Ramón salta de la cama.) ¡Mamá, mamá, estoy mejor! ¡Quiero comer! ¡Tengo hambre, mucha hambre!

Palabras Nuevas

SUBSTANTIVOS

la cabeza   *the head*
la cama   the bed
el chico   *the boy*
la clase de matemáticas   *the mathematics class*
el Doctor Humberto Matasanos   *Dr. Humbert Quack*
el dolor   *the pain, the ache*
  el dolor de cabeza   *the headache*
  el dolor de estómago   *the stomach ache*
  el dolor de garganta   *the sore throat*
la enfermedad   *the sickness*
el enfermo   *the patient, the sick person*
Enrique   *Henry*
la fiebre   *the fever*

el hambre (fem.)   *the hunger*
la lengua   *the tongue*
el médico   *the doctor*
el pulso   *the pulse*
Ramón   *Raymond*
  Ramoncito   *little Ray*
la salud   *the health*
el teléfono   *the telephone*
la temperatura   *the temperature*

ADJETIVOS

cerrado,a   *closed*
imaginario,a   *imaginary*
normal   *normal*
pobre   *poor*
preocupado,a por   *worried about*
sentado,a   *seated*
tramposo,a   *tricky*
triste   *sad*

VERBOS

bajar de   *to get off*
guardar cama   *to stay in bed*
llegar   *to arrive*
sacar   *to stick out, to take out*
saltar   *to jump*
suena   *it rings*
sufrir   *to suffer*
tener hambre   *to be hungry*

OTRAS PALABRAS

¿Cómo?   *What do you mean?*
nada   *nothing*
porque   *because*
¿Qué hay?   *What's up? What's new? What's the matter?*
¿Qué tiene el chico?   *What is the matter with the boy?*
sólo   *only*
todo el día   *the whole day*

113

EJERCICIOS

I. (A) Preguntas. Write your answer in a complete Spanish sentence.

    1. ¿Por qué no sale Ramón?
    2. ¿Cómo está su madre?
    3. ¿Dónde está sentado el muchacho cuando entra el médico?
    4. ¿Qué dolor tiene Ramón?
    5. ¿Por qué salta de la cama y desea comer?

1. _____

2. _____

3. _____

4. _____

5. _____

(B) Preguntas personales y generales. Write your answer in a complete Spanish sentence.

    1. ¿Quién está preocupado por su salud?
    2. ¿Cuándo guarda Vd. cama?
    3. ¿Qué dice Vd. cuando saca la lengua?
    4. ¿En qué clase sufre Vd. mucho?
    5. ¿Qué toma Vd. cuando tiene mucha hambre?

1. _____

2. _____

3. _____

4. _____

5. _____

II. Unscramble the sentences in the boxes.

1.

su	y	triste
está	preocupada	madre

2.

hambre	comer	tengo
quiero	estoy	mejor

3.

mi	como	hijo
ay	pobre	sufre

4.

suena	teléfono	en
ese	momento	el

1. _____

2. _____

3. _____

4. _____

III. Complete the dialogue about **Una visita del médico** with another student:

Médico: ¿Qué tienes?

Tú: _____

(Say that you have a headache.)

Médico: ¿Tienes otro dolor?

Tú: _____

(Say that you have a fever, too.)

Médico: Tú debes guardar cama y no debe comer hoy.

Tú: _____

(Say that that is terrible.)

Médico: ¿Tienes apetito?

Tú: _____

(Say that you want to eat.)

Médico: Mañana tu mamá te da una hamburguesa.

Tú: _____

(Say that you are better NOW!)

IV. **Oral Activities.**

A. Describe what is happening in the picture facing page 113.

B. Retell the story. Let classmates add details.

V. **Write a note** to your Spanish teacher to explain why you are absent. State *five* things that are wrong with you, each in a separate sentence.

Begin with: **No estoy en la escuela porque estoy enfermo.**

You may use the following ideas: *You have a fever and a headache. You are suffering from a sore throat and a stomach ache. You are not hungry. You do not want to eat or to drink. You need to stay in bed five days. Then you are going to return to school.*

ESTRUCTURAS DE LA LENGUA

Estar *to be;* Contrasting Uses of **Estar** and **Ser.**

A. Forms of **estar**—used in greetings—contrasted with forms of **ser.**

Estar *to be*	**Ser** *to be*
¿Cómo **está** Vd.? How are you?	¿Cómo **es** Vd.? What are you like?
Yo **estoy** bien. I am well.	Yo **soy** bueno. I am good.
Tú **estás**	Tú **eres** . . . .

Vd., él **está** . . . .
    ella
	Vd., él **es** . . . .
	    ella

Nosotros-as **estamos** . . . . We are well.	Nosotros-as **somos** buenos. We are good.
Vosotros-as **estáis**	Vosotros-as **sois** . . . .
Vds., ellos-as **están**	Vds., ellos-as **son** . . . .

Rules:

1. **Estar** is used for greetings. For the uses of **ser** see Work Unit 10.

2. **Estar** is irregular in four verb forms: **estoy, estás, está, están.** An accent mark is written on each **a** except **estamos.**

3. **Está** means *is* in the following: **él está** (he is); **ella está** (she is); but **está** means *are* in **Vd. está** (you are).

B. Estar *to be* is also used to describe 1) location, 2) health, 3) mood, and 4) results of actions.

1. Location: with **¿dónde?** *where*; **aquí** *here*; **allí** *there*; **en** *on, in*; **ausente** *absent*; **presente** *present*.

—¿Dónde está Juan?	—Juan está aquí en casa; no está en la escuela.
Where is John?	John is here at home; he is not in school.

2. State of health: with **bien, bueno**—*well*; **enfermo, *mal, malo**—*sick*.

—¿Cómo está Juan, bien o enfermo?	—Está bien (bueno); no está enfermo (*malo)
How is John, well or ill?	He is well; he is not sick.

*Mal *is preferred to indicate "sick" in several Hispanic countries.*

3. Mood: with **contento, alegre**—*happy, cheerful*; **triste**—*sad*.

—¿Está él contento o triste?	—Está muy alegre hoy.
Is he happy or sad?	He is very cheerful today.

4. Results of actions: with **abierto-a** *open*, **cansado-a** *tired*, **cerrado-a** *closed*, **descansado-a** *rested*, **ocupado-a** *busy*, **sentado-a** *seated*.

1. —¿Está sentado?	—Sí. Está cansado y ocupado en leer.
Is he seated?	Yes. He is tired and busy reading.
2. —¿Está cerrado su libro?	—No. Su libro está abierto.
Is his book closed?	No. His book is open.

C. Agreement:

Only the adjectives which end in **o** change **o** to **a** when they describe a feminine noun. Adjectives ending in **o, a** or **e** add **s** when describing plural nouns.

---

1. Juan está content**o** pero María no está content**a**.
   John is happy but Mary is not happy.

2. El está alegr**e** pero ella está trist**e**.
   He is cheerful but she is sad.

3. Están present**es** y sentad**os**.
   They are present and seated.

D. Review: Contrasted uses of **ESTAR**—*to be;* **SER**—*to be* [Work Unit 10].

---

1. Juan **está en** Puerto Rico.
   John is in Puerto Rico.
   Location

   Juan **es de** Puerto Rico.
   John is from Puerto Rico.
   Place of origin

2. Juan **está bueno** (*or* **bien**).
   John is well.
   Health
   Juan **está malo** (**mal** *or* **enfermo**).
   John is sick (*or* ill).

   Juan **es bueno.**
   John is good (a good person).
   Character (or identification)
   Juan **es malo.**
   John is bad (a bad person).

3. Juan **está alegre** (*or* **contento**).
   John is cheerful (*or* happy).
   Mood

   Juan **es alegre. Es feliz.**
   John is jolly. He is a happy person.
   Personality type (identification)

4. El **está sentado** y **está cansado.**
   He is seated and he is tired.
   Results of actions

   El **es alto** y **joven.**
   He is tall and young.
   Characteristic appearance
   Other uses: See lesson 7, Part Two.

STUDY THE RULES, EXAMPLES, AND MODELS BEFORE BEGINNING THE EXERCISES!

I. Rewrite the sentence substituting the new subject and giving the appropriate form of the verb.

Model: (ellos) **Ellos están muy bien hoy.**   (Vd.) **Vd. está muy bien hoy.**
          They are very well today.   You are very well today.

1. (Yo)_____

2. (María)_____

3. (El chico)_____

4. (Tú)_____

5. (Vd.)_____

6. (Nosotros)_____

7. (Los chicos)_____

8. (Ellas)_____

9. (Juan y Pedro)_____

10. (Tú y yo)_____

II. Rewrite the sentence, substituting the cue words in parentheses for the expression in *italics*. Make the necessary changes in the verb and the adjective.

> Model: *El libro* está abierto.   (las revistas) **Las revistas están abiertas.**
>   The book is open.   The magazines are open.

1. *Los libros* están abiertos. (la puerta)

_____

2. *Las niñas* están tristes. (el profesor)

_____

3. *Manuela* está contenta hoy. (Felipe y Pedro)

_____

4. *Mi primo* está sentado. (Elisa y su prima)

_____

5. *Yo* no estoy ausente. (Tú y yo)

_____

III. Write a factual answer in *two* complete sentences according to the model. Give the NEGATIVE sentence *first*.

> Model: —¿Está Vd. en América o en   Are you in America or in Europe?
>   Europa?
>   —**No estoy en Europa. Estoy en**   I'm not in Europe. I'm in America.
>   **América.**

1. ¿Está Vd. en la tierra o en otro planeta? _____

_____

2. ¿Estás triste o alegre cuando recibes dinero?_____

_____

3. ¿Están tú y los amigos ausentes o presentes en la clase los sábados?_____

_____

4. ¿Están los alumnos sentados o de pie cuando escriben en los cuadernos?_____

_____

5. ¿Están las escuelas abiertas o cerradas los domingos?_____

_____

6. ¿Están los profesores ocupados o sentados todo el día?_____

_____

7. ¿Está la gente en el hospital enferma o bien?_____

_____

8. ¿Está la gente allí cansada o descansada al fin del día?_____

_____

9. ¿Estás contenta o triste en el hospital?_____

_____

10. ¿Deseas estar en casa o en el hospital?_____

_____

IV. Write an answer in a complete Spanish sentence. Use the cue words in *italics*.

1. ¿Cómo estás? *bien*_____

2. ¿Por qué estás sentado-a? *porque escribo*_____

_____

3. ¿Dónde estoy yo ahora? *en la calle*_____

119

4. ¿Cuándo están abiertas las tiendas? *los sábados*_____

_____

5. ¿Están tú y los amigos alegres los sábados? *sí*_____

_____

V. Write a complete Spanish sentence using the word cues provided. Supply the appropriate form of **estar** or **ser**. (Review **ser** in this unit and in Unit 10.)

    Model: Los niños/bien.   Los niños están bien.   The children are well.

1. Los niños/sentados_____

2. Mi madre/mexicana_____

3. Nosotros/inteligentes_____

4. Yo/médico_____

5. No es la una. Ahora/las tres_____

6. Las mesas/de madera_____

7. Hoy/el primero de junio_____

8. La casa/de mi abuela_____

9. Tú y yo/en San Francisco_____

10. Tú/de Chicago_____

11. La escuela/abierta_____

12. Yo/aquí_____

13. ¿/tú cansada?_____

14. Juana/enferma_____

15. Los alumnos/ausentes_____

VI. Oral Proficiency. Act your part, *tú*. Let a classmate act León's part. (You may *later write* your completed script for additional practice.)

A. **Situation:** Your friend, León, is ill and has been absent from school for several days. You call him to talk and to find out how he is in *five* or more questions.

León: Hola. ¿Quién habla?
Tú: Hola. Habla. _____

You may use your own or the following ideas: *How is he? What is the matter with him? Is he going to be absent tomorrow, too? How can you help? Is he busy with television or bored? Is he sad or glad to be at home? Can you come to his house this evening?*

B. León answers your questions.

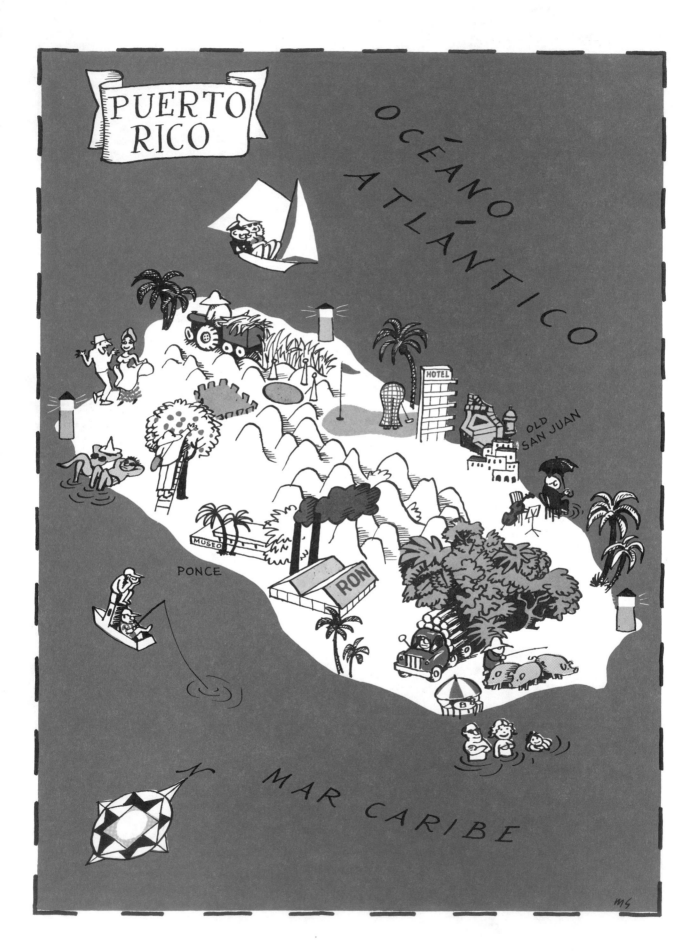

Culture Unit Two

Mi Borinquen querida

Puerto Rico, Associated Free State of the United States

"¡Borinquen! nombre al pensamiento grato como el recuerdo de un amor profundo;"

Borinquen! a name sweet to the thought like deep love's souvenir. [J. Gautier Benítez]

A. Puerto Rico, a beautiful Caribbean island, about as large as *Delaware* and *Rhode Island* combined, is one of the three Spanish-speaking islands of the Greater Antilles, Cuba and Hispaniola being the other two. English-speaking Jamaica is also part of this group of islands. The island of Hispaniola contains both the Spanish-speaking República Dominicana and French-speaking Haiti.

Called *Borinquen* by its native Taíno Indians, Puerto Rico was renamed San Juan Bautista when Columbus discovered it for Spain in 1493 on the second of his four voyages to America. In 1508, the Spanish explorer, Ponce de León, gave the city he established on the coast the name of Puerto Rico ("rich port"). Later the city and the island exchanged names. The *island* is now called Puerto Rico, and its *capital city* is known as San Juan. Puerto Rico, with its Central Mountains (*Cordillera Central*), northern lowlands, and sunny coasts, is beloved by its people.

B. *The Puerto Rican program "Operation Bootstrap"* (Fomento), *begun in 1947, encouraged new industry, created new jobs, and made Puerto Rico a vacation paradise.* Now, investors in industries, in hotel and factory construction, and thousands of international tourists contribute to Puerto Rico's economy.

1. *San Juan,* Puerto Rico's capital, supplies electric power to its textile and chemical industries. Tourists flock to San Juan's beaches, luxury hotels, and to Old San Juan, a sixteenth century Spanish colonial city. A tourist might drive from San Juan to modern *Universidad de Puerto Rico* at Río Piedras one afternoon, and drive to *El Yunque,* the prehistoric rainforest, the next day.

2. *Ponce,* the second largest city, processes Puerto Rico's chief agricultural products: coffee (*café*), rum (*ron),* and sugar (*azúcar*).

3. Puerto Rico also grows rice (*arroz*), vegetables (*legumbres*), and tobacco (*tabaco*).

C. *Puerto Rico has developed from a colony of Spain to a Free Associated State* (Estado Libre Asociado) *of the United States. Puerto Ricans are, therefore, citizens of the United States.*

1. Spain's Ponce de León founded the first colony called Puerto Rico, in 1508. As its first governor, he established Spain's language, traditions, and religious institutions in the colony.

2. The United States fought alongside the Puerto Ricans in the Spanish-American War against Spain (1898). When it lost the war, Spain gave Puerto Rico to the United States.

3. Puerto Rico was granted limited self-rule with a governor appointed by the President of the United States in 1900. Puerto Ricans became United States citizens in 1917.

4. Puerto Rico became a Free Associated State of the United States in 1951 by vote, and in 1952 by proclamation.

5. Puerto Rico now manages its own internal affairs and elects its governor (at present Rafael Hernández Colón). Puerto Ricans *living in the United States* may vote in all American elections simply by proving literacy either in Spanish or in English in states that require such proof.

6. Puerto Rico's social progress can be seen in its rising literacy level that grew as its cities developed and produced more schools and industry.

7. Puerto Rico's political future is at the crossroads. *Independistas* wish it to become an independent nation. Other Puerto Ricans want it to continue as a Free Associated State of the United States. Still others would like Puerto Rico to become the fifty-first state, like any other state of the United States. President Gerald Ford presented such a resolution to Congress.

D. Puerto Rico's long colonial relationship with Spain (1493–1898) created a Spanish cultural setting in which were blended some early Indian and some African influences of the seventeenth and eighteenth centuries. Today, twentieth century United States and international influences coexist with many traditional island customs.

1. **Amusements and sports:**

   a. Puerto Rico has adopted several sports that are popular in the United States: *el béisbol* (baseball), *el baloncesto* (basketball), and *el boxeo* (boxing). *Jonrón* (homerun) and *lanzador* (pitcher) are Spanish words that Puerto Rican fans use daily.

   b. The Puerto Rican enjoys the traditional Spanish game of *dominó* (dominos) or takes his chances in *la lotería* (government lottery), at *la carrera de caballos* (horse racing), or in *la pelea de gallos* (cockfights).

2. **Music and dance:**

   a. *La danza puertorriqueña* is one of the most typical of the many Puerto Rican dances. It is characterized by a *paseo,* or promenade, as the couples begin to dance.

   b. *La bomba,* African in origin, and *la plena,* a mixture of Spanish and African influences, are two other typical dance rhythms.

   c. *Rafael Hernández,* composer of *Lamento Borincano,* was Puerto Rico's most popular song writer of this era.

   d. Visitors from all parts of the world come to the famous *Festival Casals,* a series of classical concerts begun in Puerto Rico under the internationally famous Spanish-born conductor and cellist, *Pablo Casals,* who made Puerto Rico his home.

3. **Musical instruments:**

   a. *Cuatro* and *triple* are guitar-like instruments derived from the Spanish guitar.

   b. *Güiro* and *maracas,* derived from dried gourds, are rhythm instruments that were played by the **taíno** Indians.

   c. The *timbales, bongó,* and *marímbolas* are drums of African origin.

4. **Fiestas and holidays:**

   a. Puerto Ricans celebrate November 19, *Discovery Day,* July 25, *Constitution Day,* as well as July 4, *Independence Day* for the United States.

   b. The island celebrates in the tradition brought from Spain, *Las Navidades,* Christmas; *La Pascua Florida,* Easter; and *El Día de San Juan Bautista,* Puerto Rico's patron saint's day, June 24. On *El Día de los Tres Reyes,* January 6, Puerto Rican youngsters look forward to the presents left under their beds by *Los Tres Reyes Magos* (the Three Wise Men). The children also receive gifts on December 25 and enjoy a Christmas tree.

   c. The birthdays of great Puerto Rican statesmen and writers are important holidays: *Eugenio María de Hostos,* educator, essayist, and fighter against slavery, January 11; *Luis Muñoz Rivera,* writer, poet, and champion of Puerto Rican rights, father of *Luis Muñoz Marín,* recent governor of Puerto Rico, July 17.

5. **Foods:** Cereal or bacon and eggs are not uncommon breakfasts in Puerto Rico. Lunch and dinner, however, reflect the heartier dishes, some of which originated in Spain:

   a. *arroz con pollo,* a dish of chicken, rice, and saffron (*azafrán*);

   b. *lechón asado,* barbecued pork and *habichuelas* (beans);

   c. *arroz con gandules,* rice, pork, and pigeon peas;

    d. *pasteles,* mashed green bananas, olives, and raisins in banana leaves;

    e. *asopao,* a thick chicken soup with rice or potatoes.

6. **Literature and the arts:** Many Puerto Rican writers use elements of Puerto Rican folklore, customs, and history. But most present-day writers deal with problems of city living, with problems of migration to and from the United States, and with the individual's search for his identity. **Prose and poetry:** In *El gíbaro (The Farmer),* Manuel Alonso's prose and poetry, offer a memorable portrait of *el jíbaro* in 1849. **Novel:** In *La charca,* Manuel Zeno Gandía symbolizes his view of oppressive plantation life in the mountains of Puerto Rico through the title, "The Stagnant Pool." In *El laberinto,* Enrique Laguerre places his Puerto Rican men and women in the conflict of unaccepting urban life in New York. **Theater:** *El grito de lares* (1914) by Luis Llórens Torres recalls Puerto Rico's historic moment of the cry for freedom. *Esta noche juega el jóker* of Fernando Sierra Berdecía (1940) uses the "game of life" in "el barrio latino." *La carreta,* René Marqués' fine play about migrating to and from the United States, is often produced in the *Tapia Theater* in Old San Juan. **Poetry:** Julia de Burgos' love of nature and sense of humanism is praised for such poems as "Río Grande de Loíza." Luis Palés Matos blends African words and rhythms in his Spanish poetry, *Danza negra* and *Majestad negra.* **Painting:** The varied work of José Campeche is an impressive expression of knowledge and art during the second half of the eighteenth century. Francisco Oller (*El estudiante,* on view at Paris's Louvre Museum) is an outstanding impressionistic painter.

E. *There are more Puerto Ricans in New York City, close to one million, than in all of San Juan, and more in Connecticut than in inland cities of Puerto Rico.* While the Puerto Rican in the United States learns English to share in North American life, he guards his right to maintain his Puerto Rican identity.

1. The strong feeling among Puerto Rican citizens living in the United States that their children should be taught Spanish has caused bilingual teaching programs to be instituted in several American elementary schools and in some high schools. Puerto Rican or Latin-American Studies are taught in some high schools; American universities have offered programs in Latin-American Studies for decades.

2. Various bilingual and Spanish theaters are firmly established in New York. Spanish language broadcasts on radio and television stations U.H.F. 41 and 47 in New York, and newspapers like New York's *El Diario-La Prensa* and *El Tiempo* are enjoyed by thousands of Puerto Ricans.

3. Typical food products for Puerto Rican dishes are available in the local *bodega,* the grocery in the *barrio* (Hispanic neighborhood), and in the supermarkets in large cities of the United States.

F. *Puerto Rico has made many important contributions to the United States.*

1. Puerto Ricans migrate to the United States mainland in search of greater economic opportunity. Like European immigrants before them, they work on farms and in factories; they demonstrate their talents in sports and the arts and contribute to the social, cultural, and political life of the United States. *José Feliciano,* entertainer; *Hernán La Fontaine,* pioneer in bilingual education and founder of the first bilingual school in New York; *José Ferrer,* the actor; and *Herman Badillo,* the former congressional representative — these are just some of the Puerto Ricans who have made America a better place in which to live.

2. Puerto Rico also contributes to the growth of United States' industry by importing large numbers of cars, trucks, buses; a great deal of clothing, shoes, canned foods; and materials for the construction of hotels, schools, homes, and factories. Puerto Rico exports some textiles to the United States for the manufacture of wearing apparel in New York.

G. **Language:** *Ask someone from Puerto Rico what language he or she speaks, and like most Latin Americans, he or she will answer,* **español**, *which is also the language of Spain.* Yet, his or her speech would indicate certain regional differences in pronunciation such as: 1. **el seseo:** the pronunciation as **S** of the **c** before **e** and **i** (*centavo, ciudad*) and of the **z** (**z**apato), rather than as in the interdental **TH** heard in Central Spain. 2. **aspiration:** the substitution of a light **H** sound for the letter **s,** as in *¿Cómo ehtá uhted?* Puerto Rican speech also contains hundreds of interesting regional equivalents for generally accepted Castillian words. Here are some examples: 1. el aguinaldo—el villancico (Christmas carol); 2. Borinquen—Puerto Rico; 3. borinqueño—puertorriqueño (Puerto Rican); 4. color café—pardo (brown); 5. los chavos—el dinero (money); 6. un chischís—un poco (a little bit); 7. la doña—la mujer (woman, wife); 8. la guagua—el ómnibus (bus); 9. el guineo—el plátano maduro (yellow banana); 10. la pachanga—la fiesta (party); 11. las papas—las patatas (potatoes); 12. trigueño—moreno (brunette, dark-skinned).

Exercises

I. Write the letter of the word that best identifies the *italicized* word.

1. *el barrio*   a. drum   b. neighborhood   c. play   d. dance   _____

2. *el baloncesto*   a. swimming   b. golf   c. tennis   d. basketball   _____

3. *Discovery Day*   a. Jan. 6th   b. Nov. 19   c. Dec. 25   d. July 25   _____

4. *timbales*   a. drums   b. trumpets   c. guitars   d. apparel   _____

5. *Julia de Burgos*   a. poet   b. songwriter   c. musician   d. sport   _____

6. *Tapia*   a. food   b. theater   c. school   d. poem   _____

7. *la bodega*   a. grocery   b. movie   c. street   d. home   _____

8. *Benítez*   a. La charca   b. Fomento   c. "Borinquen"   d. El Yunque   _____

9. *El Diario*   a. instrument   b. news   c. drama   d. vacation   _____

10. *Alonso*   a. *El gíbaro*   b. Hispaniola   c. Indian   d. ron   _____

II. Match the following words.

a. Rafael Hernández Colón   1._____drum

b. Borinquen   2._____capital

c. San Juan   3._____mountains

d. marímbola   4._____governor

e. Cordillera   5._____name for
    Central   Puerto Rico

III. Match the following words.

a. universidad   1._____constitution

b. pelea de gallos   2._____governor

c. July 25   3._____Río Piedras

d. Ponce de León   4._____food

e. lechón asado   5._____betting sport

IV. Write the letter of the word(s) that best complete(s) the statement.

1. Cuba, Puerto Rico, Hispaniola, and Jamaica make up the
   a. Borinquen   b. El Yunque   c. Fomento   d. Greater Antilles   _____

2. The second largest city in Puerto Rico is
   a. Old San Juan   b. Ponce   c. Río Piedras   d. Hispaniola   _____

3. Puerto Rico's chief agricultural products include coffee, rum, and
   a. corn   b. wheat   c. cereal   d. sugar   _____

4. A Puerto Rican-sponsored program to improve Puerto Rico's economy is
   a. lanzador   b. El Diario   c. Fomento   d. la plena   _____

5. The original Indians of Puerto Rico are called
   a. jíbaros   b. taínos   c. timbales   d. castellanos   _____

6. A Puerto Rican dish made with rice as a main ingredient is
   a. asopao   b. lechón asado   c. pasteles   d. habichuelas   _____

7. Puerto Rican children often receive gifts December 25 and
   a. July 25   b. November 19   c. June 24   d. January 6   _____

8. Instruments derived from native gourds are called
   a. maracas   b. marímbolas   c. timbales   d. cuatros   _____

9. Luis Muñoz Marín was a recent Puerto Rican
   a. congressman   b. governor   c. president   d. mayor   _____

10. Manual Zeno Gandía's novel of plantation life is
   a. *El laberinto*   b. *La charca*   c. *El grito de Lares*   d. *Esta noche juega el jóker* _____

V. Rearrange the following facts in the order of their occurrence by writing the *letter* of the appropriate statement in the space provided.

a. Puerto Rico becomes a "Free Associated State."   1._____

b. Puerto Ricans become citizens of the United States.   2._____

c. Spain gives Puerto Rico to the United States.   3._____

d. Ponce de León becomes governor of Puerto Rico.   4._____

e. Puerto Rico is granted self-rule.   5._____

VI. Complete the statements using the selection below.

1. On January 6 youngsters expect gifts from _____

2. The Puerto Rican poet who uses African words and rhythms is_____

3. In Paris' Louvre Museum one can see Francisco Oller's_____

4. The patron saint of Puerto Rico is_____

5. _____is a leader in bilingual education.

6. Puerto Rico exports_____to the United States for clothing.

7. _____was a Puerto Rican fighter against slavery.

8. An instrument derived from the Spanish guitar is_____

9. Puerto Rico is located in the_____Sea.

10. A composer of Puerto Rican songs is_____

11. A Puerto Rican dance which is African in origin is_____

12. Many fine Puerto Rican musicians may be heard at el Festival_____

13. Tourists often visit a prehistoric rainforest called_____

14. A popular dance with a *paseo* is _____

15. _____ is a former United States congressman.

Selection: Eugenio María de Hostos; Herman Badillo; Rafael Hernández; Hernán La Fontaine; la danza; los Reyes Magos; Casals; Caribbean; textiles; El Yunque; Luis Palés Matos; *El estudiante;* el cuatro; San Juan Bautista; la bomba.

VII. Match the following equivalents:

a. pachanga	1._____mujer (woman)	f. trigueño	6._____ómnibus (bus)
b. guagua	2._____moreno (brunette)	g. la doña	7._____Puerto Rico
c. aguinaldo	3._____patatas (potatoes)	h. chischís	8._____dinero (money)
d. chavos	4._____pardo (brown)	i. color café	9._____fiesta (party)
e. papas	5._____poco (little bit)	j. Borinquen	10._____villancico (Christmas carol)

RESTAURANTE LA HABANA

RESTAURANTE HISPANO-AMERICANO

Menú

Aperitivos/Sopas

Sardinas en Aceite con Huevos	2.75
Entremés Variado	2.75
Coctel de Camarones	2.25
Jugo de Naranja .... .50 y	.70
Coctel de Langosta	3.95
Sopa de Cebollas	.75
Fabada Asturiana	1.50
Potaje de Chícharos y Lentejas ...	1.50

Carnes y Asados

Hígado a la Italiana	2.95
Bistec de Palomilla	4.85
Filete Mignon	7.25
Chuletas de Puerco	4.75
Bistec Empanizado	4.75
Bistec de Jamón, Habanera	3.90
Bistec de Hígado	2.95
Lechón y Moros, Vier., Sáb. y Dom.	5.50
Boliche Mechado	4.25

Aves

Medio Pollo a la Cubana	3.95
Medio Pollo a la Parrilla	3.95
Pollo Fricasé	3.95
Pollo en Cacerola	3.95
Chicharrón de Pollo	3.95
Asopao de Pollo	3.75

Bebidas

Café Expreso	.30
Café Americano	.25
Café con Leche	.40
Té	.25
Malta Hatuey	.60
Sodas Variadas	.40

Mariscos

Pescado en Escabeche	3.75
Filete de Pescado	3.75
Filete de Pescado Empanizado	3.75
Rueda de Serrucho Frita	3.75
Bacalao a la Vizcaína	3.95
Camarones Enchilados	4.75
Langosta a la Catalana	6.95
Camarones Rebozados Fritos	4.75
Langosta Enchilada	6.95
Calamares en su Tinta con Arroz ..	2.75

Postres

Flan de Calabaza	.80
Pudín Diplomático	.80
Pudín de Pan	.80
Flan de Huevos	.80
Tocino del Cielo	.90
Coco Rallado con Queso	.85
Casco de Guayaba con Queso	.85
Casco de Naranja con Queso	.85
Fruta Bomba con Queso	.85
Helados Variados	.70

Estoy enamorado de una
chica alta y flaca.

Every newspaper has an advice to the lovelorn column. What would you advise this heartbroken young man?

El consultorio sentimental

¿Tiene Vd. un problema romántico? Gertrudis ayuda a muchas personas, y puede ayudarlo a Vd. Si Vd. le escribe su problema al consultorio de Gertrudis, Gertrudis le responde con una solución.

Querida Gertrudis,
    Quiero a una muchacha alta y delgada. Es una muchacha española muy interesante y simpática. Tiene el pelo negro y los ojos verdes. Es una chica alegre y yo quiero salir con ella. Tengo un coche nuevo y soy muy generoso y trabajador. Pero ella dice que no quiere salir conmigo porque soy bajito y muy gordo. Además, dice que tengo mucho pelo como un mono. Pero yo no deseo ir a la barbería. ¿Qué voy a hacer? No puedo dormir. No puedo comer. Necesito su ayuda.

Desesperado

Querido "Desesperado,"
    La solución no es difícil. Es muy fácil. Vd. dice que no tiene apetito y que no come. Bueno. Así, tarde o temprano Vd. va a estar tan flaco como ella. Luego, si Vd. lleva un sombrero alto, Vd. puede parecer alto, y además, va a cubrir todo su pelo.

Buena suerte.

Gertrudis

Palabras Nuevas

SUBSTANTIVOS

el apetito   *the appetite*
la ayuda   *the aid, the help*
la barbería   *the barbershop*
el consultorio   *the clinic*
   el consultorio sentimental
   advice to the lovelorn
Gertrudis   *Gertrude*
el mono   *the monkey*
el ojo   *the eye*
el pelo   *the hair*
el problema   *the problem*
la solución   *the solution*
el sombrero   *the hat*
la suerte   *the luck*
   ¡Buena suerte!   *Good luck!*

ADJETIVOS

alegre   *lively, happy, cheerful*
alto,a   *tall*

bajo,a   *short*
   bajito,a   *quite short*
delgado,a   *slender*
desesperado,a   *desperate*
difícil   *difficult*
español,a   *Spanish*
flaco,a   *skinny, thin*
generoso,a   *generous*
gordo,a   *fat*
querido,a   *dear*
romántico,a   *romantic*
simpático,a   *nice, pleasant*
   (persons)
su   *your*
trabajador,a   *hard-working*
verde   *green*

VERBOS

ayudar   *to aid, to help*
cubrir   *to cover*

dormir   *to sleep*
escribir   *to write*
estar   *to be (health, location)*
llevar   *to wear*
parecer   *to seem*
puede   *he (she) can, is able to, you (formal sing.) can, are able to*
puedo   *I can, am able*
querer a   *to love*
responder   *to answer*

OTRAS PALABRAS

además   *besides*
conmigo   *with me*
le   *(indirect object of verb) you, to you*
luego   *then*
tan. . .como   *as. . .as*
tarde o temprano   *sooner or later*

EJERCICIOS

I. Preguntas. Write your answer in a complete Spanish sentence.

1. ¿Cómo es la chica española?
2. ¿Cómo es el "querido desesperado"?
3. ¿Para qué va a llevar un sombrero alto?
4. Si él no come ¿cómo va a estar?
5. ¿Cómo es la persona a quien Vd. quiere mucho?

1. _____

2. _____

3. _____

4. _____

5. _____

II. Word Hunt — Find the following words in Spanish.

Q	U	E	R	I	D	O	F
G	C	O	M	E	R	J	L
O	D	S	T	E	P	O	A
R	I	U	O	S	E	S	C
D	C	S	D	A	L	T	O
O	E	M	O	N	O	U	N
A	D	E	M	A	S	S	I
B	A	R	B	E	R	I	A

1. dear
2. skinny
3. tall
4. fat
5. eyes
6. besides
7. hair
8. monkey
9. barber shop
10. to eat
11. all
12. a *(m.)*
13. your *(pl.)*
14. (he) says
15. if

III. Construct sentences, using the 3 words given. You may change the form of the verb.

1. estar   enamorado   chica _____

2. tener   pelo   ojos _____

3. decir   querer   salir _____

4. desear   ir   barbería _____

5. tener   apetito   comer _____

IV. Oral Activities.

A. Describe what is happening in the picture facing page 131.

B. Retell the story. Let classmates add details.

V. Write a note in Spanish to a friend about a person you now love. Use *five* or more sentences.

Begin with: **Quiero mucho a** _____ .

You may use the following ideas: *who this person is; a description of his or her appearance, personality and character traits; a description of yourself; why you eat more or less now; what you are going to say when you want a date.*

ESTRUCTURAS DE LA LENGUA

Descriptive Adjectives and Limiting Adjectives.

A. *Descriptive adjectives* generally *follow* the person, or thing described, *unlike* English.

Limiting adjectives tell *how many*; they appear *before* the person, or the thing limited, as in English.

Descriptive (What kind?)	Limiting (How many?)
1. Juan es un **chico alto, inteligente y popular.** John is a *tall, intelligent, and popular* boy.	1. **Muchos otros chicos** son altos, inteligentes y populares. *Many other* boys are tall, intelligent, and popular.
2. Es **una revista bonita, interesante y fácil.** It is a *nice, interesting, and easy* magazine.	2. **Varias revistas** son bonitas, interesantes y fáciles. *Several* magazines are nice, interesting, and easy.

Rules:

1. In a series, **y** *and* is placed before the last descriptive adjective.

2. Limiting adjectives *showing quantity* and *preceding* the noun are: **bastante(s)** *enough*; **mismo-a-s,** *same*; **muchos-as** *many*; **otros-as,** *other*; **pocos-as,** *few*; **todos los; todas las,** *all*; **varios-as,** *several*. They agree with their nouns in gender and number.

Pocos chicos estudian. Few *boys* study.	**Todas las chicas** estudian. All the *girls* study.

B. Descriptive adjectives, too, *agree* with their nouns (person, place, or thing) in *gender* (masculine or feminine) and in *number* (singular or plural).

1. To form the *feminine adjective*, substitute feminine **a** for the masculine **o** ending.

Pedro es **rico.** Tiene **un coche nuevo.** Peter is rich. He has a new car.	Ana es **rica.** Tiene **una casa nueva.** Anna is rich. She has a new house.

2. Adjectives which do *not* end in **o** are the *same* in both masculine and feminine forms.

Masculine	Feminine
Es **un joven interesante** y **popular.** He is an interesting and popular young man.	Es **una joven interesante** y **popular.** She is an interesting and popular young woman.

3. To form the *plural* of an adjective that ends in a vowel — **a, e,** or **o** — add the letter **s: alto — altos; alta — altas; amable — amables.**

Los habitantes de Nueva York son **generosos** y **amables.** The inhabitants of New York are generous and kind.	Sus avenidas son **anchas** y **agradables.** Its avenues are wide and pleasant.

4. To form the *plural* of an adjective that ends in a consonant — a letter that is not **a, e, i, o,** or **u** — add **es: azul — azules; gris — grises; popular — populares.**

Prefiero un cielo **azul** a un cielo **gris.** I prefer a blue sky to a gray sky.	Los cielos están **azules** y no **grises.** The skies are blue and not gray.

C. Adjectives of nationality are made feminine by changing final masculine **o** to feminine **a,** e.g., **italiano — italiana.** But adjectives of nationality which end in consonants need to *add* **a: alemán — alemana; español — española; francés — francesa; inglés — inglesa.**

1. Juan es **un alumno español.** John is a Spanish (native) pupil.	3. Pedro es **un amigo inglés.** Peter is an English friend.
2. Juana es **una alumna española.** Joan is a Spanish (native) pupil.	4. Ana es **una amiga inglesa.** Anna is an English friend.

D. Adjectives of nationality form their plurals like all other adjectives.

1. En la clase hay **chicos españoles, ingleses** y **norteamericanos.** In class there are Spanish, English, and American boys.	2. También hay **chicas españolas, inglesas** y **norteamericanas.** There are also Spanish, English, and American girls.

Rules:

1. Adjectives of nationality, like other descriptive adjectives, *follow* their nouns.

2. Adjectives of nationality form their plurals by adding **s** to vowels and **es** to consonants.

3. **Alemán, francés, inglés** drop the accent mark for the feminine singular, and for both masculine and feminine plural forms.

E. Adjectives which bear accent marks on *other than* the final syllable *keep the accent mark* on all singular and plural forms.

---

difícil difíciles (difficult)	práctico-a prácticos-as (practical)
fácil fáciles (easy)	rápido-a rápidos-as (fast)

STUDY THE RULES, EXAMPLES, AND MODELS BEFORE BEGINNING THE EXERCISES!

Exercises

I. Brothers and sisters are often very much alike and sometimes have similar names. Read the description of each brother and give the appropriately similar description of his sister

Model: Francisco es alegre y simpático. ¿Y Francisca?
Frank is cheerful and likeable. And Frances?
Francisca es alegre y simpática.
Frances is cheerful and likeable.

1. Juan es alto y elegante. ¿Y Juana? _____

2. Luis es inglés y rubio. ¿Y Luisa? _____

3. José es español y moreno. ¿Y Josefa? _____

4. Angel es sincero y agredable. ¿Y Angela? _____

5. Carlos es alemán y práctico. ¿Y Carla? _____

II. Rewrite each sentence in the *plural*. Make all necessary changes. (Omit **un** and **una**.)

Model: El niño es un alumno cubano.   **Los niños son alumnos cubanos.**
The child is a Cuban pupil.   The children are Cuban pupils.

1. El niño es un alumno aplicado. _____

2. El primo es un chico inglés. _____

3. La ciencia es un estudio fácil. _____

4. La cosa es una tiza azul. _____

5. La abuela es una señora española. _____

6. La madre es una mujer inteligente. _____

7. La tía es una persona liberal. _____

8. El señor es un profesor alemán. _____

9. La muchacha es una chica francesa. _____

10. El tío es un hombre español. _____

III. Rewrite each sentence in the singular. Make all necessary changes for agreement. (Add **un** or **una**.)

Model: Son chicas alegres.   Es **una** chica alegre.
         They are happy girls.   She is a happy girl.

1. Son hombres inteligentes. _____

2. Son mujeres tristes. _____

3. Son maestros españoles. _____

4. Son cines alemanes. _____

5. Son periódicos franceses. _____

IV. Rewrite the sentence, using the word in parentheses in its proper position in the sentence.

Model: **Trabajan hoy.** They work today.
         a. (muchos) _____   c. (buenos) _____
         Muchos trabajan hoy.   Muchos alumnos **buenos** trabajan hoy.
         Many work today.   Many good students work today.

         b. (alumnos) _____   d. (alegres) _____
         Muchos **alumnos** trabajan hoy.   Muchos alumnos buenos y **alegres** trabajan hoy.
         Many students work today.   Many good and happy students work today.

1. Contestan bien.

   a. (muchas) _____

   b. (alumnas) _____

   c. (lindas) _____

   d. (amables) _____

2. Hablan hoy.

   a. (los muchachos) _____

   b. (todos) _____

   c. (españoles) _____

   d. (inglés) _____

   e. (poco) _____

3. Lee aquí.

   a. (mi amiga) _____

   b. (revistas) _____

   c. (varias) _____

   d. (interesantes) _____

   e. (cómicas) _____

4. Escribe ahora.

   a. (el muchacho) _____

   b. (mismo) _____

   c. (bueno) _____

   d. (aplicado) _____

   e. (ruso) _____

   f. (bastante) _____

V. Write affirmative answers in complete Spanish sentences. Include in *both* your answers all *adjectives* used in the first *question*, changing adjective endings as needed.

> Model: ¿Son los *otros* alumnos *aplicados*?   Are the *other* pupils *diligent*?
>   Los **otros** alumnos son **aplicados.**   The *other* pupils are *diligent.*
>   ¿Y las otras alumnas también?   And the other girl pupils, too?
>   Las **otras** alumnas son **aplicadas.**   The *other* girl pupils are *diligent.*

1. ¿Trabajan *todos* los chicos *españoles*? ¿Y todas las chicas también? _____

   _____

   _____

2. ¿Compran ellas sombreros *bonitos* y *baratos*? ¿Y muchas faldas también? _____

   _____

   _____

137

3. ¿Tiene la familia *otro* coche *nuevo* y *lindo*? ¿Y otra casa también? _____

_____

_____

4. ¿Ven los chicos *pocas* ciudades *grandes* y *hermosas*? ¿Y pocos países también? _____

_____

_____

5. ¿Visitan *varios* señores *ingleses bastantes* ciudades *interesantes*? ¿Y varias señoras también?

bién? _____

_____

VII. Oral Proficiency. Act your part, *tú*. Let a classmate act the part of Manuel(a). (You may *later write* your completed script for additional practice.)

A. **Situation:** Friends have arranged a blind date for you with a friend of theirs, Manuel(a). You are on the phone with Manuel(a) in order to become acquainted before the date. You respond to Manuel(a)'s *two* questions and then ask *four* of your own.

Manuel(a): ¿Cómo eres? ¿Qué prefieres hacer en tu tiempo libre?
Tú: _____

You may use your own or the following ideas: *What Manuel(a) is like and looks like; what Manuel(a) prefers to do in free time; what Manuel(a) is going to wear to the date.*

B. Manuel(a) answers your questions.

LA ROPA

La Bolsa

El Paraguas

Los Zapatos

El Abrigo

La Falda

El Impermeable

El Sombrero

El Collar
De Perlas

El Vestido

Los Chanclos

Los Guantes

La Blusa

La Camisa
La Corbata

La
Camiseta

La Gorra

Los Pantalones

Los Calcetines

El Suéter

Las Zapatillas De Tenis

El Uniforme
De Explorador

El Chaleco

La Bufanda

El Traje

El Traje De Baño

Los Botas

Los Pantaloncitos

El Saco

Es un gran honor y placer poder hablar con Vd.

How would you like to live more than a
thousand years? It might be interesting.

El hombre más viejo del mundo.

Ahora, queridos amigos de este programa, el canal cincuenta y cinco tiene el gran privilegio de presentar una entrevista con el hombre más viejo del mundo. Tiene cuatro mil años.

Locutor: Bienvenido, señor. Es un gran honor hablar con Vd.

Viejo: Bueno. ¿Quiere Vd. hacer unas preguntas? Tengo prisa.

Locutor: Sí, sí. Claro. . .Vd. no parece tan viejo. ¿Cuál es su secreto?

Viejo: Pues, duermo mucho, como poco y no miro la televisión.

Locutor: Ah, ya comprendo. ¿Hay una gran diferencia entre el presente y el pasado?

Viejo: No hay mucha. Muchos chicos de hoy llevan el pelo largo como los hombres prehistóricos, y la música de hoy es similar a la música de las cavernas.

Locutor: ¿Qué come Vd.?

Viejo: En el pasado…carne cruda…de tigre o de elefante.

Locutor: ¡Ay! ¡Es muy diferente de la comida de hoy! ¿Verdad?

Viejo: No. Es muy similar a las comidas congeladas que las familias de hoy comen en sus casas.

Locutor: Y, ¿quién es el hombre más famoso que Vd. ha conocido?

Viejo: Es el primer profesor de español en América.Lo conocí en el año mil cuatrocientos noventa y dos.

Locutor: ¡Su nombre, por favor!

Viejo: Cristóbal Colón.

Locutor: ¿Cristóbal Colón, un profesor de español?

Viejo: Claro, un profesor de español para los indios del Nuevo Mundo. Bueno. Me voy. Tengo una cita con una joven.

Locutor: ¿Una joven? ¿Cuántos años tiene ella?

Viejo: Solamente cuatrocientos, si ella dice la verdad. Adiós.

Locutor: Adiós, señor. Buena suerte en su cita.

Palabras Nuevas

SUBSTANTIVOS

el canal   *the channel*
la carne   *the meat*
  la carne de elefante   *the elephant meat*
  la carne de tigre   *the tiger meat*
la caverna   *the cave*
la comida   *the food*
  la comida congelada   *frozen food*

Cristóbal Colón   *Christopher Columbus*
la diferencia   *the difference*
la entrevista   *the interview*
el honor   *the honor*
el locutor   *the commentator, the announcer*
el mundo   *the world*
  el Nuevo Mundo   *the New World*
la música   *the music*
el pasado   *the past*
el presente   *the present (time)*

el privilegio   *the privilege*
el profesor de español   *the Spanish teacher*
el secreto   *the secret*
la verdad   *the truth*

ADJETIVOS

crudo,a   *raw*
largo,a   *long*
poco,a   *little (small amount)*
prehistórico,a   *prehistoric*
primer(o),a   *first*
similar   *similar, same*

141

VERBOS

duermo   *I sleep*
ha conocido   *you (formal sing.) have known; he (she) has known*
hacer una pregunta   *to ask a question*
lo conocí   *I met him*
presentar   *to present*

tener. . .años   *to be. . .years old*
tener prisa   *to be in a hurry*

OTRAS PALABRAS

cincuenta y cinco   *fifty-five*
¿Cuál es. . .?   *What is . . .?*

cuatro mil   *four thousand*
cuatrocientos   *four hundred*
el hombre más viejo del mundo   *the oldest man in the world*
mil   *one thousand*
mil cuatrocientos noventa y dos   *1492*
solamente   *only*

EJERCICIOS

I. (A) Complete.

1. El canal 55 presenta una _____ con el hombre más viejo.

2. Este hombre tiene _____.

3. El secreto del hombre es que _____ poco, _____ mucho y no

   _____ la televisión.

4. Muchos chicos de hoy llevan el _____.

5. Las familias de hoy comen _____.

(B) Preguntas personales y generales. Write your answer in a complete Spanish sentence.

1. ¿Quién es la persona más famosa del mundo?
2. ¿Cuál es una diferencia entre el pasado y el presente?
3. ¿Cuál es su comida favorita?
4. ¿Cuántos años tiene Vd.?
5. ¿Con quién tiene Vd. una cita este sábado?

1. _____

2. _____

3. _____

4. _____

5. _____

II. Write the letter of the expression that best completes the sentence.

A	B
1. Tenemos el gran privilegio ____	a) que ha conocido.
2. Hay mucha diferencia ____	b) no es similar.
3. Es el hombre más famoso ____	c) de presentar una entrevista.
4. Me voy porque ____	d) tengo una cita.
5. La comida ____	e) entre el pasado y el presente.

IV. **Oral Activities.**

A. Describe what is happening in the picture facing page 141.

B. Retell the story. Let classmates add details.

V. **Write a note** in Spanish to the television station, *Canal 55,* in the story. Express your opinion in *five* or more sentences about the ideas expressed by the old man.

Begin with: **No estoy de acuerdo con el viejo** or **estoy de acuerdo.**

You may use your own or the following ideas: *There are (not) many differences between the present and the past; the music of today is (not) different from the music of the cave man or like the music of the past; families today do (not) eat frozen food similar to the raw meat of the cave man; many boys today do (not) wear long hair like the cave men; your opinion of the program or of the interview.*

ESTRUCTURAS DE LA LENGUA

Cardinal Numbers: 31-1000

A. Learn these paired sets of numbers:

One ending only for the decades 20-100		*Masculine or feminine endings* for 200-900	
20	veinte	200	doscientos, -as
30	treinta	300	trescientos, -as
40	cuarenta	400	cuatrocientos, -as
50	cincuenta	500	quinientos, -as
60	sesenta	600	seiscientos, -as
70	setenta	700	setecientos, -as
80	ochenta	800	ochocientos, -as
90	noventa	900	novecientos, -as
100	ciento (cien)	1000	mil
101	ciento uno		

Rules:

1. **Y** is placed after the decades *20 through 90* before adding *one through nine*, e.g., **veinte y uno** (21); **treinta y dos** (32); **cuarenta y tres** (43); **cincuenta y cuatro** (54); **sesenta y cinco** (65); **setenta y seis** (76); **ochenta y siete** (87); **noventa y ocho** (98).

2. **Uno** (1) in compound numbers shortens to **un** before a masculine noun, and becomes **una** before a feminine noun. See the examples below:

treinta y un chicos y **veinte y una chicas**
thirty-one boys and twenty-one girls.

3. **Ciento** (100) shortens to **cien** before *both masculine and feminine nouns*, but remains **ciento** directly before a smaller number followed by a noun of either gender. *One is not* expressed before **cien(to). Y** *never* follows **cien(to).**

> **cien dólares** por **cien revistas**
> one hundred dollars for one hundred magazines
>
> **ciento noventa dólares** por **ciento noventa revistas**
> one hundred (and) ninety dollars for one hundred (and) ninety magazines.

4. **Doscientos** through **novecientos** (200-900) change their endings to **as** when describing feminine nouns, e.g.,

> **doscientas tres chicas** y **quinientas mujeres**
> two hundred and three girls, and five hundred women

5. **Quin**ientos, -as (500), **sete**cientos, -as (700), **nove**cientos, -as (900) have special stems.

6. **Mil** (1,000): *One* is *not* expressed before **mil. Y** is *not* generally used after **mil.**

> 1. Hay casi **mil escuelas** en Nueva York.
>   There are almost *one thousand* schools in New York.
>
> 2. ¿**Mil setecientas?**   3. No. **Mil.**
>   *Seventeen hundred*?   No. *A thousand.*
>   (one thousand seven hundred)

B. La fecha (The date). — Two ways.

What is today's date?   Today is April 1st (2nd), nineteen (hundred) ninety-one.

> 1. ¿**A cuántos estamos?**   **Estamos a primero (dos) de abril de mil novecientos noventa y uno.**
>
> 2. ¿**Cuál es la fecha de hoy?**   **Hoy es el primero (dos) de abril, mil novecientos noventa y uno.**

Rules:

1. **Estamos a** and **Hoy es el** represent *today is*; **el** never follows **estamos a.**

2. **De** or a comma appear between the month and the year.

3. *Nineteen hundred* and other hundreds above one thousand must be expressed as *one thousand nine hundred*: **mil novecientos,** for example.

C. Study the following models which *contrast the numbers below one hundred* with numbers from *200* to *900*.

Questions	Answers
1. ¿Cuántos chicos hay en las clases de gimnasia?	1. **Sesenta y uno.** Tenemos clases de **sesenta y un chicos** o de **sesenta y una chicas.**
How many pupils are there In the gym classes?	*Sixty-one.* We have classes of *sixty-one* boys or *sixty-one* girls.
2. ¿Cuántos alumnos hay en su escuela?	2. Hay **mil doscientos: seiscientos chicos y seiscientas** chicas.
How many pupils are there in your school?	There are *twelve hundred.* There are *six hundred* boys and *six hundred* girls.
3. a. ¿Hay **cincuenta** o **quinientas revistas** allí?	3. a. Hay **quinientas revistas** y **quinientos** libros.
Are there *fifty* or *five hundred* magazines there?	There are *five hundred* magazines and *five hundred* books.
b. ¿Hay **setenta** o **setecientas páginas?**	b. Hay **setecientas páginas.**
Are there *seventy* or *seven hundred* pages?	There are *seven hundred* pages.
c. ¿Hay **noventa** o **novecientas gramáticas?**	c. Hay **novecientas** gramáticas.
Are there *ninety* or *nine hundred* grammars?	There are *nine hundred* grammars.
4. ¿Cuánto paga Vd. por un coche? **¿Cien pesetas?**	4. No pago **cien pesetas.** Pago **cien dólares** ahora y **mil ciento cincuenta dólares** después.
How much do you pay for a car? One hundred pesetas?	I don't pay *one hundred* pesetas. I pay *one hundred dollars* now and *one thousand one hundred fifty* later.

STUDY THE RULES, EXAMPLES, AND MODELS BEFORE BEGINNING THE EXERCISES!

Exercises

I. Write an answer in a complete Spanish sentence, *writing out* in Spanish words the number given in parentheses.

Model: ¿Es **once** o **uno**?	Is it eleven or one?
(11) Es **once.**	It is eleven

1. ¿Es **setenta** o **setecientos?** (700)_____

2. ¿Es **cincuenta** o **quinientos?** (500)_____

3. ¿Es **noventa** o **novecientos?** (900)_____

4. ¿Es **sesenta y siete** o **setenta y seis?** (67)_____

5. ¿Es **mil quinientos** o **ciento cincuenta?** (150)_____

6. ¿Es **ciento quince** o **mil quinientos** (1500)_____

7. ¿Es **ochocientos nueve** o **novecientos ocho?** (908)_____

8. ¿Es **trescientos treinta** o **mil trescientos?** (330)_____

9. ¿Es **quinientos once** o **ciento quince?** (115)_____

10. ¿Es **quinientos cinco** o **cincuenta y cinco?** (505)_____

II. Write the complete example and the answer in Spanish. Use **y** for +; **menos** for —; *por* for X; **dividido por** for ÷.

Model: 20 y 10 son_____ Veinte y diez son treinta.

1. (30 + 10 son)_____

2. (80 — 20 son)_____

3. (100 X 2 son)_____

4. (1,000 ÷ 2 son)_____

5. (35 + 36 son)_____

6. (300 — 150 son)_____

7. (600 ÷ 3 son)_____

8. (444 — 40 son)_____

9. (700 — 200 son)_____

10. (700 + 200 son)_____

III. Write the number in Spanish with the noun. Make the number agree with the noun as needed.

Model: 21 diccionarios **veinte y un** diccionarios. 101 casas **ciento una** casas.

1. (41 periódicos)_____

2. (51 sillas)_____

3. (101 mesas)_____

4. (100 estantes)_____

5. (115 papeles)_____

6. (691 tarjetas)_____

7. (200 lecciones)_____

8. (261 alumnos)_____

9. (371 chicos)_____

10. (481 alumnas)_____

IV. Write the number out in Spanish using **Cuentan** _____ **personas** according to the model.
Model: **601** Cuentan **seiscientas una personas.**   They count *601 people*.

1. 555_____

2. 777_____

3. 991_____

4. 1,000_____

5. 1717_____

V. Write each date in Spanish according to the model.

Model: ¿Cuál es la fecha de hoy?   What is today's date?
        Hoy es . . .   **Hoy es el trece de febrero de**
        Feb. 13, 1973   **mil novecientos setenta y tres.**

A. ¿Cuál es la fecha de hoy?   What is today's date?
     Hoy es . . . (rewrite)   Today is . . .

1. Mar. 1, 1999 _____

   _____

2. Jan. 31, 1888 _____

   _____

B. ¿Cuál es la fecha de mañana?   What is tomorrow's date?
     Mañana es . . . (rewrite)   Tomorrow is . . .

3. August 11, 1666 _____

   _____

C. ¿A cuántos estamos?   What is today's date?
     Estamos a . . . (rewrite)   Today is . . .

4. October 15, 1555 _____

   _____

5. Dec. 14, 1777 _____

   _____

VI. Complete the composition by writing the word(s) or numbers in italics.

Tengo_____años. Mi cumpleaños es | I am *14* years old. My
              1

_____. Vivo en | birthday is *May 31*. I
              2

la calle_____,número | live on *115th* Street,
              3

_____. Gano entre | number *1,171*. I earn
              4

_____ y _____ | between *40* and *50*
       5   6

dólares semanales. Ya tengo en el banco_____ | dollars a week. I now
                                           7

_____dólares. Tengo_____ | have *999* dollars in
         7   8

amigos pero solamente_____madre. Nací en | the bank. I have *100*
                              9 | friends but only *one*

_____ | mother. I was born in
                      10 | *19* . . . .

VII. Oral Proficiency. Act your part, *tú.* Let a classmate act Pedro's part. (You may *later write* your completed script for additional practice.)

Situation: You are the public address announcer for your school. Pedro, the president of the student body, has asked you to announce a calendar of *Fiestas y eventos.* You make the announcement in *five* or more sentences.

Pedro: Favor de hacer el anuncio de fiestas y eventos importantes para la escuela.

Tú: Buenos días, amigos. Habla _____ de la escuela _____. Su atención, por favor, a las fechas de las fiestas y los eventos importantes. _____

You may use your own or the following ideas: *Name four holidays this year and the dates when they take place. Name a school contest or competition and its date.*

*He comido tres helados y
tengo dolor de estómago.*

It's nice to be able to get away for the summer.
What happens to Federico after a week?

Queridos mamá y papá

Federico Caracoles es un muchacho de nueve años. No tiene hermanos y está muy aburrido en el verano. Todos sus buenos amigos pasan las vacaciones lejos de la ciudad. Pobre Federico está solo los veranos. Este año, los padres de Federico deciden enviar al chico a un buen campamento de verano. Así Federico va a pasar un mes al aire libre con otros muchachos de su edad. Es una nueva experiencia. Federico escribe una carta a sus padres todos los días con una descripción de sus actividades.

Primer día:	¡Este campamento es una maravilla! Hay árboles, flores y hierba por todas partes. Hay un lago en el centro con muchos botes. Hugo, el consejero, dice que vamos a hacer algo nuevo todos los días. Podemos jugar al béisbol, al fútbol y al básquetbol. Hay mucho que hacer, pero por la noche pienso en Vds.
Segundo día:	Hay cinco muchachos en nuestro grupo — Jaime, Adelberto, Arnaldo, Inocencio y yo. Adelberto es mi mejor amigo. Es muy gordo y siempre come de día y de noche. Hoy Adelberto ha comido tres platos de macarrones. El dice que tiene mucha hambre.
Tercer día:	Hoy todo el grupo va a tener una fiesta. Hay muchos problemas porque no hay mesas y es necesario poner la comida en la hierba. Adelberto ha comido tres hormigas con la ensalada de papas y dice que la ensalada está buena.
Cuarto día:	Hoy vamos al lago para nadar. Hay una isla en el lago. Vamos allá en botes. Regresamos con sólo cuatro muchachos. Hugo, el consejero, está muy enojado porque Inocencio está todavía en la isla.
Quinto día:	Hoy es el cumpleaños de Arnaldo y tenemos una buena fiesta. Hay dulces, helado y otros refrescos. Adelberto está muy contento, porque dice que el helado es una de sus cosas favoritas. Yo he comido tres helados y tengo dolor de estómago.
Sexto día:	Es sábado y vemos una película. Todo el mundo grita y tira cosas por el aire. Nadie escucha cuando los actores hablan. Adelberto recibe un golpe en la cabeza. Hugo, el consejero, dice que nunca vamos a ver otra película.
Séptimo día:	¡Una semana aquí! El campamento es una maravilla. Tengo muchos amigos, hago muchas cosas. . .pero. . . ¡Quiero regresar a casa!

Palabras Nuevas

SUBSTANTIVOS

la actividad   *the activity*
Adelberto   *Albert*
Arnaldo   *Arnold*
el bote   *the boat*
el campamento (de verano)
   the (summer) camp
el caracol   *the snail*

el consejero   *the counselor*
el cumpleaños   *the birthday*
la descripción   *the description*
el dolor de estómago   *the
   stomachache*
la edad   *the age*
la ensalada de papas   *the
   potato salad*

Federico   *Frederick*
el golpe en la cabeza   *the
   blow to the head*
el grupo   *the group*
la hierba   *the grass*
la hormiga   *the ant*
Inocencio   *Innocent*
la isla   *the island*

151

el lago   *the lake*
los padres   *the parents*
el plato de macarrones   *the dish of macaroni*
la maravilla   *the marvel, the wonder*
el refresco   *the refreshment, the snack*

ADJETIVOS

aburrido,a   *bored*
contento,a   *happy*
enojado,a   *angry*
solo,a   *alone*

VERBOS

enviar   *to send*
estar bueno   *to taste good*
gritar   *to shout*
ha comido   *he (she) has eaten; you (formal sing.) have eaten*
he comido   *I have eaten*
jugar al básquetbol (al béisbol, al fútbol)   *to play basketball (baseball, football)*
tener mucha hambre   *to be very hungry*
tirar   *to throw*

OTRAS PALABRAS

al aire libre   *in the open air*
de día y de noche   *night and day*
nunca   *never*
sólo   *only*
todavía   *still*
todos los días   *everyday*

EJERCICIOS

I. Preguntas. Write your answer in a complete Spanish sentence.

1.   ¿Por qué está aburrido Federico?_____

2.   ¿Adónde va Federico este año? _____

3.   ¿Qué hace el muchacho todos los días?_____

4.   ¿Qué quiere hacer Federico después de una semana en el campo?_____

_____

II. ¿Cómo se dice en español?
1.   They're going to spend their vacation far from the city.
2.   We're going to do new things everyday.
3.   He's always eating, day and night.
4.   Everybody shouts and throws things.

1 . _____

2 . _____

3 . _____

4 . _____

III. El mensaje secreto — Inocencio has written a secret message to Federico by leaving out all the letters *o* and *a* from the words. Can you put back these vowels and decipher the code?

Querid＿   Federic＿,

V＿m＿s ＿l l＿g＿ est＿ n＿che.   P＿dem＿s ir ＿ l＿ isl＿

c＿n un＿ de l＿s b＿t＿s. Si el c＿nsejer＿ s＿be, v＿ ＿ estar

muy en＿j＿d＿.   Tu ＿mig＿,

                                                 In＿cenci＿

IV. Oral Activities.

A. Describe what is happening in the picture facing page 151.

B. Retell the story. Let classmates add details.

V. A. Write a note in Spanish to a friend in summer camp. Ask your friend in *five* or more questions to describe camp life.

Begin with: **¿Cómo es la vida en el campamento? ¿Gozas?**

You may use the following ideas: *Is he bored or does he enjoy (we) his life there? Why? What does he eat there? What activities are his favorites? What do he and the others do in the evening? Who is his favorite counselor? Why? When is he going to return home?*

B. Write a copy of your friend's answers to send to other friends.

ESTRUCTURAS DE LA LENGUA

Ordinal numbers: Shortening of Adjectives **bueno** and **malo**.

A. *Ordinal* numbers tell the order or place of any item within a series:

1st **primero –a**	first	6th **sexto –a**	sixth
2nd **segundo –a**	second	7th **séptimo –a**	seventh
3rd **tercero –a**	third	8th **octavo –a**	eighth
4th **cuarto –a**	fourth	9th **noveno –a**	ninth
5th **quinto –a**	fifth	10th **décimo –a**	tenth

B. *Ordinal* numbers identify the noun by its place in a series.

Cardinal numbers tell "how many."

1. –¿Estamos en la **Quinta** Avenida?
   Are we on **Fifth** Avenue?

   –Sí. Y tenemos **cinco** días para la visita.
   Yes. And we have **five** days for the visit.

2. –Es nuestro **primer** viaje.
   It is our **first** trip.

   –Hicimos **un** viaje antes.
   We made **one** trip before.

3. –El **tercer** edificio es muy alto.
   The **third** building is very tall.

   –Hay **tres** edificios y **un** parque allí.
   –There are **three** buildings and **a** park there.

Rules:

1. The ordinal numbers are widely used from **first** through **tenth** and agree in number and gender with the nouns they precede.

2. **Primero** and **tercero** drop their final **o** and become **primer** and **tercer** before a *masculine singular noun only. Feminine singular and all plural forms never shorten.*

C. Bueno and **malo. Bueno** *good,* **malo** *bad,* also drop their **o** *before* a masculine singular noun in common use.

Common Use	*Emphatic Use*
1. –¿Es un **buen** chico? Is he a good boy?	–Sí, es un chico muy **bueno**. Yes, he's a very *good* boy.
2. –Entonces no es un **mal** alumno. Then he's not a bad pupil.	–No es un alumno **malo**. He is not a *bad* pupil.

153

Rules:

1. **Bueno** and **malo,** being common adjectives, are usually placed *before* the noun, unlike most descriptive Spanish adjectives. In that position **bueno** shortens to **buen; malo** shortens to **mal.** Shortening occurs *only in the masculine singular* forms.

2. For *emphasis,* **bueno** and **malo** may be placed *after* the noun. In that position **bueno** and **malo** never lose the **o.**

3. Buen**a,** buen**os,** buen**as;** mal**a,** mal**os,** mal**as** never shorten, being feminine or plural forms.

STUDY THE RULES, EXAMPLES, AND MODELS BEFORE BEGINNING THE EXERCISES!

Exercises

I. You and your friends participated in a Spanish contest. Each one comments on the prize (premio) he or she won. Write two Spanish sentences according to the model, using the cardinal number in the first one and its corresponding ordinal number in the second.

Model: (dos) Soy el número **dos.**   Gano el **segundo** premio.
I'm number **two.**   I win **second** prize.

1. (uno) _____

2. (tres) _____

3. (cuatro) _____

4. (cinco) _____

5. (siete) _____

II. Tomás's teacher always praises Tomás's older brother. You are Tomás. You are annoyed. You repeat each of your teacher's compliments, but to make them less important place the adjective before the noun.

Model: *Maestro:* Tu hermano siempre dice cosas **buenas.**   *Tomás:* Siempre dice **buenas** cosas.
He always says <u>good</u> things.   He always says good things.

1. Es un chico bueno _____

2. No hace cosas malas _____

3. No tiene un pensamiento malo _____

4. Siempre tiene una idea buena. _____

5. No comete errores malos. _____

III. Write an answer in a complete Spanish sentence using the *next higher ordinal* number. Make the ordinal number agree with the noun. Use **No. Es_____** according to the model.

Model: — ¿Es el segundo libro?   Is it the second book?
— No. Es el **tercer** libro.   No. It's the third book.

1. ¿Es la novena canción?_____

2. ¿Es el quinto piso?_____

3. ¿Es la séptima avenida?_____

4. ¿Es el segundo alumno?_____

5. ¿Es la cuarta casa?_____

IV. Write the rejoinder using the appropriate *ordinal* number according to the model. Make the ordinal number agree with the noun in the *singular*. Begin with **Sí, es su _____**.

Model: — Escribe *tres* cartas.   He writes *three* letters.
    — **Sí, es su tercera carta.**   Yes, it's his *third* letter.

1. Hace cuatro visitas._____

2. Compra dos blusas._____

3. Hace siete viajes._____

4. Comete tres faltas._____

5. Come un helado._____

V. Write the most *logical* answer in a complete Spanish sentence. Use cue words.

1. ¿Desea Vd. *el primer dólar* o *el segundo centavo*? (Deseo)_____

_____

2. ¿Quieres ver *una mala película* o *un buen drama*? (Quiero)_____

_____

3. ¿Deseas *un buen examen fácil* o *un mal examen difícil*? (Deseo)_____

_____

4. ¿Es más fácil *la tercera hora* o *la décima hora* del trabajo? (Es más fácil)_____

_____

5. ¿Escribe Vd. ahora *la sexta frase* o *la quinta frase*? (Escribo)_____

_____

VI. Complete the paragraph about John, writing the appropriate form of the adjective. Make all necessary changes for agreement with the noun.

Juan ocupa la _____ silla en la _____ fila. Es un _____
                           1. séptimo   2. sexto   3. bueno

amigo. Nunca hace cosas _____. En los _____ exámenes,
                                     4. malo   5. primero

recibe unas _____ notas. Ahora, después del _____ examen,
                           6. bueno   7. tercero

es el _____ alumno de la clase. Es uno de los estudiantes muy _____
               8. primero   9. bueno

de la escuela. Yo soy la _____ persona que lo admira; la primera es su mamá.
                               10. segundo

VII. Oral Proficiency. Act your part, *tú*. Let a classmate act Esteban's part. (You may *later write* your completed script for additional practice.)

Situation: Your club wants an outing *al aire libre* in the country. Your friend Esteban and you are the committee to decide the *ten* most necessary things for the outing. You state them in *ten* sentences, each preceded by an ordinal number, first through tenth. Esteban repeats each of your statements and writes it as he hears it.

Esteban: ¿Qué necesitamos llevar? Yo lo repito y lo escribo.
Tú: _____

You may use your own or the following ideas: *Necesitamos; llevamos; deseamos; queremos; preparamos; compramos; usamos; es útil; es necesario; es importante; comida como…; refrescos como…; para nadar…; para jugar al béisbol…; para ir y regresar…; para tocar…; para bailar…; para leer…; para caminar….*

¡Vaya Vd. allá, y doble Vd. a la
izquierda en la esquina!

If you were lost in the city, what would you do?

Si está perdido, ¡llame a un policía!

— ¿Qué voy a hacer ahora?, piensa Santiago Santurce. Tengo una cita a las ocho con mi jefe. Ya son las ocho menos cuarto y estoy completamente perdido.

En este momento pasa un coche con un policía sentado adentro. Santiago recuerda las palabras de su madre: — Si estás perdido, ¡llama a un policía!

— ¡Qué suerte!, piensa, y comienza a gritar:

— ¡Oiga, espere Vd. un momento!
— Sí señor, a sus órdenes.
— ¿Puede Vd. ayudarme? Busco la avenida Cortés, número 58.
— Creo que está en esa dirección. ¡Siga derecho tres o cuatro cuadras!
— Pero eso es imposible. Vengo de allí, y no hay avenida Cortés.
— As sí, ¿La avenida, dice Vd? ¡Venga conmigo! ¿Ve Vd. aquel edificio alto? ¡Vaya Vd. allá, y doble Vd. a la izquierda en la esquina! Allí puede Vd. tomar el tren que va hacia el norte.
— ¡Hombre, yo no voy al norte! La Avenida Cortés está muy cerca.
— Bueno, en ese caso, ¡pregunte a ese hombre que vende periódicos! El debe saberlo.
— Gracias, pero dígame ¿cómo es posible? ¿Vd., un policía, no sabe absolutamente nada? Generalmente Vds. saben las direcciones.
— Claro, pero yo no soy policía de esta ciudad. Estoy aquí sólo para asistir a una reunión de policías.

Palabras Nuevas

SUBSTANTIVOS

el coche   *the car*
la cuadra   *the block*
la dirección   *the direction*
la esquina   *the street corner*
el jefe   *the chief, the boss*
el norte   *the north*
el policía   *the policeman*
Santiago   *James*
Santurce   *city in Puerto Rico*

ADJETIVOS

aquel, aquella   *that*
perdido,a   *lost*

VERBOS

asistir(a)   *to attend*
ayudarme   *to help me*

comienza (a)   *he (she) begins;*
   you (formal sing.) begin
creer   *to believe*
deber   *should, ought*
   debe saberlo   *he (she)*
   should know it; you (formal
   sing.) should know it
¡dígame!   *tell me (formal sing.)*
¡doble!   *turn (formal sing.)*
¡espere!   *wait (formal sing.)*
¡llama!   *call (fam. sing.)*
¡llame!   *call (formal sing.)*
¡oiga!   *listen, hear (formal*
   sing.)
¡pregunte!   *ask (formal sing.)*
piensa   *he (she) thinks;*
   you (formal sing.) think
recuerda   *he (she) remembers;*
   you (formal sing.) remember

¡siga derecho!   *continue*
   straight ahead (formal sing.)
¡vaya allá!   *go there (formal*
   sing.)
vender   *to sell*
¡venga!   *come (formal sing.)*

OTRAS PALABRAS

a la izquierda   *to the left*
a sus órdenes   *at your service*
absolutamente   *absolutely*
adentro   *inside*
allí   *there*
cerca   *nearby*
completamente   *completely*
generalmente   *generally*
hacia   *toward*
¡hombre!   *(exclamation) man!*
ya   *already*

159

EJERCICIOS

I. (A) Complete.

1. Santiago tiene una cita a _____ con su _____.

2. El policía está _____ dentro del _____.

3. El policía dice: ¡Siga _____, tres o cuatro _____!

4. Puede tomar el _____ en la _____ que va al _____.

5. El policía asiste a una _____ de esta _____.

(B) Preguntas personales y generales. Write your answer in a complete Spanish sentence.

1. *Si está perdido, ¿a quién llama Vd.?*
2. ¿Cuántas cuadras hay entre su escuela y su casa?
3. ¿Qué diferencia hay entre una calle y una avenida?
4. ¿Qué hay en la esquina de su escuela?
5. ¿Quién es el alumno (la alumna) a su izquierda en la clase de español?

1. _____

2. _____

3. _____

4. _____

5. _____

_____

II. Write complete sentences according to the story, using the following sets of words.

1. tener   cita   jefe _____

2. momento   pasar   policía _____

3. si   perdido   llamar _____

4. esquina   tomar   tren _____

5. preguntar   hombre   periódico _____

III.   Oral Activities.

A.   Describe what is happening in the picture facing page 159.

B.   Retell the story. Let classmates add details.

IV.   **Write a note** in Spanish to your grandparents in another city. You are going to visit them by yourself for the first time, and you want to assure them that you know what to do if you get lost. Use *five* or more sentences.

Begin with: **Sé qué debo hacer.**

You may use the following ideas: *whom you call; where you look for a policeman; whom you ask on the street; what you ask for (pido); what street and house number you should look for.*

ESTRUCTURAS DE LA LENGUA

Formation and Use of the Direct Commands.

A. Regular Direct Commands are formed from the *stem* of the first person singular of the present tense but have special command *endings.*

cant**ar**			
Canto bien.	¡Cante Vd. bien!	¡Canten Vds. bien!	¡Cantemos bien!
I sing well.	Sing well!	Sing well!	Let's sing well!
vend**er**			
Vendo esto.	¡Venda Vd. esto!	¡Vendan Vds. esto!	¡Vendamos esto!
I sell this.	Sell this!	Sell this!	Let's sell this!
viv**ir**			
Vivo aquí.	¡Viva Vd. aquí!	¡Vivan Vds. aquí!	¡Vivamos aquí!
I live here.	Live here!	Live here!	Let's live here!

Rules:

1. Direct commands are orders addressed to the persons who are expected to carry them out: **Vd., Vds.,** and **nosotros.**

2. Remove the **o** from the first person singular of the present tense. Add **e, en, emos,** to stems which come from **ar** verbs. Add **a, an, amos,** to stems which come from **er** and **ir** verbs. In this way, **ar, er,** and **ir** verbs exchange their usual present tense endings to form commands.

3. **Vd.** and **Vds.** follow the command, but **nosotros** is not expressed.

4. Commands usually bear exclamation points before and after them.

B. See the following direct command forms of verbs which are irregular in the first person singular of the present tense.

decir *to say, to tell*			
Digo más.	¡Diga Vd. más!	¡Digan Vds. más!	¡Digamos más!
I say more.	Say more!	Say more!	Let's say more!

hacer *to do, to make*			
Hago la tarea.	¡Haga Vd. la tarea!	¡Hagan Vds. la tarea!	¡Hagamos la tarea!
I do the chore.	Do the chore!	Do the chore!	Let's do the chore!

oír *to hear*			
Oigo la música.	¡Oiga Vd. la música!	¡Oigan Vds. la música!	¡Oigamos la música!
I hear the music.	Hear the music!	Hear the music!	Let's hear the music!

poner *to put*
Pongo eso aquí.
I put that here.

¡Ponga Vd. eso aquí!	¡Pongan Vds. eso aquí!	¡Pongamos eso aquí!
Put that here!	Put that here!	Let's put that here!

salir *to leave*
Salgo pronto.
I leave soon.

¡Salga Vd. pronto!	¡Salgan Vds. pronto!	¡Salgamos pronto!
Leave soon!	Leave soon!	Let's leave soon!

tener *to have*
Tengo paciencia.
I have patience.

¡Tenga Vd. paciencia!	¡Tengan Vds. paciencia!	¡Tengamos paciencia!
Have patience!	Have patience!	Let's have patience!

traer *to bring*
Traigo dinero.
I bring money.

¡Traiga Vd. dinero!	¡Traigan Vds. dinero!	¡Traigamos dinero!
Bring money!	Bring money!	Let's bring money!

venir *to come*
Vengo a casa.
I come home.

¡Venga Vd. a casa!	¡Vengan Vds. a casa!	¡Vengamos a casa!
Come home!	Come home!	Let's come home!

ver *to see*
Veo el mapa.
I see the map.

¡Vea Vd. el mapa!	¡Vean Vds. el mapa!	¡Veamos el mapa!
See the map!	See the map!	Let's see the map!

Rule:

Form the **Vd., Vds.,** and **nosotros** commands for the verbs above, in the same way as the regular verbs in A. Remove the **o** from the first person singular of the present tense. Add **e, en, emos,** to **ar** verbs. Add **a, an, amos,** to **er** and **ir** verbs.

C. Irregular direct commands

dar *to give*
Doy gracias.
I give thanks.

¡Dé Vd. gracias!	¡Den Vds. gracias!	¡Demos gracias!
Give thanks!	Give thanks!	Let's give thanks!

estar *to be*
Estoy aquí.
I am here.

(location, health, result of action)		
¡Esté Vd. aquí!	¡Estén Vds. aquí!	¡Estemos aquí!
Be here!	Be here!	Let's be here!

ir *to go*
Voy ahora.
I go now.

| ¡Vaya Vd. ahora! | ¡Vayan Vds. ahora! | *¡Vamos ahora! |
| Go now! | Go now! | Let's go now! |

saber *to know*
Sé esto.
I know this.

| ¡Sepa Vd. esto! | ¡Sepan Vds. esto! | ¡Sepamos esto! |
| Know this! | Know this! | Let's know this! |

ser *to be*
Soy bueno.
I am good.

| ¡Sea Vd. bueno! | ¡Sean Vds. buenos! | ¡Seamos buenos! |
| Be good! | Be good! | Let's be good! |

Rules:

1. The **Vd., Vds.,** and **nosotros** commands of **dar, estar, ir, saber, ser,** are irregular and must be *memorized* because the first person singular of their present tense does not end in **o.**

2. *Let's go* or *let us go* uses **¡vamos!** instead of the **vay** stem of the **vaya Vd.** and **vayan Vds.** commands.

STUDY THE RULES, EXAMPLES, AND MODELS BEFORE BEGINNING THE EXERCISES!

Exercises

I. A. Isabel is receiving advice from her doctor. Write the *Vd.* command for each expression in parentheses.

Model: (escuchar bien.)   ¡Escuche Vd. bien!
                                     Listen well!

1. (Comer bien.) _____

2. (Caminar mucho.) _____

3. (Tener paciencia.) _____

4. (Venir a visitarme mucho.) _____

5. (Estar bien.) _____

B. Isabel leaves, and her two brothers also get advice from the doctor. Write the *Vds.* command for each expression in parentheses.

Model: (escuchar bien.)   ¡Escuchen Vds. bien!
                                     Listen well!

1. (Tomar asiento.) _____

2. (No fumar.) _____

3. (Hacer ejercicio.) _____

4. (Ir al gimnasio.) _____

5. (No ser perezosos.) _____

C. When the brothers arrive home they make decisions. Write the *nosotros* command for each expression in parentheses.

Model: (Comer bien.)   ¡Comamos bien!
                                                                Let's eat well!

1.   (Correr en el parque.) _____

2.   (No beber alcohol.) _____

3.   (Vivir para siempre.) _____

4.   (Ir más al médico.) _____

5.   (Dar las gracias al médico.) _____

¡ Baile Vd. ahora!

II.   Write a response using the appropriate affirmative command according to each model.

A. Model: —¿Bailo ahora?   **—Sí, ¡baile Vd. ahora!**
                 Shall I dance now?   Yes, dance now!

1. ¿Canto ahora?_____

2. ¿Respondo ahora?_____

3. ¿Escribo ahora?_____

4. ¿Compro ahora?_____

5. ¿Leo ahora?_____

B. Model: —¿Bailamos ahora?   **—Sí, ¡bailen Vds. ahora!**
                      Shall we dance now?   Yes, dance now!

1. ¿Hablamos ahora?_____

2. ¿Aprendemos ahora?_____

3. ¿Comemos ahora?_____

4. ¿Andamos ahora?_____

5. ¿Corremos ahora?_____

    C. Model: —¿Vamos a **bailar** pronto?   **—¡Bailemos ahora mismo!**
                         Are we going to dance soon?   Let's dance right now!

1. ¿Vamos a **estudiar** pronto?_____

2. ¿Vamos a **beber** pronto?_____

3. ¿Vamos a **asistir** pronto?_____

4. ¿Vamos a **entrar** pronto?_____

5. ¿Vamos a **leer** pronto?_____

III. Write a response using the appropriate affirmative command according to each model.

    A. Model: —Deseo **salir temprano.**   **—Bueno, ¡salga Vd. temprano!**
                        I want to leave early.   Fine, leave early!

1. Quiero **venir tarde.**_____

2. Deseo **oír la música.**_____

3. Necesito **conocer a todos.**_____

4. Debo **hacer el trabajo.**_____

5. Voy a **poner la silla aquí.**_____

6. Me gusta **ser perezoso.**_____

7. Tengo que **dar una fiesta.**_____

    B. Model: —Deseamos **salir hoy.**   **—Bueno, ¡salgan Vds. hoy!**

1. Queremos **saber la verdad.**_____

2. Me gusta **decir la palabra.**_____

3. Pensamos **traer flores.**_____

165

4. Tenemos que **estar allí a la una.**_____

5. Debemos **tener paciencia.**_____

6. Deseamos **ver esa película.**_____

7. Vamos a **salir pronto.**_____

8. Necesitamos **oír la respuesta.**_____

IV. Complete each sentence in which the teacher gives advice to a new student. Use the appropriate command of the infinitive given in parentheses.

1. Juan: —¿Es necesario estudiar mucho?

   La maestra: —¡_____todos los días! (estudiar / Vd.)

2. Juan: —¿Cuándo hago la tarea?

   La maestra: —¡_____la tarea por la tarde! (hacer / Vd.)

3. Juan: —¿Tengo clases todos los días?

   La maestra: —¡_____a las clases cinco días! (asistir / Vd.)

4. Juan: —¿Y en la clase?

   La maestra: —¡_____un buen alumno! (ser / Vd.)

5. Juan: —¿Y los libros?

   La maestra: —¡_____ siempre los libros! (traer / Vd.)

6. Juan: —¿Son difíciles las lecciones?

   La maestra: —¡_____las lecciones muy bien! (saber / Vd.)

7. Juan: —¿Y por la tarde?

   La maestra: —¡_____a hablarme un poco! (venir / Vd.)

8. Juan: —¿No es posible mirar la televisión por la noche?

   La maestra: —¡_____a la cama a las diez! (ir / Vd.)

9. Juan: —¿Y los domingos por la tarde?

   La maestra: —¡_____a muchos amigos! (conocer / Vd.)

10. La maestra: —¡_____paseos con ellos! (dar / Vd.) ¡Buena suerte!

V. **Oral Proficiency.** Act your part, *tú*. Let a classmate act Francisco's part. (You may *later write* your completed script for additional practice.)

Situation: Francisco Guerrero, a new student recently arrived in your neighborhood, asks you how to get to school which is several blocks away. Give him directions in *two* or more sentences. Use the imperatives on the vocabulary list on page 159.

Francisco: ¡Perdone Vd.! Soy nuevo en este barrio. Por favor, ¡deme Vd. instrucciones! ¿Cómo llego a la escuela?

Tú: Con mucho gusto _____

Francisco: Vd. debe ser el alumno más inteligente de la escuela. Gracias.

You may use your own or the following ideas: *on what street or avenue the school is located; whether the school is far or near; how many blocks to walk (¡camine!) straight ahead; where to turn (¡doble!) to the right; where to turn to the left; there he is at the corner, near the school.*

Pero Señora López,
su hija no es así.

*Did you ever forget someone's name? Think
what a job it must be for a teacher with so
many pupils.*

Su hija es una alumna excelente

Es el día de entrevistas entre padres y maestros. Una vez al año los padres vienen a la escuela para hablar con los profesores acerca del progreso de sus hijos. El profesor Yerbaverde es un joven en su primer año de enseñanza. El espera nerviosamente la visita de los padres. Pero, ¡atención! ahí viene una madre.

Profesor:	Buenos días, señora. ¿En qué puedo servirla?
Madre:	Buenos días. Yo soy la señora de López. Vd. tiene mi hija, Sonia, en su clase de biología.
Profesor:	(Piensa un momento porque tiene muchas alumnas en sus clases.) Ah, sí. Sonia López. Es una alumna excelente. Siempre sale bien en los exámenes. Va a sacar una nota buena en mi clase.
Madre:	¡Ay, qué bueno! ¿Hace siempre mi hija su tarea?
Profesor:	Sí, sí. Claro. En la escuela no hay muchas como ella. Siempre prepara sus lecciones y contesta mis preguntas. Trae sus libros y su pluma todos los días. Su trabajo es excelente.
Madre:	¡Oh, gracias a Dios! Vd. es el primer profesor que me dice eso. Todos los otros profesores dicen que mi hija es una tonta, que Sonia nunca quiere hacer nada, que ella pasa todo el día sin estudiar y que sólo piensa en los muchachos.
Profesor:	No, señora, su hija no es así. Los otros profesores están equivocados.
Madre:	Gracias, señor profesor. Muchísimas gracias. Adiós. (Ella se va.)
Profesor:	Después de cinco minutos, entra otra madre.
Madre:	Buenos días, señor. Yo soy la señora de Gómez. Mi hija, Sonia, está en su clase de biología.
Profesor:	(completamente sorprendido) ¡Sonia Gómez! Ay,¡Dios mío! ¡Es su Sonia la alumna excelente! El equivocado soy yo. ¡Hay dos Sonias en mis clases!

Palabras Nuevas

SUBSTANTIVOS

la clase de biología   *the biology class*
el día de entrevistas entre padres y maestros   *Open School Day*
la enseñanza   *the teaching*
el equivocado   *the one who made a mistake*
los hijos   *the sons and daughters, the children*
el joven   *the young man*
el progreso   *the progress*
la sala de clase   *the classroom*
la Sra. de López   *Mrs. Lopez*

la tarea   *the homework*
la tonta   *the fool*
la visita   *the visit*

VERBOS

estar equivocado   *to be wrong*
esperar   *to wait for*
sacar una nota   *to get a mark*
salir bien en los exámenes   *to pass tests*
se va   *he (she) leaves; you (formal sing.) leave*
traer   *to bring*

ADJETIVOS

excelente   *excellent*
sorprendido,a   *surprised*

OTRAS PALABRAS

acerca de   *about*
ahí viene una madre   *there comes a mother*
¡atención!   *attention*
como   *like*
¡Dios mío!   *Heavens!*
¿En qué puedo servirle?   *What can I do for you?*
nerviosamente   *nervously*
¡qué bueno!   *how good! great!*
una vez al año   *once a year*

EJERCICIOS

I. (A) Complete.

1. Una _____ al año, los padres vienen a _____ con los _____.

2. El profesor es un joven en su _____ año de _____.

3. La hija de la señora de López está en la clase de _____.

4. El profesor dice que Sonia va a sacar una _____ _____.

5. La señora de Gómez tiene una hija que se llama _____ también.

(B) Preguntas personales y generales. Write your answer in a complete Spanish sentence.

1. ¿Qué nota va Vd. a sacar en la clase de español?
2. ¿Qué dicen todos los profesores de Vd.?
3. ¿Cuántas veces al año viene su padre a la escuela?
4. ¿Quién siempre sale bien en los exámenes?
5. ¿Por qué debe Vd. hacer siempre su tarea?

1. _____

2. _____

3. _____

4. _____

5. _____

II. Acróstico

1. teach
2. mark
3. homework
4. thanks
5. test
6. time
7. always
8. to get (a mark)
9. so many
10. to appear

1. E
2. N
3. T
4. R
5. E
6. V
7. I
8. S
9. T
10. A

III. Oral Activities.

A. Describe what is happening in the picture facing page 169.

B. Retell the story. Let classmates add details.

IV. **Write a note** in Spanish to a friend who is often absent. You want to be helpful. You ask your friend about the reasons for his absences in *five* or more questions.

Begin with: **¿Por qué no asistes a las clases?**

You may use the following ideas: *Is he bored in the classes or too busy at home day and night? Is he sad because he receives bad marks or is he happy alone at home? Is he sick?*

ESTRUCTURAS DE LA LENGUA

Possessive Adjectives. The five possessive adjectives below tell who the owner is.

(A) Agreement with singular nouns:

With Masculine Singular Nouns

Mi cuarto es bonito.	*My room* is pretty.
Tu cuarto es bonito.	*Your room* (fam. sing. address)
Su cuarto es bonito.	*His room(her, its, their room).* *Your room* (formal sing. & pl. address)
Nuestro cuarto es bonito.	*Our room* is pretty.
Vuestro cuarto es bonito.	*Your room* (fam. pl. address — used in Spain)

Rules:

1. Possessive adjectives precede the noun.

2. **Su** has five meanings: *his, her, its, their, your.* **Su** meaning your is used when speaking to one or more persons in a formal way.

3. **Tu** *your* is distinguished from **tú** *you* by dropping the accent mark. **Tu(s)** is used when speaking to *one person* in a familiar way.

4. **Vuestro(s)** *your* is used largely in Spain when speaking to *more than one person* in a familiar way.

B. Agreement with plural nouns:

With Masculine Plural Nouns

Mis cuartos son bonitos.	*My rooms* are pretty.
Tus cuartos son bonitos.	*Your rooms* (fam. sing. address)
Sus cuartos son bonitos.	*His rooms (her, its, their rooms)* *Your rooms* (formal sing. & pl. address)
Nuestros cuartos son bonitos.	*Our rooms* are pretty.
Vuestros cuartos son bonitos.	*Your rooms* (fam. pl. address — used in Spain)

171

Rules:

1. Add **s** to each possessive adjective when the following noun is plural.

2. Adding **s** does not change the meaning of the possessive adjective; **su amigo** may mean *their friend*, **sus amigos** may mean *his friends*.

C. Agreement with feminine nouns:

Feminine Singular: **nuestra** and **vuestra**

Nuestra casa es bonita.	Our house is pretty.
Vuestra casa es bonita.	Your house (fam. pl. — in Spain)

Feminine Plural: **nuestras** and **vuestras**

Nuestras casas son bonitas.	Our houses are pretty.
Vuestras casas son bonitas.	Your houses (fam. pl. — in Spain)

Rules:

1. **Nuestro** *our* and **vuestro** *your* change **o** to **a** before a feminine singular noun. **Nuestra** and **vuestra** add **s** before a feminine plural noun.

2. The other possessive adjectives do *not* have distinctive feminine forms:

mi casa, tu casa, su casa

mis casas, tus casas, sus casas

D. De él, de ella, de Vd., de Vds., de ellos-as, instead of **su** and **sus.**

1. **¿Son sus amigas?** may mean: Are they *his, her, its, your,* or *their* friends?

2. For clarity, *instead* of **su** and **sus,** use the appropriate definite article **(el, la, los,** or **las)** *before* the noun, followed by **de** and the *personal pronoun* that represents the owner *clearly.*

Son **las** amigas **de él**	They are *his* friends.
. . . . **de ella.**	. . . . . . *her* friends.
. . . . **de Vd.**	. . . . . . *your* friends.
. . . . **de Vds.**	. . . . . . *your* friends.
. . . . **de ellos-as**	. . . . . . *their* friends.

Rule:

De él, de ella, de Vd., de Vds., de ellos-as, always *follow* the noun.

STUDY THE RULES, EXAMPLES, AND MODELS BEFORE BEGINNING THE EXERCISES!

Exercises

I. Paco and his little sister, Paquita, prepare for summer camp. What do they need?

A. You are their father and you read the letter from the camp describing the things Paco and Paquita need. Use the appropriate possessive adjectives to complete the sentences.

Model: Vds. necesitan/libros favoritos

Vds. necesitan **sus** libros favoritos.
You (pl.) need your favorite books.

1.   Vds. necesitan/trajes de baño _____

2.   Paco necesita/guantes de béisbol _____

3.   Vds. necesitan/ropa de verano _____

4.   Los dos necesitan/dinero para refrescos _____

5.   Paquita necesita/raqueta de tenis _____

B. Paco and Paquita add their ideas. Complete the sentences with the appropriate possessive adjectives.

1.   Nosotros necesitamos/relojes _____

2.   También necesitamos/cámara _____

3.   *Paquita:* Yo necesito/discos favoritos _____

4.   *Paco:* Yo necesito/revistas cómicas _____

5.   *Paquita:* Yo necesito/radio _____

6.   *Paco:* Yo necesito/navaja de explorador _____

7.   Nosotros necesitamos/coche para llevar todo _____

II. Write the response using the appropriate form of the possessive adjective **nuestro. Use No.**

Model: —¿Es su escuela?
Is it their school?

— **No. Es nuestra** escuela.
No. It's our school.

1. ¿Es su pluma?_____

2. ¿Es su sombrero?_____

3. ¿Son sus zapatos?_____

4. ¿Son sus hijas?_____

5. ¿Son sus amigos?_____

III. Write the affirmative response, *changing the possessive adjective appropriately.* Use **Sí.**

Model: —¿Usas (fam.) mi reloj?
Are you using my watch?

—**Sí. Uso tu (fam.)** reloj.
Yes. I'm using your watch.

—¿Usa Vd. (formal) mi reloj?
Are you using my watch?

—**Sí. Uso su (formal)** reloj.
Yes. I'm using your watch.

1. ¿Usas mi abrigo?_____

2. ¿Usa Vd. mis pantalones? _____

3. ¿Abre Vd. su puerta? _____

4. ¿Desea Vd. sus lecciones? _____

5. ¿Necesitas mis radios? _____

IV. Write the *double* response, using the clarifying possessives **de él** and **de ella** instead of **su** and **sus.** Use **No son (es)** _____ **de él. Son (es)** _____ **de ella.**

    Model: –¿Son sus cuadernos?   **–No son** los cuadernos **de él.** **Son de ella.**
             Are they his notebooks?   They are not *his* notebooks.   They are *hers.*

1. ¿Son sus lápices? _____

    _____

2. ¿Son sus camisas? _____

    _____

3. ¿Es su amiga? _____

    _____

4. ¿Es su reloj? _____

    _____

5. ¿Son sus hermanos? _____

    _____

V. Write the *double* rejoinder, using the clarifying possessives **de Vds.** and **de ellos.** See model.

    Model: –Es nuestro dinero.   **–No es** el dinero **de Vds.**   **Es** el dinero **de ellos.**
             It is our money.   It is not *your* money.   It's *their* money.

1. Es nuestro coche. _____

    _____

2. Es nuestra pelota. _____

    _____

3. Son nuestras chaquetas. _____

    _____

4. Son nuestros abrigos. _____

    _____

5. Es nuestra familia. _____

_____

_____

VI. Rewrite the sentence, substituting the appropriate form of the possessive adjective given in parentheses in place of the word in *italics*.

    Model: Compro *las* flores.   (our) Compro **nuestras** flores.
              I buy the flowers.   I buy our flowers.

1. Vendo *los* coches. (my)_____

2. Escribimos *las* cartas. (our)_____

3. Estudian *las* lecciones. (his)_____

4. Entran en *los* cuartos. (her)_____

5. Salen de *la* casa. (your *fam.*)_____

6. Explican *el* examen. (their)_____

7. Miran *la* casa. (your *formal*) _____

8. Responden a *las* preguntas. (your *formal*) _____

VII. Complete the dialog between the brothers, Paul and Anthony. (Use the familiar **tu** for *your*.)

1. Pablo: –¿Tienes_____ fútbol?
                   (my)

2. Antonio: –¿Por qué dices_____fútbol?
                    (your)

3. Pablo: –Tú sabes, el fútbol que nos dieron_____tías.
                                   (our)

       Eres mi hermano y_____cosas son_____cosas.
                      (your)   (my)

4. Antonio: –Pues bien, ¡quiero en seguida ''_____'' diez dólares que las
                                       (our)

       tías te dieron ayer!

VIII. Oral Proficiency. Act your part, *tú*. Let classmates act the parts of Ofelia and Mario. (You may *later write* your completed script for additional practice.)

Situation: You are baby-sitting your younger brother and sister, Mario and Ofelia. They fight over ownership of their possessions. You settle the argument by clarifying to whom each item belongs.

Begin with: **"Es tu ..."** or **"Son tus..."**

Ofelia: ¿De quién son la casita de muñecas y las navajas de explorador?

Mario: ¿De quién son los trenes eléctricos y el guante y la pelota de béisbol?
Tú: _____

You may, after answering their questions, state that other items belong to all of us, using *"Es nuestro(a)..."* or *"Son nuestros(as)..."* before gatitas (kittens), perro, casa, libros, and other things.

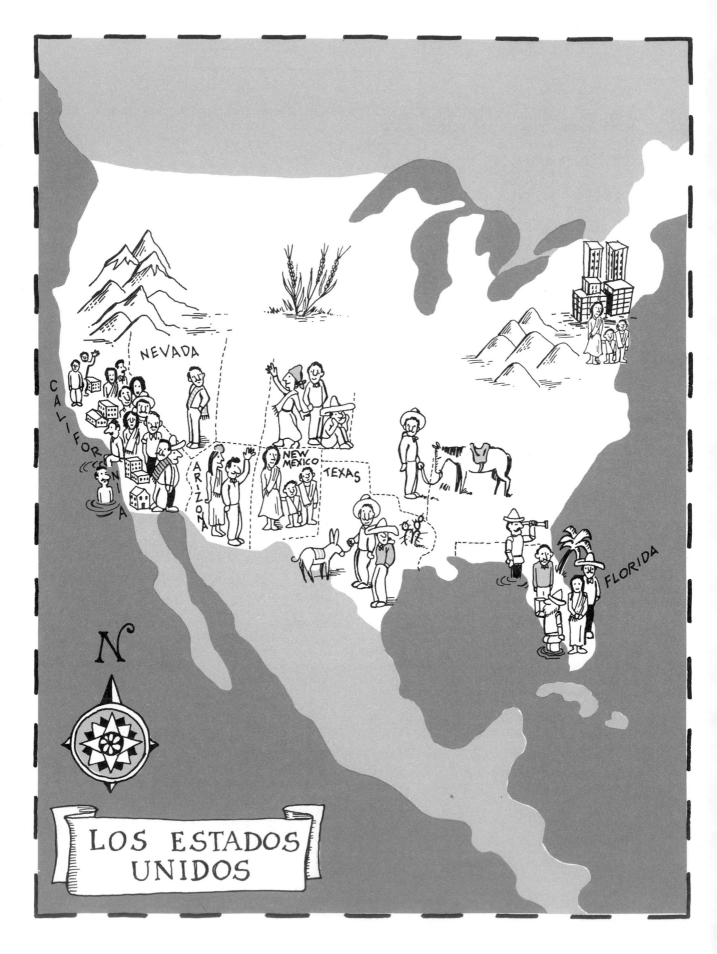

Culture Unit Three

¡También nosotros los norteamericanos hablamos español!

America, America,
God shed His grace
On thee,

And crown thy good
With brotherhood
From sea to shining sea!
("America, The Beautiful")

Of special importance to the United States is the fact that large numbers of Mexican Americans live there. Many Mexican American families have lived in the United States for generations. Others are recent arrivals.

The ties of language, culture, history, and geography between the United States and Mexico are seen in the Mexican-American presence, particularly, in the southwest of the United States, where their ancestral roots lie deep in the history of states that only a little more than a century ago were territory of Mexico.

There are some 14 million Mexican Americans in the United States, most of whom are now living in the five southwestern states of California, Arizona, New Mexico, Colorado, and Texas. One in every five residents of the southwest (20 percent) is Mexican American.

California is the state with the largest number of Mexican Americans (over 8 million). Texas is second (5 million). The Mexican American population of California is greater than the total population of 28 U.S. states and 53 nations. One in every three Californians is now Mexican American.

Los chicanos — La raza

"Chicano" is the term that some Mexican Americans use to refer to themselves; "La Raza" is another that some Mexican Americans apply to the Mexican American group. The term "Chicano," some think, stems from Nahuatl, the Aztec Indian language of Mexico. The **x** in the Nahuatl language was pronounced "ch"; therefore, Mexico" was pronounced "Mechico," and "Mexicano" was pronounced "Mechicano." In common usage the first syllable was dropped, leaving "Chicano." Others believe that the name "Chicano" came from the Mexican border state of Chihuahua. In any case, our lives and language are enriched by the millions of Mexican Americans or Chicanos who live in these United States.

The Chicanos are often a bilingual and bicultural people, who are making an effort to retain the beautiful Mexican heritage, its language and culture, and at the same time participate to the greatest extent possible in the American culture.

Many have acquired varied specialized skills and have entered fields of work beyond the traditional careers in farming and ranching. Mexican-American doctors, teachers, writers, athletes, artists, entertainers, scientists, statesmen, and businessmen and women are represented in all parts of the United States today. Former U.S. Senator Joseph Montoya is a notable example of the many Mexican Americans who are in the mainstream of American life.

Historically, Mexican Americans, or Chicanos, have contributed richly to our American process, culture and language.

177

Spanish in American English. Much of the Spanish in our American-English language has come by way of Mexico. Everyday many Mexican Americans in the Southwest use only Spanish to express their needs, opinions, and hopes for tomorrow.

A. A brief examination of the Spanish words that we have adopted in English indicates the influence of the Spanish language in America.

Place Names in the United States: An Expression of Spanish Influence and Religious Sentiment

1. **San Francisco** (Saint Francis)
2. **San Diego** (Saint James)
3. **Sacramento** (Sacrament)
4. **San Antonio** (Saint Anthony)
5. **Los Angeles** (City of the Angels)
6. **Las Cruces** (The Crosses)
7. **Santa Fe** (Holy Faith)
8. **San Agustín** (Saint Augustine)

1. **Texas** (*tejas* tiles)
2. **El Paso** (step to the North)
3. **Florida** (floral; flower covered)
4. **Colorado** (red-colored)
5. **Montana** (*montaña* mountain)
6. **Nevada** (snow-capped)
7. **Amarillo** (yellow)
8. **Las Vegas** (flatlands)

Words Used in English Taken Directly from Spanish Colonial Life

The Ranch

1. **adobe**   mud bricks
2. **corral**   animal enclosure
3. **mesa**   tableland
4. **patio**   garden
5. **rodeo**   roundup of animals
6. **vista**   view

Foods

1. **banana**   fruit
2. **chile**   spice
3. **chocolate**   beverage or food
4. **papaya**   fruit
5. **mango**   fruit
6. **café**   coffee

Animals

1. **bronco**   untamed horse
2. **burro**   donkey
3. **chinchilla**   fur-bearing squirrel-like animal
4. **cóndor**   fierce bird (eagle family)
5. **pinto**   spotted horse
6. **llama**   camel-like animal of the Andes

Clothing

1. **poncho**   blanket worn overhead in place of coat

2. **sombrero**   hat

3. **mantilla**   lace shawl

4. **huaraches**   sandals

People

1. **hombre**   man

2. **caballero**   horseman

3. **chico**   boy

4. **padre**   father, priest

5. **señor**   Mr., Sir

6. **señorita**   miss

English Words Adapted from Spanish Ranch Life

1. calaboose   **calabozo** (jail)

2. cockroach   **cucaracha**

3. canyon   **cañón**

4. hoosegow   **juzgado**

5. maize   **maíz** (yellow corn)

6. lasso   **lazo**

7. ranch   **rancho**

8. potato   **patata**

9. renegade   **renegado**

10. tomato   **tomate**

B. Words Originating in Spanish Colonial Architecture

1. **adobe**   bricks made of mud.

2. **arcades**   (arcadas) curved overhead archways between the fronts of buildings and providing protection against the sun and rain.

3. **balcony** (balcón) always a part of the homes of southern Spain. Here is a spot to view the local scene, decorate with flowers, and cool off during the warm afternoons and evenings.

4. **mission** (misión) a home for the many priests who came to the New World and a place to teach the Indians a new language, Spanish, a new faith, Catholicism, and many crafts. A series of missions were built in California along the route that came to be known as the *Camino Real* (Royal Road).

Misión

5. **patio** the garden in the center of the Spanish home. The architectural square open to the sky in the center of the house is an influence of the Roman noblemen who built their homes in Spain and occupied the land for six centuries, from 206 B.C. to 476 A.D. Later, the Arabs, who also occupied Spain, from 711 A.D. to 1492 A.D., added a fountain and greenery.

6. **plaza** the town square where most of the government buildings and town cathedral or church are found.

7. **reja** the name for the decorative grill of wrought-iron bars that often secures a window.

Exercises

I. Fill in the missing words.

1. _____ is the language of the Aztec Indians from which the term Chicano may come.

2. There are approximately _____ Mexican Americans living in the United States.

3. Many Mexican Americans live in the _____ part of the United States.

4. _____ is a Mexican state on the U.S. border.

5. Some Mexican Americans refer to themselves proudly as "Chicanos," and to their group as "La

_____."

180

6. _____ and Texas are the two states that have the largest number of Mexican Americans.

7. Our southwestern states were formerly the territory of _____.

8. One among the many famous Mexican Americans in American political life is _____

_____.

II. Write the meanings in English of the following Spanish place names.

1. San Antonio _____   6. Montaña _____

2. Sacramento _____   7. Amarillo _____

3. Los Ángeles _____   8. Las Vegas _____

4. Tejas _____   9. Nevada _____

5. Las Cruces _____   10. Florida _____

III. Write the English/Spanish words that were adapted from the following words.

1. cañón _____   6. maíz _____

2. calabozo _____   7. patata _____

3. tomate _____   8. juzgado _____

4. lazo _____   9. renegado _____

5. cucaracha _____   10. rancho _____

IV. Match the following words.

A. a. adobe   1._____garden   **B.** a. huaraches 1._____lace shawl

b. plaza   2._____tiles   b. bronco   2._____bird

c. tejas   3._____church   c. mantilla   3._____insect

d. misión   4._____square   d. cóndor   4._____horse

e. patio   5._____bricks   e. mosquito 5._____sandals

V. Write the letter of the word that best completes the sentence.

1. The mud bricks made by Mexican Indians for their homes were called
   a. plaza   b. reja   c. adobe   d. tejas   _____

2. The center of the Spanish home contains a
   a. patio   b. lazo   c. laguna   d. poncho   _____   **181**

3. In the Southwestern United States are churches founded by priests, called
   a. arcades   b. plazas   c. lariats   d. missions   _____

4. The roundup of horses or cattle is called
   a. bronco   b. corral   c. pinto   d. rodeo   _____

5. The state whose name indicates its snow-capped mountains is
   a. Colorado   b. Oregon   c. Nevada   d. Texas   _____

6. An animal whose fur is among the most expensive in the world is the
   a. chinchilla   b. llama   c. burro   d. pinto   _____

7. Many geographical names indicate Spain's strong emphasis on
   a. economy   b. war   c. religion   d. climate   _____

8. The English word which represents both a variety of corn and a color is
   a. maize   b. avocado   c. adobe   d. chili   _____

9. The name for the window that has wrought-iron bars is
   a. corral   b. reja   c. balcón   d. tejas   _____

10. The Spanish patio has been influenced by the Romans and the
    a. Arabs   b. arcadas   c. priests   d. Indians   _____

VI. Write the English adaptations of the following Spanish words. A good guess will do it!

1. cigarro _____   6. fiesta _____

2. huracán _____   7. florido _____

3. canoa _____   8. cocodrilo _____

4. vainilla _____   9. arcada _____

5. Santa Clara _____   10. estampida _____

PEANUTS strips ©1990 United Feature Syndicate, Inc.

PEANUTS strips ©1990 United Feature Syndicate, Inc.

Vocabulario:

saltan felices *(they) jump happily*	**los saltos** *the jumps*
sus amos *their owners*	**que he visto** *that I have seen*

¿No está interesado
en comprar esta casa?

The house seems like a good buy. Is Carlos interested in buying it?

Casa a la venta

Cuando pasa por la calle, Carlos ve este letrero delante de una casa.

Toca a la puerta y espera unos momentos. Pronto, un hombre viejo abre la puerta y lo saluda.

Hombre: Buenos días señor, ¿en qué puedo servirle?

Carlos: Veo que esta casa está a la venta. ¿Puedo verla?

Hombre: Sí, cómo no. Pase Vd. Yo soy Pedro Piragua.

Carlos: Mucho gusto en conocerlo. Me llamo Comequeso, Carlos Comequeso.

Hombre: Bueno, señor Comequeso, Mire Vd. esta sala. Está recién pintada. Ahora vamos a pasar a la cocina. Ese refrigerador y esa estufa son nuevos.

Carlos: Ya veo. Parecen estar en excelentes condiciones. ¿Dónde están los dormitorios?

Hombre: Hay tres y están en el piso de arriba. Vamos allá ahora. . .

Carlos: ¡Qué hermosos! Estos cuartos son grandes y claros.

Hombre: Además, hay otro cuarto de baño que es completamente nuevo.

Carlos: Dígame algo del vecindario.

Hombre: Es excelente. La casa está cerca de los trenes y autobuses y Vd. puede ir de compras en aquella próxima calle. Ahora, ¿quiere Vd. saber el precio? Es muy barato.

Carlos: No, gracias.

Hombre: ¿Cómo que no? ¿No está Vd. interesado en comprar esta casa?

Carlos: No. Es que voy a poner mi casa a la venta esta semana y quiero saber el mejor método de hacerlo.

Palabras Nuevas

SUBSTANTIVOS

el cuarto de baño   *the bathroom*
el dormitorio   *the bedroom*
la estufa   *the stove*
el letrero   *the sign*
Pedro   *Peter*
el piso de arriba   *the floor above, upstairs*
el precio   *the price*
el queso   *the cheese*
el refrigerador   *the refrigerator*
el vecindario   *the neighborhood*

ADJETIVOS

barato,a   *inexpensive, cheap*
claro,a   *light, clear*
hermoso,a   *beautiful*
interesado,a   *interested*
(recién) pintado,a   *(recently) painted*
próximo,a   *next*
viejo,a   *old*

VERBOS

ir de compras   *to go shopping*
pasar por la calle   *to walk*

along the street
¡pida informes!   *ask for information (formal sing.)*
saludar   *to greet*
ver   *to see*
   ya veo   *now I see, indeed I do understand*

OTRAS PALABRAS

a la venta   *for sale*
además   *besides*
¿cómo no!   *of course*
¿Cómo que no?   *What do you mean by "no?"*

en aquella próxima calle *on
   that next street*
es que *the fact is that*

lo *him, it, you (masc.)*
mucho gusto en conocerlo
   pleased to meet you

pronto *soon*
¡Qué hermosos! *How
   beautiful!*

EJERCICIOS

I. (A) Preguntas. Write your answer in a complete Spanish sentence.

1. ¿Qué ve Carlos delante de una casa? _____

2. ¿Por qué quiere ver Carlos la casa? _____

3. ¿Qué hay en la cocina? _____

4. ¿Cómo son los dormitorios? _____

5. ¿Qué va a hacer Carlos esta semana? _____

(B) Preguntas personales y generales. Write your answer in a complete Spanish sentence.

1. ¿Qué hay generalmente en una cocina?
2. ¿Cuántas habitaciones hay en su casa o apartamento? ¿Cuáles son?
3. Describa Vd. el vecindario donde vive Vd.
4. ¿Qué pone Vd. en un letrero para vender una casa?
5. ¿Qué dice Vd. para saludar a una persona?

1. _____

2. _____

3. _____

4. _____

5. _____

II. Write the words from group B that match the words in group A.

A

1. La ventana se usa para _____

2. La puerta se usa para _____

3. La sala se usa para _____

4. El tren se usa para _____

5. La estufa se usa para _____

6. El refrigerador se usa para _____

7. El dormitorio se usa para _____

8. El baño se usa para _____

B

a) lavarse
b) descansar y mirar la televisión
c) dormir
d) mantener fría la comida

e) entrar y salir
f) preparar la comida
g) dejar entrar el aire fresco
h) viajar

III. ¿Cómo se dice en español?
1. House for sale, inquire within.
2. He knocks on the door and waits a few minutes.
3. Good morning, what can I do for you?
4. I'm very pleased to meet you.
5. Tell me something about the neighborhood.

1. _____

2. _____

3. _____

4. _____

5. _____

IV. Oral Activities.

A. Describe what is happening in the picture facing page 185.

B. Retell the story. Let classmates add details.

V. **Write a note** in Spanish for your parents to a real estate agent in another city asking about an available apartment in *five* or more questions.

Begin with: **Necesitamos un apartamiento especial.**

You may use the following ideas: *Is the apartment large or small and recently painted? Are the rooms light and beautiful? How many bedrooms are there? Is the neighborhood good for schools, shopping, and parks? Is the apartment inexpensive? How much is the apartment?*

B. Write the answer from the real estate agent

ESTRUCTURAS DE LA LENGUA

Demonstrative Adjectives

A. *This, these:* The speaker uses the following to indicate a person, place, or thing (or persons, places, things) *close to himself,* i.e., *close to the speaker:*

Este (masc.); **esta** (fem.) — *this*   **Estos** (masc.); **estas** (fem.) — *these*

1. Este perrito cerca de mí es mono. This puppy near me is cute.
2. Esta rosa que tengo es roja. This rose which I'm holding is red.

1. Estos perritos aquí son más monos. These puppies over here are cuter.
2. Estas rosas que tengo son blancas. These roses which I have are white.

Rules:

1. **Este** (masc.) and **esta** (fem. sing.), *this*, are used respectively before a masculine singular noun and before a feminine singular noun.

2. **Estos** (masc. pl.) and **estas** (fem. pl.), *these,* are used respectively before masculine plural nouns and before feminine plural nouns. Note that **estos** is the irregular plural of **este.**

3. Closeness to the speaker may be indicated by additional expressions such as: **aquí,** *here;* **cerca de mí,** *near me;* **que tengo,** *which I hold (have).*

B. *That, those:* The speaker uses the following to indicate that a person, place, or thing (or persons, places, things) is (are) *close to the listener:*

Ese (masc.); **esa** (fem.) — *that*	**Esos** (masc.); **esas** (fem.) — *those*
1. Ese perrito está cerca de ti (Vd., Vds.). That puppy is near you.	1. Esos perritos están cerca de ti (Vd., Vds.). Those puppies are near you.
2. Esa rosa que tienes ahí es rosada. That rose which you have there is pink.	2. Esas rosas que tienes ahí son rojas. Those roses which you have there are red.

Rules:

1. **Ese, esa,** *that,* are formed by dropping the *t* from **este, esta** (*this*). **Esos, esas,** *those,* are formed by dropping the *t* from **estos, estas** (*these*).

2. **Ese** (masc. sing.) and **esa** (fem. sing.), *that,* are used respectively before a masculine singular noun and before a feminine singular noun.

3. **Esos** (masc. pl.) and **esas** (fem. pl.), *those,* are used respectively before masculine plural nouns and before feminine plural nouns. Note that **esos** is the irregular plural of **ese.**

4. Closeness to the listener may be indicated by additional expressions such as: **ahí,** *there, near you;* **cerca de ti (Vd., Vds.),** *near you;* **que tienes (Vd. tiene; Vds. tienen),** *which you hold (have).*

C. *That, those;* indicating *distance from both the listener and the speaker.*

Aquel (masc.); **aquella** (fem.) — *that*	**Aquellos** (masc.); **aquellas** (fem.) — *those*
1. Aquel parque está lejos de ti y de mí. That park is far from you and me.	1. Aquellos parques están lejos de nosotros. Those parks are far from us.
2. Aquella casa allí es magnífica. That house over there is magnificent.	2. Aquellas casas allí son magníficas. Those houses over there are magnificent.

Rules:

1. Unlike English, the speaker of Spanish insists on making a distinction between *that, those,* **aquel,** etc., *distant from the listener;* and *that, those,* **ese,** etc., *near the listener.*

2. **Aquel** (masc. sing.) and **aquella** (fem. sing.), *that,* are used respectively before a masculine singular noun and before a feminine singular noun.

3. **Aquellos** (masc. pl.) and **aquellas** (fem. pl.), *those,* are used respectively before masculine plural nouns and before feminine plural nouns.

4. Distance from the listener may be indicated by additional expressions such as: **allí,** *over there, yonder,* and **lejos de nosotros-as,** *far from us.*

STUDY THE RULES, EXAMPLES, AND MODELS BEFORE BEGINNING THE EXERCISES!

Exercises

I. Alicia is buying furniture and materials for her new art studio. She tells the salesperson what she needs. Rewrite each model sentence, substituting the noun in parentheses for the noun in *italics*. Make the necessary change in the demonstrative adjectives (*this, that,* etc.).

Model: Necesito este *libro*.   I need this book.
          (pluma) Necesito **esta pluma.**   I need this pen.

A. Compro este *papel*. I'm buying this paper.

1. (tiza)_____

2. (plumas)_____

3. (lápiz)_____

4. (papeles)_____

5. (pintura) _____

The salesperson suggests several items.

B. ¿Deseas ese *libro* ahí? Do you want that book there (near you)?

1. (silla)_____

2. (escritorio) _____

3. (periódicos)_____

4. (libros)_____

5. (plumas) _____

She follows a guided tour at a museum afterwards.

C. Miren Vds. aquel *cuadro* allí. Look at that picture over there.

1. (fotografías) _____

2. (pinturas)_____

3. (obra de arte) _____

4. (cuadros)_____ ____

5. (estatua) _____

II. Rewrite the sentence, changing the words in *italics* to the *singular*, e.g., *esos usos,* **ese uso.**

1. Reciben *estos papeles* y *aquellos libros.*

   _____

2. Estudian *estas palabras* y *esas frases.*

   _____

3. Contestan a *esos profesores* y a *aquellos alumnos.*

   _____

4. Abren *esas puertas* y *aquellas ventanas.*

   _____

5. ¿Admiran *estos pañuelos* y *esos zapatos?*

   _____

III. Rewrite the sentence changing the words in *italics* to the *plural*, e.g., *ese uso,* **esos usos.**

1. Leemos *este periódico* y *ese artículo.*_____

2. Deseamos *esta silla* y *aquella cama.*_____

3. Admiramos *este sombrero* y *aquel vestido.*_____

4. Preferimos *esa clase* y *aquel profesor.*_____

5. Queremos *ese vestido* y *aquella falda.*_____

IV. Write a response according to the model. Use the correct form of **este-a, estos-as.**

   Model: —¿Es interesante **ese libro** suyo?   **—¿Este libro? Sí, gracias.**
   　　　　　 Is *that* book of yours interesting?   *This* book? Yes, thank you.

1. ¿Está contento ese amigo suyo?_____

2. ¿Es interesante esa revista suya?_____

3. ¿Son fantásticos esos cuentos suyos?_____

4. ¿Son excelentes esas fotos suyas?_____

5. ¿Es importante ese papel suyo?_____

V. Complete in Spanish the dialogue between Luisita and her mother in which Luisita insists on having her brother's ice cream, candy, cookies, and soda.

Remember:	Este _____aquí;	Ese _____ahí;	Aquel _____allí;
	. . . cerca de mí;	. . . cerca de ti;	. . . cerca de él;
	. . . que tengo.	. . . que tienes.	. . . que él tiene.

1. La mamá: ¿Qué prefieres _____ (this) helado a vainilla que tengo o _____ (that) helado a chocolate que tú tienes?

2. Luisita: Prefiero _____ (that) helado que Juan tiene allí.

3. La mamá: Entonces, Juan te da su plato, ¿Y qué prefieres como dulces, _____ (these) dulces aquí o _____ (those) dulces que están cerca de ti?

4. Luisita: Quiero también _____ (those) dulces que Juan come allí.

5. La mamá: ¿Lo mismo con _____ (those) galleticas y _____ (that) gaseosa que Juan toma?

6. Luisita: Sí, lo mismo. No me gustan _____ (these) galleticas ni _____ (this) gaseosa mía.

7. La mamá: ¡Ay! ¡Qué difícil es _____ (that) hija mía!

8. Luisita: ¡Ay! ¡Qué difíciles son _____ (those) mamás de hoy!

VI. Oral Proficiency. Act your part, *tú*. Let a classmate act the part of Señor López. (You may *later write* your completed script for additional practice.)

Situation: You are working after school as a salesperson in a clothing store. Mr. López, a customer, cannot decide on gifts for his family. Help your customer to make decisions. You ask him *five* or more questions. He answers.

Señor López: No es fácil decidir qué comprar para mi esposa, y para mi hija y mi hijo. Hay muchas cosas bonitas aquí.

Tú: _____

Señor López: Gracias por las sugestiones. Vuelvo mañana, con mi familia.

You may use your own or the following ideas: *¿Cuál(es) desea Vd.?... ¿Cuál(es) prefiere Vd.?... ¿Cuál(es) quiere Vd. comprar?...¿En qué decide Vd.?...¿Qué compra Vd.?...*Add before each clothing item you mention *este, esta, estos, estas; ese, esa, esos,* or *esas.*

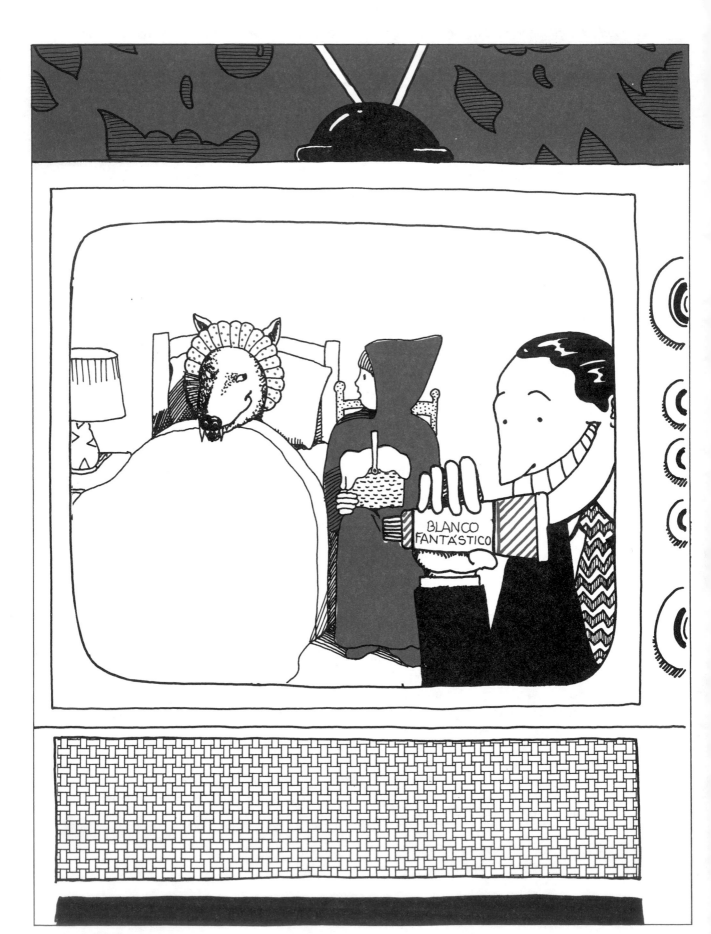

*El lobo también tiene los
dientes grandes y blancos.*

Sure, everybody's heard the story of Little Red
Riding Hood. But what happens to it on TV?

¡Qué dientes tan grandes tienes!

Es la hora de los niños. Todos los chicos esperan impacientemente su programa favorito de televisión. Esta tarde van a ver una versión moderna del clásico "Caperucita Roja." Vamos a escuchar.

Locutor:	Y ahora niños, vamos a ver el capítulo final. Como Vds. ya saben, Caperucita Roja va a la casa de su abuela, con una cesta llena de frutas y dulces. Ya es tarde y quiere llegar antes de la noche. La casa está lejos y dentro de un bosque oscuro. Caperucita Roja anda mucho por el bosque. Al fin llega a la casa de su abuela. Ella no sabe que el lobo ha comido a la abuela y está en su cama. Caperucita toca a la puerta y canta alegremente.
Lobo:	¿Quién es?
Caperucita Roja:	Soy yo, abuelita, y te traigo unos dulces y unas frutas.
Lobo:	Pasa, pasa, hija mía. La puerta está abierta. Yo estoy enferma y no puedo bajar de la cama.
Caperucita Roja:	Oh, mi pobre abuelita. . . . Pero abuelita, ¡qué orejas tan grandes tienes!
Lobo:	Para oírte mejor, hija mía. ¡Ven, ven cerca de la cama!
Caperucita Roja:	Aquí tienes los dulces. . . . Pero abuelita, ¡qué ojos tan grandes tienes!
Lobo:	Para verte mejor, hija mía. Pero ven más cerca, un poco más.
Caperucita Roja:	Pero abuelita, ¡qué dientes tan grandes tienes!
Locutor:	Sí, el lobo tiene los dientes grandes y blancos también. Y si Vds. quieren tener la sonrisa que encanta, usen nuestro producto, la pasta dentífrica — Blanco Fantástico — y Vds. van a notar la diferencia.

Palabras Nuevas

SUBSTANTIVOS

la abuela   *the grandmother*
 la abuelita   *the granny*
el bosque   *the woods*
Caperucita Roja   *Little Red Riding Hood*
el capítulo   *the chapter*
la cesta   *the basket*
el diente   *the tooth*
los dulces   *the candy*
la fruta   *the fruit*
la hora de los niños   *the children's hour*
el lobo   *the wolf*
el ojo   *the eye*
la oreja   *the ear*
la pasta dentífrica   *the toothpaste*

la sonrisa   *the smile*
 la sonrisa que encanta   *the charming smile*

ADJETIVO

lleno,a de   *full of, filled with*

VERBOS

bajar de   *to get off, to go down from*
llegar   *to arrive*
notar   *to notice*
oírte   *to hear you (fam. sing.)*
pasar   *to enter, to pass*
 ¡pasa!   *enter! (fam. sing.)*
(no) puedo   *I can(not)*

soy yo   *it's I*
vamos a. . .   *let us. . .*
¡ven más cerca!   *come closer (fam. sing.)*
verte   *to see you (fam. sing.)*

OTRAS PALABRAS

alegremente   *cheerfully*
antes (de)   *before*
hija mía   *my child*
impacientemente   *impatiently*
¡Qué orejas (ojos, dientes) tan grandes!   *What big ears (eyes, teeth)!*
ya es tarde   *it's late now (already)*

193

EJERCICIOS

I. (A) Cierto (true) **o falso** *(false)?*

1. Es el primer capítulo de Caperucita Roja. _____
2. Caperucita lleva una cesta a la casa de su abuela. _____
3. La chica pasa por unas calles oscuras. _____
4. La abuela está en la cama porque ella ha comido al lobo. _____
5. Caperucita dice: —¡Qué manos grandes tienes! _____
6. El lobo tiene los dientes blancos porque usa una buena pasta dentífrica. _____

(B) Preguntas personales y generales. Write your answer in a complete Spanish sentence.

1. ¿Qué contesta Vd. si la persona dentro de la casa pregunta: —¿Quién es?
2. Para tener los dientes blancos, ¿qué usa Vd. todos los días?
3. ¿Hay mucha diferencia entre las pastas dentífricas?
4. ¿Cuál es un buen nombre para una pasta dentífrica?
5. ¡Mencione Vd. un animal que tiene los dientes grandes!

1. _____
2. _____
3. _____
4. _____
5. _____

II. You are Little Red Riding Hood, and you meet the wolf. What would you say to him?

Lobo: Buenos días, señorita. ¿Adónde vas?

Cap. Roja: _____

Lobo: Oh, ¿está enferma la pobre vieja?

Cap. Roja: _____

Lobo: ¿Qué tienes en esa cesta?

Cap. Roja: _____

Lobo: Eres una niña muy buena. Adiós, Caperucita. Hasta pronto.

Cap. Roja: _____

III. Caperucita Roja has a number of things in her basket. Can you unscramble the words to find out what they are?

1. unas _ _ _ _ _ _ (tuarfs)

2. unos _ _ _ _ _ _ (selcud)

3. una _ _ _ _ (lorf)

4. un _ _ _ _ _ (vueho)

5. un _ _ _ _ _ _ (hadleo)

Buenos días, señorita.
¿Adónde vas tan de prisa?

Buenos días, señorita.
¿Adónde vas tan de prisa?

IV. Oral Activities.

A. Describe what is happening in the picture facing page 193.

B. Retell the story. Let classmates add details.

V. **Write a note** in Spanish to a young girl who is a friend, telling her in *five* or more sentences that *she* should not (*no debes*) do any of the things that foolish Red Riding Hood does in the story you read.

Begin with: **Las niñas jóvenes no deben salir solas.**

You may use the following ideas: *Isn't Red Riding Hood foolish? She walks in the woods alone and she talks to the stranger; then she tells the wolf, whom she does not know, where she is going; and she believes the wolf. What is going to happen to Red Riding Hood?*

ESTRUCTURAS DE LA LENGUA Common Adverbs. Exclamatory ¡Qué!

A. Common adverbs of time, place, and manner. Learn the following paired opposites.

1. **ahora**	now		6. **hoy**	today
más tarde	later		**mañana**	tomorrow
2. **allí**	there		7. **más**	more
aquí	here		**menos**	less
3. **antes**	before; previously		8. **mucho**	a great deal
después	afterwards		**poco**	little
4. **bien**	well		9. **siempre**	always
mal	badly		**nunca**	never
5. **cerca**	nearby		10. **temprano**	early
lejos	faraway		**tarde**	late

B. ¡Qué! in an exclamation.

How!	What a . . . . !
1. **¡Qué bonita** es ella! How pretty she is!	1. **¡Qué chica!** What a girl!
2. **¡Qué bien** canta ella! How well she sings!	2. **¡Qué chica bonita!** What a pretty girl!

Rules:

1. Before adjectives and adverbs **¡qué!** means *How*! in an excited or exclamatory sense.

2. Before nouns **¡qué!** means *what*! or *what a . . . !* in an excited or exclamatory sense. Do *not* use **un** or **una** after **¡qué!**

3. When both a noun and an adjective are present, the *noun* is generally stated *first*.

4. Write an accent mark on **qué**, and place exclamation points *before* and *after* the statement.

5. The subject is placed *after* the verb in exclamations as in questions.

STUDY THE RULES, EXAMPLES, AND MODELS BEFORE BEGINNING THE EXERCISES!

Exercises

I. Like most mothers, Luis's mother wants to know all about his day at school. He says "yes" to everything to discourage her questions. Write his affirmative answers in complete Spanish sentences, using the adverbs in *italics*.

Model: –¿Trabaja Vd. *bien* hoy?   –Trabajo bien hoy.
         ¿Trabajas tú bien hoy?

         Are you working well today?   I am working well today.

1. ¿Entra Vd. *tarde hoy*?_____

2. ¿Termina Vd. *temprano y bien*?_____

3. ¿Habla Vd. *poco allí*?_____

4. ¿Aprendes *mucho ahora*?_____

5. ¿Contestas *más después*?_____

6. ¿Comes *mal aquí*?_____

7. ¿Viajas *lejos mañana*?_____

8. ¿*Siempre* tomas leche *antes*? _____

9. ¿Llegas *más tarde*? _____

10. ¿Gritas *menos* cuando la profesora está cerca? _____

II. Write a rejoinder that states the *opposite* of the expression in *italics*. See the paired opposites on p. 195.

Model: –Luis vive *cerca*.   –Luis vive **lejos.**
         Louis lives nearby.   Louis lives far away.

1. Juan estudia *mucho*._____

2. Mi amiga viene *más tarde*._____

3. *Siempre* toman café._____

4. Gritan *más* en casa._____

5. La escuela está *lejos*._____

6. *Hoy* es otro día._____

7. La casa está *aquí*._____

8. Comemos *antes*._____

9. Regresamos *temprano*._____

10. María escribe *bien*._____

III. Complete the exclamation according to vocabulary on p. 193.

Model: How slowly you speak! i _____ habla Vd!   **¡Qué despacio** habla Vd!

1. How well you dance! i_____baila Vd.!

2. How badly they study! i_____estudian ellos!

3. How late John eats! i_____come Juan!

4. How near the house is! i_____está la casa!

5. How far the park is! i_____está el parque!

IV. Write an affirmative response beginning with **¡Qué!**. Make all necessary changes in word order according to the model. Use exclamation points.

Model: –¿Trabajan ellos tarde?   –**¡Qué tarde** trabajan ellos!
         Do they work late?   How late they work!

1. ¿Llega ella tarde?_____

2. ¿Habla Vd. bien?_____

3. ¿Estudian ellos mal?_____

4. ¿Viene Rosa temprano?_____

5. ¿Vive Juan lejos?_____

6. ¿Vive Ana cerca?_____

7. ¿Está ella cansada?_____

8. ¿Es él pobre?_____

9. ¿Son ellos ricos?_____

10. ¿Es Luisa bonita?_____

197

V. Write two exclamations in response to each statement, according to the model. Make all necessary changes in word order, *omitting* the verb and the article.

Model: —La chica es inteligente. ¿Verdad?   —**¡Qué chica! ¡Qué chica inteligente!**
"The girl is intelligent. Isn't she?"   "What a girl! What an intelligent girl!"

1. —Las casas son altas. ¿Verdad?_____

2. —Su madre es buena. ¿Verdad?_____

3. —Los niños son lindos. ¿Verdad?_____

4. —El cielo está azul. ¿Verdad?_____

5. —Esta escuela es grande. ¿Verdad?_____

VI. Write the Spanish equivalent in the correct word order according to the model. Use cues.

Model: What a fine day!
bonito / día   **¡Qué día bonito!**

1. What an interesting day!

interesante / día_____

2. What an important year!

importante / año_____

3. What a nice boy!

simpático / muchacho_____

4. What kind teachers!

amables / profesores_____

5. What good classes!

buenas / clases_____

VII. Oral Proficiency. Act your part, *tú*. Let a classmate act Paquita's part. (You may *later write* your completed script for additional practice.)

Situation: You are studying for a dental career. Your friend, Paquita, admires your smile and asks how you maintain it. You tell her *five* things that you do to maintain a good smile.

Paquita: Tienes una sonrisa encantadora. ¿Qué haces para tener esa sonrisa?

Tú: _____

Paquita: Bueno, bueno, Ahora, ¡vamos a tomar un helado!

You may use your own or the following ideas: *nunca dulces, menos gaseosas (sodas), más frutas, muchas legumbres; pasta dentífrica después de comer y antes de dormir; dentista dos veces al año; nunca dolor de dientes.*

Es una carta urgente.

Do you believe in horoscopes? Sometimes they contain surprises.

¿Qué dice el horóscopo?

¿Es Vd. una persona supersticiosa? ¿Es posible saber qué va a pasar en el futuro? Hay muchas personas en este mundo que creen en los horóscopos. Uno de ellos es nuestro héroe, Patricio Pisapapeles. Cuando recibe el periódico por la mañana, no empieza a mirar ni las noticias ni los deportes. Sólo le interesa su horóscopo. Así empieza a leer su fortuna y piensa en sus planes para el día. Busca su signo de Acuario.

Piscis: (20 febrero-21 marzo)
¡No pierda el tiempo! Su oportunidad está aquí ahora.

Aries: (22 marzo-20 abril)
¡Defienda sus derechos! ¡No sea tímido!

Tauro: (21 abril-21 mayo)
Su fortuna comienza a cambiar. Va a tener suerte.

Géminis: (22 mayo-21 junio)
Vd. puede hacer todo ahora. Su signo es favorable.

Cáncer: (22 junio-23 julio)
Si encuentra algún dinero, ¡no lo gaste todo!

Leo: (24 julio-23 agosto)
¡Recuerde a sus amigos! Ellos pueden ayudarlo.

Virgo: (24 agosto-23 septiembre)
¡Vuelva a su casa pronto!

Libra: (24 septiembre-23 octubre)
¡No cierre los ojos a oportunidades nuevas!.

Escorpión: (24 octubre-22 noviembre)
¡Entienda sus deseos! ¡Tenga paciencia!

Sagitario: (23 noviembre-23 diciembre)
Si llueve hoy, Vd. pronto va a ver el sol.

Capricornio: (23 diciembre-20 enero)
La fortuna juega con nuestras vidas. Es necesario ser valiente.

Acuario: (21 enero-19 febrero)
Hoy viene una noticia importante. Puede cambiar su vida.

¡Dios mío, una noticia imprtante! ¿Qué puede ser? ¡La lotería, quizás! Voy a ganar la lotería. Sí, sí, eso es. Voy a recibir dinero, mucho dinero.

En este momento suena el timbre. Patricio corre a la puerta. Es el cartero con una carta urgente. Es de la madre de su mujer. Patricio la abre en un segundo y lee:

> Queridos Patricio y Alicia:
> Voy a tu casa para visitarlos la semana próxima. Pienso pasar tres semanas agradables con mis hijos favoritos.
>
> Cariñosamente,
> Mamá.

Palabras Nuevas

SUBSTANTIVOS	VERBOS	
el cartero *the letter carrier*	cambiar *to change*	recordar (ue) *to remember*
el deporte *the sport*	cerrar (ie) *to close*	¡sea! *be! (formal sing.)*
el derecho *the right*	comenzar (ie) *to begin*	sonar (ue) *to ring*
el deseo *the wish, the desire*	defender (ie) *to defend*	tener paciencia *to be patient*
la fortuna *the fortune*	empezar (ie) *to begin*	tener suerte *to be lucky*
el horóscopo *the horoscope*	encontrar (ue) *to find, to meet*	
la noticia *the news*	entender (ie) *to understand*	**ADJETIVOS**
Patricio *Patrick*	gastar *to spend (money)*	
la persona *the person*	(le) interesa *interests him*	favorable *favorable*
el pisapapeles *the paperweight*	jugar (ue) *to play*	supersticioso,a *superstitious*
	llover (ue) *to rain*	tímido,a *timid*
el signo de Acuario *the sign of Aquarius*	perder (ie) *to lose*	urgente *urgent*
	perder el tiempo *to waste time*	valiente *brave, valiant*
el timbre *the bell*	pensar (ie) *to think, to intend*	**OTRAS PALABRAS**
	poder (ue) *to be able to, can*	algún dinero *some money*
		cariñosamente *affectionately*
		quizás *perhaps, maybe*

EJERCICIOS

I. (A) Complete according to the story.

1. Hay muchas personas que creen en los horóscopos. Son personas _____.

2. El horóscopo dice la _____ de una persona.

3. Patricio no lee ni las _____ ni los _____ en el periódico.

4. La fortuna de Patricio está bajo el signo de _____.

5. Una persona que nace el 22 de junio no debe _____.

(B) Preguntas personales y generales. Write your answer in a complete Spanish sentence.

1. ¿Qué parte del periódico lee Vd. generalmente?
2. ¿Cuál es el día de su nacimiento (birth)?
3. ¿Cuál es su signo del Zodíaco?
4. ¿Cuánto dinero puede Vd. ganar en la lotería?
5. ¿Qué hace un cartero?

1. _____

2. _____

3. _____

4. _____

5. _____

II. Unscramble the letters in the boxes below and see the advice given in your horoscope.

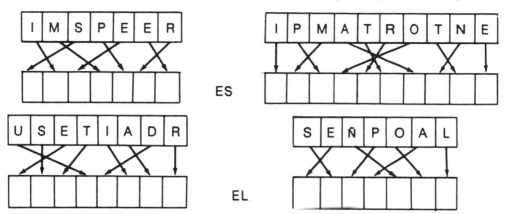

III. Write a five-day horoscope, giving advice according to the word cues. Change *infinitives* to commands.

Su horóscopo

1. **lunes:** _____

    ¡No *perder* tiempo! Su oportunidad está aquí.

2. **martes:** _____

    ¡*Defender* sus derechos! ¡No sea tímido!

3. **miércoles:** _____

    ¡*Cambiar* su fortuna! Vd. tiene suerte.

4. **jueves:** _____

    ¡*Tener* Vd. paciencia! Su signo es favorable.

5. **viernes:** _____

    ¡No *gastar* Vd. mucho dinero!

Write two more horoscopes in Spanish: **El fin de semana:**

6. **sábado:** _____

7. **domingo:** _____

IV. Oral Activities.

A. Describe what is happening in the picture facing page 201.

B. Retell the story. Let classmates add details.

V. A. Write a note in Spanish to an astrologer asking about your future in *five* or more sentences.

Begin with: **Mi signo zodíaco es _____. No soy supersticioso(a) pero ¿cómo es mi futuro?**

You may use the following ideas: *Are you going to be lucky in love and in school? When is it a good time to begin to change your life? When is it a bad time? What opportunities are there in the future? What can you do with your time and your money? What good news is the mailman going to bring soon?*

B. Write a copy of the answers you receive to share with friends.

ESTRUCTURAS DE LA LENGUA

Stem-Changing Verbs of Ar and Er Infinitives

A.   **ar** Infinitives   e>ie   o>ue

                               pensar to think   **contar** to count

		I think so.	I count the money.
1.	yo	**Pienso** que sí.	**Cuento** el dinero.
2.	tú	**piensas**	**cuentas**
3.	él, ella, Vd.	**piensa**	**cuenta**
4.	nosotros-as	Pensamos que sí.	Contamos el dinero.
5.	vosotros-as	pensáis	contáis
6.	ellos-as, Vds.	**piensan**	**cuentan**
	Commands	**¡Piense** Vd.!	**¡Cuente** Vd.!
		¡Piensen Vds.!	**¡Cuenten** Vds.!
		¡Pensemos!	¡Contemos!

B.   **er** Infinitives   e>ie   o>ue

                               entender to understand   **volver** to return

		I understand very well.	I'm returning home.
1.	yo	**Entiendo** muy bien.	**Vuelvo** a casa.
2.	tú	**entiendes**	**vuelves**
3.	él, ella, Vd.	**entiende**	**vuelve**
4.	nosotros-as	Entendemos muy bien.	Volvemos a casa.
5.	vosotros-as	entendéis	volvéis
6.	ellos-as, Vds.	**entienden**	**vuelven**
	Commands	**¡Entienda** Vd.!	**¡Vuelva** Vd.!
		¡Entiendan Vds.!	**¡Vuelvan** Vds.!
		¡Entendamos!	¡Volvamos!

Rules:

1. **o>ue**   The **o** in the stem of some **ar** and **er** infinitives changes to **ue** in the present tense, in persons 1, 2, 3, 6, and in the commands, **Vd.** and **Vds.**

2. **e>ie**   The **e** in the stem of some **ar** and **er** infinitives changes to **ie** in the present tense, in persons 1, 2, 3, 6, and in the commands, **Vd.** and **Vds.**

C. Learn these stem-changing verbs:

ar infinitives

e>ie		o>ue	
cerrar	to close	**almorzar**	to lunch
comenzar	to begin	**contar**	to tell, count
empezar	to begin	**encontrar**	to meet, to find
pensar	to think;	**mostrar**	to show
	to intend	**recordar**	to remember
nevar	to snow	**volar**	to fly

er infinitives

e>ie		o>ue	
defender	to defend	**mover**	to move
entender	to understand	**poder**	to be able
perder	to lose	**volver**	to return
querer	to want	**llover**	to rain

D. Llover (**ue**) and **nevar** (**ie**) are meaningful only in the third person singular:

llueve it rains   **nieva** it snows

E. Jugar is the only verb which changes the infinitive stem's **u** to **ue** in persons 1, 2, 3, 6 of the present tense.

jugar to play (a game)

		I play football.
1.	yo	**Juego** al fútbol.
2.	tú	**juegas**
3.	él, ella, Vd.	**juega**
4.	nosotros-as	Jugamos al fútbol.
5.	vosotros-as	jugáis
6.	ellos-as Vds.	**juegan**

STUDY THE RULES, EXAMPLES, AND MODELS BEFORE BEGINNING THE EXERCISES!

Exercises

I. Rewrite the model sentence substituting the subject given in parentheses, and using the appropriate form of the verb.

A. Model: *Yo* pienso ir mañana.   (Ellos) **Ellos piensan ir mañana.**
                I intend to go tomorrow.   They intend to go tomorrow.

1. (Tú) _____

2. (Diego) _____

3. (Diego y María) _____

4. (Tú y yo) _____

5. (Vds.) _____

6. (Yo) _____

B. Model: ¿Almuerzas *tú* a las doce?   (Vds.) **¿Almuerzan Vds. a las doce?**
                Do you (fam. sing.) lunch at 12:00?   Do you (formal pl.) lunch at 12:00?

1. (Vd.) _____

2. (Vd. y yo) _____

3. (Las mujeres) _____

4. (Mi amiga) _____

5. (Yo) _____

6. (Tú) _____

II. Rewrite the sentence substituting the appropriate form of the verb given in parentheses. Keep the same subject.

   Model: Yo encuentro a mis amigos.   (perder) **Yo pierdo a mis amigos.**
            I meet my friends.   I lose my friends.

1. Ellos empiezan el examen. (comenzar) _____

2. ¿Cuentas tú el dinero? (encontrar) _____

3. Ana y él pierden el libro. (entender) _____

4. Él cierra la revista. (empezar) _____

5. Vds. no pueden leer. *(volver a) _____

*again

6. Ella quiere la música. (perder)_____

7. Vd. no lo piensa bien. (cerrar)_____

8. Yo encuentro el disco. (recordar)_____

9. ¿No lo comienzan ellas? (empezar)_____

10. Nosotros almorzamos mal. (contar)_____

III. Write an affirmative answer in a complete Spanish sentence using the words in *italics* and the appropriate form of the verb used in the question.

Model: ¿A dónde volvemos?   *Vds. / a casa* **Vds. vuelven a casa.**
         Where are we returning?   You are returning home.

1. ¿Cuándo comenzamos a estudiar?   *Vds. / a las cuatro*

_____

2. ¿A qué hora cerramos los libros?   *Vds. / a las diez*

_____

3. ¿Cuándo podemos venir a la casa?   *Vds. / venir temprano*

_____

4. ¿Adónde volamos mañana?   *Vds./a Madrid*

_____

5. ¿Cómo quieren Vds. viajar?   *Nosotros / viajar en coche*

_____

6. ¿Entienden Vds. la novela?   *Nosotros no / la novela*

_____

7. ¿Dónde encuentran Vds. comida?   *Nosotras / en la cafetería*

_____

8. ¿Cuentas el dinero?   *Yo nunca / los dólares*

_____

9. ¿Cuánto dinero pierdes?   *Yo / dos dólares*

_____

10. ¿Con quiénes vuelvo yo a casa?   *Tú / a casa con nosotros.*

_____

IV. Write an answer in *two* complete Spanish sentences: a) a NEGATIVE answer using **Nosotros;** b) an affirmative answer using **Ella sí que . . .** according to the model.

Model: ¿Piensan Vds. leer?   **Nosotros no** pensamos leer.   **Ella sí que** piensa leer.
Do you intend to read?   We don't intend to read.   She surely intends to read.

1. ¿Empiezan la comida ahora? _____

_____

2. ¿Almuerzan Vds. en un restaurante chino?_____

_____

3. ¿Entienden Vds. el chino?_____

_____

"Barron's has been authorized to use the chart
"Consuma Diariamente Los Cuatro Alimentos Básicos"
by Del Monte Corporation, San Francisco, California, its creator.
DEL MONTE is the registered trademark of Del Monte Corporation."

4. ¿Comienzan Vds. a comer?_____

_____

5. ¿Mueven Vds. la boca? _____

_____

6. ¿Cierran Vds. la boca?_____

_____

7. ¿Quieren Vds. tomar un helado?_____

_____

8. ¿Pueden Vds. comer más?_____

_____

9. ¿Vuelven Vds. a la escuela mañana cuando llueve? _____

_____

10. ¿Juegan Vds. en la calle cuando nieva? _____

_____

V. Write the appropriate NEGATIVE command in a complete Spanish sentence as a response to the question.

Models: ¿Pierde(n) Vd(s.) paciencia? **¡No pierda(n) Vd(s.) paciencia!**
Are you losing patience? Don't lose patience!

¿Perdemos paciencia? **¡No perdamos paciencia!**
Are we losing patience? Let us not lose patience!

1. ¿Pierde Vd.? _____

2. ¿Perdemos? _____

3. ¿Piensan Vds.? _____

4. ¿Pensamos? _____

5. ¿Cuenta Vd.? _____

6. ¿Contamos? _____

7. ¿Defienden Vds. al amigo? _____

8. ¿Defendemos a los amigos? _____

9. ¿Vuelve Vd.? _____

10. ¿Volvemos? _____

VI. Complete the series using the subject **yo** with the *appropriate form of the verb*, and the vocabulary provided in parentheses.

1. (pensar en el trabajo) _____

2. (comenzar el trabajo) _____

3. (no entender los ejercicios) _____

4. (perder la paciencia) _____

5. (cerrar los libros) _____

6. (querer una fruta) _____

7. (almorzar en la cocina) _____

8. (recordar el trabajo) _____

9. (volver al escritorio) _____

10. (mostrar paciencia) _____

VII. Oral Proficiency. Act your part, *tú*. Let a classmate act Roberto(a)'s part. (You may *later write* your completed script for additional practice.)

Situation: Your friend, Roberto(a), is telling fortunes at the school's fundraising fair. You ask Roberto(a) in *five* or more questions how your luck is going to improve. Roberto(a) answers you.

Roberto(a): Tu suerte va a cambiar pronto.

Tú: _____

You may use your own or the following ideas: *Are you going to find love? Are you going to win the lottery? Are your teachers going to give you excellent marks? Are you beginning a new life? If you are brave can you change your luck?*

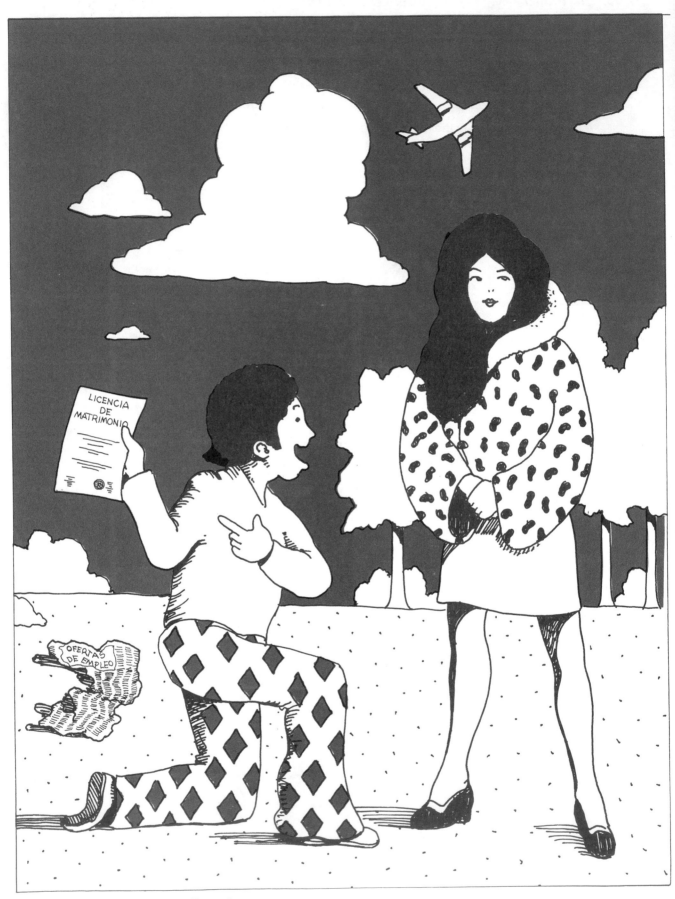

Quiero casarme con una millonaria.

Teodoro thinks he's found a way to be rich and happy without working. Do you agree?

Quiero ser rico

Este junio va a ser un mes especial para Teodoro Tacones. Después de pasar cinco años en la escuela secundaria, finalmente va a graduarse. Teodoro es un muchacho de poco talento pero de mucha ambición. Sabe que tiene que encontrar trabajo lo más pronto posible. Así va a la oficina de empleos de la escuela para pedir ayuda.

Consejero: ¿Qué tal, Teodoro? Al fin va a graduarse.

Teodoro: Sí, señor. Por eso estoy aquí. Necesito su consejo. Busco un empleo.

Consejero: Ah, bueno. ¿Qué clase de trabajo desea?

Teodoro: Pues, un puesto con buen sueldo. Quiero ganar mucho dinero; quiero ser rico.

Consejero: Entonces, Vd. debe ir a la universidad para estudiar más. Tiene que aprender una profesión como médico o como abogado.

Teodoro: No, eso es mucho trabajo. Quiero un empleo fácil. Así puedo descansar y no hacer nada. Quiero viajar por el mundo y ver a la gente de otros países.

Consejero: Entonces, ¿por qué no estudia para ser piloto? Así Vd. puede ganar un buen sueldo y puede viajar también.

Teodoro: No, tengo miedo de los aviones. Y además, los pilotos trabajan largas horas y tienen muchas responsabilidades.

Consejero: Bueno, tengo la solución. Vd. debe casarse con una millonaria.

Teodoro: ¡Perfecto! ¡Ésta es la solución ideal! ¿Para qué trabajar?

Consejero: Sí, pero sólo hay un problema.

Teodoro: ¿Cuál?

Consejero: Todas las millonarias quieren casarse con millonarios.

Palabras Nuevas

SUBSTANTIVOS

el abogado *the lawyer*
la ambición *the ambition*
el avión *the airplane*
la chica *the girl*
el consejo *the advice*
el empleo *the job, the employment*
la escuela secundaria *the high school, the secondary school*
la oficina de empleos *the employment office*
el millonario *the millionaire*
el piloto *the pilot*
el puesto *the job, the position*

la responsabilidad *the responsibility*
la solución *the solution*
el sueldo *the salary*
el tacón *the heel*
el talento *the talent*
Teodoro *Theodore*

VERBOS

casarse (con) *to marry, to get married (to)*
ganar dinero *to earn money*
graduarse *to graduate*
pedir (i) ayuda *to ask for help*
tener miedo *to be afraid*

tener que *to have to*
viajar *to travel*

OTRAS PALABRAS

además *besides*
al fin *finally*
¿Cuál(es)? *Which? What?*
finalmente *finally*
lo más pronto posible *as soon as possible*
¿Para qué? *For what purpose? Why?*
por eso *therefore, because of that*
¿Qué clase de? *What kind of?*
¿Qué tal? *How are things?*

213

EJERCICIOS

I. (A) Preguntas. Write your answer in a complete Spanish sentence.

1. ¿Por qué es un día especial para Teodoro Tacones? _____

2. ¿Cuántos años está en la escuela secundaria? _____

3. ¿Qué quiere ser el muchacho? _____

4. ¿Por qué no quiere ser piloto? _____

(B) Preguntas personales y generales. Write your answer in a complete Spanish sentence.

1. ¿Cuándo va Vd. a terminar la escuela?
2. ¿Cuál es su ambición?
3. ¿Quiere Vd. ser rico? ¿Por qué?
4. ¿En qué clase de trabajo va a recibir un buen sueldo?

1. _____

2. _____

3. _____

4. _____

II. ¿Cómo se dice en español?

1. He's finally going to graduate.
2. He wants to find work as soon as possible.
3. I want to earn a lot of money.
4. I want an easy job in order to rest.

1. _____

2. _____

3. _____

4. _____

IV. Oral Activities.

A. Describe what is happening in the picture facing page 213.

B. Retell the story. Let classmates add details.

V. Write a note in Spanish to an employer. Ask about a summer job you heard about in *five* or more questions.

Begin with: **Tengo que ganar dinero para ir a la universidad.**

You may use the following ideas: *What kind of a job is it? How many hours do you have to work? How much is the salary? What (cuáles) are the responsibilities? Is it also possible to work after school?*

ESTRUCTURAS DE LA LENGUA

The complementary infinitive. The infinitive after **ir a, tener que,** and **para.**

A. The complementary infinitive completes the thought:

After verbs of mild obligation — **deber, necesitar**

1. —¿Qué debes hacer? What should you do?	—Debo saber la lección. I should know the lesson.
2. —¿Qué necesitas hacer? What do you need to do?	—Necesito estudiarla. I need to study it.

After verbs of wanting and planning — **desear, querer, pensar**

1. —¿Qué quieres (deseas) hacer? What do you want to do?	—Quiero (deseo) escuchar mis discos. I want to listen to my records.
2. —¿Qué piensas hacer? What do you plan (intend) to do?	—Pienso escucharlos ahora. I plan (intend) to listen to them now.

After verbs of being able — **poder, saber**

1. —¿No puedes andar hoy? Can't you walk today?	—Puedo andar un poco. I can (am able to) walk a little.
2. —¿Sabes leer el español? Do you know how to (can you) read Spanish?	—Sé escribirlo también. I know how to (can) write it, too.

Rules:

1. Only the first verb agrees with the subject.

2. **Deber, necesitar, desear, querer, pensar, poder, saber,** are completed by the infinitive form of the verb that follows. Infinitives end in **ar, er,** or **ir.**

3. **Poder** means *can, to be able* in a strictly physical sense. **Saber** means *can* or *to know how* in the sense of possessing a skill or talent.

Tengo que comer

B. The infinitive form of the verb follows **ir a** and **tener que.**

1. —¿Qué tienes **que** hacer?   —**Tengo que comer.** (strong obligation)
   What do you have to (must you) do?   I have to (must) eat.

2. —¿Cuándo vas **a** comer?   —**Voy a comer** ahora.
   When are you going to eat?   I am going to eat now.

Rules:

1. **Tener que** followed by the infinitive means *to have to* or *must* and indicates strong obligation. **Deber** (should, ought) is milder. **Tener** agrees with its subject. **Que** has no English translation in this idiomatic expression.

2. **Ir a** followed by the infinitive tells what you are going to do in the immediate future. **Ir** agrees with its subject. **A** has no translation here.

3. For the present tense forms of **ir** and **tener** see Work Unit 7.

C. Para: *in order (to)* indicates purpose and introduces a complementary infinitive.

1. —¿**Para** qué trabajas?   —**Trabajo para tener dinero.**
   For what purpose do you work?   I work to (in order to) have money.

2. —¿**Para** qué comen Vds.?   —**Comemos para vivir.**
   For what purpose (why) do you eat?   We eat to (in order to) live.

STUDY THE RULES, EXAMPLES, AND MODELS BEFORE BEGINNING TH EXERCISES!

Exercises

I. . Rewrite the model sentence using the subject in *italics*. Make necessary changes in the verb. (Review the forms of **tener** in Work Unit 7.)

Model: **Nosotros tenemos que comer.**   *Ella.* **Ella tiene que comer.**
We have to eat.   She has to eat.

1. *Yo*_____   4. *Vds.*_____

2. *Tú*_____ _____   5. *Vd.*_____

3. *Juan*_____   6. *Ana y yo*_____

                7. *Juan y Ana*_____ _____

II. Rewrite the model sentence using the subject in *italics*. Make necessary changes in the verb. (Review forms of **ir** in Work Unit 7.)

Model: **Yo no voy a leer esta noche.**   *Tomás.* **Tomás no va a leer esta noche.**
I'm not going to read tonight.   Thomas isn't going to read tonight.

1. *Los tíos*_____

2. *Susana*_____

3. *Tú*_____

4. *Vds.*_____

5. *Marta y yo*_____

6. *Yo*_____

7. *Él*_____

III. Rewrite the MODEL QUESTION substituting the verbs in parentheses for the verbs in *italics*.

Model: ¿*Comemos* para *vivir*?   (escribir / practicar) **¿Escribimos** para **practicar?**
Do we eat in order to live?   Do we write in order to practice?

1. (Estudiamos / comprender)_____

2. (Leemos / saber)_____

3. (Hablamos / practicar)_____

4. (Escuchamos / aprender)_____

5. (Trabajamos / comer)_____

IV. Rewrite the model sentence substituting the verb in parentheses for the one in *italics*. Use the appropriate preposition (**a, para,** or **que**) *if* one is necessary.

Model: *Quieren* hacerlo.   (Voy) **Voy a hacerlo.**
        They want to do it.   I'm going to do it.

1. (Necesita)_____   6. (Tengo)_____

2. (Deben)_____   7. (Trabaja)_____

3. (Tiene)_____   8. (Quiero)_____

4. (Puedes)_____   9. (Vamos)_____

5. (Sé)_____   10. (Desean)_____

V. Complete the following. Insert the appropriate word (**a, para,** or **que**) if one is needed. Write a dash (—) if no additional word is needed.

1. Yo deseo _____ pasar un rato con mis amigos.   2. Uso el teléfono _____ invitarlos.

3. Los amigos, Pepe y Luisa, van _____ venir a mi casa.   4. Ellos tienen _____ llamar

a la puerta dos veces.   5. No pueden _____ esperar mucho tiempo.   6. Yo voy _____

abrir la puerta.   7. Queremos _____ escuchar música.   8. Pepe va al centro _____

comprar más discos.   9. Sabemos _____ bailar muy bien a la música popular.   10. No

tenemos mucho tiempo porque los amigos deben _____ regresar a casa a las diez.

VI. Complete with the correct form of an appropriate verb from those provided below.

1. Hoy _____ _____ estudiar para un examen.   3. Yo _____ pasar dos horas
          (I have to)   (I should)

con mis libros.   3. Primero, _____ _____ comer una fruta.   4. Tomo mi pluma
                              (I'm going to)

_____ _____ el vocabulario.   5. Mi madre me llama dos veces pero yo no _____
(in order to write)   (want to

_____ ahora.   6. Ella _____ _____ esperar más.   7. Finalmente ella
  eat   (cannot)

_____ _____ gritar.   8. —Nosotros _____ comer _____ _____ .
    (has to)   (need)   (in order to live)

9. Respondo: —Voy porque ya _____ _____ todo el vocabulario.   10. Me gusta
                              (I know how to write)

_____ y luego _____ .
(to study)   (to eat)

VOCABULARIO: **comer, deber, escribir, estudiar, ir a, necesitar, para, (no) poder, querer, saber, tener que, vivir.**

VII. Write an affirmative response using the words given in parentheses.

Model: —¿Cuándo vas a llegar? (hoy) —**Voy a llegar hoy.**
When are you going to arrive? I'm going to arrive today.

1. ¿A qué hora tienes que llegar al trabajo? (a las tres de la tarde)

_____

2. ¿Qué sabes tú hacer allí? (vender ropa)

_____

3. ¿Cuántas horas tienes que trabajar? (tres horas después de la escuela)

_____

4. ¿Cuándo vas a casa a comer? (un poco antes de las seis)

_____

5. ¿Cuándo puedes salir temprano? (los sábados)

_____

6. ¿No deseas jugar por la tarde? (siempre)

_____

7. ¿Para qué trabajas? (tener dinero)

_____

8. ¿Para qué necesitas dinero? (ir a estudiar en la universidad)

_____

9. ¿Debe trabajar tu hermano? (sí, también)

_____

10. ¿Van Vds. a estudiar juntos? (sí, juntos)

_____

VIII. Oral Proficiency. Act your part, *tú*. Let a classmate act Miguel's part. (You may *later write* your completed script for additional practice.)

A. **Situation:** You are a peer student counselor. Your friend, Miguel, needs to know what to study for a future career and wants advice. You ask him *five* questions about his interests, talents, etc. He answers your questions and decides what he must study.

Miguel: Tengo que hablar. No sé qué estudiar para mi futuro.

Tú: _____

You may use your own or the following ideas: *What kind of help is he asking for? What ambitions does he have? What talent does he have? Does he have to work in order to earn money for college (la universidad)? Does he have to be a millionaire or is he going to be happy with a good job or profession?*

B. Miguel answers you.

¿Es eso todo? ¿Cúal es la mala noticia?

*We all love a sad story. It gives us a chance
to have a good cry.*

¡Qué vida tan cruel!

A las doce en punto, Yolanda pone un programa de televisión, "La vida feliz de Alfonso y Adela." En este programa las personas sufren terriblemente. Todos los días hay un nuevo capítulo triste. Yolanda González está loca por este programa. Durante toda la hora, llora constantemente. Pero al día siguiente, lo mira otra vez. Vamos a escuchar el capítulo de hoy. Alfonso regresa de su trabajo y habla con su mujer.

Adela: Ay, mi vida. Estás tan triste. ¿Qué te pasa?

Alfonso: Adela, mi amor, tengo una mala noticia para ti. Ya no puedo trabajar. Cierran la oficina mañana y todos tenemos que buscar otro empleo.

Adela: No es tan serio, Alfonsito. Pronto vas a encontrar trabajo.

Alfonso: Imposible, mi cielo. Estoy muy enfermo y el médico dice que necesito una operación. Tengo que ir mañana al hospital.

Adela: Oh, no. ¡Y mañana viene la abuela a vivir con nosotros porque ella no puede pagar su alquiler! ¡No tenemos más dinero! ¿Qué vamos a hacer?

Alfonso: Es necesario ser valiente. ¿Dónde están nuestros hijos adorables, Raúl y Rodrigo? Quiero hablar con ellos.

Adela: Oh, Alfonso. ¿No recuerdas? Están en la prisión por robar un automóvil.

Alfonso: Sí, sí. Un coche patrullero con el policía adentro. Nuestros hijos son adorables pero estúpidos.

Adela: ¡Ay, qué vida tan miserable y cruel!

En ese momento, Gustavo González, el esposo de Yolanda, abre la puerta y entra en la sala. Completamente sorprendida, Yolanda le pregunta:

Yolanda: Gustavo, ¿qué te pasa? ¿Por qué vuelves a casa tan temprano?

Gustavo: Yolanda, tengo una mala noticia para ti. Tengo un resfriado y no puedo trabajar más hoy. Además perdí mi cartera con veinte dólares. (Yolanda comienza a reír.) Pero, ¿estás loca? ¿Por qué ríes?

Yolanda: ¿Es eso todo? ¿Cuál es la mala noticia?

Palabras Nuevas

SUBSTANTIVOS

Adela   *Adele*
Alfonso   *Alphonse*
   Alfonsito   *little Alphonse,*
   "Alfie"
el alquiler   *the rent*
la cartera   *the wallet*
(mi) cielo (vida, amor)   *(my)*
   darling
el coche (patrullero)   *the*
   (patrol) car
la operación   *the operation*
la prisión   *the prison, the jail*
el resfriado   *the cold (illness)*

ADJETIVOS

adorable   *adorable*
cruel   *cruel*
estúpido   *stupid*
feliz   *happy*
miserable   *miserable*
serio,a   *serious*

VERBOS

llorar   *to cry*
perdí   *I lost*
reír   *to laugh*
   ríes   *you (fam. sing.) are*
   laughing

OTRAS PALABRAS

al día siguiente   *on the*
   following day
constantemente   *constantly*
durante toda la hora   *for the*
   whole hour
estar loco,a por   *to be crazy*
   about
otra vez   *again*
para ti   *for you (fam. sing.)*
¿Qué te pasa?   *What is the*
   matter with you (fam. sing.)
terriblemente   *terribly*

EJERCICIOS

I. (A) Write the word that makes the sentence correct.
1. A las doce Yolanda escucha un programa en *la radio*.   _____
2. Alfonso y Adela llevan una vida feliz.   _____
3. En el último cápitulo del programa, Alfonso trae una buena noticia.   _____
4. Raúl y Rodrigo están ahora en la universidad.   _____
5. Gustavo vuelve tarde a la casa.   _____

(B) Preguntas personales y generales. Write your answer in a complete Spanish sentence.

1. ¿Qué hace su papá cuando regresa del trabajo?
2. ¿Qüé tiene Vd. que hacer si tiene un resfriado?
3. ¿Qué hay dentro de su cartera?
4. ¿Qué puede Vd. comprar con veinte dólares?
5. ¿Cuál es un ejemplo de una mala noticia?

1. _____

2. _____

   _____

3. _____

   _____

4. _____

   _____

5. _____

   _____

II. Unscramble the words in the boxes to form complete sentences.

1.

llora	durante	la
constantemente	hora	toda

2.

mala	para	noticia
ti	tengo	una

3.

nuestros	estúpidos	son
adorables	pero	hijos

4.

tenemos	empleo	buscar
que	todos	otro

1. _____

2. _____

3. _____

4. _____

III. Oral Activities.

A. Describe what is happening in the picture facing page 221.

B. Retell the story. Let classmates add details.

IV. Write a note in Spanish to a television station about their soap operas *(novelas)*. Use *five* or more sentences.

Begin with: **La vida no es siempre cruel, ni es siempre cómica.**

You may use the following ideas: *Why is life all sad or all comical in the "novelas" for television? Why are the people stupid or always miserable? What can the young learn from the bad advice and bad solutions in the stories? Now all the "novelas" make people cry or laugh. When is the station going to put on "novelas" that (que) make people intelligent? Name one soap opera that is a model for all the others.*

ESTRUCTURAS DE LA LENGUA

Prepositional Pronouns

A. After the prepositions a, para, sin, sobre, de, and compounds of **de** (**cerca de,** etc.), use **mí, ti,** and forms that look like subject pronouns.

¡ Para ti !

Singular Persons	*Plural Persons*
1. El regalo es **para mí.** The present is for me.	4. Sale **sin nosotros, -as** He leaves without us.
2. Corre **a ti.** He runs to you (*fam. sing.*).	5. Vivo cerca de **vosotros, -as** I live near you (*fam. pl.*)
3. Habla **de él, de ella** y **de Vd.** I speak of him (it *masc.*), of her (it *fem*), and of you (*formal sing.*).	6. Estoy **con ellos -as** y **con Vds.** I am with them and you.

Rules:

1. Learn these prepositions: **a** *to*, **de** *from*, **sin** *without*, **con** *with*, **para** *for*, **cerca de** *near*.

2. Except for **mí** and **ti,** the pronouns that follow the above prepositions are identical with these subject pronouns: **él, ella, Vd., nosotros, -as, vosotros, -as, ellos, ellas, Vds.**

3. After a preposition **él, ella,** may mean *it*, as well as *her*, *him*. **Ellos, -as** mean *them* for things as well as persons.

4. **Mí** *me* is distinguished from **mi** *my* by the accent mark.

5. **De él** *of him* does not contract, unlike **del** *of the*.

B. The preposition **con** *with* combines with **mí** and **ti** to form **conmigo** *with me*, and **contigo** *with you*.

<table>
<tr>
<td>

1. Trabajan **conmigo.**
   They work *with me.*

2. Estudian **contigo.**
   They study *with you* (fam. sing.).

3. Comen **con él, con ella, con Vd.**
   They eat *with him* (it *masc.*), *with her* (it *fem.*) *with you.*

</td>
<td>

4. Juegan **con nosotros, -as.**
   They play *with us.*

5. Hablan **con vosotros, -as.**
   They speak *with you* (fam. pl.).

6. Van **con ellos-as** y **con Vds.**
   They are going *with them* and *with you* (pl.)

</td>
</tr>
</table>

Rule:

Con *must* combine to form **conmigo, contigo. Con** remains separate from the following: **él, ella, Vd., nosotros, -as, vosotros, -as, ellos, -as, Vds.**

STUDY THE RULES, EXAMPLES, AND MODELS BEFORE BEGINNING THE EXERCISES!

Exercises

I. This Christmas, los señores García want to make sure they bring the right presents. They take the family to the store where their son Pedro works. There everyone selects the gift he or she wants.

Model: Compran el regalo *conmigo* y es para *mí.*
They buy the present with me and it is for me.

(ella)   Compran el regalo con **ella** y es para **ella.**
They buy the present with her and it is for her.

Compran el regalo *conmigo* y es para *mí.*

1. (él)_____

2. (ellos)_____

3. (ella)_____

4. (ellas)_____

5. (mí)_____

6. (ti)_____

7. (Vds.)_____

8. (nosotros)_____

9. (vosotros)_____

10. (Vd.)_____

II. Rewrite the sentence, substituting ONE appropriate prepositional pronoun for the expression in *italics*.

Model: Están cerca de Luis y de mí.   Están cerca de **nosotros.**
They are near Louis and me.   They are near us. (*m.*)

1. Vivo cerca del *centro y del tren.*_____

2. Los niños vienen sin *su abuela y sin Juan.*_____

3. Compras dulces para *Luisa y para su amiga.*_____

4. Los perritos corren a *Pedro y a Vd.*_____

5. Las chicas bailan *conmigo y con mis amigos.*___   _____

III. Write an affirmative answer, substituting the appropriate prepositional pronoun for the expression in *italics*. Begin with **Sí**.

Model: —¿Vive Vd. (Vives) en *la casa grande?*   —**Sí,** vivo en **ella.**
Do you live in the large house?   Yes, I live in it.

1. ¿Vive Vd. cerca de *la ciudad?*_____

2. ¿Lo prepara Vd. para *las fiestas?*_____

3. ¿Desea Vd. escribir sin *lápiz?*_____

4. ¿Estás sentado en *el banco?*_____

5. ¿Juegas cerca de *los árboles?*_____

IV. Write a response using the preposition and the appropriate prepositional pronoun suggested by the word(s) in *italics*: ¿_____**? Gracias.**

Model: —El regalo es *para Vd.*   —**¿Para mí? Gracias.**
The present is for you.   For me? Thanks.

1. Compro una bicicleta *para Vd.*_____   _____   _____

2. Vamos a estudiar *con Vd.*_____

3. Hacemos el trabajo *sin ti.*_____

4. Vamos a comer *cerca de Vds.*_____

5. ¡Coma Vd. *con nosotros!*_____

V. Write a rejoinder in a complete Spanish sentence. Use **con** and the appropriate prepositional pronoun in your answer. Begin with **Sí.**

Model: —Van contigo, ¿verdad?   —**Sí. Van conmigo.**
They're going with you. Right?   Yes. They're going with me.

1. Asisten contigo, ¿verdad?_____

2. Juegan con Vds., ¿verdad?_____

3. Van con Vd., ¿verdad?_____

4. Trabajan con nosotros, ¿verdad?_____

5. Comen conmigo, ¿verdad?_____

VI. Write the equivalent in a complete Spanish sentence using the vocabulary provided.

1. They buy the present for me and for him._____

   Ellos compran / regalo para / y para /

2. The child plays with me and with my friend._____

   El niño juega con / y / mi amigo

3. She runs to him, not to you (*formal*)_____

   Ella corre a /, no a /

4. The man works without us and without her._____

   El hombre trabaja sin / y sin /

5. She lives near you (*fam.*), Peter, and near them._____

   Ella vive cerca de /, Pedro, y cerca de /

VII. Oral Proficiency. Act your part, *tú*. Let a classmate act Lola's part. (You may *later write* your completed script for additional practice.)

Situation: You telephone Lola to talk about your *four* pieces of bad news. Lola encourages you to talk.

Lola: ¿Cómo estás?
Tú: _____

Lola: ¿Qué pasa?
Tú: _____

Lola: ¿Qué otra mala noticia traes?
Tú: _____

Lola: ¡Qué triste es la vida!
Tú: _____

You may use your own or the following ideas: *Your best friend is going to live far from you; why you are "crazy about" him (her); what you lost today; who is going to prison by error; how sad you are.*

Ceramics from Toledo
Courtesy Tourist Office of Spain

Culture Unit Four

España: la madre patria

Part One. Discoverers, Conquerors, and Explorers of America

A. Spain at the Time of Columbus

The year 1992 marks the quincentennial (500th) anniversary of Columbus's discovery of America, celebrated throughout Spain and in all the Americas. **Columbus** sailed from Spain in 1492, westward across the Atlantic, sent by **King Ferdinand** and **Queen Isabel**, to find a shorter route to the rich spices of India. Spain had only a few years before becoming a politically unified country. King Ferdinand and Queen Isabel, *los Reyes Católicos* (the Catholic King and Queen), had established their capital city in Madrid, in the center of Spain, and at the heart of the **Iberian Peninsula**, which is the extreme western end of Europe. When they realized that Columbus had discovered new land, Ferdinand and Isabel, needing America's gold, trade, and territory, sent Spanish **conquistadores** (conquerors) to explore, conquer, colonize, and claim America for Spain. Missionaries like **Bartolomé de las Casas** *(Apostle of the Indians)* tried to better the life of the Indians, to convert, and to educate them. But some colonizers came only to exploit the mines and the Indian manpower of America.

B. Spanish Explorations in Latin America

1. **Christopher Columbus.** Columbus landed on the island of San Salvador on the twelfth of October, a date celebrated as *El Día de la Raza* by Spaniards and Latin Americans alike. He would make three more voyages for King Ferdinand and Queen Isabel of Spain.

2. **Ponce de León.** In a fruitless search for the *Fountain of Youth,* he explored most of Florida. He was the first governor of Puerto Rico.

3. **Hernán Cortés.** In 1519 Cortés landed in Mexico to found the city of *Vera Cruz.* After two attempts at conquest, he defeated the Aztec Indians. Their emperor, Moctezuma, was stoned by his own people for advising peace with the Spaniards.

4. **Balboa.** In his explorations of the Isthmus of Panama, Balboa discovered the *Mar del Sur,* the Sea of the South, now called the Pacific Ocean.

5. **Francisco Pizarro.** As the founder of Lima, called the *City of Kings* and now Peru's capital, he conquered the Inca Indians of Peru and put to death their emperor, *Atahualpa.*

C. Spanish Explorations in the United States

1. **Francisco Coronado.** He sought the *Seven Cities of Cíbola,* which were said to be made of gold according to legend. His explorations of the *Grand Canyon of Arizona* and the surrounding states were his real accomplishment.

2. **Hernando de Soto.** During his explorations of Alabama, Florida, Missouri, Georgia, and Tennessee, he discovered the *Mississippi* in 1541. This great river was to become his grave a year later.

3. **Cabeza de Vaca.** His *explorations* brought him into Texas and Mexico. He was among the very first of a group of explorers from Spain to undertake the long and difficult exploration of the New World.

4. **Fray Junípero Serra.** This Franciscan priest founded *21 missions in California,* including San Diego, San Luis Obispo, and San Juan Capistrano. Many of the vocational, religious and educational activities were carried out in these missions for the benefit of the Indians. Some of the missions along the California coast and inland, were connected by the royal road, **el Camino Real.** They often grew into great cities like San Francisco and Los Angeles.

Exercises

I. Write the letter of the word that best completes the statement.

1. Columbus first landed at
   a. Florida   b. the island of San Salvador   c. Texas   d. Mexico   _____

2. Ponce de León searched for the Fountain of Youth in
   a. Florida   b. the Antilles   c. Texas   d. Mexico   _____

3. In Spanish-speaking countries October 12 is called   el Día de
   a. Colón   b. la Raza   c. Cíbola   d. Pascuas   _____

4. Columbus discovered America believing he was on the way to
   a. Mexico   b. Santo Domingo   c. India   d. Africa   _____

5. Pizarro conquered the Indians of
   a. Chile   b. the Antilles   c. Peru   d. Florida   _____

6. Cabeza de Vaca was among the earliest
   a. missionaries   b. explorers   c. generals   d. soldiers   _____

7. The Pacific Ocean was called Mar del
   a. Este   b. Oeste   c. Norte   d. Sur   _____

8. Pizarro founded the city of
   a. Santiago   b. Lima   c. Cíbola   d. Miami   _____

9. Cortés founded the city of
   a. Vera Cruz   b. Santiago   c. Kings   d. Puerto Rico   _____

10. The Aztec king who was supposedly stoned by his people was
    a. Pizarro   b. Atahualpa   c. Moctezuma   d. Balboa   _____

II. Write the letter of the word best associated with the word in *italics*

1. *Grand Canyon* a. de Soto   b. Balboa   c. Cortés   d. Coronado   _____

2. *mission*   a. Chile   b. San Diego   c. de Soto   d. Balboa   _____

3. *Mar del Sur*   a. Texas   b. Pacific   c. Chile   d. las Casas   _____

4. *Pizarro*   a. Mississippi b. Moctezuma   c. Cíbola   d. Atahualpa   _____

5. *City of Kings* a. Cíbola   b. Lima   c. San Diego   d. Vera Cruz   _____

III. Match the following items.

A. a. Columbus   1._____peninsula   **B.** a. Ponce de León   1._____Cíbola

  b. Spain   2._____Mississippi River   b. de las Casas   2._____missions

  c. Pizarro   3._____San Salvador Island   c. Junípero Serra   3._____Florida

  d. de Soto   4._____Atahualpa   d. Coronado   4._____"Apostle"

  e. capital   5._____Madrid   e. Fernando   5._____Rey Católico

IV. Write the word(s) that best complete(s) the statement from the selection below.

1. Columbus made four voyages for Ferdinand and_____of Spain.

2. Lima was called City of_____

3. Ponce de León was the first governor of_____

4. It was believed that the cities of Cíbola were made of_____

5. The conquerors came to the New World for precious_____

Selection: metals; gold; Isabel; Kings; Puerto Rico

Part Two. Spain's Influence in the Daily Life of Latin America

Linguistic Influence

A. The effectiveness of Spain's colonization is reflected in the establishment of Spanish as the national language of eighteen Latin-American countries. Brazil, where Portuguese is spoken, is a notable exception.

Amusements and Pastimes

B. Spain's games and national pastimes became a part of Latin-American life.

1. **Bullfighting (la Corrida de Toros)** is the national pastime of Spain and of some of its former colonies, notably Mexico. It dates from prehistoric times and the cavemen who, it is said, worshipped bulls. The heroes of **la corrida, los matadores,** are comparable to our baseball and football heroes.

2. **Jai-alai,** also called **la pelota,** originated in the Basque region of Spain. It is a version of handball played on a court called a **frontón.** The players wear a **cesta** on one hand, with which the ball, also called **la pelota,** is propelled against any one of three walls of the **frontón.**

3. **Soccer,** called **el fútbol,** is played throughout Latin America. Only American baseball rivals its popularity in such places as Puerto Rico.

4. **Dominos (el dominó):** Many people are seen in the public squares, **las plazas,** in the cafés or at home spending an entire afternoon or evening with the dotted tiles of dominos.

5. **The lottery (la lotería)** is a nation-wide, government-sponsored game of chance in countries like Mexico. The lottery provides employment for thousands who sell parts or all of the ticket on streets and in cafés to those who wish to win **el premio gordo,** first prize.

6. **The coffee house (el café):** A perfect place for a **tertulia** (a chat with light refreshment), the **café** is an informal restaurant with outside tables where one may stop for coffee or wine during the **paseo** or walk.

7. **Music:** The marked rhythms of Spain have developed into the varied dances of Latin America. The accompanying guitar is a musical legacy from Spain to the entire world.

Spain's Customs in Conversation and Social Manners

C. The polite conventions of Spanish life are reflected in everyday conversation as well as in the observance of customs and manner of behavior.

1. **Formal and Informal** *you*
   a. **Use of tú. Tú** (you) is the informal word of address between members of the family, adults speaking to children, good friends, and employers addressing their employees.
   b. **Use of usted** (you). **Usted** is the formal word of address when speaking to employers, very recent acquaintances, teachers, officials, and those in a position of authority.
   c. **Ustedes** (formal) and **vosotros** (familiar) are the corresponding plural forms of **usted** and **tú.** While both are used in Spain, **ustedes** is often the only plural *you* in Latin America.

2. **Expressions of hospitality, graciousness, and courtesy**
   a. **Mi casa es suya** (my house is yours) or **Está en su casa** (you are in your own home) are common greetings of welcome said by the host.
   b. **Es suyo** (it's yours) offers as a gift anything that is openly admired, a tie, a hat, to the person making the comment. No exchange is expected.
   c. **Servidor(a)** (at your service) is an expression of cordiality said during introductions. It is also the student's acknowledgment when the roll is called.
   d. **A sus órdenes** (at your service) or **A la disposición de Vd.** are two more gracious responses when being introduced.

The Spanish Family

D. The Spanish family has traditionally been a tightly-knit unit in Spain and in Latin America. The mother exerts the most immediate influence over her children, who are accountable to her and their father for all their actions in and out of the home. Even the names reflect (1) the importance of both parents and (2) the influence of religion in Spanish life.

1. Spanish children are often named after a particular saint. They celebrate their *Saint's Day* **(el Día del Santo)** as well as birthdays.

2. The last names of *both* parents (the father's before the mother's) become the surnames of the Spanish child.
   Juan **López** and María **García** have a daughter who will be called Elena **López y García**.

3. When Elena marries she drops her mother's last name and adds her husband's.
   Elena **López y García** marries Pedro **González y Rodríguez** and is called Elena **López de González**.

The Religious Holidays and Customs

E. The Catholicism of Spain, brought over by the missionaries, is the major religion of the countries of Latin America. Religious holidays are often national holidays. The manner of celebration comes from Spain.

1. **Christmas** (La Navidad)

   a. **La Nochebuena** (Christmas Eve)
   b. **Los aguinaldos** (Christmas presents)
   c. **El Día de los Reyes Magos:** January 6. Children receive **aguinaldos.**
   d. **El nacimiento,** also called **el portal,** is the manger scene that often replaces the Christmas tree in Spanish and Latin-American homes.

2. **Easter** (Pascua Florida)

   a. **Carnaval** (Carnival) is the colorful and costumed celebration that precedes Lent.
   b. **Cuaresma** (Lent) is the period of forty days before Easter in which the individual gives up some important pleasure or food.
   c. **La Semana Santa** (Holy Week) takes place between Palm and Easter Sundays; it is marked by many colorful processions.

The Animal and Plant Life Brought by Spain

F. Spain's major economic interest in the New World was the extraction of gold and silver from the mines of Mexico and Peru. At the same time Spain introduced new animal and plant life that had been unknown in the New World.

1. **Agricultural products**

   a. **Olives** were brought from Seville for olive oil, food, and nourishment.
   b. **Wheat** provided the Spaniard with bread, while the Indian continued to use **maíz** (corn) for his **tortillas** (round flat bread).
   c. **Sugar** became a major part of Cuba's economy.
   d. **Bananas** were to become a major product and the basis for international trade for most of Central America.
   e. **Oranges, limes, lemons, grapefruits, pears, peaches, mangos,** became as much a part of the tropical fruit of America as were the **papaya** and the cactus pear.

2. **Animal life**

   a. The **horse** was brought to America to be a means of transportation on the plain, and in parts of the Andes Mountains, to replace the human being or even the stubborn **llama** as a beast of burden.
   b. Cattle, sheep, pigs, became a part of the American landscape as the cowboys, called **gauchos** in Argentina and **vaqueros** in Mexico, rounded up and branded the growing herds of cattle.

Days Celebrating Independence and Solidarity

G. Spain and Latin America are proud of their cultural ties and of their independence.

1. **El Día de la Hispanidad** or **El Día de la Raza.** What we regard as Columbus Day, October 12, is celebrated by Spanish-speaking people in the Old and in the New World as a day of recognition of a common tradition.

2. **El Día de las Américas,** the fourteenth of April, Pan-American Day, signifies the desire for harmonious interdependence among most of the nations of the Americas.

Exercises

I. Match the following items

A.

a. frontón	1.＿＿dotted tiles
b. dominó	2.＿＿lottery
c. soccer	3.＿＿matador
d. premio gordo	4.＿＿jai-alai
e. sports hero	5.＿＿fútbol

B.

a. corrida	1.＿＿la pelota
b. cesta	2.＿＿rivals baseball
c. lotería	3.＿＿Cuba
d. sugar	4.＿＿bullfight
e. soccer	5.＿＿winning number

II. Write the letter of word(s) that best complete(s) the sentence.

1. Jai-alai originated in Spain in the area of
   a. Sevilla   b. the Basques   c. Castille   d. Andalusia   _____

2. A *tertulia* includes conversation and a light
   a. refreshment   b. supper   c. lunch   d. breakfast   _____

3. When speaking to a child, it is appropriate to address him as
   a. señor   b. vosotros   c. Vd.   d. tú   _____

4. The *vosotros* form of you is used generally in
   a. South America   b. Mexico   c. Latin America   d. Spain   _____

5. *Es suyo* is a response to a compliment; it is accompanied by giving
   a. gifts   b. nothing   c. souvenirs   d. insults   _____

6. It is customary to take a *paseo* in Spanish-speaking countries
   a. before breakfast   b. before noon   c. before school   d. after dinner   _____

7. *A sus órdenes* may be heard most naturally after
   a. a bullfight   b. an introduction   c. a film   d. a sunset   _____

8. Another name for Día de la Raza is Día de
   a. la Hispanidad   b. las Américas   c. los Inocentes   d. la Independencia   _____

9. Spanish children enjoy their saint's day as they would their
   a. graduation   b. vacations   c. birthday   d. school days   _____

10. When the roll is called a Spanish-speaking student might say: —
    a. Es suyo   b. Vosotros   c. Servidor   d. La Navidad   _____

III. Write the letter of the word that is best associated with the *italicized* word.

1. *lotería*   a. premio   b. cesta   c. tertulia   d. tortilla   _____

2. *April 14*   a. Seville   b. Columbus   c. portal   d. Pan-American   _____

3. *Día del Santo*   a. dominó   b. independence   c. Lent   d. birthday   _____

4. *fiesta*   a. orange   b. celebration   c. lottery   d. soccer   _____

5. *Central America*   a. banana   b. llama   c. gaucho   d. Andes   _____

6. *aguinaldo*   a. birthday   b. Christmas   c. santo   d. Cuaresma   _____

7. *la pelota*   a. colony   b. toro   c. cena   d. game   _____

8. *"Mi casa es suya"*   a. greeting   b. game   c. song   d. dance   _____

9. *Usted*   a. informal   b. hello   c. greeting   d. formal   _____

10. *vaqueros*   a. officers   b. gauchos   c. santos   d. fiestas   _____

IV. Write the letter of the answer that best completes the statement.

1. An adult would generally use the informal *tú* with   a. a new friend
   b. a young child   c. an employer   d. officials   _____

2. As a result of the national lottery in Mexico   a. the government goes bankrupt
   b. many people have jobs   c. there are few winners   d. gambling is prohibited   _____

3. If María García y López marries Juan González y Hernández, María is now
   a. María García de González   b. María López de Hernández
   c. María González y Hernández   d. María López de González   _____

4. The Spanish family has generally been   a. disorganized   b. a problem of the
   government   c. loosely formed   d. tightly knit   _____

5. The strong influence of Spain in the life of Latin America shows Spain's
   a. desire for gold and silver   b. language as superior to others   c. effective
   colonization of America   d. games were played by all Indians   _____

6. One of Spain's great agricultural contributions to Latin America is
   a. a variety of green plants   b. citrus fruit   c. the cactus pear   d. papaya   _____

7. The period of Carnival is best characterized by the idea of   a. sacrifice   b. work
   c. celebration   d. exchange of gifts   _____

8. The meaning of Pan American Day is best characterized by the idea of
   a. Spanish idealism   b. religious festival   c. independence   d. solidarity   _____

9. The café is among the perfect places for a group to participate in a
   a. game of jai-alai   b. tertulia   c. soccer match   d. religious observance   _____

10. The most immediate influence on the Spanish family is exercised by the
    a. grandparents   b. uncle   c. father   d. mother   _____

V. Complete the following statements from the selection below.

1. Children in Latin America usually receive aguinaldos on_____

2. In place of the Christmas tree Spanish homes may have_____

3. Holy Week is between_____Sunday and_____Sunday.

4. The heroes of the bullfight are called_____

5. Another name for jai-alai is_____

6. The celebration before Lent is called_____

7. What we call Columbus Day, Spaniards call_____

8. A perfect place for a discussion and drink is the_____

9. The cowboy of Argentina is called_____

10. The court on which jai-alai is played is called_____

Selection: matadores; la pelota; El Día de la Hispanidad; January 6; frontón; Palm; Easter; portales; Carnaval; café; gaucho

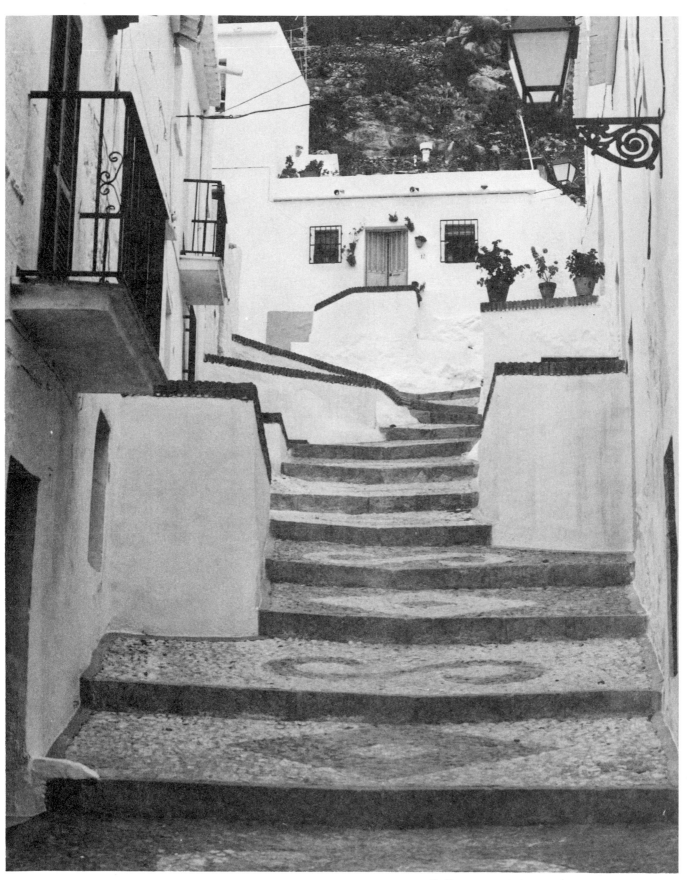

Calle con escalinata, Málaga
Courtesy Tourist Office of Spain

*La construcción de la casa
está terminada.*

*Some people are never satisfied. What could
Esmeralda want now?*

¡Vamos a construir una casa!

¡Qué día tan triste! Esmeralda, una niña de seis años, está sola en casa con su abuelo. Su padre trabaja, sus hermanos mayores están en la escuela, y su madre está en la casa de una vecina enferma. Quiere ir a jugar afuera pero no puede porque hace mal tiempo. Hace frío y llueve. Esmeralda ya está cansada de jugar con su muñeca, Pepita, y está muy triste.

Esmeralda: Ay, abuelito, ¿qué vamos a hacer? Estoy tan aburrida.

Abuelo: Bueno, niña. Dime, ¿dónde vive tu Pepita?

Esmeralda: ¿Cómo? Pepita vive aquí, conmigo, por supuesto.

Abuelo: Ah, pero no tiene su propia casa, ¿verdad? ¡Vamos a construirla!

Esmeralda: Oh, ¡qué buena idea! Sí, vamos a construir una casa para Pepita.

Abuelo: Primero, necesitamos una caja, así.

una caja — la tapa — un lado

Esmeralda: Sí, los lados de la caja pueden ser las paredes de la casa. ¡Haga Vd. un techo de la tapa y póngalo en la casa!

el techo — la ventana

Esmeralda: Ahora, ¡ponga una puerta en el frente de la casa y unas ventanas en las paredes!

239

Abuelo: ¿Qué más necesitamos?

Esmeralda: Bueno, ¡haga una chimenea y póngala en el techo! Necesitamos también un jardín con unos árboles de cartón.

Después de media hora, la construcción está terminada.

la chimenea — el árbol — el techo — la ventana — la puerta

Abuelo: Aquí tienes tu casa, niña. ¿No estás contenta ahora?

Esmeralda: No, abuelito, porque es la única casa en el vecindario y Pepita va a estar sola. Ahora, tenemos que hacer otra cosa necesaria. . . . ¡Construir más casas! ¡Y de dos pisos!

Palabras Nuevas

SUBSTANTIVOS

el abuelito   *the grandpa*
la caja   *the box*
el cartón   *the cardboard*
la construcción   *the construction*
la chimenea   *the chimney*
el frente   *the front*
el jardín   *the garden*
el lado   *the side*
la pared   *the wall*
el piso   *the floor*
la tapa   *the cover*

el techo   *the roof, the ceiling*
la vecina   *the neighbor*
el vecindario   *the neighborhood*

ADJETIVOS

propio,a   *own*
terminado,a   *finished*
único,a   *only*

VERBOS

construir   *to build, to construct*
¡dime!   *tell me! (fam. sing.)*

hace frío   *it is cold (weather)*
hace mal tiempo   *it is bad weather*
¡haga!   *make! (formal sing.)*
¡póngalo(la)!   *put it (formal sing.)*
¡vamos!   *let's go!*

OTRAS PALABRAS

afuera   *outside*
después de media hora   *after a half hour*
por supuesto   *of course*

EJERCICIOS

I. (A) Preguntas. Write your answer in a complete Spanish sentence.

1.   ¿Cuántos años tiene Esmeralda?
2.   ¿Por qué está triste hoy?
3.   ¿Dónde está la familia de Esmeralda?
4.   ¿Por qué no puede jugar afuera?
5.   Después de ver la casa, ¿por qué no está contenta Esmeralda?

1. _____

2. _____

3. _____

4. _____

5. _____

(B) Preguntas personales y generales. Write your answer in a complete Spanish sentence.

1. ¿Qué hace Vd. en casa cuando hace mal tiempo?
2. ¿En qué clase está Vd. aburrido? ¿Por qué?
3. ¿Para qué sirve la puerta de una casa?
4. ¿Vive Vd. en un apartamiento o en su propia casa?
5. ¿Qué hay en las paredes de su clase?

1. _____

2. _____

3. _____

4. _____

5. _____

II. Fill in the missing words.

Instrucciones para construir una casa para muñecas.

Primero, es necesario encontrar una _____ de cartón. Los _____ de
1   2
la caja van a ser las _____ de la casa. Después, hacemos el _____ de la tapa de
3   4
la caja. En el frente de la casa, ponemos una _____ . Las personas _____ y
5   6
_____ de la casa por esta _____ . En las paredes ponemos dos _____ .
7   8   9
Así pueden entrar luz y _____ . Terminamos el trabajo con un jardín con hierba y con unos
10

_____ .
11

III. Oral Activities.

A. Describe what is happening in the picture facing page 239.

B. Retell the story. Let classmates add details.

IV. A. Write a note in Spanish to a pen pal who has invited you to spend Easter vacation visiting him (her) in his (her) country. Ask *five* or more questions for yourself and your family about the living arrangements.

Begin with: **Gracias por tu invitación.**

You may use the following ideas: *In what neighborhood of the city does he (she) live? Is there a room for you? Is his (her) family large or small? Is there a garden or a park for when the weather is good? Is there time to travel? What are his (her) friends like? Is it cold in April?*

B. Write your pen pal's answers.

ESTRUCTURAS DE LA LENGUA
Direct Object Pronouns

A. The direct object *pronoun* stands for the noun, and agrees with it in number and gender.

THINGS

The *noun* as object of the verb.	The *pronoun* used in place of the noun.
1. ¿Tiene Anita el libro? Does Anita have the book?	Anita **lo** tiene. Anita has *it*.
2. ¿Tiene Anita la tiza? Does Anita have the chalk?	Anita no **la** tiene. Anita does not have *it*.
3. ¿Aprende Juan los números? Does John learn the numbers?	Sí, Juan **los** aprende. Yes, John learns *them*.
4. ¿Aprende Luis las reglas? Does Louis learn the rules?	Luis no **las** aprende. Louis does not learn *them*.

Rules:

1. Meanings: **lo** (masc.), **la** (fem.) *it;* **los** (masc.), **las** (fem.) *them.*

2. **Lo, la, los,** or **las** (the direct object pronouns) are placed *before* the verb. When **no** is present, it is placed before **lo, la, los,** or **las.**

B. Direct Object Pronouns representing PERSONS.

Juan **me** ve	(a mí)	John sees	*me*	
te ve	(a ti)		*you* (familiar sing.)	
lo ve	(a él)		*him*	
la ve	(a ella)		*her*	
lo, la ve	(a Vd.)		*you* (formal: masc. sing., fem. sing.)	
Juan **nos** ve	(a nosotros)	John sees	*us*	
os ve	(a vosotros)		*you* (familiar pl.)	
los ve	(a ellos)		*them* (masc.)	
las ve	(a ellas)		*them* (fem.)	
los ve	(a Vds.)		*you* (formal, masc.; plural)	
las ve	(a Vds.)		*you* (formal, fem.; plural)	

Rules:

1. *All* direct object pronouns are placed directly *before* the conjugated verb.

2. Multiple English meanings for **lo:** *him, you* (masc.), *it* (masc.); for **la:** *her, you* (fem.), *it* (fem.).

3. **A mí, a ti, a él, a ella, a Vd.; a nosotros, a vosotros, a ellos, a ellas, a Vds.**, are omitted under ordinary circumstances. They *are* used for *emphasis,* and to *clarify the meanings* of **lo, la, los,** and **las.**

4. **Le** is reserved for the indirect object pronouns *to him, to her, to you,* in this book.

C. Direct object pronouns *are attached to the end of*

Direct object pronouns *are placed before*

AFFIRMATIVE COMMANDS.

NEGATIVE COMMANDS.

1. **¡Cómalo** Vd. ahora!
   Eat it now!

   1. **¡No lo coma** Vd. después!
      Don't eat it later!

2. **¡Apréndanla** Vds. bien!
   Learn it right!

   2. **¡No la aprendan** Vds. mal!
      Don't learn it wrong!

3. **¡Comprémoslos** aquí!
   Let's buy them here!

   3. **¡No los compremos** allí!
      Let's not buy them there!

Rules:

1. The accent mark is written after attaching the object pronoun to the end of the affirmative command. The mark is placed on the stressed vowel of the third syllable from the end of the combined word. This written accent preserves the original stress on the verb for the reader.

2. No attachment is possible on negative commands; no accent mark is needed.

No lo veo.

243

D. The position of object pronouns varies in the presence of a conjugated verb which is followed by an INFINITIVE.

---

1. Anita no **lo quiere comer.**   2. Anita no **quiere comerlo.**
Anita does not want to eat it.

Rules:

1. Direct object pronouns may be placed either (1) before the conjugated verb or (2) attached to the infinitive, when both conjugated verb and complementary infinitive are present.

2. Direct object pronouns MUST be attached to the end of the infinitive when no conjugated verb is seen *before* it, e.g.,

---

Para **comerlo** necesito una cuchara.
In order *to eat it* I need a spoon.

---

3. No accent mark is written when attaching one object pronoun to an infinitive.

STUDY THE RULES, EXAMPLES, AND MODELS BEFORE BEGINNING THE EXERCISES!

Exercises

I. Rewrite the sentence, substituting the appropriate direct object pronoun for the noun in *italics*.

Model: Yo no tengo *los guantes.*   Yo no **los** tengo.
I don't have the gloves.   I don't have them.

1. Yo no leo *los libros.* _____

2. Ellas no toman *el avión.* _____

3. Juan no tiene *la pelota.* _____

4. Mi amiga no sabe *las repuestas.* _____

5. Los niños no desean *helado.* _____

II. Write an affirmative answer in a complete Spanish sentence using the object pronoun before the verb and the emphatic phrase after.

Model: ¿A quién observan allí?   (lo/a él) **Lo** observan a **él** allí.
Whom do they observe there?   They observe *him* there.

1. ¿A quién necesitan en el jardín?
(me/a mí)_____

2. ¿A quién ven en el supermercado?
   (la/a Vd.)_____

3. ¿A quién visitan en aquel país?
   (lo/a Vd.)_____

4. ¿A quién observan en la calle?
   (lo/a él)_____

5. ¿A quién permiten en la casa?
   (te/a ti)_____

6. ¿A quiénes hallan en la sala?
   (los/a Vds.)_____

7. ¿A quiénes describen en la foto?
   (nos/a nosotros)_____

8. ¿A quiénes miran por la avenida?
   (las/a ellas)_____

9. ¿A quién escuchan en su clase de historia?
   (la/a ella)_____

10. ¿A quiénes comprenden en el cine?
    (los/a ellos)_____

III. Write an affirmative response using the appropriate direct object pronoun and emphasizing phrase. Begin each response with **Sí que ...** (certainly) or **Sí ...** (yes), according to the models.

A. Model: —¿La observan a *María*?   —Sí que **la** observan **a ella.**
              Are they watching Mary?   They certainly are watching her.

1. ¿La invitan a *la niña*?_____

2. ¿Lo prefieren a *este profesor*?_____

3. ¿Las quieren a *Marta* y a *Luisa*?_____

4. ¿Los ven a *los hombres*?_____

5. ¿Los escuchan a *Ana* y a *Tomás*?_____

B. Model: —¿**Nos** invitan **a nosotros?**   —Sí, **los** invitan **a Vds.**
               Are they inviting *us*?   Yes, they are inviting *you* (pl.)

1. ¿Nos ven a nosotros?_____

2. ¿Me necesitan a mí?_____

3. ¿Te comprenden a ti?_____

4. ¿Los visitan a Vds.?_____

5. ¿La observan a Vd.?_____

IV. Rewrite the sentence, changing the position of the object pronoun according to the models.

A. Model: No lo debo estudiar.
No debo estudiarlo.
I must not study it.

1. No lo deseo leer.

_____

2. ¿No los quiere visitar?

_____

3. No te vamos a comer.

_____

4. ¿No nos pueden ver?

_____

5. No me deben mirar.

_____

6. No la voy a construir.

_____

B. Model: No puedo estudiarlo.
No lo puedo estudiar.
I cannot study it.

1. No esperamos verte.

_____

2. ¿No sabes hacerlas?

_____

3. No prefiere contestarla.

_____

4. ¿No pueden comprenderme?

_____

5. No van a escucharnos.

_____

V. Write the appropriate NEGATIVE command. Make all necessary changes in the position of the object pronoun and the use of the accent mark.

Model: ¡Cómprelo Vd.!   or   ¡Cómprenlo Vds.!   or   ¡Comprémoslo!
Buy it!   Buy it!   Let's buy it!

¡No lo compre Vd.!   ¡No lo compren Vds.!   ¡No lo compremos!
Don't buy it!   Don't buy it!   Let's not buy it!

1. ¡Enséñelo Vd.!_____

2. ¡Llámeme Vd.!_____

3. ¡Visítenla Vds.!_____

4. ¡Mírennos Vds.!_____

5. ¡Invitémoslos!_____

VI. Write the appropriate AFFIRMATIVE command. Make all necessary changes. (Study the affirmative models seen in Exercise V.)

1. ¡No lo visite Vd.! _____

2. ¡No nos miren Vds.! _____

3. ¡No la contestemos! _____

4. ¡No los use Vd.! _____

5. ¡No me imiten Vds.! _____ _____

VII. Complete the dialog, using the Spanish vocabulary provided in parentheses. Be sure to supply the missing direct object pronoun where indicated by the slash.

Model: My father takes **us** to the park. (Mi padre/lleva al parque.)
Mi padre **nos** lleva al parque.

Luis: ¿La ve Vd. a María en la escuela?
1. Pablo: _____
Yes, I see her.   (Sí, yo/veo)

Luis: ¿Lo saluda ella a Vd.?
2. Pablo: _____
No, she doesn't look at me.   (No, ella no/mira)

Luis: ¿A quién saluda ella entonces? ¿A Jorge?
3. Pablo: _____
Yes. She greets him (emphatic).   (Sí. Ella/saluda/)

Luis: ¡No me digas! ¿Por qué?
4. Pablo: _____
He takes her to the movies often.   (El/lleva mucho al cine)

Luis: ¿Y sus padres?
5. Pablo: _____
Her parents don't know it. (Sus padres no/saben)

Luis: ¡Salúdela Vd. de mi parte mañana!

VIII. Oral Proficiency. Act your part, *tú.* Let a classmate act Rita's part. (You may *later write* your completed script for additional practice.)

A. **Situation:** You and your friend, Rita, are daydreaming about your future dream houses. Describe yours in *five* or more sentences.

Rita: ¿Va a ser una maravilla tu casa?
Tú: _____

You may use your own or the following ideas: *Do you want to buy it or build it? What is each room like? How many rooms are there? Is there a patio or a garden with flowers and trees? Are you going to invite me? And our friends, are you going to invite them?*

B. Ask Rita questions about her dream house and let her describe it.

247

¡No vaya tan de prisa! ¡Espéreme!

*Some people never trust anyone. Have you
ever met a person like Ernesto?*

Un hombre moral

Ernesto Cenicero es un hombre de alta moralidad. El cree, como su padre y su abuelo, que la cosa más importante en esta vida es el trabajo.

— El hombre nace para trabajar — él les dice muchas veces a sus amigos. — Tengo sesenta años y todo el dinero que tengo es de mi propia labor. En este mundo, nada es gratis. Es necesario sudar para poder vivir.

Ernesto, un viejo solterón, trabaja en la oficina de un abogado. Trabaja largas horas, los seis días de la semana. El abogado le da varios papeles legales y Ernesto tiene que clasificarlos, ponerlos en orden, y llevarlos a la corte. Un día Ernesto está en la oficina hasta las siete y media de la noche. Quiere volver a casa lo más pronto posible para comer. Cuando pasa por una calle, nota en la esquina a un hombre pobre y mal vestido. — Ah, otro vago — dice Ernesto. — Esos vagos nunca trabajan. Todo el mundo les da dinero. Pero yo no. Yo tengo que trabajar como un perro para vivir —. Decide sacar la cartera de su chaqueta y la mete en el bolsillo del pantalón.

Nota que el vago lo mira. — Ajá — piensa Ernesto y empieza a andar más rápido.

—Señor, señor, — le grita el vago. — ¡Espere, un momento!

Ernesto dobla la esquina para perderlo. Pero el vago dobla la esquina también y lo sigue.

—Señor, señor, — grita el vago. — Por favor, ¡espere!

Ernesto corre ahora. El vago corre también.

—Señor, señor. ¡No corra Vd.! ¡Espéreme!

Ernesto no puede más. Está cansado.

— Bueno, bueno. ¿Qué quiere Vd? ¿Por qué no trabaja Vd. en vez de molestar a la gente decente?

— Perdone la molestia, señor. Pero Vd. dejó caer su cartera. Aquí la tiene —. Y le da la cartera a Ernesto.

Palabras Nuevas

SUBSTANTIVOS

el abogado   *the lawyer*
el bolsillo   *the pocket*
el cenicero   *the ashtray*
la chaqueta   *the jacket*
la corte   *the court*
Ernesto   *Ernest*
la esquina   *the corner*
la gente   *the people*
la labor   *the work*
la molestia   *the bother*
la moralidad   *the morality*
el orden   *the order*
los pantalones   *the trousers*
el solterón   *the bachelor*

el vago   *the tramp, the
   vagabond*

ADJETIVOS

decente   *decent*
gratis   *free*
(mal) vestido,a   *(badly)
   dressed*

VERBOS

clasificar   *to classify, to file*
dejar caer   *to drop*
doblar la esquina   *to turn the
   corner*
meter   *to put in*

molestar   *to bother*
nacer   *to be born*
no puede más   *he (she) can't
   stand it any longer; you
   (formal sing.) can't stand it
   any longer*
sacar   *to take out*
(lo) sigue   *he (she) follows him;
   you (formal sing.) follow him*
sudar   *to sweat*

OTRAS PALABRAS

en vez de   *instead of*
muchas veces   *often, many
   times*

EJERCICIOS

I. Complete.

1. Ernesto cree que la cosa más importante es _____.
2. Ernesto trabaja en el _____ de un _____.
3. El abogado le da _____ _____ y Ernesto tiene que _____.
4. Nota en la _____ a un hombre pobre y _____ _____.
5. Toma la _____ y la mete en el _____ del _____.
6. Ernesto ha _____ _____ la cartera.

249

II. Place the following sentences in the order in which they occurred.
1. Está en la oficina hasta las siete y media.
2. Nota a un hombre pobre en la esquina.
3. —Aquí tiene Vd. su cartera.
4. —Señor, señor ¡Espere un momento!
5. Quiere volver a casa para comer.

1. _____

2. _____

3. _____

4. _____

5. _____

III. Antónimos — Next to column A write the word selected from column B that has the *opposite* meaning.

A.		B.
1. ahora	_____ a.	joven
2. más	_____ b.	la derecha
3. mal	_____ c.	voy
4. viejo	_____ d.	bajo
5. meter	_____ e.	lejos
6. la izquierda	_____ f.	después
7. vengo	_____ g.	algo
8. siempre	_____ h.	sacar
9. allí	_____ i.	menos
10. alto	_____ j.	comprar
11. el vago	_____ k.	la mujer
12. el hombre	_____ l.	aquí
13. cerca	_____ m.	bien
14. vender	_____ n.	el trabajador
15. nada	_____ o.	nunca

IV. Oral Activities.

A. Describe what is happening in the picture facing page 00.

B. Retell the story. Let classmates add details.

V. Write a note in Spanish to a restaurant where you left or lost an object. Use *five* or more sentences.

Begin with: **Necesito pedir un favor.**

You may use the following ideas: *What did you drop in the restaurant? When did you drop it? Describe it. What are you going to give for (por) the object? How happy you are going to be (de) to receive it!*

ESTRUCTURAS DE LA LENGUA

Indirect Object Pronouns

A. The *indirect object pronoun* represents the noun *to whom* and *for whom, to which* and *for which,* the action is intended.

1. Yo **le** doy el libro.	1. I give the book *to him.*
2. Yo **le** compro el libro.	2. I buy the book *from him.*
3. Yo **no le** escribo el libro.	3. *I don't* write the book *for him.*

Rules:

1. The indirect object pronoun **le** is placed directly *before* the conjugated verb.

2. When **no** is present, it *precedes* the indirect object pronoun **le.**

Yo les doy el dinero.

B. All forms of indirect object pronouns.

María **me** da el libro	(a mí).	Mary gives the book *to me.*	
te da	(a ti).		*to you* (fam. sing.).
le da	(a él).		*to him.*
le da	(a ella).		*to her.*
le da	(a Vd.).		*to you* (formal sing.).
María **nos** da el libro	(a nosotros).	Mary gives the book *to us.*	
os da	(a vosotros).		*to you* (fam. pl.).
les da	(a ellos).		*to them* (masc.).
les da	(a ellas).		*to them* (fem.).
les da	(a Vds.).		*to you* (formal pl.).

Rules:

1. All indirect object pronouns are placed directly *before* the conjugated verb.

2. Note all the meanings of **le:** *to him; to her; to you* (formal sing.); and of **les:** *to them* (masc. and fem.); *to you* (formal pl.)

3. **A mí, a ti, a él,** etc., are omitted under ordinary circumstances. They are used to *emphasize* the indirect object pronoun.

El me escribe **a mí**; no te escribe **a ti**.
He writes *to me;* he does not write *to you.*

---

4. **Le** (to him, to her, to you *formal sing.*) is clarified by adding **a él, a ella,** or **a Vd.; les** (to them, to you *formal pl.*) is clarified by adding **a ellos, a ellas, a Vds.**

C. Indirect object pronouns in the attached position

---

1. Señorita, **¡escríbale** Vd. una carta!
   Miss, write a letter to him!

2. **¡No le escriba** una tarjeta!
   Don't write a card to him!

3. Para **escribirle** necesito papel.

4. Si Vd. no **le quiere escribir,**
   yo voy a escribirle.

To write to him I need paper.

If you don't want to write to him
I will write.

Rules:

1. The indirect object pronouns are attached to AFFIRMATIVE COMMANDS like the direct object pronouns. A written accent mark is then placed over the vowel of the syllable that was stressed in speech, frequently the next to last before attachment of the pronoun.

2. Indirect object pronouns are placed *before* NEGATIVE COMMANDS as well as before conjugated verbs, like direct object pronouns.

3. If an infinitive *follows* a *conjugated verb,* the indirect object pronoun may be placed *either before the conjugated verb* or *attached to the end of the infinitive.* No accent mark is needed when attaching one object pronoun to the infinitive.

Anita no **le quiere hablar.**　　　　Anita no **quiere hablarle.**
Anita does not want to talk to him.

STUDY THE RULES, EXAMPLES, AND MODELS BEFORE BEGINNING THE EXERCISES!

Exercises

I. Rewrite the sentence, using the indirect object pronoun *suggested* by the words in parentheses. (Do *not* write the words in parentheses.)

A. Model: El muestra el lápiz.   (a mí) **El me muestra el lápiz.**
                He shows the pencil.   He shows the pencil to me.

1. El enseña la lección.

   (a mí)_____

2. Ellos dan la cartera.

   (a él)_____

3. Nosotros decimos todo.

   (a Vd.)_____

4. El ofrece el automóvil.

   (a ti)_____

5. Vds. no muestran las flores.

   (a ella)_____

6. Da los papeles.

   (a nosotros)_____

7. Enseña la regla.

   (a ellos)_____

8. Vendo la fruta.

   (a ellas)_____

9. No traen el paquete.

   (a Vds.)_____

10. Leo el cuaderno.

   (a él y a ella)_____

II. Write an answer in a complete Spanish sentence using the appropriate indirect object pronoun. *Include* the word cues in parentheses.

A. Model: —¿A quién vende Vd. el perro?   (a Juan) **—Le vendo el perro a Juan.**
                To whom do you sell the dog?   I sell the dog to John.

1. ¿A quién lee Vd. la novela?

   (a Tomás)_____

2. ¿A quién muestra Vd. la casa?

(a la señora)_____

3. ¿A quién enseña Vd. el abrigo?

(a Vd.)_____

4. ¿A quién escribe Vd. la carta?

(a ti)_____

5. ¿A quién canta Vd. esa canción?

(a mí)_____

B. Model: –¿A quiénes vende él la casa?   To whom does he sell the house?

(A Juan y a María)

–**El les vende la casa a Juan y a María.**   He sells the house to John and Mary.

1. ¿A quiénes da él el violín?

(a Pedro y a Anita)_____

2. ¿A quiénes dice ella la frase?

(a los alumnos)_____

3. ¿A quiénes escriben ellos sus ideas?

(a Ana y a María)_____

4. ¿A quiénes traen ellas el regalo?

(a nosotros)_____

5. ¿A quiénes explica la profesora esa regla?

(a Elisa y a Vd.)_____

III. Write an affirmative answer. Substitute the appropriate phrase **a él, a ella, a ellos, a ellas** for the expression in *italics*.

Model: –¿Le mandan ellos el dinero a *Juan*?   –Sí, ellos le mandan el dinero **a él.**
Do they send the money *to John*?   Yes, they send the money *to him*.

1. ¿Le muestran ellos el examen *al profesor*?_____

2. ¿Le escribe él las cartas a *Inés*?_____

3. ¿Les enseñan ellas la historia a *sus hermanitas*?_____

4. ¿Les lee ella el periódico a *Miguel y a su hermano*?_____

5. ¿Les explica la profesora las palabras a *Luisa y a Luis*?_____

IV. Rewrite the sentence changing the position of the indirect object pronoun, according to the models.

A.   Model: No quiero hablarle.
No le quiero hablar.
I don't want to speak to him.

1. No deseo leerles._____

2. No quieren hablarnos._____

3. No puede mostrarte._____

4. ¿No van a cantarme?_____

5. ¿No debemos decirle?_____

B.   Model: No le debo hablar.
No debo hablarle.
I must not speak to him.

1. No les quiero hablar._____

2. No le deseo cantar._____

3. No me espera escribir._____

4. No te pueden explicar._____

5. No nos van a cantar._____

V. Rewrite the command in the appropriate AFFIRMATIVE form. Make all necessary changes.

Model: ¡No les hable Vd.!   ¡No les hablen Vds.!   ¡No les hablemos!
Don't speak to them!   Don't speak to them!   Let's not speak to them!

¡Hábleles Vd.!   ¡Háblenles Vds.!   ¡Hablémosles!
Speak to them!   Speak to them!   Let's speak to them!

1. ¡No me hable Vd.!_____

2. ¡No nos escriba Vd.!_____

3. ¡No nos respondan Vds.!_____

4. ¡No nos lean Vds.!_____

5. ¡No le vendamos!_____

VI. Rewrite the command in the appropriate NEGATIVE form. Make all necessary changes. [Study the affirmative models seen in Exercise V.]

1. ¡Muéstrenos Vd.!_____

2. ¡Léanos Vd.!_____

3. ¡Enséñenme Vds.!_____

4. ¡Escríbanles Vds.!_____

5. ¡Respondámosle!_____

VII. Write a *question*, in Spanish, using the appropriate indirect object pronoun.

Model: /Dan un regalo a Juan.   –¿**Le** dan un regalo a Juan?
                                          Are they giving John a present?

1. /Dan una carta a María._____

2. /Mandan dinero a Pablo y a Juan._____

3. /Enseñan el libro a los chicos._____

4. /Dicen la verdad a Juan y a la chica._____

5. /Escriben la carta a Pablo y a Vd._____

VIII. Complete the dialogue using the Spanish vocabulary provided in parentheses. Be sure to supply the missing indirect object pronoun where indicated by the slash.

Model: He tells *me* the story. (El/dice el cuento.)
        El **me** dice el cuento.

Pablo: Hermanita, ¡tengo una sorpresa para ti!

1. Ana: ¡_____!
         Please tell *me*. What is it? (Favor de decir/ ¿Qué es?)

Pablo: ¡Es un reloj de oro!

2. Ana: _____
         Of course! Dad always gives *you* (*fam.*) money. (¡Claro! Papá siempre / da dinero)

Pablo: No, chica. Yo me gano dinero en un supermercado.

3. Ana: ¿_____?
         And you give presents *to me*? (Y tú / das regalos)

Pablo: Me gusta dar regalos a la familia.

4. Ana: _____
         Yes, that does give *us* joy. (Sí, eso es dar / alegría)

Pablo: ¡Y a nuestros padres también!

5. Ana: ¡_____!
         Please give something fantastic *to them*. (Favor de dar / algo fantástico)

Pablo: ¡Claro, hermanita!

IX. Oral Proficiency. Act the part of *el hombre moral.* Let a classmate act the part of *el vago.* (You may *later write* your completed script for additional practice.)

A. Situation: You and a friend dramatize elements of the story of this unit for your class. *El vago,* the tramp, returns the wallet that you, *el hombre moral,* dropped. He wants to know why you run so fast from him. You explain, expressing your feelings, and *el vago* responds. Use *five* or more sentences.

El vago: ¿Por qué corre Vd. señor? Aquí tiene Vd. su cartera.
Tú, el hombre moral: _____

You may use your own or the following ideas: *Thank him. Explain why you walk fast late at night; why you return home late; why you are happy now.*

B. *El vago* may use the following ideas: *Not all tramps are bad. There are many honest men. Many people are decent. He is happy (de) to find your wallet. He wishes you good luck and says, "Good night."*

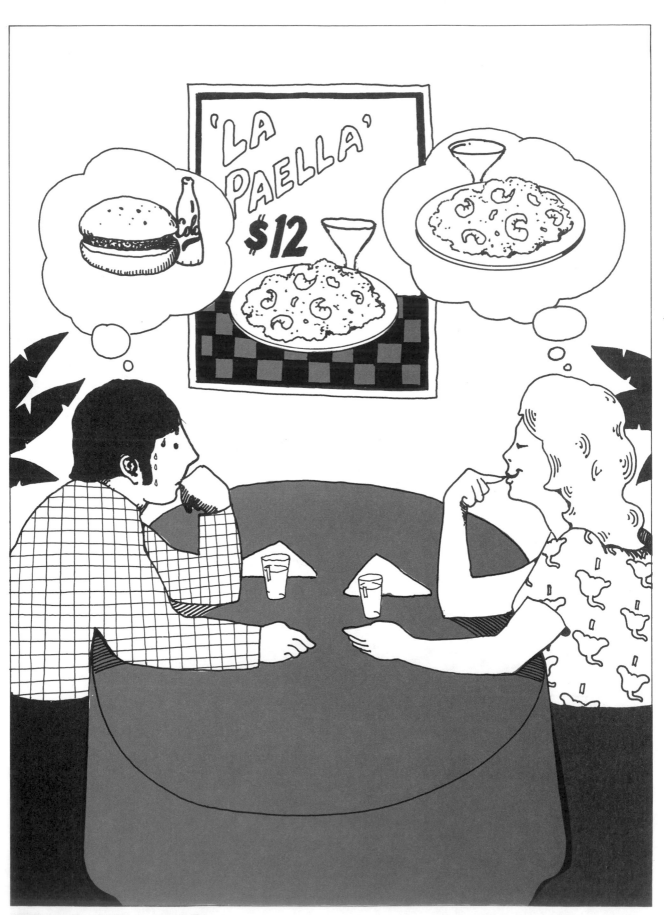

Dicen en el menú que la paella
es la especialidad de la casa.

*Julio wants to impress his girlfriend. The only
problem is that he has no money.*

No me gustan las hamburguesas

Es sábado por la noche y Julio y Beatriz salen del cine. Julio está muy contento porque le gusta Beatriz. Ésta es la primera cita. Naturalmente, Julio quiere causar una buena impresión y dice:

—Bueno, Beatriz. No es muy tarde. No son todavía las diez. ¿Tienes hambre? ¿Quieres ir a tomar algo? ¿Un refresco, un helado? (En realidad Julio no tiene much dinero.)
—Pues sí, tengo hambre Julio. Vamos a ese restaurante "La Paella."

Los dos entran en el restaurate y toman asiento. El camarero les trae la lista de platos. Julio mira el menú. ¡Qué precios! Y la paella es el plato más caro. ¡Cuesta doce dólares! Julio tiene solamente diez dólares en el bolsillo y menciona otros platos menos caros.

—Beatriz, dicen que las hamburguesas y las papas fritas son muy buenas aquí.
—No, no me gustan las hamburguesas. Dicen en el menú que la paella es la especialidad de la casa. ¿De qué es?
—Oh, es un plato de arroz, pollo, mariscos y legumbres. Personalmente prefiero comida más sencilla. ¿No te gustan los huevos? Preparan excelentes huevos duros aquí.

En ese momento entra el camarero.

Camarero: ¿Están Vds. listos para ordenar?

Julio: Sí, yo quiero una tortilla a la española y una Coca Cola.

Beatriz: Y yo quiero la paella.

Julio: Ay, Beatriz, tengo una confesión.

Camarero: Lo siento, señorita, pero no hay más paella.

Beatriz: No importa. ¿Qué confesión, Julio?

Julio: Nada, nada. ¿No hay más paella? Oh, ¡qué lástima!

Palabras Nuevas

SUBSTANTIVOS

el arroz   *the rice*
Beatriz   *Beatrice*
el camarero   *the waiter*
la confesión   *the confession*
la especialidad   *the specialty*
la hamburguesa   *the
    hamburger*
los huevos duros   *the hard-
    boiled eggs*
Julio   *Julius*
la legumbre   *the vegetable*
la lista de platos   *the menu*
el marisco   *the shellfish*
la paella   *the paella (a Spanish*

*specialty of rice, seafood,
    chicken, and vegetables)*
las papas fritas   *the french fries*
el pollo   *the chicken*
la tortilla (a la española)   *the
    (Spanish) omelette*

ADJETIVOS

caro,a   *expensive*
sencillo,a   *simple*

VERBOS

(no) me gusta(n)   *I do (not) like*
¿No te gusta(n)?   *Don't you
    like?*

(no) importa   *it does (not)
    matter*
mencionar   *to mention*
ordenar   *to order*
lo siento   *I am sorry about it*

OTRAS PALABRAS

causar una buena impresión
    to create a good impression
¿De qué es?   *What is it made
    of?*
menos   *less*
¡Qué lástima!   *What a pity!*

259

EJERCICIOS

I. (A) Preguntas. Write your answer in a complete Spanish sentence.

1. ¿Por qué está contento Julio?
2. ¿Qué le pregunta Julio a Beatriz?
3. ¿Por qué no quiere ordenar Julio la paella?
4. ¿De qué es la paella?
5. ¿Cuál es la confesión de Julio?

1. _____

2. _____

3. _____

4. _____

5. _____

(B) Preguntas personales y generales. Write your answer in a complete Spanish sentence.

1. ¿Cuál es su comida favorita?
2. Mencione Vd. algunos refrescos.
3. ¿Qué come Vd. generalmente con una hamburguesa?
4. ¿Cuánto dinero necesita Vd. para comprar una comida buena en un restaurante?

1. _____

2. _____

3. _____

4. _____

II. Word Hunt

Find the words in Spanish.

1. shellfish
2. rice
3. waiter
4. egg
5. plate
6. hard (boiled)
7. expensive
8. night
9. Saturday
10. movie
11. more
12. year
13. very
14. what
15. a (masc.)
16. eye

M	A	R	I	S	C	O	S
A	R	C	P	L	A	T	O
B	R	M	U	Y	M	A	S
N	O	C	H	E	A	D	A
Q	Z	I	C	A	R	O	Ñ
U	N	N	H	U	E	V	O
E	F	E	D	U	R	O	S
S	A	B	A	D	O	J	O

III. Oral Activities.

A. Describe what is happening in the picture facing page 259.

B. Retell the story. Let classmates add details.

IV. Write a note in Spanish to a restaurant to arrange a birthday party there. Use *five* or more sentences.

Begin with: **Pienso dar una fiesta de cumpleaños en su restaurante.**

You may use the following ideas: *why you like the restaurant; how many friends you are going to invite; on what date and at what time you intend to give the party; what food you wish to order; why it cannot be very expensive.*

ESTRUCTURAS DE LA LENGUA

Gustar *to be pleasing, to like* is not like other verbs. It is *generally used only in the third persons:* **gusta** or **gustan.**

A. Gustar really means *to be pleasing,* but it is often used to convey the meaning of the English verb *to like.*

B. Gustar's subject *is the thing(s) that is (are) pleasing.* Its subject generally appears *after* **gustar.**

C. The indirect *personal* object pronouns (**me, te, le, nos, os, les**) *tell to whom* the thing is pleasing and always stand *before* **gustar.**

Gusta before a *singular* subject	**Gustan** before a *plural* subject
Me gusta la flor. The flower is pleasing to me. I like the flower.	**Me gustan las flores.** The flowers are pleasing to me. I like the flowers.
Te gusta la flor. The flower is pleasing to you (fam. sing.). You (fam. sing.) like the flower.	**Te gustan** las flores. The flowers are pleasing to you. You (fam. sing.) like the flowers.
Le gusta la flor. The flower is pleasing to you (to him, to her). You (formal sing.) like the flower. He (she) likes the flower.	**Le gustan** las flores. The flowers are pleasing to you (to him, to her). You (formal sing.) like the flowers. He (she) likes the flowers.
Nos gusta la flor. The flower is pleasing to us. We like the flower.	**Nos gustan** las flores. The flowers are pleasing to us. We like the flowers.
Os gusta la flor. The flower is pleasing to you. You like the flower (fam. pl. in Spain).	**Os gustan** las flores. The flowers are pleasing to you. You like the flowers (fam. pl. in Spain).
Les gusta la flor. The flower is pleasing to them (to you). You (formal pl.) like the flower. They (masc., fem.) like the flower.	**Les gustan** las flores. The flowers are pleasing to them (to you). You (formal pl.) like the flowers. They (masc., fem.) like the flowers.

Rules:

1. The noun(s) *after* **gusta** and **gustan** are the subjects of **gusta** and **gustan. Gusta** stands *before a singular subject.* **Gustan** stands *before a plural subject.*

261

2. **Me, te, le, nos, os,** or **les** must always precede **gustar.** They indicate *who* "likes" or "is pleased" and are called indirect object pronouns. (See Unit 23 for a review of indirect object pronouns.)

D. **Gustar**'s Spanish subject pronouns for *it* and *them (they)* are generally *not expressed*.

Me gusta. I like *it.* (It is pleasing to me.)	**Me gustan.** I like *them.* (They are pleasing to me.)
Les gusta. They like *it.* (It is pleasing to them.)	**Les gustan.** They like *them.* (They are pleasing to them.)

E. Interrogative **gustar** and negative **gustar. Gustar** with infinitives as subjects.

1. ¿Te gusta estudiar? Do you like to study? (Is studying pleasing to you?)	No me gusta mucho. I don't like it very much.
2. ¿No le gustan las ensaladas? Don't you like salads? (Aren't salads pleasing to you?)	No me gustan mucho. I don't like them very much.

Rules:

1. To form the question simply place question marks both *before and after* the sentence. No change in word order is necessary.

2. To form the negative place **no** before **me, te, le, nos, os,** or **les.**

3. When infinitives are used as the subject of **gustar,** they are considered singular. See **E.** 1. above.

F. Emphatic or clarifying expressions before **me, te, le, nos, os, les,** give clarity and emphasis to "the person(s) who likes (like)."

Emphatic or Clarifying Expressions	
A mí me gustan.	*I* like them. (They are pleasing *to me.*)
A ti te gustan.	*You* (fam. sing.) like them.
A Vd. le gustan. [Clarifies **le.**]	*You* (formal sing.) like them.
A él le gustan. [Clarifies **le.**]	*He* likes them.
A ella le gustan. [Clarifies **le.**]	*She* likes them.
A nosotros-as nos gusta.	*We* like it. (It is pleasing *to us.*)
A vosotros-as os gusta.	*You* (fam. pl.) like it.
A Vds. les gusta. [Clarifies **les.**]	*You* (formal pl.) like it.
A ellos les gusta. [Clarifies **les.**]	*They* (masc.) like it.
A ellas les gusta. [Clarifies **les.**]	*They* (fem.) like it.

Rules:

1. **A mí, a ti, a él, a ella, a Vd., a nosotros-as, a vosotros-as, a ellos-as, a Vds.,** are the forms that appearing before **me, te, le, nos, os, les,** emphasize or clarify them.

2. **Me, te, le, nos, os,** or **les** must stand before **gustar** even when the emphatic expressions are used.

G. Gustar with personal *object* nouns.

A María le gustan las flores.	Mary likes the flowers.
A la chica le gustan las flores.	The girl likes the flowers.
A Juan y a Pedro les gusta.	John and Peter like it.
A los chicos les gusta.	The boys like it.

Rules:

1. **A** precedes the person who likes, who is pleased (the objective form). Note that **a** precedes *each* person when there are more than one.

2. The corresponding indirect object pronoun, **le** or **les,** for example, must continue to stand before the forms of **gustar,** but it is *not* translatable, even when the noun — the person(s) who is (are) pleased — is stated.

STUDY THE RULES, EXAMPLES, AND MODELS BEFORE BEGINNING THE EXERCISES!

Al niño no le gustan los lunes.

Exercises

I. Beto is going to spend a week at his friend's house. You are Beto's mother. Tell his mother all the foods Beto does not like. Rewrite the sentence replacing the subject with the noun in parentheses. Make the necessary changes in the form of **gustar.**

Model: No le gustan los huevos   (la fruta) No le gusta la fruta.
         He doesn't like eggs.   He doesn't like fruit.

1. (el arroz) _____

2. (las legumbres) _____

3. (los mariscos) _____

4. (la tortilla) _____

5. (las hamburguesas) _____

II. Rewrite the model sentence *replacing the person before* **gustar** with the one given in parentheses. Make the necessary change in the indirect object *pronoun*.

Model: *A mí* no me gustan las peras.   (A Juan) **A Juan no le gustan las peras.**
         I don't like pears.   John doesn't like pears.

1. (A nosotros) _____

2. (A Vd.) _____

3. (A Vds.) _____

4. (A mis hermanas) _____

5. (A su amigo) _____

6. (A Luisa y a Juan) _____

7. (A ti) _____

8. (A mí) _____

9. (A Pedro) _____

10. (A Lola) _____

III. Complete each emphatic statement affirmatively using the appropriate indirect object pronoun.

Model: A Juana no le gusta el béisbol.   Pero a ellos . . . sí **les** gusta el béisbol.
         Joan does not like baseball.   But *they* . . . *they* certainly do like baseball.

1. A María no le gusta tomar café. **Pero a nosotras** _____

2. A ellos no les gusta el tenis. **Pero a Juan** _____

3. A Ana no le gustan las clases. **Pero a las maestras** _____

4. A nosotros no nos gusta ir al cine. **Pero a mi amiga** _____

5. A los chicos no les gustan los sábados. **Pero a mí** _____

6. A la chica no le gustan las fiestas. **Pero a ti** _____

7. A mí no me gustan las rosas. **Pero a Vd.** _____

8. A ti no te gusta el helado. **Pero a los chicos** _____

9. A Vd. no le gustan las comedias. **Pero a nosotros** _____

10. A ella no le gusta bailar. **Pero a Vds.** _____

IV. Write an appropriate affirmative response *replacing the words after* **gustar** with the expression **mucho.**

Models: —¿A Vds. les gusta el pan?   —**Nos gusta mucho.** We like it very much.
Do you (pl.) like bread?

—¿A Vd. le gustan los perros?   —**Me gustan mucho.** I like them very much.
Do you (sing.) like dogs?

1. ¿A Vd. le gusta la playa? _____ _____

2. ¿A Vds. les gusta aprender? _____

3. ¿A ti te gustan aquellos zapatos? _____

4. ¿A Vds. les gustan las películas? _____

5. ¿A ti te gusta este sombrero? _____

V. Write a NEGATIVE answer omitting all nouns. Use the appropriate emphatic expressions and **gusta** or **gustan** as needed.

Model: —¿A Ana y a Vd. les gusta eso?   —**A nosotros no nos gusta.**
Do Ann and you like that?   We don't like it.

1. ¿A Luis y a Vd. les gusta la clase? _____

2. ¿A Juan le gusta ir al centro? _____

3. ¿A Elsa le gustan las frutas? _____

4. ¿A los alumnos les gustan los exámenes? _____

5. ¿A las chicas les gusta estudiar? _____

VI. Complete each sentence of the dialogue in Spanish.

1. What do you like to do? —A Vd. ¿qué _____ _____ hacer?

2. I like to walk. —A mí _____ _____ caminar.

265

3. Do your friends like to walk, too? —¿_____sus amigos_____ _____
   caminar también?

4. *He* (emphatic) doesn't like to walk but *she* (emphatic) does. —A_____no_____ _____

   caminar pero a_____.sí_____gusta.

5. Fine. *I* (emphatic) like it, too. —Bueno. A_____ _____ _____también.

VII. Oral Proficiency. Act your part, *tú*. Let classmates act the parts of *el camarero* and Laura. (You may *later write* your completed script for additional practice.)

Situation: You have invited your best friend, Laura, to a restaurant to celebrate her graduation. You order for her and yourself in *five* or more sentences a fine meal consisting of a main course, side dishes, dessert, and a beverage. *El camarero,* the waiter, repeats your order as he writes it. Laura may interject expressions of agreement.

El camarero: Buenas tardes. Aquí tienen Vds. el menú. ¿Qué les gusta ordenar?
Tú: _____

El camarero: Muchas gracias. Buen provecho.
Laura: Mil gracias. Va a ser una comida deliciosa.

You may use your own or the following ideas: *A mi amiga (a Laura) le gusta(n)…, Laura (ella) desea (quiere)…, Yo ordeno (prefiero, quiero)…; a mí me gusta(n)…*

Cristo Chapel, Puerto Rico

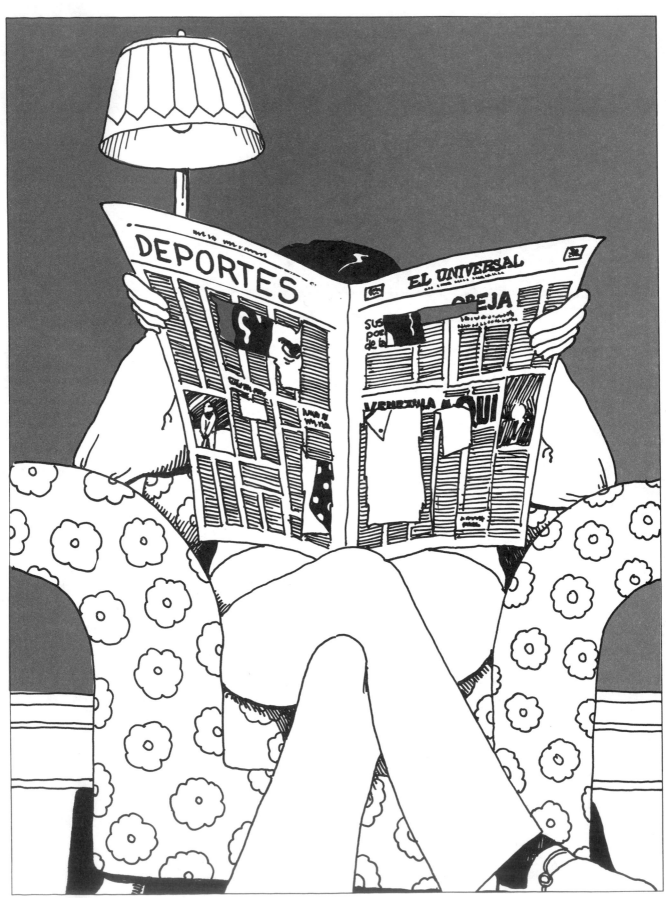

Falta un gran número
de palabras.

Nowadays the news is often confusing;
especially if many of the words are missing!

Una noticia confusa

Todas las noches, cuando regresa del trabajo, Antonio toma asiento en el sillón más cómodo de la casa, fuma su pipa, y lee las últimas noticias en el periódico. Pero esta noche ¿qué pasa? Cuando empieza a leer el artículo más importante de la primera página, nota que falta un gran número de palabras. Teresita, su niña de dos años, encontró un par de tijeras y cortó una docena de palabras del artículo. Ahora es casi imposible leerlo. Afortunadamente, la niña guardó todas las palabras y Antonio tiene que ponerlas en los espacios apropiados. ¿Puede Vd. ayudarlo? Aquí tiene Vd. el artículo.

Se escaparon tres [_____1._____] **peligrosos. Los Angeles,** [__2.__] **de septiembre 1983.**

El jefe de policía reveló hoy que tres hombres se escaparon de la [_____3._____]

anoche. Estos hombres están armados y [_____4._____] . Los tres salieron ayer del

garaje de la prisión vestidos de mecánicos. (Más tarde [_____5._____] a tres mecánicos

atados en [____6.____] .) El departamento de policía envió fotos y [____7.____]

a todas las estaciones. El jefe del grupo tiene [____8.____] años y debe servir una sentencia de

[____9.____] años por asesinato. Los otros dos son [____10.____] y deben estar en

la prisión por cometer robo armado. Salieron del garaje en un viejo coche Chevrolet. Pero las

autoridades creen que robaron otro [_____11._____] más tarde. Los periódicos recibieron

muchas llamadas telefónicas con información pero hasta ahora el trío está en [_____12._____] .

Selection:	desesperados	descubrieron	21	el garaje
	libertad	criminales	la prisión	ladrones
	36	cien	descripciones	automóvil

Palabras Nuevas

SUBSTANTIVOS

el artículo   *the article*
el asesinato   *the murder*
el automóvil   *the automobile*
el coche   *the car*
el departamento   *the department*
el espacio   *the space*
la estación   *the station*
la foto   *the snapshot*
el garaje   *the garage*
el jefe   *the chief, the leader*
el ladrón   *the thief*
la libertad   *the freedom, the liberty*
la llamada telefónica   *the telephone call*
el mecánico   *the mechanic*
el par   *the pair*

la prisión   *the prison*
el robo armado   *armed robbery*
la sentencia   *the sentence*
el sillón   *the armchair*
Teresita   *Tessie, little Theresa*
las tijeras   *the scissors*

ADJETIVOS

apropiado,a   *appropriate*
atado,a   *tied up*
cómodo,a   *comfortable*
desesperado,a   *desperate*
peligroso,a   *dangerous*
último,a   *last*

VERBOS

cometer   *to commit*

cortó   *he (she) did cut; you (formal sing.) did cut*
encontró   *he (she) found, met; you (formal sing.) found, met*
envió   *he (she) sent; you (formal sing.) sent*
se escaparon   *they escaped; you (formal pl.) escaped*
faltar   *to be missing, to lack*
fumar   *to smoke*
guardó   *he (she) kept; you (formal sing.) kept*
recibieron   *they received; you (formal pl.) received*
robaron   *they stole; you (formal pl.) stole*
salieron   *they left; you (formal pl.) left*

EJERCICIOS

I. Preguntas. Write your answer in a complete Spanish sentence.

1.   ¿Qué hace Antonio todas las noches?
2.   ¿Qué nota en la primera página del periódico?
3.   ¿Qué cortó Teresita?
4.   ¿Qué tiene que hacer Antonio ahora?
5.   En el artículo, ¿cómo se escaparon los tres criminales?

1. _____

2. _____

3. _____

4. _____

5. _____

II. Emiliano has just seen a robbery. He is being questioned later by the police. What would you say in Spanish if you were Emiliano?

Policía: ¿Qué pasó aquí?

1. *Emiliano:*   _____

Policía: ¿Cuándo ocurrió el robo?

2. *Emiliano:*   _____

Policía: ¿Puede Vd. darnos una descripción del criminal?

3. *Emiliano:*   _____

Policía: ¿Quién es Vd.? ¿Cuál es su nombre y dirección?

4. *Emiliano:*   _____

Policía: Muchas gracias. Vd. nos ayudó mucho.

III. Oral Activities.

A. Describe what is happening in the picture facing page 269.

B. Retell the story. Let classmates add details.

IV. Write a note in Spanish to the local newspaper about a recent robbery in *five* or more sentences.

Begin with: **Es mejor ser honesto.**

You may use the following ideas: *what the thieves stole; where one of the thieves kept it; where one of the thieves has to go now; what his last (últimas) words were.*

ESTRUCTURAS DE LA LENGUA

The Preterite Indicative: Regular Verbs

A. The preterite tense denotes an action or actions that were begun in the past or that were completed in the past.

B. Learn the *two sets* of regular endings.

AR   **ER** and **IR** share one set of preterite endings

cantar *to sing*	**comer** *to eat*	**escribir** *to write*
I sang yesterday.	I ate last night.	I wrote last Saturday.
I did sing yesterday.	I did eat last night.	I did write last Saturday.
Cant**é** ayer.	Com**í** anoche.	Escrib**í** el sábado pasado.
cant**aste**	com**iste**	escrib**iste**
cant**ó**	com**ió**	escrib**ió**
Cant**amos** ayer.	Com**imos** anoche.	Escrib**imos** el sábado pasado.
cant**asteis**	com**isteis**	escrib**isteis**
cant**aron**	com**ieron**	escrib**ieron**

Rules:

1. The characteristic vowel in the endings of the regular **ar** preterite is **a** except for the first person singular, which is **é,** and the third person singular, which is **ó.**

2. The characteristic vowel in the endings of the regular **er** and **ir** preterite is **i.**

3. Written accent marks appear on the final vowels of the first and third persons singular of the regular preterite tense except for **vi** and **vio** of the verb **ver.**

C. Use of the Preterite Tense

1. **Anoche en la fiesta María cantó pero Pablo sólo comió.**
   Last night at the party Mary sang, but Paul only ate.

2. **Ellas bailaron ayer pero Vd. no las vio.**
   They danced yesterday, but you did not see them.

Rule:

When expressions of completed past time such as **ayer** *yesterday,* **anoche** *last night,* **el año pasado** *last year* appear in the sentence, they are additional cues to indicate the use of the preterite tense, because they show that the action was begun or was terminated in the past.

STUDY THE RULES, EXAMPLES, AND MODELS BEFORE BEGINNING THE EXERCISES!

Exercises

I. Rewrite the MODEL sentence in the *preterite* tense substituting the subject in parentheses for the one in *italics.* Make the necessary changes in the verbs.

Model: *Yo* **entré** a las tres y **salí** a las cuatro. (El) **El entró** . . . **y salió** . . .
I entered at 3:00 and left at 4:00. He entered at 3:00 and left at 4:00.

1. (Juan)_____

2. (Tú)_____

3. (Tú y yo)_____

4. (Vd.)_____

5. (Vds.)_____

6. (Mis amigos)_____

7. (Yo)_____

II. Rewrite the MODEL sentence in the *preterite* tense substituting the appropriate form of the verb in parentheses for the expression in *italics.*

Model: *Yo escribí* la carta anoche. (El / enviar) **El envió** la carta anoche.
I wrote the letter last night. He sent the letter last night.

1. (Vd. / recibir)_____

2. (Yo / cortar)_____

3. (Yo / romper)_____

4. (Nosotros / encontrar)_____

5. (María / buscar)_____

6. (Vds. / terminar)_____

7. (Pedro y Juan / escribir)_____

8. (Tú / responder)_____

9. (El y yo / perder)_____

10. (Tú / describir)_____

III. Write an affirmative answer in a complete Spanish sentence in the *preterite*. See models.

Model: a. —¿Comprendiste el libro?   **—Sí, comprendí el libro.**
           Did you understand the book?   Yes, I understood the book.

        b. —¿Y Elisa?   **—Elisa comprendió el libro también.**
           And Elisa?   Elisa understood the book, too.

1. a. ¿Usaste el sombrero?_____

   b. ¿Y tu madre?_____

2. a. ¿Aprendiste el pretérito?_____

   b. ¿Y tu hermano?_____

3. a. ¿Invitó Vd. al amigo?_____

   b. ¿Y los padres?_____

4. a. ¿Recibió Vd. el paquete?_____

   b. ¿Y yo?_____

5. a. ¿Bailaron ellos el tango anoche?_____

   b. ¿Y tu prima?_____

6. a. ¿Bebieron Vds. café ayer?_____

   b. ¿Y las chicas?_____

7. a. ¿Visitó Juan el museo?_____

   b. ¿Tú y yo?_____

8. a. ¿Lo comió todo?_____

   b. ¿Y ellas?_____

¿Lo comió todo?

    9. a. ¿Saludaron los primos a la tía?_____

       b. ¿Y tú?_____

   10. a. ¿Recibí yo el regalo?_____

       b. ¿Y Vds.?_____

IV. Rewrite each sentence in the *preterite* telling what happened yesterday.

1. Juan *entra* en la cocina._____

_____

2. *Toma* pan y un vaso de leche._____

_____

3. *Come* el pan y *bebe* la leche despacio._____

_____

4. Pedro y Jorge *llegan* a su casa._____

_____

5. *Comen* un poco de pan con Juan._____

_____

6. Luego todos *salen* para la escuela donde *aprenden* mucho._____

_____

7. *Escuchan* a la maestra en la clase y *practican* mucho en casa._____

_____

8. Juan y yo *contestamos* muy bien._____

_____

9. *Aprendemos* mucho cuando *escribimos* ejercicios._____

_____

10. Yo también *estudio* y *asisto* a las clases._____

_____

V. Oral Proficiency. Act your part, *tú*. Let a classmate act the part of *el acusado* (San Nicolás). (You may *later write* your completed script for additional practice.)

Situation: You are in a school play. Your role is the policeman. You accuse a white-bearded man dressed in red and white of "breaking and entering" in several houses in the neighborhood. Use *five* or more sentences to describe the crimes.

El acusado: Pero yo soy inocente porque no robé nada.
Tú: _____

El acusado: Soy inocente. No robé nada. Dejé regalos allí para los niños.

You may use your own or the following ideas: *how the accused entered the houses; the date and the time that he left by (por) the chimney; who saw him; the description of the thief; what he carried on his back; how he left in a hurry.*

Nadie quiso
darle un asiento a la anciana.

*Is today's generation really as bad as some
say? See if you agree with the article.*

¡Los muchachos de hoy son horribles!

Gregorio entra en la sala donde su padre lee una revista. Tiene un artículo en la mano y está muy excitado.

—Papá, ¡la semana pasada Vd. nos dijo que la generación de hoy es terrible! Pues tengo algo aquí que seguramente va a ser interesante para Vd.

—Bueno, hijo. A ver si ese artículo expresa mis opiniones.

—Pues, ¡escuche Vd.! El artículo comienza así:

> Ayer, en el tren, vi algo que me molestó. Esa noche no pude dormir. Cinco o seis jóvenes tomaron asiento en el coche cuando entró una señora de unos setenta años. Nadie quiso darle un asiento a la anciana. ¡Absolutamente nadie! ¿Qué hicieron? Pues sacaron sus periódicos y empezaron a leer. Y la pobre señora tuvo que estar de pie. Pero el incidente de ayer es típico. Todo fue muy diferente antes. Ya no hay respeto; ya no hay consideración para los ancianos como en los tiempos de nuestros padres. Los jóvenes de hoy vinieron a este mundo con todo. No necesitan nada y no quieren trabajar. Cuando vi el incidente de ayer, di las gracias a mis padres porque me enseñaron el respeto y la responsabilidad, y soy mejor hombre por eso.

—Bueno, papá, ¿qué piensa Vd. de este artículo? ¿No cree Vd. que es un poco exagerado?

—De ninguna manera. Ese escritor tiene razón. ¿De qué periódico es? Él conoce bien la generación de hoy.

—Él sabe mucho de la generación de Vd. también. Esto fue escrito en 1950. Encontré este viejo periódico en el sótano.

Palabras Nuevas

SUBSTANTIVOS

la anciana *the old woman*
los ancianos *the old people*
la consideración *the consideration, the kindness*
el escritor *the writer*
la generación *the generation*
Gregorio *Gregory*
el incidente *the incident*
los jóvenes *the young people, the youths*
la opinión *the opinion*
el papá *the daddy*
el respeto *the respect*
la responsabilidad *the responsibility*
la revista *the magazine*
el sótano *the basement*
los tiempos *the times*

ADJETIVOS

exagerado,a *exaggerated*
excitado,a *excited*
horrible *horrible*
típico,a *typical*

VERBOS

comenzar (ie) *to begin*
dar las gracias *to thank, to give thanks*
di *I gave*
dijo *he (she) said; you (formal sing.) said*
encontrar *to find*
fue escrito *it was written*
hicieron *they did, made; you (formal pl.) did, made*
(no) pude *I could (not)*

quiso *he (she) wanted; you (formal sing.) wanted*
tener razón *to be right*
tuvo que *he (she) had to; you (formal sing.) had to*
vinieron *they came; you (formal pl.) came*

OTRAS PALABRAS

¡A ver! *Let us see!*
de ninguna manera *by no means*
de pie *standing*
por eso *for that reason, because of that*
ya no *no longer*

EJERCICIOS

I. (A) ¿Cierto (true) **o falso** (false)?

1. El padre de Gregorio lee un libro en la sala. _____
2. Gregorio le trae a su padre un artículo sobre un robo. _____
3. En el artículo setenta jóvenes molestaron a una vieja. _____
4. Los jóvenes de hoy no quieren trabajar porque lo tienen todo. _____
5. El padre de Gregorio expresa la opinión del escritor del artículo. _____

277

(B) Preguntas personales y generales. Write your answer in a complete Spanish sentence.

1. ¿Qué piensa Vd. de la generación de hoy? ¿Tiene respeto y consideración?
2. ¿Da Vd. su asiento a un anciano en el autobús o en el tren?
3. ¿Qué periódico lee Vd.?
4. ¿Tienen siempre razón sus padres?

1. _____

2. _____

3. _____

4. _____

II. Change the verbs of the following sentences from the present to the preterite.
1. Gregorio *entra* en la sala. _____
2. *Veo* algo en los trenes que me *molesta.* _____
3. Nadie quiere darle asiento. _____
4. Todos *sacan* sus periódicos y *empiezan* a leer. _____
5. Los jóvenes no *necesitan* nada. _____

III. ¿Cómo se dice en español?
1. He comes into the living room.
2. I have something here that is going to be interesting to you.
3. Nobody wanted to give her a seat.
4. The poor woman had to stand.
5. I'm a better man because of that.
6. Don't you think it is a bit exaggerated?

1. _____

2. _____

3. _____

4. _____

5. _____

6. _____

IV. Oral Activities.

A. Describe what is happening in the picture facing page 277.

B. Retell the story. Let classmates add details.

V. Write a note in Spanish to the friend who helped you in a bad situation. Use *five* or more sentences.

Begin with: **Te doy las gracias por la cortesía.**

You may use the following ideas: *what the friend did for you; why you needed the favor; what favor your friend needs; when you are going to do him (her) the favor; how much you thank him (her) for his (her) courtesy.*

ESTRUCTURAS DE LA LENGUA

The Preterite Indicative: Irregular Verbs

A. *Irregular preterite stems* require only *one set of irregular endings.*

1. **UV** is characteristic of these stems.

estar *to be*	tener *to have*
estuv: Pret. stem	**tuv:** Pret. stem
I was there.	I had a letter.
Estuve allí.	Tuve una carta.
estuviste	tuviste
estuvo	tuvo
estuvimos	tuvimos
estuvisteis	tuvisteis
estuvieron	tuvieron

2. **US** and **UP** are characteristic of these stems.

poner *to put*	saber *to know*
pus: Pret. stem	**sup:** Pret. stem
I put (did put) that there.	I knew (learned about) that.
Puse eso allí.	Supe eso.
pusiste	supiste
puso	supo
pusimos	supimos
pusisteis	supisteis
pusieron	supieron

3. **I** is characteristic of these stems.

venir *to come*	hacer *to do, make*
vin: Pret. stem	**hic:** Pret. stem
I came home.	I did (made) that.
Vine a casa.	Hice eso.
viniste	hiciste
vino	hizo
vinimos	hicimos
vinisteis	hicisteis
vinieron	hicieron

4. **J** is characteristic of these stems.

traer *to bring*	decir *to say, tell*
traj: Pret. stem	**dij:** Pret. stem
I brought this.	I said the truth.
Traje esto.	Dije la verdad.
trajiste	dijiste
trajo	dijo
trajimos	dijimos
trajisteis	dijisteis
trajeron	dijeron

Rules:

1. The one set of endings for **ar, er,** or **ir** verbs that have irregular preterite stems is **e, iste, o, imos, isteis, ieron.** After **j** (Group 4) the third person plural ending is **eron.** Irregular preterites bear *no accent marks.*

2. The following additional irregular preterites are similar to some of the above verbs.

UV like **estar**	**U** like **poner** and **saber**	**i** like **venir** and **hacer**
andar *to walk*	**poder** *to be able*	**querer** *to want*
anduv: *Pret. stem*	**pud:** *Pret. stem*	**quis:** *Pret. stem*
Anduve *I walked*	**Pude** *I was able, could*	**Quise** *I wanted*
(etc.)	(etc.)	(etc.)

279

B. Identical special preterite forms for **ser** *to be,* **ir** *to go.*

C. Dar: An **ar** verb has regular **er/ir** preterite endings.

D. Leer: Y replaces **i** in the third persons.

ser *to be*	ir *to go*	dar *to give*	leer *to read*
fu: Pret. stem	**fu:** Pret. stem	**d:** Pret. stem	**le:** Pret. stem
I was a soldier.	I went home.	I gave thanks.	I did read that.
Ful soldado.	Ful a casa.	Di las gracias.	Leí eso.
fu**iste**	fu**iste**	d**iste**	le**íste**
fu**e**	fu**e**	d**io**	le**yó**
fu**imos**	fu**imos**	d**imos**	le**ímos**
fu**isteis**	fu**isteis**	d**isteis**	le**ísteis**
fu**eron**	fu**eron**	d**ieron**	le**yeron**

Rules:

1. **Ser** and **ir** being exactly alike in the preterite, can be distinguished only according to their use in the sentence.

2. **Leer** keeps its regular **le** stem, adds regular **er** endings, but changes the **ió** and **ieron** endings to **yó** and **yeron** in the third persons singular and plural. An accent mark is written on the **í** of the other personal endings. Conjugate **caer** *to fall,* **creer** *to believe* and **oír** *to hear* like **leer** (D, above).

STUDY THE RULES, EXAMPLES, AND MODELS BEFORE BEGINNING THE EXERCISES!

Exercises

I. Rewrite the sentence in the *preterite* substituting the subject in parentheses. Make necessary changes in each of the two verbs.

Model: La nieve *vino* y *cayó* todo el día.   The snow came and fell all day.
          (Las lluvias) **Las lluvias vinieron**   The rains came and fell all day.
                  y cayeron todo el día.

A. Ellos *tuvieron* la carta ayer y la *pusieron* en la mesa.

1. (Yo)_____

2. (Pedro)_____

3. (Pedro y yo)_____

4. (Vd.)_____

5. (Los chicos)_____

B. Juan *hizo* la tarea y la *trajo* a la clase.

1. (Vds.)_____

2. (Vd.)_____

3. (Yo)_____

4. (La alumna)_____

5. (Nosotros)_____

C. Ellos *dijeron* que sí y *dieron* las gracias.

1. (Mi madre)_____

2. (Vd.)_____

3. (Yo)_____

4. (Nosotros)_____

5. (Los abuelos)_____

D. Los chicos *fueron* buenos cuando *vinieron* a la clase.

1. (La niña)_____

2. (Yo)_____

3. (Tú)_____

4. (Ellas)_____

5. (Ellas y yo)_____

E. Los tíos *fueron* al teatro donde *vieron* una buena comedia.

1. (Yo)_____

2. (Diego)_____

3. (Diego y yo)_____

4. (Mi amiga)_____

5. (Tú)_____

F. María *leyó* la frase y la *creyó.*

1. (Los primos)_____

2. (Nosotras)_____

3. (Yo)_____

4. (Tú)_____

5. (Vd.)_____ **281**

G. Yo *oí* los gritos cuando *estuve* allí.

1. (María)_____

2. (Ellos)_____

3. (María y yo)_____

4. (Tú)_____

5. (Yo)_____

H. *Anduve* mucho y *supe* que *pude* hacerlo porque *quise* hacerlo.

1. (Juan)_____

2. (Juan y yo)_____

3. (Juan y Ana)_____

4. (Yo)_____

5. (Tú)_____

II. Rewrite the sentence in the *plural* using the word cues.

1. La piedra cayó. (Las piedras)_____

2. La niña vino. (Las niñas)_____

3. Yo tuve razón. (Nosotros)_____

4. Yo hice el viaje. (Nosotros)_____

5. El hizo el viaje. (Ellos)_____

6. Ella trajo la revista. (Ellas)_____

7. Vd. fue al cine. (Vds.)_____

8. Yo fui excelente. (Nosotros)_____

9. Vd. dijo la frase. (Vds.)_____

10. Vd. dio ayuda. (Vds.)_____

11. Yo leí mucho. (Nosotros)_____

12. Yo oí gritos. (Nosotros)_____

13. El oyó el disco. (Ellos)_____

14. Vd. creyó el artículo. (Vds.)_____

15. Ella leyó el cuento. (Ellas)_____

16. Yo dije que sí. (Nosotros)_____

17. Yo di dinero. (Nosotros)_____

18. Ella fue bonita. (Ellas)_____

19. Yo fui al mercado. (Nosotros)_____

20. Yo lo creí. (Nosotros)_____

III. Write an affirmative answer in a complete Spanish sentence using the cue words.

1. ¿Quiénes estuvieron allí? (Mis amigos)_____

2. ¿Adónde fue Vd.? (a la tienda)_____

3. ¿Cuánto dinero trajo Vd.? (tres dólares)_____

4. ¿Quién hizo las compras? (Yo)_____

5. ¿Dónde pusieron Vds. las compras? (en la mesa)_____

IV. Rewrite each sentence in the *preterite* tense telling what happened yesterday.

1. Vengo a la casa de Anita._____

2. Es su cumpleaños._____

3. Ella tiene regalos de los amigos._____

4. Ellos le dicen : — Feliz cumpleaños._____

5. Luego oyen discos en su casa._____

6. Pueden oír mucho. _____

7. Yo quiero escuchar más. _____

8. Pero tengo que volver a casa. _____

9. Ando a casa. _____

10. Sé que es una buena fiesta._____

V. Oral Proficiency: Act your part, *tú*. Let a classmate act the part of the *abuelito(a)*. (You may *later write* your completed script for additional practice.)

Situation: You are visiting your grandparent who is interested in knowing you how spent your sixteenth birthday and how you like the gift he (she) sent you. Tell about your birthday and the gift in *five* or more sentences.

Abuelito(a): ¡Qué alto(a) estás! ¿Cómo pasaste tu cumpleaños? ¡Te gustó el regalo! ¡Dime todo!

Tú: _____

Abuelito(a): Oh, ¡Qué suerte tienes!

You may use your own or the following ideas: *who gave you the party; who came; what gifts they brought; where you went later; who said, "Now, when are you going to earn your living?"; how much you liked your grandparent's gift and why.*

NO REBASE

NO PASSING

**ANCHO
LIBRE**

HORIZONTAL
CLEARANCE

**PESO
MAXIMO**

MAXIMUM WEIGHT
(METRIC TONS)

LÍMITE ↓

PARKING LIMIT

UNA HORA
8 a 21 h DIAS HABILES

ONE-HOUR PARKING

NO

NO LEFT TURN

NO

NO PARKING

**CONSERVE
SU DERECHA**

USE RIGHT LANE

INSPECCIÓN

INSPECTION

**PEATONES A
SU IZQUIERDA**

PEDESTRIANS
KEEP LEFT

MÁXIMA

SPEED LIMIT
(IN K.P.H.)

CONTINÚA

CONTINUOUS TURN

Highway signs in Mexico

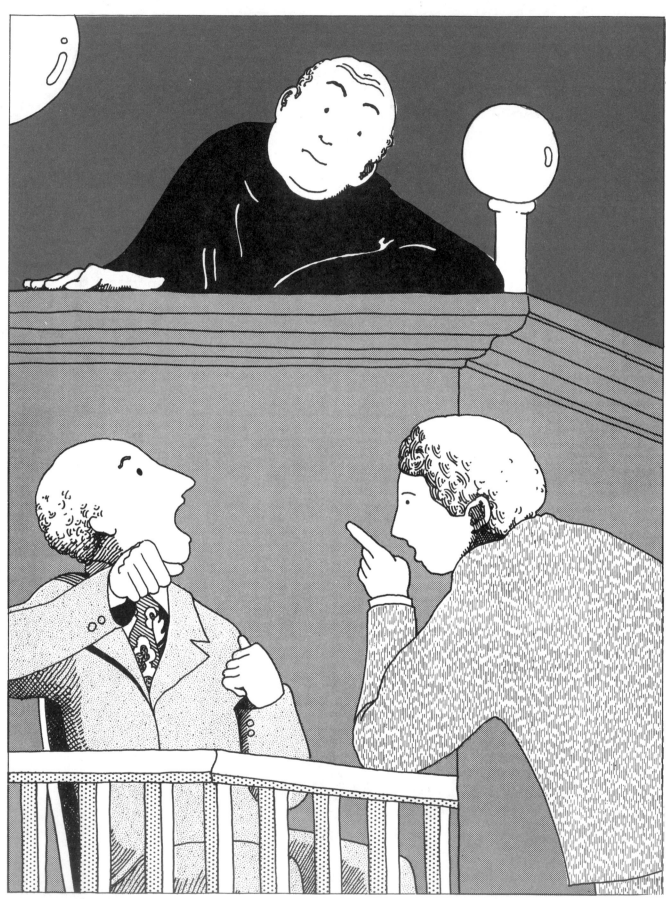

*En mi opinión el señor Ramírez
no es culpable.*

Guilty or innocent? It's a tough decision
to make.

La justicia siempre triunfa

Drama policíaco en un acto

Escena   Tribunal de la corte civil. Hay una docena de espectadores, más o menos. El juez está sentado al frente del salón. Todo el mundo escucha atentamente. Ahora llaman a los testigos.

Personajes   El juez
El abogado defensor
El fiscal
El primer testigo

Abogado: Llamo como primer testigo de la defensa, al señor Ángel Alpargata. Señor Alpargata, como ya sabe usted, el fiscal dice que el acusado, Ramiro Ramírez, cuando borracho, chocó su carro contra la bicicleta de un muchacho. ¿Qué puede Vd. decirnos en la defensa del señor Ramírez?

Testigo: Eso no es verdad. El señor Ramírez es un hombre honrado. No es un borracho y por eso nunca conduce un coche en ese estado. En mi opinión no es culpable.

Fiscal: Protesto, protesto, Aquí en una corte de justicia no importan las opiniones. ¿Estuvo usted allí cuando ocurrió el accidente?

Testigo: No, señor. Nadie estuvo allí. Pero me dicen . . .

Fiscal: No importa eso. ¿Vio o no vio usted el accidente?

Testigo: No señor, el accidente ocurrió a las diez de la noche. Y a esa hora, yo estuve en mi cama cansado de trabajar todo el día.

Juez (muy enojado): — ¿Cómo? ¿En la cama? Pero esto es ridículo. ¿Por qué está Vd. aquí como testigo por el señor Ramírez? Vd. nunca vio nada.

Testigo: Pues. . . .Mi mujer dijo que. . . . Señor juez, Ramiro es mi cuñado.

Palabras Nuevas

SUBSTANTIVOS

el abogado defensor   *the defense attorney*
el accidente   *the accident*
el acusado   *the defendent*
la alpargata   *the slipper*
la bicicleta   *the bicycle*
el carro   *the car*
la corte civil   *the civil court*
el cuñado   *the brother-in-law*
la defensa   *the defense*
el drama policíaco   *the detective drama*

el espectador   *the spectator*
el fiscal   *the district attorney*
el juez   *the judge*
la mujer   *the wife*
el testigo   *the witness*
el tribunal   *the courtroom*

ADJETIVOS

borracho,a   *drunk*
culpable   *guilty*
honrado,a   *honest*
ridículo,a   *ridiculous*

VERBOS

conducir   *to drive*
chocar   *to crash*
protestar   *to protest*

OTRAS PALABRAS

atentamente   *attentively*
contra   *against*

EJERCICIOS

I. Preguntas. Write your answer in a complete Spanish sentence.

1.   ¿Cuántos espectadores hay en la corte?
2.   ¿Con qué chocó Ramiro Ramírez?

287

3. ¿Qué dice Angel sobre el carácter de Ramírez?
4. ¿Por qué protesta el fiscal?
5. ¿Por qué está enojado el juez?

1. _____

2. _____

3. _____

4. _____

5. _____

II. Unscramble the sentences in the boxes.

1.
¿qué	defensa?	en
decirnos	su	puede

2.
es	hombre	señor
el	un	honrado

3.
nos	las	no
opiniones	importan	aquí

4.
accidente	a	ocurrió
las	diez	el

1. _____

2. _____

3. _____

4. _____

III. Find the following words in the boxes.

1.	lawyer	7.	drunk
2.	accused	8.	D.A.
3.	drama	9.	less
4.	car	10.	act
5.	judge	11.	all
6.	witness (word is backward)	12.	as
		13.	10

A	B	O	G	A	D	O	J
C	O	C	H	E	F	G	U
U	T	O	D	O	I	I	E
S	M	E	N	O	S	T	Z
A	C	O	M	O	C	S	A
D	R	A	M	A	A	E	C
O	D	I	E	Z	L	T	T
B	O	R	R	A	C	H	O

IV. Oral Activities.

A. Describe what is happening in the picture facing 287.

B. Retell the story. Let classmates add details.

V. Write a note in Spanish to a friend asking him (her) to meet you in the civil court. Use *five* or more sentences.

Begin with: **No soy culpable.**

You may use the following ideas: *why you are not guilty of the accident; who crashed the car into (contra) the tree; what the district attorney accused the driver of; which person is an honest witness; why you need your friend in the court.*

ESTRUCTURAS DE LA LENGUA

¡Nadie!	**¡Nunca!**	**¡Nada!**

Nunca, nada, nadie in Emphatic Negation. The Tag Question, ¿**verdad?**

A. **¡Nunca!** never!; **¡nada!** nothing!; **¡nadie!** nobody!; when used emphatically precede the verb, like **no.**

Questions	*Statements*
1. **¿No** tienen los chicos libros? Don't the boys have any books?	1. Ellos **no** tienen libros. They have no books. (haven't any)
2. **¿Nunca** escuchan ellos? Don't they ever listen?	2. ¡Ellos **nunca** escuchan! They never listen!
3. **¿Nada** estudian? Don't they study anything?	3. ¡Ellos **nada** estudian! They study nothing!
4. **¿Nadie** contesta? Doesn't anybody (anyone) answer?	4. **¡Nadie** contesta! Nobody (no one) answers.

289

Rules:

1. **Nunca, nada, nadie,** precede the verb for emphasis both in questions and in statements, like **no.**

2. Summary of English equivalents for the negative words.

nunca:	never	not . . . ever
nada:	nothing	not . . . anything
nadie:	nobody; no one	not . . . anybody

B. The Spanish speaker requests agreement with a statement by adding **¿no es verdad?** or **¿verdad?**

1. Son españoles, ¿no es verdad?
   They are Spaniards, aren't they?

2. Es domingo, ¿no es verdad?
   It is Sunday, isn't it?

3. No hablan espānol, ¿verdad?
   They don't speak Spanish, do they?

4. No estudian el francés, ¿verdad?
   They don't study French, right?

Rules:

1. **¿No es verdad?** or **¿verdad?** usually follows the statement.

2. Both forms can be translated according to the meaning of the sentence to which they are added: *isn't it (so)*?; *aren't they*?; *isn't that right*?; etc.

STUDY THE RULES, EXAMPLES, AND MODELS BEFORE BEGINNING THE EXERCISES!

Exercises

I. Write a NEGATIVE answer in a complete Spanish sentence according to the model.

Model: –¿Sabe **alguien** todos los idiomas?
Does anyone know all (the) languages?

–**Nadie** sabe todos los idiomas.
Nobody (no one) knows all (the) languages.

1. ¿Comprende alguien todos los idiomas?_____

2. ¿Estudia alguien todos los días?_____

3. ¿Lee alguien todos los periódicos?_____

4. ¿Visita alguien todos los países?_____

5. ¿Hace alguien todo el trabajo?_____

II. Write an emphatically NEGATIVE answer in a complete Spanish sentence according to the model.

Model: –¿**Siempre** tienes clases hasta las cinco?
Do you *always* have classes until five o'clock?

–**Nunca** tengo clases hasta las cinco.
I *never* have classes until five.

1. ¿Siempre comes despacio?_____

2. ¿Siempre estás triste después de un examen?_____

3. ¿Siempre tienes hambre a las cuatro?_____

4. ¿Siempre lees en la cama antes de dormir?_____

5. ¿Siempre ayudas a lavar los platos?_____

III. Write an emphatically NEGATIVE answer in a complete Spanish sentence according to the model.

Model: –¿Preparan los chicos **algo** para el desayuno?
Are the boys preparing *something* for breakfast?

–Los chicos **nada** preparan para el desayuno.
The boys are preparing *nothing* for breakfast.

1. ¿Compraron los chicos algo para el viaje?_____

_____

2. ¿Reciben ellos algo para pagar el billete?_____

_____

3. ¿Comió Juan algo antes de salir de la casa?_____

_____

4. ¿Tuvieron ellos que contestar algo a la carta de invitación?_____

_____

5. ¿Deben ellos llevar algo a la casa del amigo?_____

_____

IV. Write an emphatically NEGATIVE answer, in a complete Spanish sentence, according to the negative used in each question. Begin with **Verdad.**

Model: –¿**Nunca** desea asistir él al teatro? –**Verdad.** El **nunca** desea asistir al teatro.
Doesn't he *ever* want to attend the theater? *True.* He *never* wants to attend the theater.

1. ¿Nada pueden recibir las niñas pobres para la Navidad?_____

_____

2. ¿Nadie va a comprender la lección hoy?_____

_____

3. ¿Nada quiso escribir el chico perezoso en la pizarra? _____

_____

4. ¿Nadie desea asistir a la fiesta el lunes?_____

_____

5. ¿Nunca debe trabajar un hombre cansado los sábados?_____

_____

V. Rewrite the following in the emphatic NEGATIVE using the word in parentheses.

Model: Los alumnos estudian mucho. (nunca) Los alumnos **nunca** estudian mucho.
The students study a great deal. The pupils never study a great deal.

1. María y yo leímos. (nada)

_____

2. Escucha la radio cuando come. (nadie)

_____

3. María tomó sopa. (nunca)

_____

4. ¿Está buena la sopa? (nunca)

_____

5. ¿Está en casa. (nadie)

_____

VI. Write the word in *italics* as a separate QUESTION. Then write a contradicting NEGATIVE response using **nunca, nada** or **nadie,** according to the model.

A. Model: Tú *siempre* lees mucho. ¿**Siempre?** Yo **nunca** leo mucho.
You always read a great deal. Always? I never read a great deal.

1. Tú *siempre* cantas en casa._____

_____

2. Vd. *siempre* toma el desayuno temprano._____

_____

3. Laura y Antonio *siempre* pasan el verano en la escuela._____

_____

B. Model: –*Juan* está cansado.   –¿**Juan? Nadie** está cansado.
              John is tired.   John? Nobody is tired.

1. *María* vino a mi casa._____

_____

2. *La familia* fue a esquiar en el invierno._____

_____

3. *Ese zapatero* tiene zapatos excelentes hoy._____

_____

C. Model: –El lee *algo* de eso.   –¿**Algo?** Él **nada** lee de eso.
              He reads something about that.   Something? He reads nothing about that.

1. El sabe *algo* de México._____

_____

2. El alumno contestó *algo* a la profesora._____

_____

3. Los niños oyen *algo* en la cocina._____

_____

4. Los turistas necesitan *algo* para el viaje._____

_____

VII. Rewrite the sentence as a request for agreement by adding **¿no es verdad?** *Translate* the complete answer appropriately.

    Model: Tus padres van a viajar a Puerto Rico.
           Tus padres van a viajar a Puerto Rico, ¿no es verdad?

           Your parents are going to travel to Puerto Rico, aren't they?

1. Tus padres salieron para Puerto Rico._____

_____

2. Siempre pasan un mes allí._____

_____

3. Tú tienes una prima puertorriqueña._____

_____

4. Se llama Laura y es muy bonita._____

_____

5. Su casa está en el campo._____

_____

VIII. Write a complete Spanish sentence using the vocabulary provided.

1. *Nobody* prepares a breakfast like my mother.

_____

/ prepara / desayuno como / madre

2. My father and I *never* prepare breakfast.

_____

/ padre / preparamos / desayuno

3. But my sister takes *nothing* for breakfast.

_____

pero / hermana / toma para / desayuno

4. Your sister takes coffee, doesn't she?

_____

/ hermana toma café /

5. But your brother is still in bed, isn't he?

_____

/ hermano está todavía / cama /

IX. Oral Proficiency. Act your part, *tú*. Let a classmate act Rosalinda's part. (You may *later write* your completed script for additional practice.)

Situation: You receive a telephone call from your friend, Rosalinda. She is very angry. She gave a party in your honor, but you did not appear. You offer explanations for not showing up in *five* or more sentences.

Rosalinda: ¡Estoy muy enojada contigo!

Tú: _____

Rosalinda: ¡Nunca! ¡Nadie te va a creer nada de eso! ¡Adiós!

You may use your own or the following ideas: *How sorry you are! You never received the invitation. You knew nothing about the party! Nobody called you. You are innocent, not guilty. Right?*

EL PON DE LA MAÑANA

con Funky Joe y El Gangster

donde todo puede suceder

Lunes a viernes de 6 a 10 A.M.

Detalles

Poder Salsero en AM · Estereo

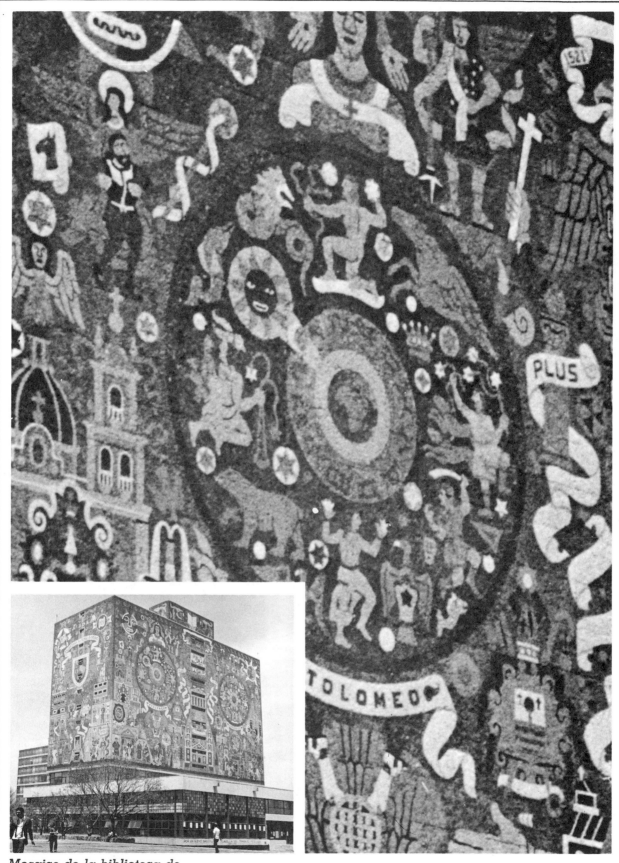

Mosaico de la biblioteca de
la Universidad Nacional de México.

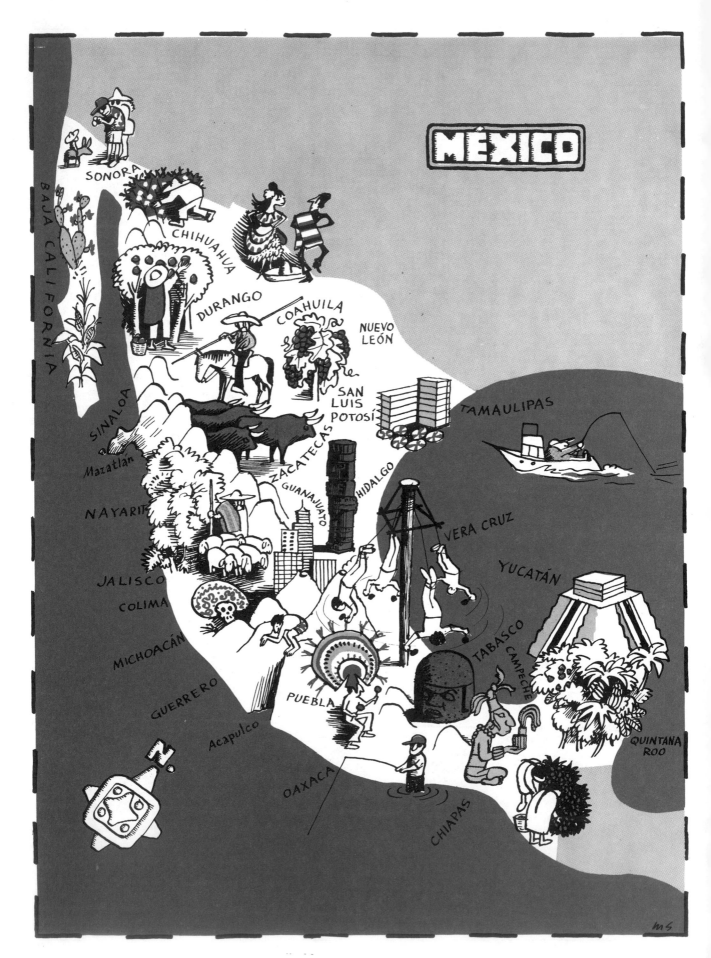

Culture Unit Five

¡Viva México!

Part One. Our Closest Latin-American Neighbor

México lindo y querido	Dear, beautiful Mexico
si muero lejos de ti	If I should die far from you
que digan que estoy dormido	Let them say that I'm sleeping
y que me traigan aquí	And have them bring me back here
	(canción popular)

Mexico is our good neighbor just to the south of the United States. Did you know some of these facts?

Mexico is a big country. In fact it's the 5th largest country in the western hemisphere with a territory of about one quarter that of the United States.

Mexico is a populous country. There are about 84 million people living there making it one of the world's largest. Its capital, Mexico City, with over 20 million inhabitants, is the largest city in Latin America and the largest Spanish-speaking city in the world.

Mexico is a potentially rich country. It possesses great mineral wealth. Recent petroleum discoveries promise to give the country even greater importance in world markets.

To cross the narrow **Río Bravo** or Rio Grande from Laredo, Texas, into Mexico, a simple tourist card is sufficient. Like so many of its *mestizo* (of Spanish and Indian parentage) inhabitants, Mexico reflects a mixture of European and Indian cultures. Unexpected remains of the former Aztec Empire are seen from the northern border cities to Mexico's central valley. In the southeastern Yucatán Peninsula are stone monuments of Mayan Indian heritage.

A. The Capital City

Mexico City — México, D.F. (Distrito Federal) — rests on the remains of the ancient Indian capital, Tenochtitlán, built by the Aztec Indians on Lake Texcoco. This underlying lake has proved to be an unsure foundation for many of Mexico City's modern buildings and has often delayed the construction of both a new subway system and the largest skyscraper in Latin America.

1. **Parque Chapultepec** is a center of amusement for the people of Mexico City, who take their children to its zoo, its museums, and its famous castle built by the Emperor Maximilian.

2. **Paseo de la Reforma** is the broad and beautiful tree-lined avenue that leads from Chapultepec Park to the elegant hotels and theaters of the city. The Paseo's large traffic circles bear statues and monuments commemorating great moments and leaders in Mexican history.

3. **El Zócalo** or **Plaza Mayor** is located at the end of Avenida Juárez, which is an extension of the Paseo de la Reforma. The enormous square contains several municipal and government buildings.

4. **Palacio de Bellas Artes** is both a museum and a theater for dance, opera, and concerts for both Mexican and international performances and exhibits.

5. **Basílica de Guadalupe** is the church of the patron saint of Mexico. Worshipers crawl on their knees at the entrance of the church of the Virgin of Guadalupe as an act of faith and to ask for her help.

6. **Xochimilco,** often called the "floating gardens" of the city, gives us some small idea of what life might have been like in the days of old Tenochtitlán, when Cortés first saw "the Venice of America."

B. Foods of Mexico

Mexican food is generally *picante* ("hot") because of the chili spice that is added for flavor. Corn, once the basis of Mayan agriculture and still a staple of many Mexican meals, is used in *tortillas* (corn pancakes). In most places the largest meal is eaten during the afternoon, since high temperatures and altitudes make digestion slower and sometimes more difficult.

1. **Chile** is a basic "hot" spice.

2. An **enchilada** is a rolled *tortilla* containing meat and "hot" sauce.

3. **Tortillas** are corn pancakes, eaten as often as bread is eaten in other countries.

4. **Frijoles** are brown beans, often mashed after cooking.

5. **Tamales** are rolled corn husks filled with meat and corn.

6. **Tacos** are folded *tortillas* filled with meat or chicken.

7. **Tequila** is an alcoholic drink made from the maguey plant.

8. **Chile con carne** is made of chopped meat and *frijoles,* cooked in sauce with chili peppers.

C. Climate and Clothing

The climate of Mexico, with its warm coastal areas, cold mountain ranges, and temperate interior *mesetas* (tableland), dictates whether woolen or cotton clothing is worn in the various parts of the country. The long afternoon rest or nap (*siesta*) is a Mexican custom that originated in Spain and other warm lands, where all midday activity pauses for relief from the day's heat.

1. The **sarape** is the blanket worn by men for protection against the sun or cold.

2. The **rebozo** is the woman's wool shawl.

3. The **sombrero** is the wide-brimmed hat, also offering shade or warmth.

4. **Huaraches** are leather sandals.

5. **Alpargatas** are hemp or cord sandals.

6. The **poncho** is a triangular woolen covering with an opening for the head to pass through. It is worn loosely on the shoulders.

7. The **charro** is a horseman whose elegant riding costume usually has a richly embroidered design and includes a matching hat.

8. The **china poblana** is the feminine companion of the *charro* and is dressed in a white blouse and colorful skirt, jacket, and hat, equal in elegance to the costume of the proud *charro*.

D. Products of Mexico

Most of the agricultural and energy resources come from the areas surrounding the central *meseta.* This heartland of Mexico, with four fifths of its inhabitants, would be powerless without the coal, petroleum, natural gas, and hydroelectricity of the outlying areas. Recent additional discoveries of oil and natural gas continue to make Mexico a major energy producer.

1. **Petroleum** production is a state-owned and -operated industry.

2. Cattle raising is a major industry, separate from agriculture, because of the importance of the **meat** and **hides.**

3. **Corn** (*maíz*) is the basic food of the Mexican meal and is the major agricultural product that south-central Mexico produces in sufficient quantity.

4. **Kidney beans, wheat,** and **cotton** are, after corn, the most widely planted crops.

5. **Henequén** is hemp from Yucatán.

6. **Silver** articles are stamped "9.25" to verify their content of "pure" or highest grade silver.

E. The Arts

The fusion of European, American, and native Indian tradition is seen in the work of Mexican artists and artisans.

1. **Painting.** Diego Rivera, Orozco, and Siqueiros are important muralists. They have depicted the history and culture of Mexico on the outside of the buildings of the University of Mexico City and on the walls inside theaters, hotels, and municipal buildings.

2. **Dance.** In the Palacio de Bellas Artes on Sundays, the *Jarabe Tapatío* (Mexican Hat Dance), as well as hundreds of Indian dances, are performed with elegance and spirit by the Ballet Folklórico.

3. **Music.** Carlos Chávez, former conductor of the *Orquesta Sinfónica de México,* has used the native rhythms and instruments in such music as his *Sinfonía India.* Augustín Lara, the composer of *Granada,* has become internationally known for many of his popular songs of Mexico.

4. **Instruments.** The *marimba* is similar to the xylophone. The *guitarra* is the universally known Spanish guitar. The *mariachi band* consists of varying combinations of violins, a large five-stringed guitar, a small guitar, and a small *arpa* (harp). This blend of strolling players may play *Las mañanitas* for a birthday, or serenade a *señorita.*

Exercises

I. Write the letter of the word that best identifies the word in *italics.*

1. *Chávez*   a. composer   b. painter   c. writer   d. singer   _____

2. *D.F.*   a. Zócalo   b. Texcoco   c. Tenochtitlán   d. Mexico City   _____

3. *tamales*   a. maguey   b. husks   c. poncho   d. songs   _____

4. *marimba*   a. mestizo   b. flute   c. horn   d. xylophone   _____

5. *tequila*   a. alcohol   b. corn   c. sandals   d. tortilla   _____

6. *Yucatán*   a. gulf   b. Maya   c. border   d. river   _____

7. *charro*   a. chili   b. hemp   c. theater   d. horseman   _____

8. *Texcoco*   a. sea   b. lake   c. mountain   d. garden   _____

II. Match the following items:

A. a. henequén   1. _____ spice

     b. sombrero   2. _____ sandals

     c. chile   3. _____ border

     d. alpargatas   4. _____ hemp

     e. Río Bravo   5. _____ hat

B. a. zócalo   1. _____ floating gardens

     b. Bellas Artes   2. _____ saint

     c. Xochimilco   3. _____ park

     d. Basílica   4. _____ theater

     e. Chapultepec   5. _____ town square

III. Write the letter of the word that best completes the statement.

1. The Mexican man wears a *sarape,* while the woman wears   _____
   a. *alpargatas*   b. a *rebozo*   c. a *poncho*   d. *huaraches*

2. To make *tacos* you need   _____
   a. *charros*   b. *zócalos*   c. *tortillas*   d. *henequén*

3. Carlos Cháves is the composer of   _____
   a. *Sinfonía India*   b. *Granada*   c. ballets   d. stories

4. "9.25" refers to an amount of   _____
   a. gold   b. silver   c. tin   d. zinc

5. Sandals made of hemp are called   _____
   a. *alpargatas*   b. *huaraches*   c. *charros*   d. *mantillas*

IV. Complete the following sentences from the selection below.

1. Mexico is a potentially richer nation because of recent discoveries of_____.

2. Mexico City was formerly called _____.

3. Hemp from Yucatán is called _____.

4. The basic ingredient in *tortillas* is_____.

5. The Indians who founded Mexico City were the _____.

6. In all Latin America, Mexico has the tallest _____.

7. The feminine counterpart of the *charro* is the _____.

8. Mexico's coastal climate is generally very_____.

Selection: **henequén, Tenochtitlán, corn, oil and natural gas, Aztecs, china poblana, warm, skyscraper.**

Part Two. Mexico's Story

A. Geography

Los Estados Unidos de México is the complete name of our North American neighbor, Mexico. Does Mexico's complete name for its 31 states remind you of the United States of America with its 50 states?

Mexico's triangular shape on the map is that of a horn of plenty that showers the country's mineral, agricultural, and industrial wealth on the world. Her great north-to-south mountains, **La Sierra Madre,** run in two branches — one eastern, one western — and join in the south, marking the triangle. Between these two branches lies the cool **Meseta** (high flatland) of **Anáhuac,** on which Mexico City is located, while southward, along the coasts, the climate changes from semitropical to tropical.

The variety of the scenery attracts tourists from every part of the world to modern seaside resorts like **Acapulco,** to charming cities, or to remote mountainside Indian villages, as well as to ancient Mayan pyramids in **Yucatán,** or to storied volcanoes, some ancient and legendary, some relatively new, like **Paricutín** (1943).

B. History

The story of the Mexican people tells of their successful struggle toward independence and freedom.

1. **Discovery, conquest,** and **colonization** span the first 300 years (1519–1810). The Spaniard **Hernán Cortés** arrives in 1519, claims the land for Spain and captures the Aztec **Emperor Moctezuma (Montezuma).** Two years later, **Cortés** returns to finish the destruction of the Aztec Empire. The land becomes a colony of Spain and is called **Nueva España** (New Spain). Other Spaniards follow; they intermarry with Indians and establish a **mestizo** (Spanish and Indian) nation under Spain's control.

2. **Independence from Spain** is not easily won. In 1810 a little-known parish priest, **Padre Miguel de Hidalgo,** urges his townspeople to revolt against Spain's harsh rule, for liberty, farming land, and "La Vírgen de Guadalupe." Not until 1821, however, do the defeated Spanish armies leave Mexico free and independent. **Miguel de Hidalgo** is loved as the "George Washington" of his country and is credited as its founder.

3. **Loss of Mexican territory** to its northern neighbor, the United States, begins with the secession and independence of Texas, which becomes a territory and later a state of the United States. In the years after the **Mexican War** (1845–48) under **General Santa Anna,** Mexico begins the loss of approximately one half of its territory, giving and later selling to the United States all its land north of the **Rió Bravo** (Rió Grande). This enormous Spanish-speaking area soon after becomes the present states of Arizona, California, Colorado, Nevada, and New Mexico.

4. **The civil war,** called the **War of the Reform** (1857–1860), is fought to protect the new **Reform Constitution** written by Mexico's president, **Benito Juárez,** born a poor Zapotec Indian. He wins the war and then fights again to rid Mexico of the foreign **Emperor Maximilian I,** sent by the French. Again, **Juárez** wins and unites the nation. **Benito Juárez** is the most revered name in Mexican history. Does he remind you of an American president of the same period?

5. **The troubled presidencies** continue for 60 years, into the 1920s. The Mexican people suffer, take sides, and hope again for land to farm and for liberty. How to stabilize this smaller Mexico under the democratic "Reform Constitution" is the problem of the martyred **President Francisco Madero,** who dies in the attempt. His idealism is well remembered, as are his two very unlike supporters, **Emiliano Zapata** and **Pancho Villa,** the guerrilla fighter heroes of Mexico.

6. **The stable democracy** develops gradually. In the last 50 years Mexico achieves a balanced democracy, internal peace, and a new prosperity. As the fifth-largest Latin-American country and one of the world's major suppliers of oil and natural gas, Mexico today takes an important place among modern nations.

Exercises

I. Match the following by writing the correct letter.

a. Meseta de Anáhuac

1. _____ seaside resort

b. Sierra Madre

2. _____ Mayan pyramids

c. Paricutín

3. _____ mountain chain

d. Acapulco

4. _____ flat highland

e. Yucatán

5. _____ new volcano

II. Complete by selecting the correct name from the group of names given below the exercise.

1. The Spanish explorer and conqueror of Mexico was _____.

2. The Aztec Emperor captured by Spanish soldiers was _____.

3. The father of his country's independence and the "George Washington" of Mexico was _____

_____.

4. An idealistic guerrilla fighter who supported **Franciso Madero,** the martyred president, was

_____.

5. The president of Mexico who was born a poor Zapotec Indian and who later preserved Mexico's unity during its civil war, like the American president, Abraham Lincoln, was

_____.

Selection: **Juárez, Santa Anna, Cortés, Hidalgo, Moctezuma, Zapata.**

III. Name five states of the United States that were once a part of Mexico's territory.

1. _____   3. _____

2. _____   4. _____

5. _____

Part Two
VOCABULARY

In costume for the Ponce Carnival, Puerto Rico

Part Two: Vocabulary

Unit 1

Las diversiones, la ciudad, los edificios

Las diversiones	*Amusements*	*La ciudad*	*City*
1. la canción	song	29. la avenida	avenue
2. el cine	movies	30. la calle	street
3. el circo	circus	31. la ciudad	city
4. el concierto	concert	32. la gente	people
5. el cuadro	picture	33. el parque	park
6. el cuento	story	34. la plaza	square, plaza
7. el disco	record	35. el pueblo	citizenry, people
8. la fiesta	party	36. el ruido	noise
9. el museo	museum	37. el subterráneo, el metro	subway
10. la música	music		
11. el paseo	walk	38. el trabajo	work
12. la película	movie		
13. el periódico	newspaper	39. hay	there is, there are
14. el programa	program	40. alegre; feliz	happy
15. la radio	radio	41. ancho	wide
16. la revista	magazine	42. bonito; lindo	pretty
17. el teatro	theater	43. hermoso	beautiful
18. la televisión	television		
19. el tocadiscos	record-player	44. para	in order to, for
20. asistir *a*	to attend	*Los edificios*	*Buildings*
21. bailar	to dance		
22. cantar	to sing	45. la casa	house
23. dar un paseo	to take a walk	46. la casa de pisos	apartment house
24. escuchar	to listen to		
25. llegar *a*	to arrive, come	47. el edificio	building
26. mirar	to look at, watch	48. la estación	station
27. necesitar	to need	49. el hospital	hospital
28. visitar	to visit	50. el hotel	hotel
		51. la iglesia	church
		52. el templo	temple
		53. ir	to go
		va	he (she, it) goes, you go

STUDY THE VOCABULARY BEFORE BEGINNING THE EXERCISES!

Exercises

I. Write the letter of the expression that helps to define the word in *italics*.

1. Un *cine* es _____
   a. un hotel   b. una iglesia
   c. una calle   d. un teatro

2. Un *hospital* es _____
   a. una fiesta   b. una avenida   c. un edificio   d. un parque

3. Un *concierto* es un programa de _____
   a. cuadros   b. películas   c. ruido
   d. música

4. Una persona *feliz* _____
   a. es bonita   b. está alegre   c. va al hospital   d. es alta

5. La *iglesia* es _____
   a. un ruido   b. un concierto   c. un museo   d. un templo

6. Una chica *bonita* es _____
   a. ancha   b. alta   c. linda
   d. grande

7. La *música* es _____
   a. ciudad   b. museo   c. canción
   d. ruido

8. El *pueblo* es _____
   a. ruido   b. gente   c. el subterráneo
   d. la casa de pisos.

9. Toda la *gente* de una ciudad es su _____
   a. pueblo   b. periódico   c. paseo
   d. plaza

10. La *avenida* es _____
    a. un ruido   b. una casa   c. un trabajo
    d. una calle

II. Write the letter of the word that best completes the sentence.

1. Miramos un programa en _____
   a. la radio   b. el paseo   c. la televisión   d. la canción

2. Para escuchar un disco necesitamos
   _____
   a. un periódico   b. un concierto
   c. un tocadiscos   d. un museo

3. Bailamos en _____
   a. el cine   b. la fiesta   c. el circo
   d. el subterráneo

4. Cantamos _____
   a. calles   b. altos   c. ruidos
   d. canciones

5. En el subterráneo hay muchas _____
   a. estaciones   b. avenidas
   c. ciudades   d. plazas

6. En las calles escuchamos muchos _____
   a. ruidos   b. paseos   c. templos
   d. circos

7. San Francisco es _____
   a. una ciudad   b. un parque   c. un pueblo   d. un cuento

8. En las revistas hay muchos _____
   a. periódicos   b. paseos
   c. hospitales   d. cuentos

9. Para ver una película vamos a _____
   a. un periódico   b. un cine   c. un hotel   d. una casa de pisos

10. En un día hermoso damos _____
    a. un periódico   b. un paseo   c. una iglesia   d. trabajo

11. Mucha gente usa el subterráneo para
    _____
    a. ir a otra ciudad   b. ir al trabajo
    c. ir a un hospital   d. ir a la calle

12. Hay cuentos en _____
    a. los tocadiscos   b. los edificios
    c. los conciertos   d. las revistas

13. Hay animales en _____
    a. el templo b. el museo c. el circo
    d. una calle

14. En la fiesta _____
    a. doy un paseo b. bailo y canto
    c. voy al templo d. necesito trabajo

15. Uso la televisión para _____
    a. mirar programas b. ir al teatro
    c. visitar casas d. asistir al circo

III. Write the best answer *completely in Spanish,* and circle the letter.

1. Yo pregunto: —¿Adónde va Vd. el domingo?

   Vd. contesta: —_____
   a. —Necesito el periódico.   c. —Doy una fiesta.
   b. —Miro el cuadro.   d. —Asisto a la iglesia.

2. Yo pregunto: —¿Qué usa la gente para llegar al trabajo?

   Vd. contesta: —_____
   a. —Usa la televisión.   c. —Llega a la estación.
   b. —Necesita el subterráneo.   d. —Visita el museo.

3. Yo pregunto: —¿Dónde dan ellos paseos?

   Vd. contesta: —_____
   a. —En el parque.   c. —En la estación.
   b. —En el programa.   d. —En el trabajo.

4. Yo pregunto: —¿Qué hay en los museos?

   Vd. contesta: —_____
   a. —Hay mucho ruido.   c. —Hay circos alegres.
   b. —Hay cuadros hermosos.   d. —Hay discos bonitos.

5. Yo pregunto: —¿Qué necesitan los circos?

   Vd. contesta: —_____
   a. —Usan animales.   c. —Dan paseos.
   b. —Miran hospitales.   d. —Necesitan películas.

6. Yo pregunto: —¿Qué edificio es alto?

   Vd. contesta: —_____
   a. —Asisto a un concierto.   c. —Voy a un cine.
   b. —Es un cuento.   d. —Es una casa de pisos.

7. Yo pregunto: —¿Qué son anchas?

   Vd. contesta: —_____
   a. —Las avenidas y las plazas. c. —Son los ruidos.
   b. —Cantamos canciones.   d. —Asistimos a las fiestas.

309

8. Yo pregunto: —¿Adónde va Vd. para escuchar música?

   Vd. contesta: —_____
   a. —Visito un hospital.   c. —Voy a un concierto.
   b. —Necesito un periódico.   d. —Miro una revista.

9. Yo pregunto: —¿Qué música escucha Vd. en la radio?

   Vd. contesta: —_____
   a. —Canto con el tocadiscos.   c. —Bailo en casa.
   b. —Hay muchos edificios.   d. —Es una canción alegre.

10. Yo pregunto: —¿Dónde escucha Vd. programas?

    Vd. contesta: —_____
    a. —Llego al hospital.   c. —Voy al subterráneo.
    b. —Escucho el ruido de la calle.   d. —Hay música linda en la radio.

IV. Complete by writing the most appropriate word selected from the list on the right.

1. Cuando visito otra ciudad voy a un_____   visitar

2. Mi padre necesita leer_____todos los días.   hotel

3. Cuando bailo y canto, estoy_____   necesitas

4. Necesitas_____al hospital si no estás bien.   llego

5. Voy a otra ciudad para_____a mi amigo.   feliz

6. _____mucha gente en el subterráneo.   ir

7. En el cine miramos_____   periódicos

8. Va a_____para mirar cuadros.   museos

9. _____a la clase para escuchar al profesor.   hay

10. Para escuchar tu música favorita_____discos.   películas

V. Write a logical answer in a complete Spanish sentence. Begin each answer with the words in parentheses.

Model: Cuando visitas otra ciudad   When you visit another
         ¿vas a *un hotel* o a *un*   city do you go to a hotel
         hospital?   (Voy)   or to a hospital?

         Voy a un hotel cuando   I go to a hotel when
         visito otra ciudad.   I visit another city.

1. ¿Necesitas un tocadiscos para escuchar música o para mirar la televisión? (Necesito)

_____

2. ¿Das un paseo en la plaza o en la casa? (Doy)

_____

3. ¿Asistes al cine para mirar un cuadro o una película? (Asisto)

_____

4. ¿Hay cuentos bonitos en el museo o en la revista? (Hay)

_____

5. ¿Vas al museo o al concierto para escuchar un programa de música? (Voy)

_____

6. ¿Usa la gente el subterráneo para llegar al trabajo o para ir a otra ciudad? (La gente)

_____

7. ¿Bailas y cantas en el subterráneo o en la fiesta? (Bailo y canto)

_____

8. ¿Miras cuadros o películas en el museo? (Miro)

_____

9. ¿Son los edificios altos casas de pisos o circos? (Los edificios)

_____

10. ¿Son hermosos los parques o los hospitales? (Los)

_____

11. ¿Hay muchas casas en los parques o en las avenidas? (Hay)

_____

12. ¿Escuchas ruido en el hospital o en el subterráneo? (Escucho)

_____

13. ¿Son anchas y bonitas las plazas o las estaciones del subterráneo? (Las)

_____

14. ¿Miras programas en la televisión o en la radio? (Miro)

_____

15. ¿Visitas al amigo en su casa o en el subterráneo? (Visito)

_____

Rivera, Diego.
Jacques Lipchitz (Portrait of a
    Young Man). 1914.
Oil on canvas, 25⅝ x 21⅝.
Collection, The Museum of
    Modern Art, New York.
Gift of T. Catesby Jones.

Marisol
Women and Dog. 1964
Wood, plaster, synthetic polymer
    paint and misc. items
Collection of the Whitney Museum
    of American Art, New York
Gift of the Friends of the
    Whitney Museum of
    American Art

Unit 2

La naturaleza, los animales, las estaciones, los meses, las fiestas

La naturaleza	Nature
1. el agua(f.)	water
2. el aire	air
3. el árbol	tree
4. el campo	country
5. el cielo	sky
*6. la estrella	star
7. la hierba	grass
*8. la luna	moon
9. la lluvia	rain
10. el mar	sea
11. la montaña	mountain
12. el monte	hill
13. el mundo	world
*14. la neblina	fog
15. la nieve	snow
*16. la nube	cloud
17. la playa	beach
18. el río	river
19. el sol	sun
20. el tiempo	weather
21. la tierra	land, earth
22. brillar	to shine
23. esperar	to wait for
24. solamente	only

Los animales	Animals
25. el animal	animal
26. el burro	donkey
27. el caballo	horse
28. el elefante	elephant
29. la gallina	hen
30. el gallo	rooster
31. el gato	cat
32. el león	lion
33. el pájaro	bird
34. el perro	dog
35. el puerco	pig
36. el tigre	tiger

Las estaciones	Seasons
39. la estación	season
40. el invierno	winter
41. el otoño	autumn
42. la primavera	spring
43. el verano	summer

Los meses	Months
44. el mes	month
45. el primer mes	the first month
46. abril	April
47. agosto	August
48. diciembre	December
49. enero	January
50. febrero	February
51. julio	July
52. junio	June
53. marzo	March
54. mayo	May
55. noviembre	November
56. octubre	October
57. septiembre	September

*Hay: **hay** estrellas, The stars are out; **hay** luna, The moon is out; **hay** neblina, It is foggy; **hay** nubes, It is cloudy.
Hay is used for *visible* phenomena in weather expressions.

Las fiestas	*Holidays*
58. el cumpleaños	birthday
59. el Día de Año Nuevo	New Year's Day
60. el Día de la Raza	Columbus Day
61. la Navidad	Christmas
62. la Pascua Florida	Easter
63. las vacaciones	vacation
64. ¡Feliz Año Nuevo!	Happy New Year!
65. ¡Feliz Cumpleaños!	Happy Birthday!
66. ¡Feliz Navidad!	Merry Christmas!
67. ¡Felices Pascuas!	Happy Easter!
68. ¡Igualmente!	the same to you!

STUDY THE VOCABULARY BEFORE BEGINNING THE EXERCISES!

Exercises

I. Write the letter of the expression that helps to define the word in *italics*.

1. *La lluvia* es _____ del cielo.
   a. el sol b. el agua c. la luna
   d. una estrella

2. *La playa* es _____
   a. hierba b. nieve c. neblina
   d. tierra y mar

3. *El verano* es la estación de _____
   a. mucho sol b. neblina c. nubes
   d. la Navidad

4. *Brillar* es una acción de _____
   a. los pájaros b. los burros c. las
   estrellas d. las nubes

5. *Esperar* es la acción de los niños para
   el día de _____
   a. su cumpleaños b. las lluvias
   c. las nubes d. la Raza

6. *El gallo* es _____
   a. un animal b. un pájaro c. una
   estación d. una fiesta

7. *Las vacaciones* son los días de _____
   a. sol b. fiesta c. lluvia
   d. neblina

8. *Un mes* es un período de _____
   a. siete días b. treinta días c. cuatro
   estaciones d. un año

9. *El invierno* es la estación de _____
   a. la nieve b. noviembre c. los ríos
   d. los montes

10. *El elefante* es un animal _____
    a. bonito b. fuerte c. doméstico
    d. rojo

II. Write the letter of the word that best completes the sentence.

1. Un animal que vive en nuestra casa
   es _____
   a. el caballo o el tigre b. el gato o el
   perro c. la gallina d. el gallo

2. Un animal doméstico es _____
   a. el burro b. el león c. el tigre
   d. el pájaro

3. Un animal muy fuerte es _____
   a. el perro b. el caballo c. el gato
   d. el puerco

4. Un animal que vive *solamente* en el
   campo es _____
   a. el puerco b. el gato c. el perro
   d. el pájaro

5. Mucha agua entra en el mar de _____
   a. los árboles   b. los meses   c. los
   ríos   d. las fiestas

6. En el árbol canta un _____
   a. puerco   b. perro   c. pájaro
   d. río

7. Donde hay mucha hierba es en _____
   a. el campo   b. las nubes   c. la luna
   d. la ciudad

8. No vemos bien cuando hay _____
   a. estrellas   b. luna   c. neblina
   d. sol

9. El primero de enero es el Día de _____
   a. la Navidad   b. la Pascua Florida
   c. la Raza   d. Año Nuevo

10. El 25 de diciembre es el Día de _____
    a. las Américas   b. la Navidad
    c. Año Nuevo   d. la Raza

III. Write the letter of the expression that is related to the word in *italics*.

1. Vamos *al mar*. _____
   a. a la hierba   b. a la tierra   c. a la
   playa   d. al cielo

2. *El otoño* es bonito. _____
   a. abril   b. septiembre   c. junio
   d. febrero

3. *El mundo* está bonito en la primavera.
   _____
   a. el animal   b. el agua   c. la fiesta
   d. la tierra

4. *La montaña* es alta. _____
   a. el mundo   b. el monte   c. el árbol
   d. la tierra

5. Hay *árboles* en el parque. _____
   a. nubes   b. estaciones   c. hierba
   d. luna

IV. Write the expression that forms the best rejoinder, and circle the letter.

1. Yo digo: —Es la Navidad.

   Vd. responde: —Entonces_____
   a. —Vd. es fuerte.   b. —¡Feliz Navidad!   c. —Es enero.   d. —¡Igualmente!

2. Yo digo: —¡Feliz Año Nuevo!

   Vd. responde: —_____
   a. —Vd. es feliz.   b. —¡Igualmente!   c. —¡Feliz Cumpleaños!   d. —El verano es bonito.

3. Yo digo: —Hoy es mi cumpleaños.

   Vd. contesta: —_____
   a. —¡Feliz Año Nuevo!   b. —¡Feliz Cumpleaños!   c. —Es un buen año.   d. —Tenemos
   las vacaciones.

4. Yo digo: —Estamos celebrando la Pascua Florida.

   Vd. responde: —_____
   a. —Tienen muchas playas.   b. —¡Felices Pascuas!   c. —Voy allá.   d. —¡Igualmente!

5. Yo digo: —¡Es una noche bonita!

   Vd. contesta: —Sí, _____
   a. el sol está muy fuerte.   b. es el invierno.   c. llueve mucho.   d. hay luna y estrellas.

315

V. Complete each sentence in Spanish.

1. La Navidad es en el mes de _____. 2. La Pascua Florida es en la estación de _____. 3. El Día de la Raza es en el mes de _____. 4. Los meses de _____, _____, y _____ son en la primavera. 5. El Día de Año Nuevo es en el mes de _____. 6. Noviembre es en la estación de _____. 7. _____ es la estación de mucha nieve. 8. Julio es en la estación de _____. 9. Los meses de _____, _____ y _____ son el verano. 10. Los meses de _____, _____, y _____ son el invierno.

VI. Write a factual answer in a complete Spanish sentence. To agree, rewrite the question as a statement. To disagree, place **no** before the verb in your statement.

1. ¿Hay mucha nieve en el invierno?

_____

2. ¿Esperan los niños la Navidad?

_____

3. ¿Brillan las estrellas en el cielo?

_____

4. ¿Hay nubes antes de la lluvia?

_____

5. ¿Es la gallina un animal fuerte?

_____

6. ¿Es puro el aire en el campo?

_____

7. ¿Son los leones y los tigres pájaros domésticos?

_____

8. ¿Hay luna cuando hay mucha neblina?

_____

9. ¿Son bonitas las vacaciones y las fiestas?

_____

10. ¿Está el mundo bonito en todos los tiempos y en todas las estaciones?

_____

Unit 3

El cuerpo, la salud, la ropa, las dimensiones

El cuerpo	*Body*	*La ropa*	*Clothing*
1. la boca	mouth	26. el abrigo	coat
2. el brazo	arm	27. la blusa	blouse
3. la cabeza	head	28. el bolsillo	pocket
4. la cara	face	29. los calcetines	socks
5. el cuerpo	body	30. la camisa	shirt
6. el dedo	finger	31. la cartera	purse, wallet
7. el diente, la muela	tooth	32. la corbata	tie
8. el estómago	stomach	33. la chaqueta	jacket
9. los labios	lips	34. el dinero	money
10. la lengua	tongue	35. la falda	skirt
11. la mano	hand	36. la gorra	cap
12. la nariz	nose	37. los guantes	gloves
13. el ojo	eye	38. las medias	stockings
14. la oreja	outer ear	39. los pantalones	trousers
el oído	inner ear	40. el pañuelo	handkerchief
15. el pelo	hair	41. la ropa	clothing
16. el pie	foot	42. la ropa interior	underwear
17. la pierna	leg	43. el sombrero	hat
18. besar	to kiss	44. el traje	suit
19. caminar	to walk	45. el traje de baño	bathing suit
20. comer	to eat	46. el vestido	dress
21. hablar	to speak	47. los zapatos	shoes
22. oír	to hear		
23. respirar	to breathe	48. llevar; usar	to wear
24. trabajar	to work	49. llevar	to carry
25. ver	to see	50. meter	to put in, to insert
		51. ponerse	to put on
		52. usar	to use

La salud	Health	Las dimensiones	Dimensiones
53. el dolor	pain	60. bajo	short (persons)
54. el dolor		(*anton.* alto)	(*anton.* tall, high)
. . . de cabeza	headache	61. corto	short (things)
. . . de muelas (dientes)	toothache	(*anton.* largo)	(*anton.* long)
. . . de estómago	stomachache	62. estrecho	narrow
55. la enfermedad	illness	(*anton.* ancho)	(*anton.* wide)
56. el resfriado	cold	63. pequeño	small, little
57. la salud	health	(*anton.* grande)	(*anton.* large, big)
58. sufrir	to suffer		
(estar)	to be		
59. enfermo	sick		
(estar) bien	(to be) well		

STUDY THE VOCABULARY BEFORE BEGINNING THE EXERCISES!

Exercises

I. Write the letter of the word that best completes the sentence.

1. En el bolsillo tengo un pañuelo y _____
   a. dinero b. ropa c. una chaqueta
   d. un dolor

2. Mi salud es buena. No tengo _____
   a. cabeza b. gorras
   c. enfermedades d. estómago

3. Llevas una blusa y _____
   a. un vestido b. una camisa
   c. un traje de baño d. una falda

4. El hombre usa camisa y _____
   a. vestido b. blusa c. falda
   d. corbata

5. La chaqueta y los pantalones
   forman _____
   a. una corbata b. un traje
   c. una cartera d. un abrigo

6. La mano tiene cinco _____
   a. dientes b. brazos c. pies
   d. dedos

7. En las manos usamos _____
   a. guantes b. medias c. abrigos
   d. gorras

8. Estoy bien. Tengo buena _____
   a. ropa b. salud c. enfermedad
   d. cabeza

9. Para respirar uso _____
   a. las piernas b. la lengua c. la nariz
   d. los ojos

10. Para escuchar uso _____
    a. los ojos b. los oídos c. la lengua
    d. la nariz

11. Para ver usamos _____
    a. los ojos b. las orejas c. los labios
    d. los pies

12. Para besar usamos _____
    a. los ojos b. las orejas c. los labios
    d. los pies

13. La cabeza es una parte del _____
    a. cuerpo b. dolor c. pie d. dedo

14. Los chicos usan calcetines; las chicas
    usan _____
    a. sombreros b. medias
    c. un traje de baño d. blusas

15. Los pantalones son grandes porque
    son _____
    a. hermosos y cortos b. bajos y
    estrechos c. cortos y estrechos
    d. largos y anchos

16. Para mi pie este zapato está muy _____
    a. estrecho b. negro c. alegre
    d. blanco

17. En el invierno debo llevar _____
    a. una cartera   b. un abrigo   c. un bolsillo   d. un traje de baño

18. Los dientes y las lenguas son partes _____
    a. de la boca   b. de la nariz   c. del traje   d. del pie

19. Los ojos y la nariz son partes _____
    a. del pelo   b. de la cara   c. de la ropa   d. de la mano

20. Uso el pañuelo para _____
    a. un dolor de estómago   b. un vestido   c. un resfriado   d. un abrigo

21. Si como mucho sufro un dolor de _____
    a. los bolsillos   b. los pies   c. estómago   d. los ojos

22. En el invierno los niños usan _____
    a. mucho dolor   b. mucha ropa interior   c. mucho dinero   d. mucha salud

23. En la cabeza tenemos _____
    a. un cuerpo   b. pelo   c. piernas   d. el estómago

24. Cuando *no* sufro estoy _____
    a. enfermo   b. malo   c. bien   d. cansado

25. Tomo aspirina para *no* _____
    a. respirar   b. sufrir   c. besar   d. oír

II. Write the letter of the word that is *related* to the *italicized expression* and that will keep the sentence meaningful.

1. Uso *los pies* para caminar. _____
   a. el pelo   b. los pantalones   c. las piernas   d. la cabeza

2. Uso *la boca* para hablar. _____
   a. el dolor   b. la salud   c. el cuerpo   d. la lengua

3. Uso *las manos* para trabajar. _____
   a. los brazos   b. la blusa   c. la nariz   d. el traje

4. Tengo el dinero en *los bolsillos*. _____
   a. los calcetines   b. la corbata   c. la cartera   d. el sombrero

5. En los pies llevo *calcetines*. _____
   a. zapatos   b. vestidos   c. camisas   d. pañuelos

6. En la cabeza llevo *el sombrero*. _____
   a. los guantes   b. la gorra   c. las medias   d. el abrigo

7. El usa *camisa* pero ella usa . . . _____
   a. ropa   b. dinero   c. cartera   d. blusa

8. Las piernas tienen *pies* como los brazos tienen . . . _____
   a. pelo   b. manos   c. cara   d. medias

9. Los dedos son partes *de la mano*, como la cara es parte . . . _____
   a. de la casa   b. del día   c. de la cabeza   d. de la ropa

10. Las casas *no* son *pequeñas* son . . . _____
    a. blancas   b. grandes   c. estrechas   d. bajas

III. Next to each word in the first column write the word from the second column that means its opposite. Write the corresponding letter before it.

1. *cabeza* _____   a. pantalones

2. *falda* _____   b. pequeño

3. *largo* _____   c. pies

4. *alto* _____   d. bajo

5. *grande* _____   e. corto

319

IV. Complete by writing the best selection from the following: **besar, caminar, comer, hablar, oír, respirar, trabajar, ver, meter dinero, ponerse el sombrero**

1. Usan los ojos para_____.

2. Usan los dientes para_____.

3. Usan la nariz para_____.

4. Usan los oídos para_____.

5. Usan los pies para_____.

6. Usan carteras para_____.

7. Usamos las manos para_____.

8. Uso la lengua para_____.

9. Usan los labios para_____.

10. Usan la cabeza para_____.

V. Write a *logical* answer in a complete Spanish sentence. (Begin each answer with the words in parentheses.)

Model: ¿Usan los chicos *una blusa* o *una camisa*?
Do boys wear a blouse or a shirt?

_____   **Los chicos usan una camisa.**
(Los chicos)   Boys wear a shirt.

1. ¿Usan las chicas vestidos lindos para *las fiestas* o para *la escuela*?

_____

(Las chicas)

2. ¿Usan los chicos corbatas con *trajes de baño* o con *camisas*?

_____

(Los chicos)

3. ¿Se ponen ellos el traje de baño para ir a *la playa* o a *la escuela*?

_____

(Ellos se ponen)

4. En el invierno ¿lleva Vd. mucha ropa en *las montañas* o en *el cine*?

_____

(Llevo)

5. ¿Mete Vd. un pañuelo en *el bolsillo* o en *la ropa interior*?

_____

(Meto)

Unit 4
Las flores, los colores, las frutas, los árboles

Las flores	Flowers	Las frutas	Fruit
1. el clavel	carnation	20. la cereza	cherry
2. la flor	flower	21. la fruta	fruit
3. el jardín	garden	22. el limón	lemon
4. la rosa	rose	23. la manzana	apple
5. el tulipán	tulip	24. la naranja	orange
6. la violeta	violet	25. la pera	pear
		26. la uva	grape

¿De qué color?	What color?	Los árboles	Trees
7. el color	color	27. el árbol	tree
8. amarillo	yellow	28. el arbusto	bush
9. anaranjado	orange	29. el cerezo	cherry tree
10. azul	blue	30. el limón	lemon tree
11. blanco	white	31. el manzano	apple tree
12. gris	gray	32. el naranjo	orange tree
13. morado	purple	33. el peral	pear tree
14. negro	black		
15. pardo	brown	34. da	bear, gives
16. rojo	red	dan	bear, give
17. rosado	pink		
18. verde	green	35. ¿Cuál?	Which? which one?
19. ¿De qué color es?	What color is it?		

STUDY THE VOCABULARY BEFORE BEGINNING THE EXERCISES!

Exercises

I. Complete each sentence in Spanish. Use the article **el** or **la.**

1. La fruta del naranjo es_____.

2. La fruta del peral es_____.

3. La fruta del manzano es_____.

4. La fruta del cerezo es _____.

5. La fruta del limón es_____.

II. Write the most appropriate color to complete the sentence, and then circle the letter.

1. La rosa es_____.
   a. negra b. azul c. verde
   d. blanca

2. La pera es_____.
   a. parda b. negra c. gris d. blanca

3. La violeta es_____.
   a. azul b. roja c. negra d. parda

4. El tulipán es_____.
   a. morado b. azul c. gris d. verde

5. *No* hay fruta *ni* flor del color_____.
   a. anaranjado b. negro c. rosado
   d. verde

321

III. Write an answer in a complete Spanish sentence, using the most appropriate expression.

1. ¿Qué da el jardín?_____
   a. ropa   b. flores   c. animales   d. fiestas

2. ¿Qué da el árbol?_____
   a. fruta   b. uvas   c. perales   d. violetas

3. ¿Qué da el arbusto?_____
   a. pájaros   b. árboles   c. manzanas   d. rosas

4. ¿Cuál es una flor?_____
   a. el arbusto   b. el tulipán   c. el árbol   d. el limón

5. ¿Cuál es azul?_____
   a. la rosa   b. la violeta   c. la naranja   d. el jardín

6. ¿Cuál es verde?_____
   a. la hierba   b. el naranjo   c. el clavel   d. la violeta

7. ¿Cuál es blanco?_____
   a. el clavel   b. el jardín   c. el limón   d. el peral

8. ¿Cuál es rosada?_____
   a. la flor   b. la naranja   c. la pera   d. la manzana

9. ¿Cuál es morada?_____
   a. la uva   b. la naranja   c. la pera   d. la manzana

10. ¿Cuál está gris o azul?_____
   a. el cielo   b. el elefante   c. el clavel   d. el peral

IV. a. Write a complete QUESTION for each noun, beginning with **¿De qué color es_____?**

b. Then write an ANSWER in a complete Spanish sentence giving the most usual color for that noun.

Model: ¿la pizarra? **¿De qué color es la pizarra?**   **La pizarra es negra.**
          What color is the blackboard?   The blackboard is black.

1. ¿el elefante?_____

_____

2. ¿la hierba?_____

_____

3. ¿el limón?_____

_____

4. ¿la cereza?_____

_____

5. ¿la naranja?_____

V. Complete in Spanish.

1. a. Ana dice: —¿_____ es tu flor favorita? (Which)

   b. Luis responde: —Todas las _____ son mis favoritas. (flowers)

2. a. Ana dice: —Pero ¿_____es la flor que prefieres? (What color?)

   b. Luis responde: —Prefiero el clavel _____ (pink).

3. a. Ana dice: —En mi_____ hay _____que _____muchas
   peras y muchas _____ (garden/ trees/give/cherries)

   b. Luis responde: —Lo sé. Yo como la fruta de tu _____ _, de tu
   _____ y de tu _____. (cherry tree/ pear tree/ apple tree)

4. a. Ana dice: —También, hay varios _____ pero no tengo _____.
   (bushes/orange trees)

   b. Luis responde: —Así, tengo que comprar _____ que
   deseo. (the oranges)

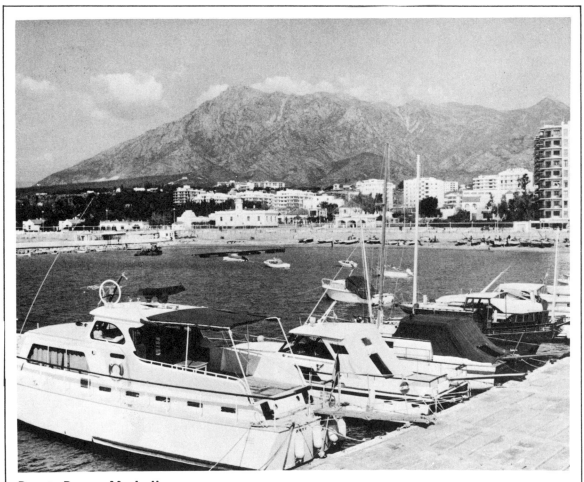

Puerto Banas, Marbella
Courtesy Tourist Office of Spain

Unit 5

La lección, los días

La lección	*The Lesson*			
1. el cuaderno	notebook		25. correcto	correct
2. el dictado	dictation		26. difícil	difficult
3. el ejercicio	exercise		27. fácil	easy
4. el examen	test			
5. la falta	mistake		28. correctamente	correctly
6. la frase	sentence		29. con faltas	with mistakes
7. el grabado	picture		30. sin	without
8. el lápiz	pencil		31. sin faltas	without mistakes
9. la lección	lesson			
10. el libro	book		*Los días*	*Days*
11. la página	page			
12. la palabra	word		32. el día	day
13. el papel	paper		33. la semana	week
14. el párrafo	paragraph		34. el fin de semana	weekend
15. la pluma	pen		35. (el) domingo	Sunday
16. la pregunta	question		36. (el) lunes	Monday
17. la respuesta	answer		37. (el) martes	Tuesday
18. la tarea	homework		38. (el) miércoles	Wednesday
19. el trabajo	work, homework		39. (el) jueves	Thursday
			40. (el) viernes	Friday
20. contestar	to answer		41. (el) sábado	Saturday
21. escribir	to write			
22. explicar	to explain			
23. preguntar	to question			
24. responder	to answer			

STUDY THE VOCABULARY BEFORE BEGINNING THE EXERCISES!

Exercises

I. Write the letter of the expression that helps to define the word in *italics*.

1. Muchas *páginas* son _____
   a. una palabra   b. un libro   c. una frase   d. una pluma

2. Muchas *frases* son _____
   a. un párrafo   b. un día   c. un lápiz   d. una semana

3. Muchas *palabras* son _____
   a. una pluma   b. un día   c. una frase   d. un fin de semana

4. Muchos *grabados* son para _____
   a. comer   b. beber   c. escuchar   d. explicar

5. Un *cuaderno* tiene muchas _____
   a. días   b. lápices   c. grabados   d. páginas

6. Un *día* es _____
   a. cuatro semanas   b. veinte y cuatro horas   c. diez años   d. doce meses

7. Un *ejercicio* tiene muchas _____
   a. tareas   b. preguntas   c. lecciones   d. semanas

8. La *semana* tiene _____
   a. un mes   b. dos años   c. siete días   d. una falta

9. *Contestar* es _____
   a. ir   b. dar   c. responder   d. preguntar

10. El *lápiz* es para _____
    a. respirar   b. escribir   c. oír   b. caminar

II. Write the letter of the expression that is *related* to the word(s) in *italics* and that keeps the sentence meaningful.

1. Para escribir uso *un lápiz.* _____
   a. una pluma   b. una respuesta
   c. un sábado   d. faltas

2. Escribo en *el papel.* _____
   a. el cuaderno   b. la lección   c. el grabado   d. la falta

3. Siempre preparo *el trabajo* en casa. _____
   a. la palabra   b. el examen   c. la tarea   d. la frase

4. El examen está *sin faltas.* _____
   a. difícil   b. estrecho   c. grande
   d. correcto

5. Escriben *sin faltas.* _____
   a. correctamente   b. con pluma
   c. con lápiz   d. el fin de semana

6. La página tiene tres *ejercicios.* _____
   a. libros   b. dictados   c. lápices
   d. cuadernos

7. La alumna *responde* bien. _____
   a. contesta   b. escribe   c. estudia
   d. lee

8. Estudiamos del *cuaderno.* _____
   a. mes   b. domingo   c. libro
   d. trabajo

9. El *párrafo* es fácil. _____
   a. la pluma   b. el lápiz   c. el lunes
   d. la lección

10. Las *preguntas* son difíciles. _____
    a. los días   b. los exámenes   c. los grabados   d. las plumas

III. Write the letter of the expression that best completes the sentence.

1. El fin de semana es _____
   a. viernes y sábado   b. lunes
   c. sábado y domingo   d. domingo y lunes

2. El primer día de escuela es _____
   a. viernes   b. sábado   c. miércoles
   d. lunes

3. Voy a la iglesia el _____
   a. lunes   b. día   c. domingo
   d. martes

4. No hay escuela el _____
   a. jueves   b. fin de semana   c. lunes
   d. viernes

5. En una frase hay muchas _____
   a. páginas   b. plumas   c. papeles
   d. palabras

6. Para la tarea escribimos _____
   a. un ejercicio   b. un libro   c. una revista   d. un periódico

7. Escribimos en _____
   a. la pluma   b. el papel   c. el lápiz
   d. el grabado

8. Escribo el examen sin _____
   a. papel   b. respuestas   c. faltas
   d. escribir

9. *No* escribimos en _____
   a. el examen   b. el cuaderno   c. el grabado   d. el papel

10. Hay siete días en _____
    a. la lección   b. la semana   c. el ejercicio   d. el fin de semana

325

IV. Write the missing day in order of sequence.

1. Lunes, martes y _____. 2. Viernes, _____ y domingo.

3. _____ y viernes. 4. _____, sábado y _____.

5. Domingo, _____ y _____.

V. Write the letter of the expression which is the *opposite* in meaning to the word in *italics*.

1. *fácil* a. corto b. pequeño c. difícil d. correcto   ____

2. *pluma* a. respuesta b. viernes c. lápiz d. examen   ____

3. *pregunta* a. falta b. respuesta c. fin   d. ejercicio ____

4. *contestar* a. preguntar b. escribir c. explicar d. responder ____

5. *con*   a. de   b. para c. en   d. sin   ____

VI. Write a logical answer in a complete Spanish sentence. Begin each answer with the word(s) in parentheses.

1. ¿Escribe Vd. en el cuaderno con lápiz o en el lápiz con cuaderno?

_____

(Escribo)

2. ¿Escribe Vd. en el grabado o en el cuaderno?

_____

(Escribo)

3. Si Vd. contesta correctamente ¿contesta Vd. con faltas o sin faltas?

_____

(Contesto)

4. Si la lección es fácil ¿es también fácil o difícil el examen?

_____

(El examen)

5. Si el párrafo es difícil ¿es también difícil o fácil el ejercicio?

_____

(El ejercicio)

6. Si completo el trabajo los cinco días de la semana ¿hay mucho o poco trabajo para el fin de semana?

_____

(Hay)

7. Cuando todas las páginas están correctas ¿está <u>correcto</u> o <u>incorrecto</u> el libro?

_____

(El libro)

8. Si la profesora explica la lección muy bien, ¿es <u>fácil</u> o <u>difícil</u> la tarea?

_____

(La tarea)

9. Si el profesor de inglés pregunta en inglés, ¿responde Vd. en <u>inglés</u> o en <u>español</u>?

_____

(Respondo)

10. Si la profesora de español pregunta en español, ¿contesta Vd. en <u>español</u> o en <u>italiano</u>?

_____

(Contesto)

El Alcazar y vista, Toledo
Courtesy Tourist Office of Spain

Unit 6

Los alimentos, las comidas, la mesa

Los alimentos	*Foods*	*Las comidas*	*Meals*
1. el agua	water	28. el almuerzo	lunch
2. el azúcar	sugar	29. la cena	supper
3. el café	coffee	30. la comida	meal, dinner
4. la carne	meat	31. el desayuno	breakfast
5. el chocolate	chocolate, hot chocolate	32. el mozo, el camarero	waiter
6. la ensalada	salad	33. el restaurante	restaurant
7. la gaseosa	soda		
8. el huevo	egg	34. preparar	to prepare
9. la leche	milk	35. servir;	to serve;
10. la legumbre	vegetable	sirve	he (she) serves, you serve
11. la mantequilla	butter		
12. el pan	bread	36. ¡Buen provecho!	Hearty appetite!
13. la patata, la papa	potato		
14. el pescado	fish	*La mesa*	*The table*
15. la pimienta	pepper		
16. el postre	dessert	37. la copa	goblet; wine glass
17. el queso*	cheese	38. la cuchara	spoon
18. la sal	salt	39. la cucharita	teaspoon
19. la sopa	soup	40. el cuchillo	knife
20. el té	tea	41. el mantel	tablecloth
21. el vino	wine	42. el platillo	saucer
22. beber	to drink	43. el plato	dish
23. comer	to eat	44. la servilleta	napkin
		45. la taza	cup
24. delicioso	delicious	46. el tenedor	fork
		47. el vaso	glass
25. con	with		
26. café con leche	coffee regular	48. cortar	to cut
27. pan con mantequilla	bread and butter	49. desear	to wish, want
		50. tomar	to take, consume

*El queso (cheese) is served as dessert in Spain.

51. poner la mesa — to set the table

En el restaurante los camareros nos sirven una comida deliciosa. — ¡Buen provecho!

STUDY THE VOCABULARY BEFORE YOU BEGIN THE EXERCISES!

Exercises

I. Write the letter of the expression that best completes the definition.

1. Usamos una taza para tomar _____
   a. patatas   b. queso   c. ensalada
   d. té

2. El cuchillo es para _____
   a. beber   b. cortar   c. servir
   d. tomar

3. Usamos un platillo para _____
   a. un vaso   b. una copa   c. una taza
   d. un plato

4. La cucharita es para tomar _____
   a. carne   b. azúcar   c. sopa
   d. mantequilla

5. El tenedor es para comer _____
   a. leche   b. sopa   c. pescado
   d. mantequilla

6. La patata es _____
   a. un platillo   b. una legumbre   c. un
   postre   d. un pescado

7. El camarero, quien sirve la comida en
   un restaurante, es _____
   a. la madre   b. el profesor   c. el
   mozo   d. el alumno

8. La primera comida del día es _____
   a. el almuerzo   b. el desayuno   c. la
   comida   d. la cena

9. El vaso es para tomar _____
   a. agua   b. cuchillos   c. pimienta
   d. queso

10. El vino en una copa es como la gaseosa
    en _____
    a. un plato   b. un platillo   c. un
    mantel   d. un vaso

II. Write the letter of the expression that best completes the sentence.

1. Cuando deseo comer, voy a _____
   a. la escuela   b. un restaurante   c. la
   clase de español   d. un jardín

2. Cuando el camarero me sirve, digo: _____
   a. —No hay de qué   b. —Hoy es
   domingo   c. —Buenos días
   d. —Gracias

3. El postre es _____
   a. primero   b. una sopa   c. al fin de
   la comida   d. la cena

4. Para poner la mesa, _____
   a. como pan   b. sirvo postre   c. bebo
   leche   d. preparo el mantel

5. A las once de la noche tomo _____
   a. sal y pimienta   b. el desayuno
   c. el almuerzo   d. la cena

6. Usamos sal y pimienta con _____
   a. el té   b. el café   c. la gaseosa
   d. la carne

7. Tomamos la sopa con _____
   a. un tenedor   b. una cucharita
   c. una cuchara   d. un cuchillo

8. A la una de la tarde tomo _____
   a. el desayuno   b. el almuerzo   c. la
   cena   d. la comida

9. Para beber tomo _____
   a. pescado   b. carne   c. un chocolate
   d. ensalada

10. Para el desayuno tomo _____
    a. huevos   b. una copa de vino
    c. una ensalada   d. un postre

329

11. Para postre, el español toma _____
    a. queso b. sopa c. carne
    d. mantequilla

13. Tomo pan cuando deseo _____
    a. beber b. bailar c. comer
    d. escribir

12. Pongo mantequilla en _____
    a. la ensalada b. el pan c. el café
    d. el camarero

14. Tomo agua cuando deseo _____
    a. beber b. servir c. escuchar
    d. comer

15. Pongo la mesa con el mantel y _____
    a. el restaurante b. la cena
    c. servilletas d. el postre

III. Write the entire appropriate rejoinder, and then circle its letter.

1. Mi hermana dice: —Yo pongo la mesa.

    Yo respondo: —Entonces, _____

    a. yo sirvo la comida
    b. es delicioso
    c. ¡buen viaje!
    d. ¡feliz cumpleaños!

2. Yo digo: —La comida está deliciosa.

    Mi madre dice: —_____

    a. Feliz Navidad
    b. ¡Buen provecho!
    c. ¡Buen viaje!
    d. ¡Igualmente!

3. Mi amigo dice: —Deseo beber algo con la comida.

    Yo digo: —¡Tome_____!

    a. un plato de carne
    b. una copa de vino
    c. una cucharita de azúcar
    d. un poco de sal

4. Yo digo: —Deseo comer.

    El mozo responde: —¡Tome_____!

    a. un vaso de gaseosa
    b. una taza de café con leche
    c. una taza de té con limón
    d. pan con mantequilla

5. El mozo me pregunta: —¿Qué legumbre desea Vd.?

    Yo respondo: —_____

    a. Unas patatas deliciosas
    b. Una comida deliciosa
    c. Deseo tenedores
    d. Vd. necesita una taza con platillo

IV. Write a *logical* answer in a complete Spanish sentence. Begin each answer with the word(s) in parentheses.

1. ¿Toma Vd. té con *sal* o con *limón*?   (Tomo)

2. ¿Prepara Vd. una ensalada con *leche* o con *legumbres*?   (Preparo)

_____

3. ¿Toman los españoles con la comida *una copa de vino* o *un vaso de agua*?   (Los españoles)

_____

4. ¿Para el postre sirven queso los *españoles* o los *norteamericanos*?   (Los . . .)

_____

5. ¿Dice el camarero —Buen *provecho*— o —Buen *viaje*— cuando comemos? (El camarero)

_____

V. Write an affirmative answer in a complete Spanish sentence giving the Spanish equivalent of the words in parentheses. Topic: **Pongo la mesa** — *I set the table*

1. ¿Con qué pone Vd. la mesa? (knives, forks, teaspoons, salt and pepper)

_____

2. ¿Qué no come la familia hoy con la comida? (soup)

_____

3. ¿Qué sirve su madre? (a dish of salad and dessert)

_____

4. ¿Qué desea su padre? (coffee regular); y ¿qué desea Vd.? (a glass of soda)

_____

5. ¿Qué bebe el gato? (a saucer of milk)

_____

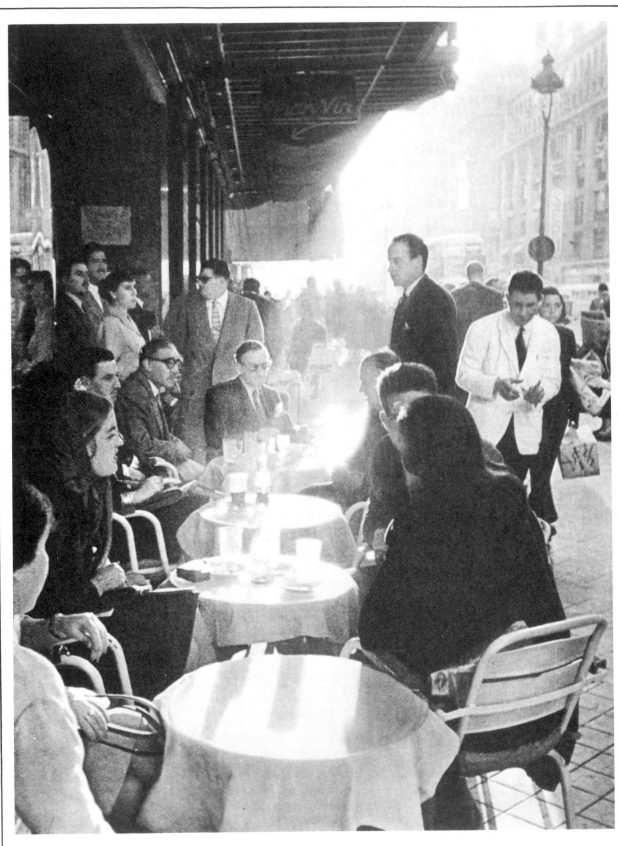

Una tarde en el café.
One of Madrid's many sidewalk cafes.

Unit 7

La familia, los amigos, el trabajo: descripciones

La familia	*Family*
1. la abuela	grandmother
2. el abuelo	grandfather
3. los abuelos	grandparents
4. la esposa	wife
5. el esposo	husband
6. la familia	family
7. la hermana	sister
8. el hermano	brother
9. los hermanos	brother and sister
10. la hija	daughter
11. el hijo	son
12. los hijos	children
13. la madre	mother
14. la nieta	granddaughter
15. el nieto	grandson
16. los nietos	grandchildren
17. el padre	father
18. los padres	parents
19. el pariente	relative *(masc.)*
20. la pariente	relative *(fem.)*
21. la prima	cousin *(fem.)*
22. el primo	cousin *(masc.)*
23. la sobrina	niece
24. el sobrino	nephew
25. la tía	aunt
26. el tío	uncle

Descripciones	*Descriptions*
27. alegre; feliz	happy
28. bueno	good
29. cansado	tired
30. débil	weak
(*anton.* fuerte)	(strong)
31. feo	ugly
(*anton.* hermoso)	beautiful
32. inteligente	intelligent
33. joven	young
34. malo	bad
35. mayor	older
36. menor	younger
37. moreno	brunette
38. perezoso	lazy
(*anton.* diligente)	hard-working
39. pobre	poor
40. rico	rich
41. rubio	blond

42. simpático	nice, congenial
43. triste	sad
44. viejo	old

Los amigos	*Friends*
45. la amiga	friend *(fem.)*
46. el amigo	friend *(masc.)*
47. el hombre	man
48. la mujer	woman
49. la muchacha; la chica	girl
50. el muchacho; el chico	boy
51. el señor	gentleman; man
52. la señora	lady; woman
53. la señorita	young lady
54. la vecina	neighbor *(fem.)*
55. el vecino	neighbor *(masc.)*

El trabajo	*Occupations*
56. el abogado	lawyer
57. el ama de casa	housewife
58. el campesino	farmer
59. el carnicero	butcher
60. el científico	scientist
61. el comerciante	merchant
62. el chófer	chauffeur
63. la enfermera	nurse
64. el ejército	army
65. el jefe	chief, boss, head
66. el médico	doctor
el doctor	
(title)	
67. el panadero	baker
68. el piloto	pilot
69. el presidente	president
70. el profesor	teacher *(masc.)*
71. la profesora	teacher *(fem.)*
72. el sastre	tailor
73. la secretaria	secretary
74. el soldado	soldier
75. cuidar	to take care
76. enseñar	to teach
77. manejar	to drive
78. trabajar	to work
79. vender	to sell

STUDY THE VOCABULARY *BEFORE* BEGINNING THE EXERCISES!

Exercises

I. Write the *word* that best completes the definition, and circle the letter.

1. El _____ enseña.
   a. sastre b. profesor c. presidente
   d. carnicero

2. El _____ maneja el automóvil.
   a. piloto b. abogado c. campesino
   d. chófer

3. El _____ vende carne.
   a. ejército b. abogado
   c. campesino d. carnicero

4. El _____
   trabaja en un laboratorio.
   a. comerciante b. nieto c. científico
   d. chófer

5. El _____ hace trajes.
   a. panadero b. soldado c. abogado
   d. sastre

6. El _____ vende pan.
   a. carnicero b. abogado
   c. panadero d. piloto

7. El _____ cultiva tierra.
   a. soldado b. campesino c. sastre
   d. ejército

8. La _____ cuida a los enfermos.
   a. profesora b. secretaria
   c. maestra d. enfermera

9. El _____ maneja un avión.
   a. comerciante b. abogado
   c. panadero d. piloto

10. El _____ trabaja con cosas
    legales.
    a. campesino b. científico
    c. médico d. abogado

11. El _____ vende.
    a. médico b. soldado
    c. comerciante d. científico

12. El _____ está en el ejército.
    a. abogado b. doctor c. enfermera
    d. soldado

13. El _____ es el jefe de la nación.
    a. soldado b. presidente
    c. comerciante d. médico

14. El _____ cura a los enfermos.
    a. médico b. sobrino c. tío
    d. carnicero

15. El _____ de la familia es el padre.
    a. primo b. vecino c. jefe d. hijo

II. Complete with an appropriate word selected from the group below the exercise. (p. 335).

1. La hermana de mi padre es mi_____. 2. La hija de mi tía es mi

_____. 3. La madre de mi padre es mi_____. 4. Yo soy el

_____de mi abuelo. 5. Mi hermano es el_____de mi madre.

6. El esposo de mi madre es mi_____. 7. La hija de mi padre es mi

_____. 8. Todas las personas de mi familia son mis_____.

9. Yo soy el_____de mi tío. 10. Mi madre es nuestra_____

de casa. 11. Las señoras que viven cerca de mi casa son mis_____. 12. Las

muchachas con quienes voy a la escuela son mis_____. 13. Mi madre es

la_____de mi padre. 14. El padre de mi madre es mi_____.

15. El hijo de mi madre es mi_____.

Selection: **abuelo, ama, amigas, nieto, esposa, hermana, padre, tía, sobrino, hermano, abuela, parientes, prima, vecinas, hijo.**

III. Write the *feminine word that is related to the word in italics.*
   Model: Si el padre de mi padre es mi **abuelo,** la madre de mi padre es mi **abuela.**
   If my father's father is my **grandfather,** my father's mother is my **grandmother.**

1. Si mi tío es un *hombre,* mi tía es una _____.

2. Si mi padre es un *señor,* mi madre es una_____.

3. Si mi vecino es un *padre,* mi vecina es una_____.

4. Si mi tío es *profesor,* mi tía es_____.

5. Si mi primo es *el pariente,* mi prima es_____.

IV. Write a *Spanish word* that is *based on the word in italics.*
   Model: *trabajo*   *trabajador*
            work   worker

1. *pan* _____   3. *enfermo* _____   5. *comercio* _____

2. *carne* _____   4. *ciencia* _____   6. *campo* _____

335

V. Complete the exercise from the selection below (p. 336).

1. La buena secretaria_____en la oficina. 2. Nuestra ama de casa

_____bien nuestra casa. 3. La profesora Martínez y el profesor Ortega

_____a la clase. 4. El panadero y los otros comerciantes_____

muchos productos. 5. Las mujeres_____un bonito automóvil.

Selection: **manejan, cuida, venden, enseñan, trabaja.**

VI. Complete with the *opposite* of the word in *italics*.

1. Mi amigo Luis no es una *muchacha;* es un_____. 2. Él no es *rico;* es

_____. 3. Pero él no es *feo;* es_____. 4. Es *rubio;* no es

_____. 5. Luis no es *viejo;* es_____. 6. Luis es *menor*

porque tiene un hermano_____. 7. Luis no es un muchacho *perezoso;* es

_____. 8. No es *malo;* es_____. 9. Él está cansado y *débil*

hoy; no está_____. 10. Así, no está *alegre;* está_____.

VII. Complete in Spanish.

1. En fin, Luis es un chico_____(intelligent) y_____(nice).

2. En la_____(family) de Luis, él solamente es_____(blond),

pero no es_____(ugly). 3. Luis es el_____(friend) de la

_____(young lady), María, una_____(girl) de su clase.

4. Ella es una buena_____(secretary) y la_____(neighbor)

de sus_____(parents). 5. Luis no es_____(lazy) ni

_____(bad). 6. Pero hoy está enfermo y_____(tired).

7. Luis cree que está_____(weak) y_____(old). 8. Así,

María no está_____(happy). 9. Mañana el_____(Doctor)

López va a llegar. 10. Él es un_____(doctor) muy bueno y un_____

(man) muy_____(rich).

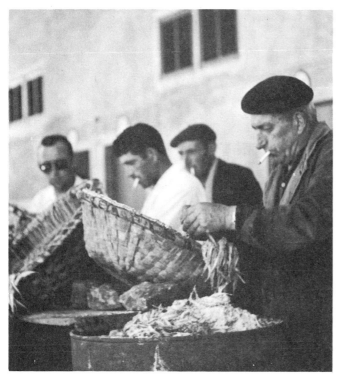

Vigo (Pontevedra). Cebos de pesca

Granada. La Alcaiceria

VIII. Complete the rejoinder by writing the appropriate Spanish expression. Circle its letter.

1. Yo digo: —No desean trabajar.

   Vd. contesta: —Claro. Son_____
   a. simpáticos   b. perezosos   c. feos   d. inteligentes

2. Yo digo: —Aprendes rápidamente.

   Tú contestas: —Gracias. ¿Soy_____?
   a. inteligente   b. mayor   c. perezoso   d. pobre

3. Yo digo: —María tiene dos años y yo tengo diez.

   Vd. contesta: —Entonces María es_____
   a. mayor   b. vieja   c. rica   d. menor

4. Yo digo: —Juan tiene once años y Pedro tiene quince.

   Vd. contesta: —Entonces Pedro es _____
   a. menor   b. mayor   c. joven   d. viejo

5. Yo digo: —Tú estás enfermo.

   Tú contestas: —Sí, estoy muy_____
   a. rubio   b. alegre   c. fuerte   d. débil

IX. Write a *logical* answer in a complete Spanish sentence.

1. ¿Es su abuelo *joven* o *viejo*?

   _____

2. ¿Es su nieta *joven* o *vieja*?

   _____

3. ¿Es *el vecino* o *la vecina* jefe de la familia?

   _____

4. ¿Es *el presidente* o *la secretaria* jefe de la compañía?

   _____

5. ¿Están *muchos hombres* o *muchas mujeres* en el ejército?

   _____

X. Write the Spanish equivalent. (Omit **un** and **una.** Use **mi, su, sus,** as needed.)

1. My older brother is a soldier._____

2. My grandfather is a farmer._____ 3. His

niece is a teacher._____ 4. His granddaughter

is a secretary._____ 5. My uncle is a doctor

and a scientist._____ 6. His

younger daughter is a housewife._____

7. Their nephews arc lawyers._____

8. Their cousins are chauffeurs._____

9. Their friends are tailors and merchants. _____

_____ 10. Their neighbors are butchers and bakers. _____

El Morro, the fortress built to protect San Juan,
Puerto Rico, in the sixteenth century

Unit 8

Las tiendas, ¿cuánto?

Las tiendas	*Stores*		*¿Cuánto?*	*How much?*
1. la bodega	grocery store		16. bastante	enough
2. la carnicería	butcher shop		17. demasiado	too much
3. los comestibles	groceries		18. más	more
4. el dinero	money		19. menos	less
5. la farmacia	pharmacy		20. mucho	a great deal
6. la oficina	office		21. muchos, —as	many
7. la panadería	bakery		22. muy	very
8. el precio	price		23. poco	little, a small amount
9. la ropería	clothing store		24. varios, —as	several
10. la tienda	store		25. ¿Cuánto cuesta?	How much is it?
11. el supermercado	supermarket		¿Cuánto vale?	
12. la zapatería	shoe store			
13. comprar	to buy			
14. vender	to sell			
15. cuesta; vale	it costs			

STUDY THE VOCABULARY BEFORE BEGINNING THE EXERCISES!

Exercises

I. Complete the sentence naming the appropriate store in Spanish.

1. Para comprar voy a una_____. 2. Para comprar carne voy a una

_____. 3. Venden comestibles en la_____. 4. Venden

medicinas en la_____. 5. Compro pan en esta_____. 6. La

ropa bonita es de esta_____. 7. Los zapatos no cuestan mucho en aquella

_____. 8. Tienen fruta, carne y comestibles en el_____.

II. Write the letter of the expression that best completes the sentence.

1. En una tienda venden _____
   a. varias cosas   b. pocas cosas
   c. dinero   d. precios

2. En la carnicería venden _____
   a. comestibles   b. carne
   c. medicina   d. dinero

3. En la zapatería venden _____
   a. pan   b. zapatos   c. ropa
   d. supermercados

4. En la panadería venden _____
   a. comestibles   b. papel   c. precios
   d. pan y pastel

5. El dinero que pagamos para comprar
   algo es su _____.
   a. precio b. peso c. dólar d. peseta

6. Cuando deseo saber el precio, pregunto:
   —¿Cuánto vale? o —_____
   a. ¿Cuánto compra? b. ¿Cuántos
   vende? c. ¿Cuánto cuesta?
   d. ¿Cuánto hay?

7. En la bodega venden _____
   a. farmacias b. zapatos c. oficinas
   d. comestibles

8. En la ropería venden _____
   a. pan b. comestibles c. rosas
   d. pantalones

9. En el supermercado venden _____
   a. tiendas b. poco c. oficinas
   d. comestibles, carne, pan, etc.

10. En la farmacia venden _____
    a. flores b. medicinas c. comestibles
    d. tiendas

III. Write the expression that best completes the rejoinder.

En la carnicería

1. Yo digo: —La carne cuesta mucho en esta carnicería.

   Tú contestas: —Entonces, voy a comprar_____

   a. mucho   b. poco   c. demasiado

2. Yo digo: —El precio es muy alto. ¿Tienes el dinero para comprarla?

   Tú contestas: —Sí, tengo_____

   a. menos   b. bastante   c. poco

3. Yo digo: —Pero yo tengo solamente dos dólares y la carne cuesta tres dólares.

   Tú contestas: —Claro, cuesta_____

   a. poco aquí   b. demasiado aquí   c. menos aquí

4. Yo digo: —Vamos al supermercado por pan, legumbres y carne.

   Tú contestas: —¡Buena idea! Allí venden_____

   a. muy pocas cosas   b. solamente pan   c. varias cosas por menos

IV. Rewrite in the order of *increasing* amounts.

1. mucho dinero   poco dinero   demasiado dinero

   a. _____ b. _____ c. _____

2. más comestibles   menos comestibles   bastantes comestibles

   a. _____ b. _____ c. _____

341

V. Write a *logical* answer in a complete Spanish sentence. Begin each answer with the word(s) in parentheses.

1. ¿Compra su madre carne en *la zapatería* o en *la carnicería*? (Mi madre)

_____

2. ¿Cuesta la carne *mucho* o *poco* hoy? (La carne)

_____

3. ¿Cuestan los comestibles menos en *el supermercado* o en *la farmacia*? (Los comestibles)

_____

4. ¿Venden leche en esta *bodega* o en aquella *oficina*? (Venden)

_____

5. ¿En la farmacia venden *varias* medicinas o *pocas* medicinas? (En la)

_____

6. ¿Trabaja la secretaria demasiado en *el supermercado* o en *la oficina*? (La secretaria)

_____

7. ¿Tiene ella bastante dinero para comprar ropa en *la panadería* o en *la ropería*? (Ella)

_____

8. ¿Son todos los precios muy *altos* o muy *bajos* hoy? (Todos los)

_____

VI. Write in Spanish, answering the question, **¿ Cuánto cuesta?** How much does it cost?

It costs a great deal (a lot) of money.   **Cuesta mucho dinero.**

1. It costs too much money._____

2. It costs very little money._____

3. It costs more money._____

4. It costs less money._____

5. It costs several "pesos"._____

6. It costs enough money._____

La Paz, Bolivia. Indian Marketplace.

Unit 9
Los viajes, el tiempo pasa

Los viajes	Trips		El tiempo pasa	Time Passes
1. el autobús	bus		26. el año	year
2. el automóvil el coche	car		27. el día	day
			28. la fecha	date
3. el avión	airplane		29. la hora	hour
4. la bicicleta	bicycle		30. la mañana	morning
5. el camino	road		31. la medianoche	midnight
6. el este	east		32. el mediodía	noon
7. el ferrocarril	railroad		33. el mes	month
8. el norte	north		34. el minuto	minute
9. el oeste	west		35. la noche	night
10. el ómnibus el autobús	bus		36. la semana	week
			37. la tarde	afternoon
11. el país	country			
12. el sur	south		38. pasar	to spend (time)
13. el tren	train			
14. las vacaciones	vacation		39. ahora	now
15. el vapor	ship		40. anoche	last night
16. el viaje	trip		41. antes (antes de esto)	before (before this)
17. bajar	to go down		42. ayer	yesterday
18. bajar de	to get off		43. después (después de esto)	after; afterwards (after this)
19. caminar	to walk		44. hoy	today
20. regresar	to return		45. luego	then
21. subir	to go up		46. mañana	tomorrow
22. subir a	to get on		47. nunca	never
23. viajar	to travel		48. pronto	soon
			49. siempre	always
24. ¡Buen viaje!	Have a good trip!		50. tarde	late
25. en avión	on a plane by plane		51. temprano	early

STUDY THE VOCABULARY BEFORE BEGINNING THE EXERCISES!

Exercises

I. Write the word that helps to define the expresion in *italics,* and circle the letter.

1. *El tren* forma parte del _____
   a. vapor   b. este   c. ferrocarril
   d. avión

2. *Un coche* es un _____
   a. vapor   b. avión   c. país
   d. automóvil

3. *Un autobús* es un _____
   a. ómnibus   b. ferrocarril   c. país
   d. camino

4. *Una excursión* es _____
   a. un viaje   b. un vapor   c. una
   lengua   d. una bicicleta

5. *Ser viejo* es _____
   a. hacer un viaje   b. viajar en avión
   c. tener muchos años   d. estar bien

6. *Después* es _____
   a. ahora   b. luego   c. temprano
   d. antes

7. *En unos pocos minutos* es _____
   a. pronto   b. siempre   c. antes
   d. tarde

8. *El día del mes* es _____
   a. el minuto   b. el año   c. la hora
   d. la fecha

9. *Los días sin trabajar* son _____
   a. los caminos   b. los países   c. las
   vacaciones   d. los ferrocarriles

10. *El año* tiene _____
    a. quince días   b. tres estaciones
    c. doce meses   d. diez semanas

11. *La semana* tiene _____
    a. una hora   b. siete días   c. cinco
    mañanas   d. seis noches

12. *El mes* tiene _____
    a. cuatro semanas   b. cuatro años
    c. treinta horas   d. veinte días

13. *La hora* tiene _____
    a. veinte tardes   b. una mañana
    c. sesenta minutos   d. cuatro días

14. *Un día antes de hoy* es _____
    a. mañana   b. tarde   c. ahora
    d. ayer

15. *Un día después de hoy* es _____
    a. ayer   b. mañana   c. anoche
    d. nunca

II. Write the letter of the word that best completes the sentence.

1. Cuando los aviones llegan, ellos ____
   a. bajan   b. suben   c. besan
   d. corren

2. Cuando los aviones salen, ellos ____
   a. llegan   b. bajan   c. suben
   d. corren

3. A las doce es la medianoche o ____
   a. la mañana   b. la noche   c. la fecha
   d. el mediodía

4. Si los caminos son malos tomamos ____
   a. el tren   b. el ómnibus   c. el autobús
   d. el automóvil

5. Para ir a la escuela tomo mi ____
   a. bicicleta   b. avión   c. ferrocarril
   d. fecha

6. ____ las vacaciones en el sur.
   a. Paso   b. Subo   c. Camino
   d. Bajo

7. Para ir al Canadá voy ____
   a. al norte   b. al sur   c. al este
   d. al oeste

8. ____ es donde van los coches.
   a. El viaje   b. El camino   c. El cielo
   d. El río

9. El ____ viaja por el aire.
   a. coche   b. ómnibus   c. vapor
   d. avión

10. Un ____ viaja por el mar.
    a. viaje   b. vapor   c. camino
    d. automóvil

11. Los Estados Unidos es un ____
    a. país   b. año   c. día   d. mediodía

12. Después de la medianoche, viene ____
    a. la noche   b. la mañana   c. la tarde
    d. anoche

13. Después de ayer, viene ____
    a. el oeste   b. hoy   c. el sur
    d. nunca

14. Después de la tarde, viene ____
    a. la noche   b. anoche   c. ayer
    d. temprano

15. Para ir a Puerto Rico vamos ____
    a. al oeste   b. al norte   c. al sur
    d. al Canadá

III. Write the word that is the *opposite* of the word in *italics*. Then circle the letter.

1. *el este*_____ a. el norte   b. el oeste   c. el sur   d. el país

2. *mañana*_____ a. ayer   b. temprano   c. pronto   d. tarde

3. *la mañana*_____ a. el día   b. la tarde   c. la hora   d. el viaje

4. *temprano*_____ a. luego   b. menos   c. siempre   d. tarde

5. *nunca*_____ a. tarde   b. país   c. bastante   d. siempre

6. *subir*_____ a. bajar   b. viajar   c. comprar   d. vender

7. *regresar*_____ a. pasar   b. trabajar   c. salir   d. volver

8. *el día*_____ a. anoche   b. la mañana   c. el este   d. la noche

9. *hoy*_____ a. anoche   b. en tren   c. en avión   d. al este

10. *después*_____ a. en coche   b. en vapor   c. en bicicleta   d. ahora

IV. Write the sentence that expresses the *opposite* of the *italicized words.*

1. *Bajo del* avión._____

   a. Subo al avión.   b. Vengo del avión.   c. Camino al avión.

2. *Tomo el tren* a Madrid._____

   a. Regreso en tren de Madrid.   b. Camino a Madrid.   c. Viajo en tren a Madrid.

3. *Salgo de* España tarde._____

   a. Me voy de España tarde.   b. Viajo de España después.   c. Regreso a España temprano.

4. Voy *después de* comer._____

   a. Voy al mediodía.   b. Voy antes de comer.   c. Voy sin comer.

5. Regreso *al mediodía.*_____

   a. Regreso muy tarde.   b. Regresó anoche.   c. Regreso a la medianoche.

V. Write the appropriate rejoinder. Then circle the letter.

1. Yo digo: —Mi hermano siempre regresa a casa a la medianoche.

Vd. responde: —_____

    a. —Claro, porque nunca sabe b. —Nunca sabe la fecha.   c. —Vamos a tener las
        la hora.   vacaciones pronto.

2. Yo digo: —Los caminos son buenos.

   Vd. responde: —Excelente._____

    a. ¡Vamos a viajar en coche! b. ¡Vamos a tomar el tren!   c. ¡Vamos a subir al avión!

3. Yo digo: —Mañana viajo a Puerto Rico.

   Vd. responde: —_____

    a. —Los trenes llegan a tiempo. b. —¡Buen viaje!   c. —¡Feliz Navidad!

4. Yo digo: —La distancia es muy corta.

   Vd. responde: —_____

    a. —Voy en avión.   b. —Voy en bicicleta.   c. —Voy en vapor.

5. Yo digo: —Nuestras vacaciones son cortas y el viaje es largo.

   Vd. responde: —_____

    a. —¡Vamos en autobús! b. —¡Vamos en bicicleta!   c. —¡Vamos en avión!

VI. Write a *logical* or *factual* answer in a complete Spanish sentence. Begin with the cues.

1. ¿Prefiere Vd. *tomar el tren* o *caminar* cuando es un día bonito? (Prefiero)

_____

2. Cuando tenemos un invierno largo y frío ¿desea Vd. pasar las vacaciones en el *sur* del país
   o en el *norte*? (Deseo)

_____

3. ¿Viaja Vd. siempre en *avión* o en *vapor* para llegar muy pronto? (Viajo)

_____

4. ¿Prefiere Vd. subir al avión a *la medianoche* o *al mediodía*? (Prefiero)

_____

5. Luego cuando Vd. regresa ¿*baja* Vd. del avión o *sube* Vd.? (Luego cuando yo)

_____

La Puerta del Sol — the heart of Madrid.

VII. Write the equivalent in a complete Spanish sentence.

A. Subo al tren.

1. I'll get on the plane.

   _____

2. I'll get into the car.

   _____

3. I'll get on the ship.

   _____

4. I'll get on the bus.

   _____

B. Bajo del autobús.

1. I'll get off the train.

   _____

2. I'll get out of the automobile.

   _____

3. I'll get off the plane.

   _____

4. I'll get off the ship.

   _____

C. Viajo al Canadá.

1. I'll travel to the north.

   _____

2. I'll travel to the south.

   _____

3. I'll travel to the east.

   _____

4. I'll travel to the west.

   _____

5. I'll travel at noon.

   _____

6. I'll travel at midnight.

   _____

D. Regresa siempre.

1. He returns early.

   _____

2. He returns late.

   _____

3. He returns soon.

   _____

4. He returns tomorrow.

   _____

5. He returns now.

   _____

6. He always returns.

   _____

E. Llego en un año.

1. I'll arrive in a day.

   _____

2. I'll arrive in a week.

   _____

3. I'll arrive in a month.

   _____

4. I'll arrive in one hour.

   _____

5. I'll arrive in a minute.

   _____

349

F. Regresó después.

1. He returned before.

_____

2. He returned last night.

_____

3. He returned yesterday.

_____

4. He returned afterwards.

_____

5. He returned today.

_____

G. Nunca viajé en avión.

1. I never travelled on a train.

_____

2. I never travelled in a car.

_____

3. I never travelled on a bus.

_____

4. I never travelled on a ship.

_____

5. I never travelled by plane.

_____

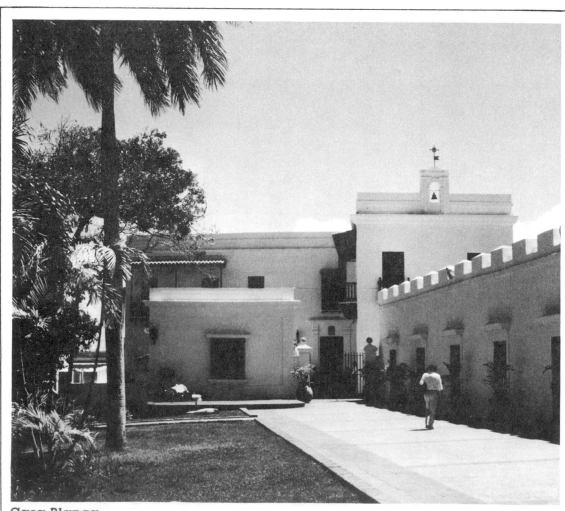

Casa Blanca

Unit 10

La escuela, la aritmética

La escuela	*School*
1. la alumna	pupil (*f.*)
2. el alumno	pupil (*m.*)
3. la clase	class
4. el director	principal (*m.*)
5. la directora	principal (*f.*)
6. la escuela	school
7. la lección de historia	history lesson
8. la maestra de inglés	English teacher
9. el maestro	teacher
10. la clase de aritmética	arithmetic class
11. la clase de español	Spanish class
12. la sala de clase	classroom
13. abrir	to open
14. aprender	to learn
15. asistir a	to attend
16. entrar en	to enter
17. empieza	begins
18. enseñar	to teach

19. escuchar	to listen to
20. explicar	to explain
21. leer	to read
22. prestar atención	to pay attention
23. salir de	to leave
24. terminar	to end
25. estar ausente	to be absent
26. estar presente	to be present

La aritmética	*Arithmetic*
27. un cuarto	a quarter
28. un medio	one half
29. un número	a number
30. entre	between
31. menos (—)	minus
32. por (×)	multiplied by
33. son (=)	equal(s)
34. y (+)	plus
35. dividido por (÷)	divided by

STUDY THE VOCABULARY BEFORE BEGINNING THE EXERCISES!

Exercises

I. Write the letter of the word that helps to define the expression in *italics*.

1. *La chica que asiste a la escuela* es _____
   a. una alumna   b. un alumno   c. una maestra   d. la directora

2. *Un grupo de alumnos* que tiene maestra es _____
   a. una escuela   b. una familia   c. una clase   d. unos amigos

3. *El cuarto donde la clase aprende* es_____
   a. la sala de clase   b. un salón   c. una habitación   d. un jardín

4. *Dos cuartos* son _____
   a. un medio   b. dos medios   c. ocho   d. doce

5. *Estudiar y comprender* es _____
   a. llegar   b. leer   c. aprender   d. llevar

6. *Estar presente* en la clase es _____
   a. terminar   b. asistir   c. abrir   d. escuchar

7. *Explicar la lección* es _____
   a. aprender   b. abrir   c. escuchar   d. enseñar

8. *Un medio* es _____
   a. dos cuartos   b. tres cuartos   c. un cuarto   d. un dólar

9. *Prestar atención* es _____
   a. escuchar   b. enseñar   c. leer   d. llegar

10. *Mirar una frase y comprender* es _____
    a. llegar   b. leer   c. abrir   d. entrar

351

Face of an Old Man.
Buff clay.
Teotihuacan III-IV.
Courtesy of the Art Institute of Chicago
Joseph P. Antonow Gift

Standing Figure of a Dancer
Mexico, Southern Vera Cruz
Late Classic Period AD 600-900
Brooklyn Museum, Brooklyn, New York :

II. Write the letter of the word that best completes the sentence.

1. Si estoy enfermo estoy _____
   a. ausente   b. presente   c. en la clase
   d. en la escuela

2. Llego a la sala de clase y _____
   a. bailo   b. entro   c. como   d. bebo

3. Siete _____ dos son catorce.
   a. por   b. menos   c. y
   d. dividido por

4. Diez _____ dos son ocho.
   a. dividido por   b. y   c. por
   d. menos

5. Aprendo porque _____
   a. enseño la lección   b. termino la clase
   c. presto atención   d. duermo en la clase

6. El _____ abre la escuela.
   a. primo   b. alumno   c. soldado
   d. director

7. La _____ empieza la clase.
   a. secretaria   b. escuela   c. maestra
   d. enfermera

8. Cinco es un _____
   a. maestro   b. alumno   c. día
   d. número

9. El número tres está _____ los números
   2 y 4.
   a. entre   b. ausente   c. presente
   d. en

10. Seis _____ tres son dos.
    a. por   b. menos   c. y
    d. dividido por

III. Write both the example and its answer in a complete Spanish sentence.

1. $13 + 2 =$ _____

2. $20 - 10 =$ _____

3. $12 - 2 =$ _____

4. $20 - 4 =$ _____

5. $3 \times 6 =$ _____

6. $4 \times 4 =$ _____

7. $20 \div 5 =$ _____

8. $15 \div 3 =$ _____

9. $12 \times \frac{1}{2} =$ _____

10. $\frac{3}{4} + \frac{1}{4} =$ _____

IV. Write the letter of the expression that means the *same* as the *italicized words.*

1. *El profesor* enseña mucho. _____
   a. el alumno   b. el maestro
   c. el director   d. el padre

2. Los alumnos *llegan a la clase.* _____
   a. entran en la clase   b. escuchan en
   la clase   c. leen en la clase
   d. estudian en casa

3. La maestra *abre* la clase. _____
   a. termina   b. escucha   c. empieza
   d. cierra

4. La maestra *enseña* la regla. _____
   a. lee   b. abre   c. estudia   d. explica

5. Antonio *asiste a la clase.* _____
   a. está ausente de la clase   b. está
   presente en la clase   c. está en la calle
   d. está con su familia

V. Write the letter of the word(s) that mean(s) the *opposite* of the *italicized word(s).*

1. *La alumna* entra en la clase. _____
   a. la chica   b. la muchacha   c. la
   directora   d. la niña

2. La clase *empieza* ahora. _____
   a. escucha   b. termina   c. llega
   d. escribe

3. El alumno *entra en la sala.* _____
   a. lee en la sala   b. pasa en la sala
   c. llega a la sala   d. sale de la sala

4. El director *cierra* la escuela. _____
   a. abre   b. lee   c. aprende
   d. termina

5. Ana *está ausente de la clase.* _____
   a. está enferma en casa   b. está en la
   calle   c. sale de la escuela   d. asiste
   a la clase

VI. Write the most *logical* or *factual* answer in a complete Spanish sentence. Use cues.

1. ¿Entra Vd. en la sala de clase o en el restaurante por la mañana? (Entro)

_____

2. ¿Enseña el maestro o el alumno a la clase de aritmética? (El)

_____

3. ¿Asiste Vd. a la escuela medio año o los tres cuartos del año? (Asisto)

_____

4. ¿Escucha Vd. al maestro de historia o al alumno en la clase? (Escucho)

_____

5. ¿Sale Vd. de la escuela a las ocho o a las tres? (Salgo)

_____

6. ¿Terminan las clases en septiembre o en junio? (Las)

_____

7. ¿Empieza o termina la clase de español cuando el director abre la escuela? (La clase)

_____

8. ¿Aprende Vd. mucho o poco cuando Vd. lee la lección de historia? (Aprendo)

_____

9. ¿Está Vd. presente o en casa cuando Vd. está bien? (Estoy)

_____

10. ¿Está Vd. ausente o presente cuando Vd. está enfermo-a? (Estoy)

_____

VII. Write in Spanish. Use the appropriate forms from the selection below.

Asisto a la clase de español.

1. I enter the Spanish class._____

2. I learn from the Spanish teacher (*masc*)._____

3. I leave the arithmetic class._____

4. I am absent from the arithmetic lesson._____

5. I am present in the English class._____

6. I listen to the English teacher (*fem*)._____

7. I attend the history class._____

8. I pay attention to the history lesson._____

Selection: **aprender (de); asistir (a); entrar (en); escuchar (a); estar ausente (de); estar presente (en); prestar atención (a); salir (de).**

Unit 11
Mi casa, los muebles, ¿de qué es?, ¿dónde está?

Mi casa	*My house*	*Los muebles*	*Furniture*
1. el ascensor	elevator	27. la alfombra	carpet
2. la casa particular	private house	28. el armario	closet
3. la casa de pisos	apartment house	29. la cama	bed
4. la cocina	kitchen	30. la cómoda	bureau
5. el comedor	dining room	31. la cortina	curtain, shade
6. el cuarto	room	32. el escritorio	desk
7. el cuarto de baño	bathroom	33. la lámpara	lamp
8. el dormitorio	bedroom	34. la mesa	table
9. la habitación	room	35. los muebles	furniture
10. la llave	key	36. la silla	chair
11. el patio	yard	37. el sillón	armchair
12. el piso	floor; apartment	38. el sofá	sofa
13. la sala	living room	39. el teléfono	telephone
14. el sótano	cellar		
15. el suelo	ground	*¿Dónde está?*	*Where is it?*
16. el techo	roof; ceiling		
		40. abajo	below, down (stairs)
17. dormir (ue)	to sleep	41. allí	there
18. jugar (ue)	to play	42. aquí	here
19. subir	to go up	43. arriba (de esto)	up, above (above this)
(*anton.* bajar)	(*anton.* to go down)	44. cerca	near
		(cerca de esto)	(near this)
¿De qué es?	*What is it made of?*	45. debajo	under, beneath
		(debajo de esto)	(under, beneath this)
20. el algodón	cotton	46. delante	in front
21. el hierro	iron	(delante de esto)	(in front of this)
22. la lana	wool	47. detrás	behind
23. la madera	wood	(detrás de esto)	(behind this)
24. el nilón	nylon	48. donde	where
25. la seda	silk	49. en	in, on
26. Es de algodón	It is (made of) cotton	50. en casa	at home
(de hierro; de lana;	(of iron; of wool;	51. entre	between
de madera; de nilón;	of wood; of nylon;	52. lejos	far
de seda)	of silk)	(lejos de esto)	(far from this)
		53. sobre	on, above

STUDY THE VOCABULARY BEFORE BEGINNING THE EXERCISES!

Exercises

I. Write the letter of the expression that best completes the sentence.

1. Siempre dormimos en _____
   a. el dormitorio   b. el cuarto de baño
   c. la sala   d. el patio

2. Miro la televisión en _____
   a. el sótano   b. el cuarto de baño
   c. la sala   d. el jardín

3. Mi madre prepara la comida en _____
   a. la sala   b. la cocina   c. el comedor
   d. el dormitorio

4. No están en casa; juegan en _____
   a. el patio   b. la cocina   c. el comedor
   d. la sala

5. Para abrir una puerta uso _____
   a. un piso   b. una llave   c. un cuarto
   d. un sofá

6. Para subir a un piso alto uso _____
   a. el armario   b. el escritorio
   c. el ascensor   d. el sillón

7. Hay muchos vecinos en nuestra
   casa _____
   a. particular   b. de pisos   c. de
   campo   d. de correos

8. Sobre nuestra casa está _____
   a. un sótano   b. un suelo   c. un patio
   d. un techo

9. Abajo está _____
   a. el sótano   b. el techo   c. el nilón
   d. la mesa

10. La alfombra está en _____
    a. el piso   b. el jardín   c. el techo
    d. la cortina

11. En el dormitorio hay una cama y _____
    a. un patio   b. un comedor   c. una
    cómoda   d. una cocina

12. En la sala hay un sofá y _____
    a. un sótano   b. un ascensor   c. un
    patio   d. un sillón

13. La ropa está en _____
    a. el ascensor   b. el techo   c. el patio
    d. el armario

14. Nosotros vivimos en el primer _____
    a. sillón   b. sofá   c. piso   d. armario

15. En el escritorio hay _____
    a. una lámpara   b. una cama   c. una
    cómoda   d. una mesa

16. En el piso de mi cuarto está _____
    a. una cocina   b. una sala   c. una
    alfombra   d. la ventana

17. El teléfono está sobre _____
    a. la silla   b. la mesa   c. la cama
    d. la ventana

18. La ventana tiene _____
    a. una casa   b. una sala   c. una
    alfombra   d. una cortina

19. En el comedor están una mesa y
    cuatro _____
    a. camas   b. cómodas   c. sofás
    d. sillas

20. En la mesa, mi silla está _____
    mis padres.
    a. delante de   b. detrás de   c. entre
    d. debajo de

21. Solamente *una* familia vive en _____
    a. un cuarto de baño   b. una casa
    particular   c. un techo   d. un escritorio

22. Un cuarto es _____
    a. una casa   b. un mueble   c. un sofá
    d. una habitación

23. Para conversar usamos _____
    a. la lámpara   b. el teléfono   c. el
    escritorio   d. el baño

24. Para llegar al sótano _____
    a. bajo   b. subo   c. duermo
    d. juego

25. El sótano está debajo _____
    a. del teléfono   b. del sofá   c. del
    suelo   d. del techo

II. **¿De qué es?** Write the entire expression for the most logical material. Circle its letter.

1. La alfombra es _____
   a. de plata b. de lana c. de oro
   d. de madera

2. La lámpara es _____
   a. de algodón b. de nilón c. de seda
   d. de hierro

3. Las cortinas de la sala son _____
   a. de plata b. de oro c. de hierro
   d. de seda

4. Las cortinas del dormitorio son _____
   a. de oro b. de hierro c. de madera
   d. de nilón

5. El escritorio es _____
   a. de madera b. de nilón c. de seda
   d. de plata

6. *No* hay muebles _____
   a. de oro b. de madera c. de hierro
   d. de metal

7. Los tenedores y las cucharas son _____
   a. de seda b. de plata c. de hierro
   d. de nilón

8. Las cortinas de la cocina son _____
   a. de hierro b. de oro c. de plata
   d. de algodón

III. **¿Dónde está?** Complete with the *opposite* of the word in *italics*.

1. La cocina está *aquí*. El comedor está_____.

2. El jardín está *delante de* la casa. Los dormitorios están_____de ella.

3. La cocina está *abajo*. Los dormitorios están_____.

4. La escuela está *cerca*. El parque está_____.

5. La lámpara está *sobre* la mesa. La alfombra está_____de ella.

IV. Write a logical or factual answer in a complete Spanish sentence. Begin each sentence with the cue words in parentheses.

1. ¿Dónde dormimos en una cama en el dormitorio o en la mesa? (Dormimos)

   _____

2. ¿Dónde comemos en el sofá o en las mesas de la cocina y del comedor? (Comemos)

   _____

3. ¿Dónde descansamos en el sótano o en el sofá de la sala? (Descansamos)

   _____

4. ¿Dónde tenemos más vecinos en una casa particular o en una casa de pisos? (Tenemos)

5. ¿Dónde tomamos un baño en el patio o en el cuarto de baño? (Tomamos)

_____

6. ¿Adónde van los chicos a jugar al patio o a la escuela? (Los chicos)

_____

7. ¿Tiene Vd. una lámpara cerca del sillón o lejos de él para leer bien? (Tengo)

_____

8. ¿Escribe Vd. la carta en el escritorio o debajo de él? (Escribo)

_____

9. En una casa de pisos ¿qué toma Vd. para subir a un piso alto un avión o el ascensor? (Tomo)

_____

_____

10. ¿De qué son sus muebles de oro o de madera? (Mis muebles)

_____

_____

V. Write in Spanish. Follow the word order in the model sentence.

A. Su familia vive en un piso bonito. *Your family lives in a pretty apartment.*

1. Your family lives in an apartment house._____

2. My family lives in an apartment house._____

B. El sótano está debajo de la casa. *The cellar is beneath the house.*

1. The garden is in front of the house._____

2. The patio is on the ground near the garden._____

_____

3. The bathroom is where the bedrooms are._____

_____

4. The dining room, the living room and the kitchen are downstairs._____

_____

5. We are here at home._____

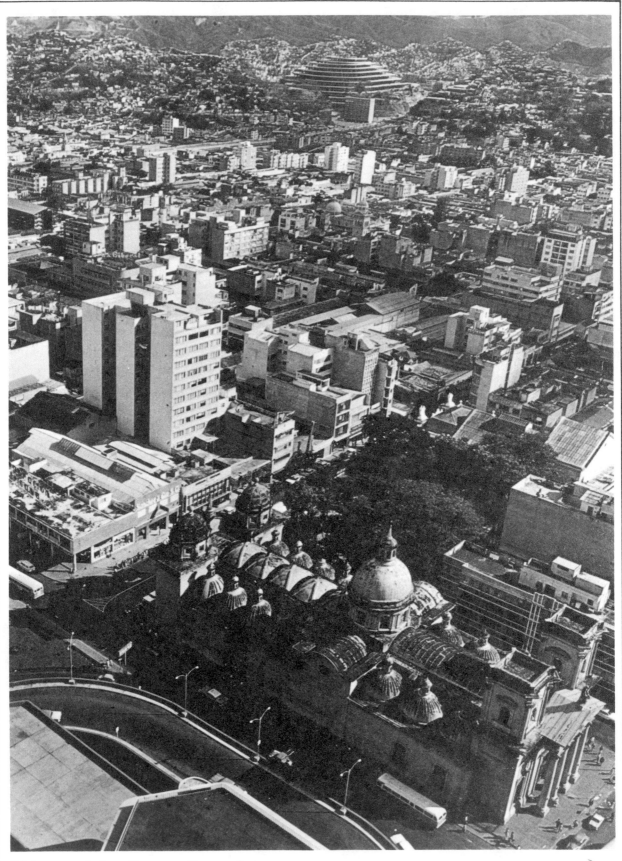

Vista panorámica: Caracas, Venezuela

Unit 12

Las lenguas, las naciones, los gobiernos

Las lenguas	*Languages*	*Las naciones*	*Nations*
1. la lengua	language	16. el país	country
2. el alemán	German	17. Alemania	Germany
3. el castellano	Castillian	18. España, México	Spain, Mexico
o el español	or Spanish	y Puerto Rico	and Puerto Rico
4. el chino	Chinese	19. *(La) China	China
5. el francés	French	20. Francia	France
6. el hebreo	Hebrew	21. Israel	Israel
7. el inglés	English	22. Inglaterra y los	England and the
8. el inglés	English	Estados Unidos	United States
y el francés	and French	23. El Canadá	Canada
9. el italiano	Italian		
10. el japonés	Japanese	24. Italia	Italy
11. el portugués	Portuguese	25. El Japón	Japan
12. el ruso	Russian	26. Portugal	Portugal
		y el Brasil	and Brazil
13. comprender	to understand	27. La Unión Soviética	Soviet Union

Organizaciones Internacionales	*International Organizations*	*Gobiernos*	*Governments*
		28. la bandera	flag
14. Las Naciones	United Nations	29. la democracia	democracy
Unidas (N.U.)	(U.N.)	30. la dictadura	dictatorship
15. La Organización de	Organization of	31. la patria	native land
Estados Americanos	American States	32. la república	republic
(O.E.A.)	(O.A.S.)	33. la república	democratic
		democrática	republic

*Optional use of *La*

STUDY THE VOCABULARY BEFORE BEGINNING THE EXERCISES!

Exercises

I. Write in Spanish. Follow the word order of the model sentence.

A. Mi país se llama Puerto Rico._____

1. My country is called England._____

2. My country is called France._____

3. My country is called Mexico._____

4. My country is called Italy._____

5. My country is called Germany._____

361

B. Mi patria es China.

1. My native land is Brazil. _____

2. My native land is Canada. _____

3. My native land is Japan. _____

4. My native land is the Soviet Union. _____

5. My native land is the United States. _____

II. Complete in Spanish answering **¿Qué hablan?** (Omit *el* after *hablar*.)

1. En Alemania hablan _____. 2. En Inglaterra hablan _____

_____. 3. En China hablan _____. 4. En Francia hablan _____

_____. 5. En los Estados Unidos hablan _____. 6. En la

Unión Soviética hablan _____. 7. En México, Puerto Rico y España

hablan _____ o _____. 8. En Italia hablan _____

_____. 9. En Portugal y en el Brasil hablan _____.

10. En Israel hablan _____.

III. Complete in Spanish.

1. Hablan portugués en _____ y en _____.

2. Hablan italiano en _____. 3. Hablan hebreo en _____

_____. 4. Hablan castellano en _____, _____ y

_____. 5. Hablan inglés y francés en _____.

IV. Complete each sentence selecting from the following: **democracia, naciones, los Estados Unidos, países, bandera, inglés, castellano, lenguas, república.**

1. Mi patria es _____ de América. (United States). 2. El

rojo, el blanco y el azul son los colores de mi _____ (flag). 3. Las lenguas que

comprendo son _____ y _____ (English; Spanish). 4. Los Estados Unidos

tiene un presidente y es una _____ (republic). 5. Lo contrario de la dicta-

dura es la _____ (democracy). 6. La Organización de los Estados Ameri-

canos es de diez y ocho _____ americanos (countries). 7. Las Naciones

Unidas es una organización de muchas _____ del mundo (nations). 8. En

las Naciones Unidas hablan muchas _____ (languages).

V. Write an affirmative answer in a complete Spanish sentence.

1. ¿Qué lenguas comprende Vd.?

_____

2. ¿Dónde hablan francés?

_____

3. ¿En qué países hablan chino y japonés?

_____

4. ¿Cómo se llama su patria?

_____

5. ¿De qué colores es su bandera?

_____

6. ¿Es su país una dictadura o una república democrática?

_____

7. ¿Forma su país una parte de las Naciones Unidas?

_____

8. ¿Es su país una parte de la Organización de los Estados Americanos?

_____

VI. Write in Spanish, following the word order of the model sentence. (Omit *el* after *hablar.*)
Model: **En España hablan castellano pero comprenden el portugués.** In Spain they speak Castillian (Spanish), but they understand Portuguese.

1. In Canada they speak English, but they understand French.

_____

2. In Brazil they speak Portuguese, but they understand Spanish.

_____

3. In Italy they speak Italian, but they understand French.

_____

4. In Germany they speak German, but they understand English.

_____

5. In Israel they speak Hebrew, but they understand English.

_____

6. In Spain they speak Spanish, but they understand Portuguese.

_____

7. In France they speak French, but they understand many languages.

_____

8. In the United States they speak English, but they understand Spanish and other languages.

_____

Avila. "Cuatro Postes"
Vista de la ciudad

Part Three
IDIOMS AND DIALOGUES

Part Three:
Idioms and Dialogues

Unit 1. Fórmulas de cortesía :

Conversación entre el maestro, su nuevo alumno y una señorita, hermana del alumno. Es el primer día de la escuela.

Expressions of Courtesy

Conversation among the teacher, his new pupil, and a young lady who is the pupil's sister. It is the first day of school.

Greetings

Maestro: —Hola, amigo.

Hi, (hello) friend.

Alumno: —Buenos días, señor.

Good day (good morning), sir.

Familiar: **Hola.** *Hello.*
Formal: **Buenos días.** *Hello.*
Buenas tardes. *Good afternoon* or *early evening.*
Buenas noches. *Good evening* (late); *good night.*
Señora *m'am, Mrs.*
Señorita *Miss.* **Señor** *Mr.*

Please. Thanks

M: —¡Pasen Vds., por favor!

Come in, please.

—¡Haga Vd. el favor de pasar, señorita!

Please come in, miss.

—¡Haz el favor de pasar, niño!

Please come in, child.

A: —(Muchas) gracias, señor profesor.

Thank you (very much), teacher.

Por favor may follow the request, which is in the COMMAND form. **Haga(n) Vd.(s) el favor de** . . . (formal) and **haz el favor de** . . . (fam. sing. **tú**) precede the request, which is in the INFINITIVE form.

Maestro in grade-school **Señor profesor** courtesy form

Welcome (to my house etc.)

M: —Bienvenido, niño.

Welcome, child.

—Bienvenida, señorita.

Welcome, miss.

—Bienvenidos, todos.

You are all welcome.

Bienvenido-a agrees in gender and number with the person(s) welcomed.

Introductions

M:	—¿Cómo te llamas tú, niño?	What is your name, child?	**Llamarse** to be named

me llamo
te llamas
se llama

A: —Me llamo Pepe, servi-dor. — My name is Joe, at your service.

nos llamamos
os llamáis
se llaman

M: —¿Y cómo se llama tu hermana? — And what is your sister's name?

A: —Mi hermana se llama Rosa. — My sister's name is Rose.

M: —Dispense, señorita. ¿Se llama Vd. Rosa? — Excuse me, miss. Is your name Rose?

Servidor-a At your service. Courtesy form used after giving one's name in introductions.

Srta: —Me llamo Rosa Ortiz, servidora. — My name is Rose Ortiz, at your service.

M: —Mucho gusto. — Great pleasure. (Pleased to meet you).

To Shake Hands. Of Course

M: —¿Me das la mano, Pepe? — Will you shake hands, Joe?

Dar la mano to shake hands

doy	damos
das	dais
da	dan

A: —¡Cómo no! Le doy la mano, señor. — Of course, I'll shake hands, sir.

Polite Inquiries

M: —¿Qué tal, niño? — How are things, child?

Estar to be (health)

A: —Sin novedad. — Nothing new.

estoy	estamos
estás	estáis
está	están

M: —Pero, ¿cómo estás tú, Pepe? — But how are you, Joe?

A: —(Estoy) muy bien. ¿Y cómo está Vd., señor? — (I am) very well. And how are you sir?

M: —Así, así. No estoy en-fermo. ¿Y Vd.,señorita? — So, so. I am not sick. And you, miss?

Srta: —No estoy muy bien. Estoy enferma. — Not very well. I am ill.

¿Qué tal?   367

Taking Leave

Srta:	—Con permiso. Hasta mañana.	Excuse me. Until tomorrow.
M:	—Le doy las gracias por la visita.	I thank you for the visit.
Srta:	—De nada, señor profesor. (No hay de qué.)	You are welcome, teacher. (You are welcome.)
M:	—Hasta luego. (Hasta la vista.)	Until later. (See you later.)
Srta:	—Adiós.	Good-bye.

Con permiso *Excuse me:* courtesy form when leaving early or upon inconveniencing a person; also, **dispense.**

Dar las gracias *to thank*

doy	damos
das	dais
da	dan

Farewells: fam.: **Hasta luego (hasta la vista);** *formal:* **Adiós.**

STUDY THE IDIOMS BEFORE BEGINNING THE EXERCISES!

Exercises

I. Write the expression that best completes the sentence, and circle the letter.

1. Cuando mi amigo entra en mi casa, yo le digo:_____
   a. —Bienvenido. b. —Adiós. c. —Dispense. d. —Sin novedad.

2. Si mi amigo me presenta a su profesor, le doy_____
   a. dinero. b. una revista. c. la mano. d. un beso.

3. Cuando mi madre me da la comida, yo le doy_____
   a. la mano. b. las gracias. c. un vaso de leche. d. un dólar.

4. Acepto la invitación a la casa de un amigo cuando le digo:_____
   a. —Con mucho gusto. b. —Hola. c. —Con permiso. d. —Así, así.

5. Si *no* puedo aceptar una invitación digo:_____
   a. —De nada. b. —Mucho gusto. c. —Dispense. d. —Servidor.

6. Si yo visito a una persona en el hospital le digo:_____
   a. —¿Cómo está Vd.? b. —¿Cómo se llama Vd.? c. —Dispense. d. —Bienvenido.

7. Cuando una persona me da las gracias, le contesto:_____
   a. —Hasta luego. b. —Bienvenido. c. —De nada. d. —Buenas noches.

8. Si quiero conocer a una persona le pregunto:_____
   a. —¿Cómo se llama Vd.? b. —¿Qué es esto? c. —¿Dónde estás? d. —¿Adiós?

9. Antes de interrumpir una conversación digo:_____
   a. —Sin novedad. b. —Con permiso. c. —Gracias. d. —No hay de qué.

10. Si mi amigo necesita un favor de mí, yo le respondo:_____
    a. —¡Cómo no! b. —¡Pase Vd.! c. —¡Por favor! d. —Gracias.

II. Write *two* appropriate rejoinders in Spanish from the selection given. Circle the letters.

1. —Te doy las gracias:_____/_____
   a. —No hay de qué.   b. —De nada.   c. —Buenas tardes.   d. —Así, así.

2. —Te doy el dinero que necesitas:_____/_____
   a. —Te doy las gracias.   b. —No muy bien.   c. —De nada.   d. —Muchas gracias.

3. —¿Cómo estás?:_____/_____
   a. —No hay de qué.   b. —Adiós.   c. —No estoy bien.   d. —Estoy enfermo.

4. —¿Entro ahora?:_____/_____
   a. —De nada.   b. —¡Entre Vd. por favor!   c. —Así, así.   d. —¡Haz el favor de pasar!

5. —¿Qué tal?:_____/_____
   a. —Por favor.   b. —Sin novedad.   c. —Muy bien.   d. —¿Cómo te llamas?

6. —Hola:_____/_____
   a. —Buenos días.   b. —Buenas tardes.   c. —Así, así.   d. —De nada.

7. —Adiós:_____/_____
   a. —Hasta luego.   b. —Bienvenido.   c. —Hasta la vista.   d. —Sin novedad.

8. —¡Dispense!_____/_____
   a. —Hola.   b. —Así, así.   c. —¡Cómo no!   d. —Con mucho gusto.

III. Write the appropriate rejoinder, and then circle the letter.

1. Vds. llegan a mi casa por la mañana.

   Yo digo: —_____
   a. Buenos días.   b. Buenas tardes.
   c. Buenas noches.

2. Yo pregunto: —¿Cómo está tu familia?

   Tú respondes: —_____
   a. Buenas tardes.   b. Adiós.
   c. Así, así.

3. Yo pregunto: —¿Cómo se llama Vd.?

   Vd. responde: —_____
   a. Mi amigo se llama Juan.   b. Buenas
   tardes.   c. Me llamo Juan, servidor.

4. Yo digo: —¡Haga Vd. el favor de entrar!

   Vd. responde: —_____
   a. Le doy las gracias.   b. De nada.
   c. Estoy bien.

5. Vd. dice: —Buenas tardes.

   Yo respondo: —_____
   a. Hola.   b. Servidor.   c. No muy bien.

6. Vd. pregunta: —¿Se llama Vd. Laura?

   Yo respondo: —_____
   a. Sí, muchas gracias.   b. Sí, servidora.
   c. Sí, buenas noches.

7. Yo digo: —Adiós.

   Vd. responde: —_____
   a. Hasta la vista.   b. Dispense.
   c. Mucho gusto.

8. Yo digo: —Me llamo Juan.

   Vd. responde: —_____
   a. Mucho gusto.   b. Dispense.
   c. Hasta la vista.

9. Yo digo: —Yo te doy la mano.

Tú dices: —_____
a. Bien. b. De nada. c. Mucho
gusto.

10. Yo digo: —Gracias.

Tú respondes: —_____
a. ¿Cómo está? b. Buenos días.
c. No hay de qué.

IV. Rewrite the following sentences *with their letters* in the logical order of sequence.

Model: a. Hasta luego b. Sin novedad. c. ¿Qué tal? d. Buenos días.

1. (d.) *Buenos días.* 3. (b.) *Sin novedad.*
2. (c.) *¿Qué tal?* 4. (a.) *Hasta luego.*

A. a. Dices: —No hay de qué. b. Te doy las gracias. c. Tú me das un regalo.

1._____ 2._____

3._____

B. a. Yo te doy la mano y digo: —Mucho gusto. b. Tú respondes: —Me llamo Víctor, servi-
dor. c. Yo pregunto: —¿Cómo te llamas?

1._____ 2._____

_____ 3._____

C. a. —Entonces, lo invito para mañana. b. —Haga Vd. el favor de venir a mi casa esta
tarde. c. —Muchas gracias. d. —Dispense. Estoy enfermo hoy.

1._____ _____

2._____ 3._____

_____ 4._____

V. Rewrite the sentence, using the correct expression for *how* or *what*: **¿Cómo?** or **¿Qué?**

1. ¿_____?
(se llaman ellos)

3. ¿_____?
(está Vd.)

2. ¿_____?
(tal)

4. ¿_____?
(te llamas)

5. ¿_____?
(está tu familia)

VI. Complete from the selection below. (See DIALOGUES, pp. 366–368.)

Juan: —_____ tardes, _____ profesor.
                        1   2

El profesor: —Bienvenido, Juan Gómez: ¡Haga Vd. el _____ de entrar!
                                                              3

¿Me _____ Vd. la mano?
              4

Juan: —Sí, ¡_____ no! ¿Cómo _____ Vd.?
                      5   6

El profesor: —Estoy bien; no estoy _____
                                            7

Juan: —Deseo darle las _____ por la ayuda con el trabajo.
                                8

El profesor: —No hay de _____. ¿_____ tal, Juan? ¿Y la familia?
                                9   10

Juan: —_____ novedad. La familia _____ bien. Yo _____
                11   12   13

bien. Tengo que regresar a casa ahora. _____ permiso. Buenas _____
                                                14   15

El profesor: —_____, Juan.
                        16

Selection: **adiós, buenas, cómo, con, da, enfermo, está, estoy, favor, gracias, está, tardes, qué, señor, sin, qué.**

VII. Copy the Spanish sentence. Then rewrite the sentence, substituting the expressions in parentheses for the appropriate words in *italics*. Make all necessary changes in the verb.

Model: *Él le da las gracias por la comida.*   **He thanks him for the meal.**
        (Tú / dinero)   **Tú le das las gracias por el dinero.**
                                                 (You thank him for the money.)

A. *Yo le doy las gracias por la visita.*_____

1. (Nosotros/el favor)_____

2. (El maestro/la bienvenida)_____

3. (Sus amigos/su invitación)_____

4. (Tú/los regalos)_____

B. *Ella le da la mano a Juan.*_____

1. (Yo/al profesor)_____

2. (Nosotros/a la vecina)_____

3. (Tú/mi padre)_____

4. (Los oficiales/al astronauta)_____

C. *Señorita, ¡haga Vd. el favor de pasar!*_____

1. (Señora,/responder a la carta)_____

2. (Caballeros,/entrar)_____

3. (Señor,/salir ahora)_____

4. (Señoritas,/poner la mesa)_____

D. *Niño, ¡haz el favor de dar la mano!*_____

1. (Ana,/escuchar al maestro)_____

2. (Chico,/leer el cuento)_____

3. (Prima,/llegar a tiempo)_____

4. (Hijo,/dar las gracias a mamá)_____

E. ¡Pasen Vds., *por favor!*_____

1. (¡Den Vds. la mano!)_____

2. (¡Escriba Vd.!)_____

3. (¡Conteste Vd. en español!)_____

4. (¡Vengan Vds. acá!)_____

VIII. Replace **por favor** by the appropriate form of **hacer el favor de**. Make necessary changes in the verb form and in the word order.

A. Model: ¡Trabajen Vds. menos, por favor! **¡Hagan Vds. el favor de trabajar** menos!
Work less, please! (*pl.*) Please work less! (*pl.*)

1. ¡Den Vds. la mano, por favor!_____

2. ¡Tomen Vds. asiento, por favor!_____

3. ¡Salgan Vds. más tarde, por favor!_____

4. ¡Escriban Vds. su dirección, por favor!_____

5. ¡Hablen Vds. menos aquí, por favor!_____

B. Model: ¡Trabaje Vd. menos, por favor! **¡Haga Vd. el favor de trabajar** menos!
Work less, please! Please work less!

1. ¡Dé Vd. las gracias, por favor!_____

2. ¡Tome Vd. café, por favor!_____

3. ¡Ponga Vd. el libro aquí, por favor!_____

4. ¡Reciba Vd. este dinero, por favor!_____

5. ¡Coma Vd. más, por favor!_____

IX. Write a complete Spanish sentence supplying the missing words for the expressions given below the line.

Model: Les doy/mano/profesores.

Les doy la mano a los profesores.   I shake hands with the teachers.

1. ¡_____!
   Haz/favor/aprender/lección

2. ¡_____!
   Haz/favor/abrir/ventana

3. ¡_____!
   Hagan/favor/no hablar/en/clase

4. ¡_____!
   Pasen/al otro cuarto/favor

5. _____.
   Les doy/gracias/padres

Picasso, Pablo.
Guernica. (1937, May-early June).
Oil on canvas. 11'5½" x 25'5¾"
El Museo del Prado, Madrid, España.

El tiempo, la edad, las sensaciones

Unit 2: Conversaciones breves sobre el tiempo, la edad y unas sensaciones.

Little conversations about the weather, age, and some sensations.

A. El tiempo

The Weather

Hace . . .

It is . . . (idiomatic)

Hace expresses *what kind of weather it is. It* is understood.

1. —¿Qué tiempo hace?

What kind of weather is it?
How is the weather?

2. —Hace (muy) buen tiempo.

It is (very) good weather.

Muy emphasizes the adjectives **buen** and **mal.**

3. —¿Hace calor?

Is it warm?

4. —Hace sol pero no hace calor.

It is sunny but it is not hot.

No appears before **hace** in the negative sentence.

5. —Entonces hace fresco.

Then it is cool.

6. —Sí, hace fresco pero no hace frío.

Yes, it is cool but it is not cold.

Muy — Mucho; Poco.

Very; Slightly

1. —¿Hace muy mal tiempo?

Is it very bad weather?

2. —Sí, hace mucho calor. (Hace mucho frío.)

Yes, it is very hot. (It is very cold.)

Mucho emphasizes the nouns: **calor, fresco, frío, sol, viento**

3. —¿Hace mucho viento?

Is it very windy?

4. —Hace poco viento pero hace mucho sol.

It is slightly windy but it is very sunny.

1. —¿Está nevando ahora?

Is it snowing now?

Weather verbs that do not need **hace:**

2. —No. Está lloviendo.

No. It is raining.

llover (ue) to rain and

3. —¿No nieva aquí?

Doesn't it snow here?

nevar (ie) to snow

4. —Nieva poco, pero llueve mucho.

It snows a little, but it rains a great deal.

Rivera, Diego
Agrarian Leader Zapata. 1931
Fresco, 7'9¾" x 6'2".
Collection, The Museum of Modern Art, New York
Abby Aldrich Rockefeller Fund

B. Tener_____años (meses)   *Idiomatic: to be _____ years (months) old.*

1. —¿Cuántos años tienes tú?	How old are you? (*fam.*)	
(¿Cuántos años tiene Vd.?)	How old are you? (*formal*)	
2. —Tengo (catorce) años.	I am (fourteen) years old.	Age in numbers: **tener . . . años**
3. —¿Y tu hermanito?	And your little brother?	**tener . . . meses**
4. —Él tiene dos meses.	He is two months old.	tengo, tienes, tiene tenemos, tenéis, tienen

C. Tener sensaciones   *Idiomatic: to be*   *Sensations:*

1. —¿Qué tienen Vds.?	What is the matter with you? (*pl.*)	**tener** *to be the matter with*
2. —Tenemos (mucho) dolor de cabeza (dolor de muelas; dolor de estómago)	We have a (bad) headache. (toothache; stomachache)	**tener dolor de** . . . *to have a pain in* . . .

1. —¿Tienen Vds. calor?	Are you warm?	
2. —Tenemos (mucho) calor.	We are (very) warm.	**mucho** emphasizes the masculine nouns:
. . . . frío	. . . . cold	*warmth*: **calor**
. . . . sueño	. . . . sleepy	*cold*: **frío**
. . . . interés	. . . . interested	*sleepiness*: **sueño**
. . . . miedo	. . . . afraid	*interest*: **interés** *fear*: **miedo**
3. —¿Tienen Vds. hambre?	Are you hungry?	
4. —Yo no tengo mucha hambre pero mi hermano tiene mucha sed.	I am not very hungry, but my brother is very thirsty.	**mucha** *emphasizes the feminine nouns*: *hunger*: **hambre** *thirst*: **sed**

STUDY THE IDIOMS BEFORE BEGINNING THE EXERCISES!

Exercises

I. Write an affirmative answer in a complete Spanish sentence. Translate your answer into English.

1. ¿Hace mucho fresco en el otoño?_____

2. ¿Hace mucho frío y mucho viento en el invierno?_____

_____

3. ¿Hace mucho calor en el verano?_____

_____

4. ¿Hace mucho sol en Puerto Rico?_____

_____

5. ¿Llueve mucho en abril?_____   _____

_____

6. ¿Está lloviendo mucho ahora?_____

_____

7. ¿Nieva mucho en diciembre?_____

_____

8. ¿Está nevando hoy?_____

_____

9. ¿Hace muy buen tiempo en mayo?_____

_____

10. ¿Hace muy mal tiempo en noviembre?_____

_____

II.

A. Write an affirmative answer in a complete Spanish sentence, using the appropriate word for *very*: **muy** or **mucho.**

Model: ¿Hace calor?   Hace **mucho** calor.
         Is it warm?   It is very warm. (hot)

1. ¿Hace frío en el invierno?_____

2. ¿Hace calor en el verano?_____

3. ¿Hace fresco en el otoño?_____

4. ¿Llueve en abril?_____

5. ¿Hace buen tiempo en la primavera?_____

6. ¿Hace mal tiempo en febrero?_____

7. ¿Nieva en enero?_____

8. ¿Hace viento en marzo?_____

B. Write an affirmative answer using **poco** according to the model.

Model: ¿Hace mucho calor hoy?   Hace **poco** calor.
         Is it very warm today?   It is slightly (hardly) warm.

1. ¿Hace mucho sol hoy?_____

2. ¿Hace mucho frío hoy?_____

3. ¿Hace mucho fresco hoy?_____

4. ¿Hace mucho viento hoy?_____

5. ¿Llueve mucho hoy?_____

6. ¿Nieva mucho hoy?_____

7. ¿Hace mucho calor hoy?_____

III. Write a factual answer in a complete Spanish sentence. Place **no** before the verb *if* your answer is negative.

Model: ¿Hace buen tiempo en el desierto?   No hace buen tiempo en el desierto.
         Is it good weather in the desert?   It is not good weather in the desert.

1. ¿Nieva mucho en la Florida?_____

2. ¿Llueve mucho en el desierto?_____

3. ¿Está lloviendo dentro de la casa?_____

4. ¿Hace fresco en la primavera?_____

5. ¿Está nevando dentro de la casa?_____

6. ¿Hace mucho calor en Alaska?_____

7. ¿Hace mucho frío en África?_____

8. ¿Hace mucho sol en Puerto Rico?_____

9. ¿Hace buen tiempo en Londres?_____

10. ¿Hace mal tiempo en California?_____

IV. Write an affirmative answer in a complete Spanish sentence, using the expression in parentheses. Be sure each sentence has a verb.

Model: ¿Qué tiempo hace en la Florida?

_____ **Hace mucho sol en la Florida.**
(mucho sol)   It is very sunny in Florida.

1. ¿Qué tiempo hace en el verano?_____
(mucho calor)

2. ¿Qué tiempo hace en el invierno?_____
(mucho frío)

3. ¿Qué tiempo hace en abril?_____
(llueve mucho)

4. ¿Qué tiempo hace en diciembre?_____
(nieva mucho)

5. ¿Qué tiempo hace en marzo?_____
(mucho viento)

6. ¿Qué tiempo hace entre el frío de invierno y el calor de verano?_____

_____
(mucho fresco)

7. ¿Qué tiempo hace ahora?_____
(nevando mucho)

8. ¿Qué tiempo hace en este momento?_____
(lloviendo mucho)

9. ¿Qué tiempo hace en mayo?_____
(muy buen tiempo)

10. ¿Qué tiempo hace en noviembre?_____
(muy mal)

V. Write a sentence, using the expressions in parentheses and the *appropriate form* of **tener.**

Model: (el chico/ interés en eso)   El chico tiene interés en eso.
     The boy is interested in that.

1. (Nosotros/sueño aquí)_____

2. (Tú/frío sin abrigo)_____

3. (Juan y Carlos/calor ahora)_____ **379**

4. (Vd./dolor de cabeza hoy) _____

5. (Anita/sed y bebe) _____

6. (Yo/hambre y como) _____

7. (Vds./miedo del agua) _____

8. (Luis/dolor de muelas hoy) _____

9. (Vd. y yo/dolor de estómago) _____

10. (Luis y Vd. / interés en ella) _____

VI. Write an affirmative answer in a complete Spanish sentence beginning with **Ella tiene** and using the cue words in parentheses.

Model: ¿Si no duerme?

_____   **Ella tiene sueño si no duerme.**
(sueño)   She is sleepy if she does not sleep.

1. ¿Si no come? _____
(hambre)

2. ¿Si no bebe? _____
(sed)

3. ¿Si no estudia? _____
(miedo)

4. ¿Y si no va al lago? _____
(calor)

5. ¿Y si no va al dentista? _____
(dolor de muelas)

6. ¿Y si no toma aspirinas? _____
(dolor de cabeza)

7. ¿Y si abre la puerta? _____
(frío)

8. ¿Y si come mucho? _____
(dolor de estómago)

9. ¿Y si hoy es su cumpleaños? _____
(quince años)

10. ¿Y si no duerme? _____
(sueño)

VII. Write an affirmative answer in a *short* complete sentence using the appropriate word for *very*: **mucho, mucha,** or **muy,** according to the model.

Model: ¿Tienes hambre por la mañana?   Sí, tengo **mucha** hambre.
Are you hungry in the morning?   Yes, I'm very hungry.

1. ¿Tienes frío en el invierno?_____

2. ¿Tenemos calor en el verano?_____

3. ¿Tienen ellos interés en eso?_____

4. ¿Tiene María hambre cuando no come?_____

5. ¿Tiene Pepe sed cuando no bebe?_____

6. ¿Tengo yo miedo cuando hay un examen?_____

7. ¿Tienes sueño cuando estás cansado?_____

8. ¿Tienes dolor de cabeza si no estás bien?_____

9. ¿Hace buen tiempo si hace fresco?_____

10. ¿Hace mal tiempo cuando llueve?_____

VIII. Complete with the *appropriate form* of **hacer, tener, estar,** or a dash if no addition is necessary.

1. ¿Qué tiempo _____?   8. ¿Cuántos años _____ ella?

2. Yo _____ dolor de cabeza.   9. Ellos _____ mucha hambre.

3. Ya no _____ mucho viento.   10. Siempre _____ nevando.

4. Pero _____ fresco.   11. ¿Estás enfermo? ¿Qué _____?

5. Nosotros _____ dolor de dientes.   12. No _____ lloviendo ahora.

6. Hoy _____ mal tiempo.   13. Aquí _____ nieva poco.

7. No _____ buen tiempo.   14. No _____ llueve mucho.

15. Pero _____ calor, no hace frío.

IX. Write the letter of the expression that best completes the sentence, and circle the letter.

1. Cuando hace mucho sol _____
   a. tenemos frío   b. tenemos hambre   c. hace frío   d. tenemos calor

2. En el cumpleaños de mi amiga, le pregunto: — _____
   a. ¿Tienes frío?   b. ¿Qué tienes?   c. ¿Cuántos años tienes?   d. ¿Qué tiempo hace?

3. Cuando está enferma, María _____
   a. tiene dolor   b. tiene quince años   c. hace calor   d. hace frío

4. Cuando visita al dentista, el niño _____
   a. hace viento   b. tiene miedo   c. tiene sed   d. hace buen tiempo

5. Si no bebo varios vasos de agua _____
   a. nieva   b. tengo sed   c. tengo frío   d. llueve

6. Cuando ella no toma el almuerzo _____
   a. es hombre   b. tiene hambre   c. hace mal tiempo   d. hace fresco

7. Si ella no duerme ocho horas _____
   a. tiene sed   b. está lloviendo   c. hace fresco   d. tiene sueño

8. Si Juan tiene veinte años y yo tengo quince, él _____
   a. tiene cinco años más   b. tiene un mes más   c. hace viento   d. nieva

9. Para saber si hace frío, pregunto: — _____
   a. ¿Qué tiempo hace?   b. ¿Cuántos años tiene?   c. ¿Qué tiene?   d. ¿Está nevando?

10. Si Ana está enferma le pregunto: — _____
    a. ¿Está lloviendo?   b. ¿Qué tienes?   c. ¿Cuántos años tienes?   d. ¿Qué tiempo hace?

X. Write a rejoinder in a complete Spanish sentence using the *appropriate verb* and the expressions in parentheses.

1. Vd. dice: —Voy a comer.

   Yo respondo: —_____
   (Vd./mucha hambre)

2. Tú dices: —Bebo mucha agua fría.

   Yo respondo: —_____
   (Tú/mucha sed)

3. Él dice: —Vas a la cama temprano.

   Yo respondo: —_____
   (Yo/mucho sueño)

4. La madre dice: —Hace mucho viento hoy.

   Respondemos: —_____

   (Nosotros no / mucho frío)

5. María dice: —Hace mucho frío.

   Su padre responde: —_____

   (Y / nevando mucho)

6. Juan dice: —Tengo mucho calor hoy.

   Su amigo responde: —_____

   (Claro, / mucho sol)

7. Mi madre dice: —Debes llevar el paraguas.

   Yo respondo: —_____

   (¡No quiero porque no / lloviendo mucho!)

8. El médico dice: —Tu hermano debe tomar aspirinas y no puede comer hoy.

   Yo pregunto: —_____

   (¿ / él / dolor / estómago y / cabeza?)

9. La maestra pregunta: —¿Tiene Vd. hermanos menores?

   Yo respondo: —_____

   (Yo / quince años / y mis hermanos / quince meses)

10. La vecina dice: —¿Qué tiempo hace hoy?

    Mi madre responde: —_____

    (Siempre / muy mal / en noviembre)

Palacio Torre Tagle.
Ministerio de Relaciones Exteriores
Lima, Peru

Segovia, Spain: (r.) The Alcazar Castle built in the 15th century

La hora, la fecha

Unit 3: Conversaciones entre una niña
y su madre.

Conversations between a child
and her mother.

A. La hora   *Telling Time*

---

1. —¿Qué hora es?	What time is it?	Time is feminine.
2. —Es la una.	It is one o'clock.	**Una** is the *only* number in *feminine* form. **La** *precedes* **una.**
3. —¿Qué hora es ahora?	What time is it now?	**Las** *precedes all other hours.*
4. —Son las dos. No es la una.	It is two o'clock. It isn't one.	**No** is placed *before* **es** or **son** in a negative sentence.

---

1. —¿Son las cuatro?	Is it four o'clock?	**En punto** *on the dot*; *exactly.*
2. —Son las cuatro en punto.	It is four exactly.	

---

1. —¿Son las cinco *y treinta*?	Is it five *thirty*?	*Add the minutes after the hour. Use* **y** (plus, and).
2. —Sí, son las cinco *y media.*	Yes, it is *half past* five.	**Media** *half* (past)

---

1. —¿Son las ocho y *quince*?	Is it eight *fifteen*?	
2. —Sí, son las ocho y *cuarto.*	Yes, it is a *quarter* past eight.	**Cuarto** *quarter* (past)

---

1. —¿No son las doce *menos cuarto*?	Isn't it a *quarter to* twelve?	*Use* **menos** (minus, less) *to subtract the minutes from the hour.*
2. —No. Es la una *menos cuarto.*	No. It is *four* minutes *to* one.	*Add minutes only up to thirty. Past the half hour, name the next hour, and subtract the required minutes. Use* **menos.**
3. —Siempre salimos a almorzar entre las doce y media y la una menos veinte y cinco.	We always go out to lunch between half past twelve and twelve thirty-five.	

385

1. —¿Cuándo comes más: por la mañana, por la tarde, o por la noche?

When do you eat more: in the morning, in the afternoon, or at night?

Por la mañana, por la tarde, por la noche *in the morning, afternoon, evening, are used when* no hour is stated.

2. —A las 8 de la mañana no tengo tiempo. A la una de la tarde y a las seis de la tarde como más.

At 8 A.M. I have no time. At 1 P.M. and at 6 P.M. I eat more.

De la mañana A.M., **De la tarde** P.M. (afternoon and *early* evening, are used when *the hour is stated.*

3. —¿A qué hora vas a dormir?

At what time do you go to sleep?

A la, a las mean *at* when telling time.

4. —Voy a la cama a las once de la noche.

I go to bed at eleven P.M.

¿A qué hora? is *at what time?*
De la noche is P.M. for late evening and night.

B. La fecha

The Date

1. —¿Qué día es hoy?

What day is it today?

Days and months are *not usually capitalized.*

2. —Hoy es viernes.

Today is Friday.

3. —¿A cuántos estamos?

What is the date?

The day and date *precede* the month.

4. —Estamos a doce de octubre.

It is October 12.

5. —¿Cuál es la fecha completa?

What is the complete date?

Except after **estamos a, el** is used before the date:
El doce de octubre
Oct. 12.

6. —Hoy es viernes el doce de octubre.

Today is Friday, October 12.

7. —¿Qué celebramos el doce de octubre?

What do we celebrate on October 12?

On is understood when **el** *precedes the date:*
El doce de octubre
On October 12th.

8. —Celebramos el **Día de la Raza** el doce de octubre.

We celebrate Columbus Day on October 12.

9. —Y el **Día de las Américas** cae el catorce de abril.

And Pan American Day falls on April 14th.

10. —¿Y el dos de mayo?

And on May 2?

11. —El dos de mayo es el **Día de la Independencia** de España.

May 2 is Spain's Independence Day.

12. —¿Y el cuatro de julio?

And the fourth of July?

13. —El cuatro de julio es el **Día de la Independencia** de los Estados Unidos.

July 4 is the United States' Independence Day.

14. —¿Cuándo celebramos
     la **Navidad?**

When do we celebrate
Christmas?

Simple cardinal numbers
express the date *except* for
the first of the month.

15. —Celebramos el **Día de
     la Navidad** el veinte y
     cinco de diciembre.

We celebrate Christmas on
December 25.

16. —¿Qué fiestas caen el
     primero del mes?

What holidays fall on the first
of the month?

Primero expresses the *first*
day of the month.

17. —**El Año Nuevo** cae el
     primero de enero.
     El **Día de los Inocen-
     tes** cae el primero de
     abril.

New Year's falls on January
first.
April Fools' Day falls on April
first.

STUDY THE IDIOMS *BEFORE* BEGINNING THE EXERCISES!

Exercises

I. Write the translation of the Spanish sentence. Then (1) rewrite the Spanish sentence, substituting the expression in parentheses for the words in *italics*; (2) translate each Spanish sentence you write.

Model: ¿A qué hora *salen*?   **At what time do they leave?**

(regresan)   (1) **¿A qué hora regresan?**   (2) **At what time do they return?**

1. ¿A qué hora *almuerzas*?_____

   a. (vas a la cama) (1)_____

   (2)_____

   b. (comemos) (1)_____

   (2)_____

   c. (estudian) (1)_____

   (2)_____

2. Salimos *a las seis de la tarde*._____

   a. (a las once de la noche) (1)_____

   (2)_____

   b. (a las ocho de la mañana) (1)_____

   (2)_____

   c. (a la una de la tarde) (1)_____

   (2)_____   **387**

3. Estudian *por la noche.*_____

    a. (por la mañana) (1)_____

    (2)_____

    b. (por la tarde) (1)_____

    (2)_____

    c. (por la noche) (1)_____

    (2)_____

4. *¿Cuál es la fecha de* hoy?_____

    a. (¿A cuántos estamos?) (1)_____

    (2)_____

    b. (¿Qué fiesta cae?) (1)_____

    (2)_____

    c. (¿Qué día es?) (1)_____

    (2)_____

5. Hoy es *el primero de mayo.*_____

    a. (el dos de junio) (1)_____

    (2)_____

    b. (el veinte y uno de noviembre) (1)_____

    (2)_____

    c. (el veinte de octubre) (1)_____

    (2)_____

6. *Hoy es el* primero de abril._____

    a. (Estamos a) (1)_____

    (2)_____

    b. (La fiesta cae) (1)_____

    (2)_____

    c. (Mañana es) (1)_____

    (2)_____

II. ¿Qué hora es? Write an answer in a complete Spanish sentence.

| 1 | 2 | 3 | 4 | 5 | 6 |

1. (1 o'clock) _____

2. (2 o'clock) _____

3. (3 o'clock) _____

4. (5:15 P.M.) _____

5. (6:30 A.M.) _____

6. (6:45 P.M.) _____

III. Write an affirmative answer in a complete Spanish sentence using the verbs given in parentheses and the ideas given below the writing line.

1. ¿A qué hora de la mañana comes?

(Como)_____
        (8 A.M.)

2. ¿A qué hora de la tarde sales de la clase?

(Salgo)_____
        (1 P.M.)

3. ¿Cuándo regresas a casa?

(Regreso)_____
        (in the afternoon)

4. ¿A qué hora de la noche estudias?

(Estudio)_____
        (9:30 P.M.)

5. ¿Qué hora es cuando vas a dormir?

(Son/voy)_____
        (10:40 exactly)

IV. Write an affirmative answer in a complete Spanish sentence, selecting the correct date. (Write out the numbers in Spanish in your answer.)

1. Hoy celebramos el Día de la Independencia norteamericana. ¿Cuál es la fecha?

———————————————————————————————

   a. 4 de julio   b. 1 de enero   c. 12 de octubre   d. 25 de diciembre

2. Hoy es la Navidad. ¿A cuántos estamos?

———————————————————————————————

   a. 2 de mayo   b. 1 de enero   c. 25 de diciembre   d. 12 de febrero

3. Hoy es el Día de la Raza. ¿Cuál es la fecha?

———————————————————————————————

   a. 4 de julio   b. 14 de julio   c. 12 de octubre   d. 12 de febrero

4. Hoy es el Día de Año Nuevo. ¿A cuántos estamos?

———————————————————————————————

   a. 25 de diciembre   b. 4 de julio   c. 1 de enero   d. 1 de abril

5. Hoy es el Día de los Inocentes. ¿Cuál es la fecha?

———————————————————————————————

   a. 1 de abril   b. 14 de abril   c. 2 de mayo   d. 12 de octubre

6. Hoy celebramos el Día de las Américas. ¿A cuántos estamos hoy?

———————————————————————————————

   a. 4 de julio   b. 14 de abril   c. 2 de mayo   d. 1 de abril

V. Rewrite each sentence, correcting the expressions in *italics*. (See DIALOGUES, pp. 385–387.)

1. La Navidad cae *el primero de enero.*

———————————————————————————————

2. Pregunto: —¿Cuál es la fecha de hoy? Tú respondes: —*Son las dos.*

———————————————————————————————

3. Pregunto: —¿Qué hora es? Tú respondes: —*Es el dos.*

———————————————————————————————

4. El Día de la Raza es *el cuatro de julio.*

———————————————————————————————

5. El Día de la Independencia norteamericana cae *el doce de octubre.*

_____

6. El Día de Año Nuevo cae *el veinte y cinco de diciembre.*

_____

7. El Día de las Américas cae *el dos de mayo.*

_____

8. El Día de la Independencia española cae *el catorce de abril.*

_____

VI. Write the question suggested by each statement. Use the cues in parentheses and question marks.

Model: Ana es linda.   (Quién) **¿Quién es linda?** Who is pretty?

1. _____

   Hoy es martes el tres de marzo.   (Cuál)

2. _____

   Estamos a jueves el trece de abril.   (A cuántos)

3. _____

   Son las diez de la mañana.   (Qué)

4. _____

   Comen a la una de la tarde.   (A qué)

5. _____

   Celebramos La Navidad el veinte y cinco de diciembre.   (Cuándo)

VII. Complete using the appropriate equivalent of "*what*": **¿cómo?, ¿cuál?, ¿qué?** or **¿cuántos?**

1. ¿ _____ hora es?   3. ¿ _____ se llama Vd.?

2. ¿ _____ es la fecha de hoy?   4. ¿A _____ estamos?

5. ¿A _____ hora comes?

391

VIII. Complete the sentence, using the appropriate verb: **es, estamos, llama,** or **son.** (The same verb may be used appropriately more than once.)

1. ¿A cuántos _____ hoy?

2. ¿Qué hora _____ ?

3. ¿Cómo se _____ su padre?

4. ¿Cuál _____ la fecha de hoy?

5. Hoy _____ lunes.

6. Hoy _____ martes.

7. _____ la una menos cuarto.

8. _____ las diez y media.

IX. Complete with the appropriate article **el, los, la, las.** Write a dash if *no* article is needed.

1. Hoy es _____ dos de junio.

2. Estamos a _____ diez de junio.

3. ¿Cuál es _____ fecha de hoy?

4. Hoy es _____ viernes.

5. Es _____ una de _____ tarde.

6. Son _____ ocho de _____ mañana.

7. Comemos a _____ cinco.

8. Miramos la televisión por _____ noche, o a _____ cuatro de _____ tarde.

X. Write the Spanish equivalent adapted from the DIALOGUES, pages 385–387.

1. What time is it?_____

2. It is one P.M. _____

3. What time is it now?_____

4. It is two. It is not one._____

5. Is it four o'clock exactly?_____

6. It is four forty._____

7. Is it five thirty now?_____

8. Yes, it is half past five._____

XI. Complete in Spanish. (Consult DIALOGUES, pp. 385–387, for review.)

A.

Luis: —¿Son las ocho?

Ana: —Sí, _____ _____ ocho.
           1   2

Luis: —¿Y ahora?

Ana: —Y ahora son_____ocho y cinco.
                  3

B.

Pepe: —Siempre almuerzo antes de

_____ una. Como siempre,
  1
hoy salgo a _____ una
         2
_____ cuarto.
  3

Lola: —Es todavía temprano. Es solamente el mediodía.

_____ _____ doce
  4   5

_____ punto.
  6

C.

Ana: —¿A _____ hora comes más,
       1

a _____ ocho _____ la
   2   3

mañana o a _____ una de
           4

_____ tarde?
  5

Paco: —A _____ una de _____ tarde
      6   7

como más. A _____ ocho de
          8

_____ mañana corro a la escuela.
  9

Ana: —¿ ____ ____ hora vas a dormir,
    10 11

a ____ seis ____ ____
  12   13   14

tarde o ____ las once ____
      15   16

____ noche?
 17

Juan: —Voy a dormir _____ _____
          18   19

once _____ la noche.
     20

D.

María: —¿Cuándo estudias, _____ la
            1

mañana, _____ la tarde
      2

o _____ la noche?
  3

Pablo: —Estudio _____ la tarde o por
         4

_____ noche. No tengo tiempo
  5

para estudiar más temprano.

En la clase

Unit 4: En la clase: Conversación entre el maestro y una alumna.

In class: A conversation between the teacher and a student.

¿De quién? Whose?

Maestro: —¿De quién es la clase?

Whose class is it?

Alumna: —Es mi clase.

It is my class.

La clase de español The Spanish class

M: —¿Qué clase es?

What class is it?

A: —Es la clase de español.

It is the Spanish class.

De meaning *about;* **La clase de español; la lección de español; el maestro de español.** The class *about* the Spanish language, etc.

Es verdad It is true. That's right.

M: —¿Estudias la lección de español?

Are you studying the Spanish lesson?

A: —Sí, es verdad.

Yes, that's right. (True, so)

Prestar atención to pay attention

M: —¿Prestas atención?

Do you pay attention?

A: —Presto atención en la clase.

I pay attention in class.

prestar	
presto	prestamos
prestas	prestáis
presta	prestan

Querer a to love

M: —¿Quieres al profesor de español?

Do you love the Spanish teacher?

A: —Sí, quiero al profesor.

Yes, I love the teacher.

querer	
quiero	queremos
quieres	queréis
quiere	quieren

Querer decir to mean

M: —¿Qué quiere decir **'chica'?**	What does **chica** mean?	In **querer decir, querer** is conjugated; **decir** does *not* change its infiniitve form.
A: —**'Chica'** quiere decir **'muchacha'.**	**Chica** means **muchacha.**	

¿Cómo se dice? How do you say?, how does one say?

M: —¿Cómo se dice **'chico'** en inglés?	How do you say **chico** in English?	**Se** represents impersonal *"you"* or *"one"*
A: —Se dice **'boy'.**	One says "boy." (You say "boy.")	

Estar de pie to be standing

M: —¿Para qué estás de pie?	Why are you standing?	**estar**	
		estoy	estamos
A: —Estoy de pie para contestar.	I'm standing in order to answer.	estás	estáis
		está	están

Saber *before an infinitive* to know how (can)

M: —¿Sabes escribir español?	Do you know how to write Spanish?	**saber**	
		sé	sabemos
A: —Sí, sé leer también.	Yes, I know how to read, too.	sabes	sabéis
		sabe	saben

Salir bien en to pass (a test, a course, etc.)
Salir mal en to fail (a test, a course, etc.)

M: —¿Sales mal o bien en el examen?	Do you fail or pass a test?	**salir**	
		salgo	salimos
A: —No salgo mal en el examen. Salgo bien porque es fácil.	I don't fail the test. I pass because it is easy.	sales	salís
		sale	salen

Creer que sí (no) to believe so (not)

M: —¿Hay que estudiar para salir bien?	Is it necessary to study in order to pass?	**creer**	
		creo	creemos
A: —Creo que no.	I don't think so. (I think not.)	crees	creéis
M: —Yo creo que sí. Si no estudias no sabes contestar.	I think so. If you do not study you cannot answer.	cree	creen

¡De acuerdo! Agreed!
Por eso Therefore

—¡De acuerdo!
  Por eso, hay que
  estudiar.

Agreed!
Therefore, one must study.

STUDY THE IDIOMS BEFORE BEGINNING THE EXERCISES!

Exercises

I. Write the translation of the Spanish sentence. Then (1) rewrite the Spanish sentence, substituting the expressions in parentheses for the words in *italics*; (2) translate each Spanish sentence you write.

Model: *Ellos* prestan atención *al circo*.   **They pay attention to the circus.**
a. (Tú/al tigre) (1) **Tú prestas atención al tigre.**   (2) **You pay attention to the tiger.**

1. *Yo* quiero a *mi madre*._____

   a. (Tú/a la maestra) (1)_____

       (2)_____

   b. (Nosotros/a los amigos) (1)_____

       (2)_____

   c. (Juan/a la chica) (1)_____

       (2)_____

   d. (Ana y Pepe/a sus hermanos) (1)_____

       (2)_____

   e. (Yo/al compañero de clase) (1)_____

       (2)_____

2. *Ellos* saben *tocar el piano*._____

   a. (Yo/cantar la canción) (1)_____

       (2)_____

   b. (María/bailar la bamba) (1)_____

       (2)_____

c. (Tú/hablar español) (1)_____

(2)_____

d. (Tú y yo/jugar al tenis) (1)_____

(2)_____

e. (Ellos/tocar el violín) (1)_____

(2)_____

3. *Luis y Pedro* están *de pie.*_____

a. (Yo/de pie) (1)_____

(2)_____

b. (Vd. y yo/levantados) (1)_____

(2)_____

c. (Vd./sentado) (1)_____

(2)_____

d. (Tú/de pie) (1)_____

(2)_____

e. (Los chicos/de pie) (1)_____

(2)_____

4. *Yo salgo bien en el examen.*_____

a. (Tú/mal en la clase) (1)_____

(2)_____

b. (Juan y yo/bien en el examen) (1)_____

(2)_____

c. (Los alumnos/mal en sus estudios) (1)_____

(2)_____

d. (Yo/bien en los exámenes) (1)_____

(2)_____

5. ¿Qué quiere decir *la palabra*?_____

a. (¿Qué/decir las frases?) (1)_____

(2)_____

b. (¿Qué/decir tú?) (1)_____

(2)_____

    c. (¿Qué/decir Juan?) (1)_____

        (2)_____

6. Yo creo *que sí.*_____

    a. (Él y yo/que no) (1)_____

        (2)_____

    b. (La madre/que no) (1)_____

        (2)_____

    c. (Tú/que sí) (1)_____

        (2)_____

II. Complete the response. (Consult DIALOGUES, pp. 394–396.)

1. —¿Estás sentado cuando contestas?
   —No. Estoy _____ pie.

2. —¿Es tu pluma?
   —No. No sé _____ quién es la pluma.

3. —¿Sabes el inglés?
   —Sí, Yo _____ el inglés.

4. —¿Sabes escribir el chino?
   —No. No _____ _____ el chino.

5. —¿Sales mal en el examen de español?
   —No. Salgo bien _____ el examen.

6. —¿Quieres a tu profesora?
   —Sí, _____ _____ mi profesora.

7. —¿Quieres decir que ella es bonita?
   —Quiero _____ que es una buena maestra.

8. —¿Cómo se dice **maestra** en inglés?
   —Se _____ "teacher" o _____ dice "instructor".

9. ¿Hay que prestar atención en la clase de español?
   —Sí, _____ _____ prestar atención.

10. —¿Es verdad?
    —Sí, es _____

11. —¿Cree tu profesora que sí?
    —_____ verdad. Mi profesora cree _____ _____.

12. —¿Cree tu amigo que sí?
    —No. Mi amigo _____ que _____.

13. —¿Crees que sí?
    —Sí. Yo _____ _____ sí.

14. —¿Por eso prestas atención?
    —Sí, _____ eso, _____ atención.

15. —¿Concedido?
    —Sí ¡ _____ !

III. Write the appropriate rejoinder in Spanish, and circle the letter.

1. Vd. dice: —Sé escribir muy bien el español.

   Yo respondo: —_____
   a. ¿Cree Vd. que sí?   b. ¿A cuántos estamos hoy?   c. ¿Cómo se llama Vd.?

2. Vd. pregunta: —¿De quién es el libro?

   Yo respondo: —_____
   a. Creo que no.   b. Queremos al alumno.   c. No sé de quién es.

3. Vd. dice: —¡Tome Vd. esta silla, por favor!

   Yo respondo: —Gracias pero_____
   a. quiero estar de pie.   b. quiero salir bien.   c. quiero hablar español.

4. Vd. dice: —Hay que salir bien en el examen.

   Yo respondo: —_____
   a. ¡Concedido!   b. Sabemos bailar.   c. Estamos de pie.

5. Vd. dice: —Quiero a mi maestra.

   Yo respondo: —_____
   a. ¿Cómo se dice **maestro?**   b. ¿Qué quiere decir **maestro?**   c. ¡Por eso prestas atención!

IV. Write an affirmative response in a complete Spanish sentence, using the cue word in parentheses at the beginning of the answer. Then translate your answer.

   Model: ¿Hay que estudiar?

   _____   **¡Concedido! Hay que estudiar.**
   (¡Concedido!)   *Agreed! One must study.*

1. ¿Está Vd. en una clase de español?_____
                                (Estoy)

   _____

2. ¿Está la maestra de pie?_____
                          (La maestra)

   _____

3. ¿Sabe Vd. cómo se dice "*book*" en español?_____
                                          (Sí, sé)

   _____

4. ¿Sabe Vd. de quién es el libro?_____
                                (Yo)

   _____

5. ¿Sabe Vd. leer el español?_____
                            (Yo)

   _____

6. ¿Presta Vd. atención?_____
                        (Sí, yo)

   _____

7. ¿Hay que trabajar en la clase de historia?_____
   (Hay)

   _____

8. ¿Sale Vd. bien en los exámenes?_____
   (Salgo)

   _____

9. ¿Quieres mucho a la maestra?_____
   (Quiero)

   _____

10. ¿No es verdad que la maestra cree que sí?_____
    (Es)

    _____

V. Write the expression that best completes the sentence, and circle the letter.

1. Cuando el maestro enseña yo_____
   a. estoy de pie
   b. presto atención
   c. toco la guitarra
   d. creo que sí

2. Cuando leo para la clase_____
   a. quiero a mi padre
   b. creo que sí
   c. creo que no
   d. estoy de pie

3. Cuando el maestro es simpático yo_____
   a. lo quiero mucho
   b. se dice: —chico
   c. salgo mal
   d. pienso que hay que salir

4. Para salir bien en la clase de español_____
   a. hay que escuchar
   b. hay que salir mal
   c. sé tocar el piano
   d. aprendo el inglés

5. Para saber el dueño del lápiz pregunto: —_____
   a. ¿A quién quieres?
   b. ¿Cómo se dice *lápiz*?
   c. ¿De quién es esto?
   d. ¿Qué es esto?

6. Para aprender una palabra le pregunto a la profesora: —_____
   a. ¿Qué quiere decir eso?
   b. ¿Sales bien en el examen?
   c. ¿Hay que aprender?
   d. ¿Sabes leer?

7. Para saber una pronunciación yo pregunto: —_____
   a. ¿Hay que estudiar?
   b. ¿Cómo se dice esto?
   c. ¿De quién es?
   d. ¿A quién quieres?

8. Practico la guitarra porque quiero_____
   a. estar de pie
   b. salir bien en inglés
   c. bailar a la música
   d. saber tocar música

9. Estudio mucho en casa para_____
   a. creer que sí
   b. salir bien
   c. prestar atención
   d. estar de pie

10. Si es verdad yo digo: —_____
    a. Creo que sí
    b. Creo que no
    c. Por eso
    d. Hay que estudiar

VI. Write the entire expression from the second column that means the *same* as the word in *italics*. Before each expression write its corresponding letter.

1. *Escucho* _____a. ¿Qué quiere decir?

2. *¿Qué significa?*_____b. de pie

3. *¿A quién amas?*_____c. ¡Concedido!

4. *¡Cómo no!*_____d. Presto atención.

5. *levantado*_____e. ¿A quién quieres?

VII. Write your emphatic agreement. Use **sí, de acuerdo** and repeat the statement.

Model: Hay que leer bien.   **Sí, de acuerdo. Hay que leer bien.**
         One must read well.   Yes, agreed. One must read well.

1. Es necesario comer para vivir. _____

2. Gozamos de las vacaciones. _____

3. Las lenguas son interesantes. _____

4. Los amigos son importantes. _____

5. Tenemos que respirar aire puro. _____

Un sâbado en el parque.

Unit 5: **Un sábado en el parque.**   A Saturday in the park.

Conversación entre una vecina y un alumno sobre qué va a hacer el alumno el sábado en el parque.

Conversation between a neighbor and a pupil about how he plans to spend his Saturday in the park.

Asistir a to attend

---

		asistir	
Sra.: —¿No asistes a la escuela hoy?	Don't you attend school today?	asisto	asistimos
		asistes	asistís
Alumno: —No asisto hoy. Es sábado.	I don't today. It's Saturday.	asiste	asisten

---

Ir a + *noun* to go to

---

		ir	
S: —¿Adónde vas?	Where are you going?	voy	vamos
A: —Voy al parque.	I'm going to the park.	vas	vais
		va	van

Ir de paseo to go for a walk

S: —¿Por qué vas al parque?	Why are you going to the park?
A: —Voy de paseo allí.	I'm going for a walk there.

Subir a to get on (*vehicle*)

---

		subir	
S: —¿Cómo vas a llegar al parque?	How are you going to get to the park?	subo	subimos
		subes	subís
A: —Primero, subo al tren.	First, I get on the train.	sube	suben

---

bajar

bajo	bajamos
bajas	bajáis
baja	bajan

Bajar de to get off (*vehicle*)
Entrar en to enter

S: —¿Y luego?　　　And then?

entrar

entro	entramos
entras	entráis
entra	entran

A: —Luego, bajo del　　Then, I get off the train and
　　tren y entro en el　　enter the park.
　　parque.

Ir a + *infinitive* to be going to (do); **Dar un paseo a pie** to take a walk; **Dar un paseo a caballo** to ride horseback; **Dar un paseo en bicicleta** to take a ride on a bicycle; **Dar un paseo en automóvil** to take a ride in a car.

S: —¿Qué vas a hacer　　What are you going to do in
　　en el parque?　　　　the park?

dar

doy	damos
das	dais
da	dan

A: —Voy a dar un paseo　I'm going to take a walk, or go
　　a pie o en bicicleta.　bicycle riding.

S: —¿No das un paseo a　Don't you go horseback riding?
　　caballo?

A: —Sí, doy un paseo a　Yes, I ride when I have
　　caballo cuando　　　money.
　　tengo dinero.

S: —¿Por qué no das un　Why don't you take a ride in
　　paseo en automóvil?　a car?

A: —No doy paseos en　　I don't go riding in a car
　　automóvil porque　　because I have no car.
　　no tengo automóvil.

Por todas partes everywhere
Todo el mundo everyone, everybody

S: —¿Quién está en el　　Who is in the park?
　　parque?

A: —Todo el mundo está　Everyone is there.
　　allí.
　　Por todas partes　　Everywhere there are people
　　hay gente y flores.　and flowers.

Poner la mesa to set the table
Salir de to leave
Regresar a casa to go home
Estar en casa to be at home
Tocar el piano, el violín, la guitarra
to play the piano, violin, guitar

To express "home" use
1. **a casa** after a verb of
   locomotion: **correr, volver**
2. **en casa** after **estar**

S: —¿Cuándo sales del parque?

When do you leave the park?

A: —Salgo del parque temprano para volver a casa.

I leave the park early to return home.

A: —¿Qué haces en casa?

What do you do at home?

poner	
pongo	ponemos
pones	ponéis
pone	ponen

S: —En casa, primero pongo la mesa. Después de comer, toco el piano y mis hermanos tocan el violín y la guitarra.

At home, first I set the table. After eating, I play the piano, and my brothers play the violin and the guitar.

STUDY THE IDIOMS BEFORE BEGINNING THE EXERCISES!

Exercises

I. Write the translation of the sentence. Then (1) rewrite the Spanish sentence, substituting the expressions in parentheses for the words in *italics*; (2) translate each Spanish sentence you write.

Model: *Me* gusta la clase *de historia.*   **I like the history class.**
     a. (Les/de inglés)   (1) **Les gusta la clase de inglés.**
         (2) **They like the English class.**

1. *Yo* doy un paseo *a caballo.*_____

  a. (Tú/a pie) (1)_____

    (2)_____

  b. (Vds./en automóvil) (1)_____

    (2)_____

  c. (Nosotros/en bicicleta) (1)_____

    (2)_____

2. *Nosotros* bajamos *del tren.*_____

   (a) (El piloto/del avión) (1)_____

      (2)_____

   b. (Los amigos/del coche) (1)_____

      (2)_____

   c. (Yo/del autobús) (1)_____

      (2)_____

3. *Todo el mundo* asiste *al teatro.*_____

   a. (Yo/a la escuela) (1)_____

      (2)_____

   b. (Ellos/al cine) (1)_____

      (2)_____

   c. (Nosotros/a las fiestas) (1)_____

      (2)_____

4. *Yo* pongo la mesa *con el mantel.*_____

   a. (Tú/la mesa con vasos) (1)_____

      (2)_____

   b. (Ana y yo/la mesa con cucharas) (1)_____

      (2)_____

   c. (Marta/la mesa con cuchillos) (1)_____

      (2)_____

   d. (Yo/la mesa con servilletas) (1)_____

      (2)_____

5. *Tú y yo* entramos *en el cine.*_____

   a. (Vd./en la casa) (1)_____

      (2)_____

   b. (Vd. y Juan/en la clase) (1)_____

      (2)_____

405

c. (Yo/en la escuela) (1)_____

(2)_____

6. *Yo* voy de paseo *por todas partes.*_____

a. (Yo/de paseo al parque) (1)_____

(2)_____

b. (Tú/de paseo a casa) (1)_____

(2)_____

c. (Ellos/de paseo al cine) (1)_____

(2)_____

d. (Tú y yo/de paseo al centro) (1)_____

(2)_____

II. Write an affirmative answer in a complete Spanish sentence. Begin with the cue in parentheses. *Then translate your answers.*

1. ¿Asistes a la escuela los lunes?_____
   (asisto)

_____

2. ¿Vas de paseo al parque?_____
   (voy)

_____

3. ¿Subes al tren para ir al parque?_____
   (subo)

_____

4. ¿Bajas del tren y entras en el parque?_____
   (bajo)

_____

5. ¿Primero das un paseo a pie y luego en bicicleta?_____
   (primero doy)

_____

6. ¿Sabes tocar un instrumento como el violín?_____
   (sé tocar)

7. ¿Está todo el mundo por todas partes del parque?_____
                                    (todo el mundo)

_____

8. ¿Sales del parque para ir a casa?_____
                        (salgo)

_____

9. ¿Pones la mesa antes de comer?_____
                      (pongo)

_____

10. ¿Tocas la guitarra, el piano y el violín en casa?_____
                              (toco)

_____

III. Write a *logical* or factual answer in a complete Spanish sentence.

1. ¿Quién asiste a la escuela *todo el mundo* o *nadie*?

_____

2. ¿Qué sabe Vd. tocar bien *las paredes* o *la guitarra*?

_____

3. ¿Hay mucha gente por todas partes *del campo o de la ciudad*?

_____

4. ¿Antes de comer pones la mesa con *un mantel* o con *una manta*?

_____

5. ¿Cuándo das un paseo en bicicleta a la playa *el lunes* o *el sábado*?

_____

6. ¿De dónde sales a las tres *del cine* o *de la escuela*?

_____

7. ¿A qué subes para llegar al piso del vecino *al ascensor* o *al avión*?

_____

8. ¿Cómo regresas a casa a *caballo* o a *pie?*

_____

9. ¿Por dónde das un paseo a caballo por *la calle* o por *el parque?*

_____

10. ¿En dónde entras a las ocho de la mañana en *el dormitorio* o en *la clase?*

_____

IV. Write the appropriate response or rejoinder, and circle the letter.

1. —Vamos a la escuela todos los días.

_____
   a. —Todo el mundo da paseos.   b. —Siempre asistimos a las clases.
                c. —Entramos en casa.

2. —Vamos a comer.

_____
   a. —Voy a poner la mesa.   b. —Voy a dar un paseo.
                c. —Voy a bajar del tren.

3. —Son las ocho de la mañana.

_____
   a. —Es hora de entrar en la escuela.   b. —Es hora de poner la mesa.
                c. —Es hora de ir a dormir.

4. —Voy al parque.

_____
   a. —¿Va Vd. a pie?   b. —¿Sale Vd. del cine?
                c. —¿Entra Vd. en la tienda?

5. —¿Dónde hay alumnos?

_____
   a. —Hay muchos maestros.   b. —Están por todas partes.
                c. —Todo el mundo es alumno.

V. Write the expression that best completes the sentence, and circle the letter.

1. Cuando doy un paseo al centro_____
   a. voy a pie   b. subo al avión   c. voy a caballo   d. asisto a la clase

2. Voy al parque porque deseo_____
   a. tocar el piano   b. salir mal   c. ir de paseo   d. poner la mesa

3. Cuando hace buen tiempo_____va de paseo.
   a. el automóvil   b. todo el mundo   c. la guitarra   d. la bicicleta

4. En la primavera todo el mundo da paseos_____
   a. en las escuelas   b. por todas partes   c. en los edificios   d. en los museos

5. Prestamos atención al maestro cuando_____
   a. asistimos   b. salimos   c. estamos de pie   d. damos paseos

---

VI. Rewrite the following sentences *with their letters* in a *logical sequence.*

Para llegar a la escuela: *To reach my school.*

a. Entro en la clase.   1._____

b. Bajo del tren.   2._____

c. Subo al tren.   3._____

d. Salgo de mi casa.   4._____

e. Veo que todo el   5._____
   mundo asiste.

VII. Complete in Spanish. (Consult DIALOGUES, pp. 402–404.)

1. Voy _____ casa.   6. Doy un paseo _____ pie.

2. Estoy _____ casa.   7. Subimos _____ tren.

3. Doy un paseo _____ bicicleta.   8. Asisto ___ _____ la clase.

4. Pedro baja _____ automóvil.   9. Damos un paseo _____ automóvil.

5. Él va _____ paseo al centro.   10. Entras _____ la clase.

VIII. Complete, using an appropriate expression from the selection provided below. (Consult DIALOGUES, pp. 402–404.)

1. La tía: —¿No asistes _____
   la escuela hoy, Paco?

3. La tía: —Entonces, ¿adónde _____?

4. Paco: —Voy _____ paseo al parque.
   Allí doy un paseo_____ pie o_____

2. Paco: —Yo no _____ hoy
   porque es sábado.

   bicicleta. Si tengo dinero _____ un
   paseo_____ caballo.

5. La tía: —Aquí tienes dinero para_____
   un_____ a caballo.
   Paco: —Mil gracias.

Selection: a, asisto, dar, de, doy, en, paseo, vas

La cita

Unit 6: La cita

En el supermercado. Juan quiere salir con Alicia, quien trabaja en el supermercado. Alicia decide finalmente no salir con él porque él le hace muchas preguntas.

The Appointment (The Date):

At the supermarket. John wants to go out with Alice, who is working in the supermarket. She finally decides not to go out with him because he asks so many questions.

Juan: —¿Asistes al cine a menudo?

Alicia: —Asisto muchas veces con mis amigos.

Do you go to the movies often?

I go often with my friends.

Sinónimos
a menudo often
muchas veces often

J: —¿Deseas ir de nuevo hoy?

A: —¿Otra vez? Sí. Gracias.

Do you want to go again today?

Again? Yes. Thanks.

Sinónimos
de nuevo again
otra vez again

J: —¿Deseas ir conmigo en seguida?

A: —No. Más tarde. Tengo mucho trabajo.

How about going with me right away?

No. Later. I have a great deal of work.

Antónimos
en seguida right away (immediately)
más tarde later

J: —¿No terminas en seguida?

A: —No. Termino poco a poco hoy.

Won't you be finishing at once?

No. I'll be finishing little by little (gradually) today.

Antónimos
en seguida at once
poco a poco little by little (gradually)

J: —¿Así no llegamos tarde?

A: —No. Llegamos a tiempo.

Won't we arrive late this way?

No. We'll arrive on time.

Antónimos
tarde late
a tiempo on time

J: —¿Trabajaste también el sábado pasado?

A: —Sí, y trabajé toda la semana pasada, el mes pasado y el año pasado.

Did you work last Saturday, too?

Yes, and I worked all last week, last month, and last year.

"Last ____"
el sábado pasado last Saturday
la semana pasada last week
el año pasado last year
el mes pasado last month

J: —¿Y trabajas el sábado que viene?

A: —El sábado próximo, la semana próxima, el mes próximo, y el año próximo.

And *next* Saturday?

Next Saturday, next week, next month, and next year.

Next ____ "Sinónimos"
el año que viene next year
el año próximo next year
Antónimos
____ **pasado-a** last
____ **próximo-a** (que viene) next

J: —Así trabajas mucho pero estudias pocas veces como yo.

Then you work a great deal, but you study rarely like me.

Antónimos
pocas veces rarely
a menudo (muchas veces) often

A: —No. Estudio a menudo (muchas veces).

No. I often study.

J: —Entonces ¿vas conmigo al cine todas las semanas?

Then will you go with me to the movies every week?

Antónimos
todas las semanas every week
esta semana this week
todas las noches every night
esta noche tonight

A: —No voy ni esta noche, ni esta semana, ni este mes, ni este año.

No, I'm not going tonight, or this week, or this month, or this year.

J: —¿Por qué no deseas salir conmigo ahora?

Why don't you want to go out with me now?

todos los días every day
hoy today
todos los meses every month
este mes this month
todos los años every year
este año this year

A: —No tengo tiempo para hablar contigo hoy ni todos los días, ni todos los meses, ni todos los años.

I don't have time to chat with you today, or every day, or every month, or every year.

STUDY THE IDIOMS BEFORE BEGINNING THE EXERCISES!

I. (1) Write an affirmative answer in a complete Spanish sentence beginning your answer with the cue words in parentheses. (2) Translate your answer into English.

1. ¿Asistes a fiestas a menudo? (1)_____
    (Asisto)

    (2)_____

2. ¿Fuiste a muchas fiestas el mes pasado? (1)_____
    (Fui)

    (2)_____

3. ¿Llegas muchas veces a tiempo? (1)_____
    (Llego)

    (2)_____

4. ¿Deseas ir de nuevo? (1)_____
    (Deseo)

    (2)_____

5. ¿Quieres ir en seguida? (1)_____
    (Quiero)

    (2)_____

6. ¿Terminas el trabajo para la clase más tarde? (1)_____
(Termino)

_____

(2)_____

7. ¿Estudias pocas veces este año como el año pasado? (1)_____
(Estudio)

_____

(2)_____

8. ¿Luego aprendes poco a poco? (1)_____
(Aprendo)

(2)_____

9. ¿Pero trabajaste mucho toda la semana pasada? (1)_____
(Trabajé)

_____

(2)_____

10. Entonces ¿vas a México el año próximo como todos los años? (1)_____
(Voy)

_____

(2)_____

11. ¿Celebras el cumpleaños la semana próxima? (1)_____
(Celebro)

_____

(2)_____

12. ¿Vas al campo otra vez el mes que viene? (1)_____
(Voy)

(2)_____

13. ¿Das una fiesta esta semana como todas las semanas? (1)_____
(Doy)

_____

(2)_____

14. ¿Sales esta noche como todas las noches? (1)_____
(Salgo)

(2)_____

15. ¿Asistes a las clases hoy como todos los días? (1)_____

(Asisto)

_____

(2)_____

II. Write the expression that best completes the sentence, and circle the letter.

1. Para ver todas las buenas películas hay que ir al cine_____
   a. a menudo   b. sin dinero   c. a caballo   d. con dolor

2. Conocen muchos países porque viajan a Europa_____
   a. todos los días   b. todos los años   c. más tarde   d. en seguida

3. Ayer tuvimos un examen, y hoy hay un examen_____
   a. a tiempo   b. de nuevo   c. poco a poco   d. muchas veces

4. La escuela se abre a las ocho y nosotros entramos en la clase_____
   a. todos los sábados   b. el domingo que viene   c. a tiempo   d. el año pasado

5. Si no podemos salir en seguida, vamos a salir_____
   a. más tarde   b. anoche   c. el mes pasado   d. otra vez

III. Write the expression that best completes the answer, and circle the letter.

1. —¿Cómo aprendes el español?

   —Lo aprendo_____
   a. el año pasado   b. todos los meses   c. poco a poco

2. —¿Hay que estudiar hoy?

   —Siempre hay que estudiar_____
   a. todos los días   b. el mes pasado   c. el año pasado

3. —¿Presta la clase atención a menudo?

   —Sí, _____
   a. escucha muchas veces   b. presta atención en seguida   c. estudia pocas veces

4. —¿Cuándo celebramos un cumpleaños?

   —Lo celebramos_____
   a. todos los años   b. todos los meses   c. todas las semanas

5. —¿Pones la mesa de nuevo?

   —Sí, la pongo_____
   a. pocas veces   b. otra vez   c. el mes pasado

413

IV. Write the expression that means the *opposite* of the expression in *italics*. Circle the letter.

1. Estudian *pocas veces*._____
   a. poco a poco   b. a menudo   c. más tarde   d. la próxima semana

2. Van *la semana próxima*._____
   a. la semana pasada   b. antes   c. tarde   d. la semana que viene

3. Aprenden *en seguida*._____
   a. en punto   b. a tiempo   c. poco a poco   d. a menudo

4. Viene *más tarde*._____
   a. muchas veces   b. en seguida   c. pocas veces   d. el año pasado

5. Llega *a tiempo*._____
   a. en seguida   b. tarde   c. en punto   d. a menudo

V. Complete in Spanish with the appropriate expression from the selection below. (Consult DIALOGUE, pp. 410–411.)

1. Pepe: —¿Sales _____ menudo?

2. Lola: —Sí, salgo muchas _____.

3. Pepe: —¿Tienes tiempo para salir _____ noche?

4. Lola: — _____ seguida no tengo tiempo, pero _____ tarde sí.

5. Pepe: —Entonces salgamos temprano para llegar al cine _____ tiempo.

6. Lola: —Salimos todas _____ semanas y nunca llegamos tarde. ¡No lo repitas

   _____ nuevo la semana _____!

   Selection: **a, de, en, esta, las, más, a, próxima, veces**

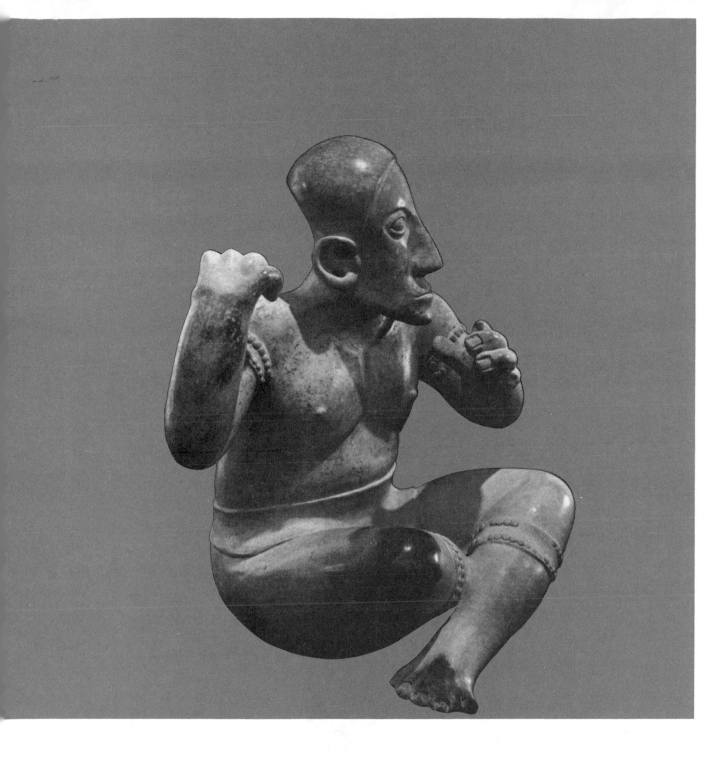

Part Four
SKILL IN LISTENING COMPREHENSION

Part Four:
Skill in Listening Comprehension

A. Listen carefully to each statement that is read. Write the letter of the picture (A, B, C, D, or E) best described by the statement. Each description will be read twice only.

1. _____
2. _____
3. _____
4. _____
5. _____
6. _____
7. _____
8. _____
9. _____
10. _____
11. _____
12. _____
13. _____
14. _____
15. _____

B. Listen to the statements that will be read to you to describe the pictures shown. When you hear the statement that best describes the picture, write its corresponding letter on the blank line. Each statement will be read only twice.

1

1. _____

2

2. _____

3

3. _____

4

4. _____

5

5. _____

6

6. _____

7

7. _____

8

8. _____

C. Choose the word that is pronounced, and write the letter on the blank line. Each word will be read twice only.

1. a. poncho
   b. rancho
   c. Pancho
   d. noche

   _____

2. a. toro
   b. todo
   c. tomo
   d. toldo

   _____

3. a. casa
   b. cosa
   c. causa
   d. costa

   _____

4. a. jota
   b. goma
   c. hoja
   d. gota

   _____

5. a. cielo
   b. cierro
   c. cero
   d. celo

   _____

6. a. ese
   b. asa
   c. esa
   d. así

   _____

7. a. dos
   b. dios
   c. día
   d. dio

   _____

8. a. banana
   b. Ana
   c. año
   d. mañana

   _____

9. a. duro
   b. dote
   c. duelo
   d. dudo

   _____

10. a. leve
    b. lluvia
    c. llueve
    d. ¡lleve!

    _____

11. a. habló
    b. hablo
    c. hablé
    d. ¡hable!

    _____

12. a. pero
    b. perro
    c. para
    d. barra

    _____

D. Listen carefully to each question that is read. Then choose the correct response, and write the letter on the blank line. Each will be read twice only.

1. a. A las doce de la tarde.
   b. A las dos de la mañana.
   c. A las doce de la noche.
   d. A las diez de la noche.

   _____

2. a. Voy a la mesa.
   b. Voy a la cama.
   c. Voy a la playa.
   d. Voy a la puerta.

   _____

3. a. El doce de febrero.
   b. El veinticinco de diciembre.
   c. El cuatro de julio.
   d. El veintidós de agosto.

   _____

4. a. Es mi sobrino.
   b. Es mi primo.
   c. Es mi hermano.
   d. Es mi nieto.

   _____

5. a. Digo: —Adiós.
   b. Digo: —Hasta la vista.
   c. Digo: —Muy bien, ¿y tú?
   d. Pregunto: —¿Cómo se dice . . .? _____

8. a. Hay siete.
   b. Hay treinta y uno.
   c. Hay doce.
   d. Hay cincuenta y dos. _____

6. a. Son sesenta.
   b. Son ochenta.
   c. Son noventa.
   d. Son setenta. _____

9. a. Es el mozo.
   b. Es mi madre.
   c. Es el cocinero.
   d. Es la criada. _____

7. a. Vengo a la escuela.
   b. Voy de paseo.
   c. Voy al banco.
   d. Trabajo en el mercado. _____

10. a. En el verano.
    b. En el otoño.
    c. En el invierno.
    d. En la estación. _____

E. Listen carefully to each statement and question that is read. Then choose the appropriate response, and write the letter on the blank line. Each will be read twice only.

1. a. Quieres tomar una fruta.
   b. Me gusta más el tenis.
   c. Juegan despacio.
   d. Les gusta jugar. _____

5. a. Las oímos también.
   b. Las escribimos también.
   c. Las estudiamos también.
   d. Les gritamos también. _____

2. a. A veces yo me levanto tarde.
   b. Muchas veces yo me lavo.
   c. Esta vez yo me llamo Juan.
   d. Ellos siempre me llaman Juan. _____

6. a. Voy a la iglesia.
   b. Van a la inglesa.
   c. Vas a la tienda.
   d. Va a la clase de inglés. _____

3. a. Escucha a sus parientes.
   b. Escuchas la radio.
   c. Mira la televisión.
   d. Escuchan atentamente. _____

7. a. Es más gordo.
   b. Es más inteligente.
   c. Es la una de la tarde.
   d. Son más bonitas también. _____

4. a. Quiero pan tostado.
   b. Quiero arroz con pollo.
   c. Quiero pan y mantequilla.
   d. Quiero helado de chocolate. _____

8. a. Va al teatro contigo.
   b. Vas al teatro con él.
   c. Vamos al teatro con Vds.
   d. Van al teatro conmigo. _____

F. Listen carefully to the two statements read, that describe two actions in a series. Choose the next logical action, and write the letter on the blank line. Each series will be read twice only.

1. a. Tomo el tren.
   b. Tomo el almuerzo.
   c. Tomo el avión.
   d. Toco el disco. _____

2. a. La cierro.
   b. La abro.
   c. La estudio.
   d. La como. _____

419

3. a. Sube a la montaña.
   b. Corre al campo.
   c. Compra el regalo.
   d. Pinta su casa de campo.

   _____

4. a. Vamos al teatro.
   b. Vamos a la escuela.
   c. Vamos a la cocina.
   d. Vamos a la mesa.

   _____

5. a. Digo: —Hola.
   b. Digo: —Adiós.
   c. Digo: —Es así.
   d. Digo: —Feliz Año Nuevo.

   _____

6. a. Pagan rápidamente.
   b. Lavan rápidamente.
   c. Saben rápidamente.
   d. Cortan rápidamente.

   _____

7. a. Tomo el desayuno.
   b. Salgo de la fiesta para la casa.
   c. Tomo el sol.
   d. Voy a la escuela.

   _____

8. a. Buscan el abrigo.
   b. Tienen frío.
   c. Nieva a menudo.
   d. Van a la playa.

   _____

9. a. Juegan al tenis.
   b. Empiezan a estudiar.
   c. Contestan bien.
   d. Tienen sed.

   _____

.10. a. Hablo con él.
   b. Pienso en ello.
   c. Bailo con ella.
   d. Juego con él.

   _____

G. Listen carefully to each statement or question. Then choose the correct response, and write the letter on the blank line. Each will be read twice only.

1. a. Buenos días, amigo mío.
   b. Buenos días, padre.
   c. Buenas tardes, madre.
   d. Buenos días, profesora.

   _____

2. a. Estoy enfermo.
   b. No está ausente.
   c. No está bien.
   d. Estamos en casa.

   _____

3. a. ¡Cómprame un helado y leche!
   b. ¡Coman Vds. en casa!
   c. ¡Vamos a la iglesia!
   d. ¡Cómprame un hotel!

   _____

4. a. ¡Presten Vds. atención!
   b. Es una película buena.
   c. El cine es bonito.
   d. Traigo el reloj.

   _____

5. a. Sí, porque hoy es domingo.
   b. Sí, porque hoy compro un vestido.
   c. Sí, porque hoy es el 25 de diciembre.
   d. Sí, porque hoy está cerrada.

   _____

6. a. De nada.
   b. Mucho gusto.
   c. Mil gracias.
   d. Hasta mañana.

   _____

7. a. Es un hombre alto.
   b. Es un hombre feliz.
   c. Es un padre pobre.
   d. Es un padre generoso.

   _____

8. a. Pero soy muy alto.
   b. Pero tengo un zapato.
   c. Pero hablo muchas lenguas.
   d. Pero estoy muy cansado.

   _____

9. a. Los chicos son altos.
   b. Los chicos son bajos.
   c. Necesito más dinero.
   d. Necesito menos dinero.

   _____

10. a. Sí, hasta pronto amigo.
    b. Sí, en dos días amigo.
    c. Sí, después de una semana.
    d. Sí, ¡escríbame un libro!

    _____

H. Listen carefully to each incomplete statement. Then choose the correct answer, and write the letter on the blank line. Each will be read twice only.

1. a. cantar
   b. bailar
   c. enseñar
   d. aprender

   _____

6. a. el dormitorio
   b. la cocina
   c. el baño
   d. la sala

   _____

2. a. hambre
   b. calor
   c. frío
   d. libros

   _____

7. a. coche
   b. abrigo
   c. oficina
   d. tren

   _____

3. a. escuela
   b. casa
   c. comida
   d. paseo

   _____

8. a. cumpleaños
   b. estación
   c. manzana
   d. vestido

   _____

4. a. una palabra
   b. el tiempo
   c. la historia
   d. la verdad

   _____

9. a. el violín
   b. al béisbol
   c. el piano
   d. la radio

   _____

5. a. carne
   b. una gaseosa
   c. pollo
   d. ensalada

   _____

10. a. cantar bien
    b. ser profesor
    c. ver la película
    d. ir por avión

    _____

I. Listen carefully to the word that is pronounced. Then choose the word that belongs in the same class, and write the letter on the blank line. Each word will be read twice only.

1. a. cabeza
   b. mesa
   c. padres
   d. casa

   _____

4. a. deseo
   b. desayuno
   c. desierto
   d. derecho

   _____

2. a. clase
   b. tomo
   c. cielo
   d. avión

   _____

5. a. abrigo
   b. cortina
   c. edificio
   d. azul

   _____

3. a. diente
   b. dolor
   c. cuento
   d. La Navidad

   _____

6. a. calor
   b. hoy
   c. calle
   d. cama

   _____

7. a. nación
   b. campo
   c. pizarra
   d. habitación

   _____

9. a. nieve
   b. hora
   c. mitad
   d. alcoba

   _____

8. a. canto
   b. bailo
   c. aplicado
   d. trabajo

   _____

10. a. tomate
    b. nube
    c. parque
    d. pelo

    _____

J. Listen carefully to the definition that is read to you. Then choose the word that is defined, and write the letter on the blank line. Each definition will be read only twice.

1. a. minuto
   b. postre
   c. hierro
   d. lana

   _____

6. a. un asiento
   b. una tarea
   c. una taza
   d. un viento

   _____

2. a. semana
   b. madre
   c. lengua
   d. postre

   _____

7. a. una servilleta
   b. un teatro
   c. la seda
   d. un coche

   _____

3. a. la playa
   b. el precio
   c. la puerta
   d. la pimienta

   _____

8. a. un teatro
   b. una ventana
   c. un hospital
   d. un museo

   _____

4. a. el carnicero
   b. el panadero
   c. el lechero
   d. el cartero

   _____

9. a. la sala
   b. la plaza
   c. el baño
   d. el sótano

   _____

5. a. el perro
   b. la rata
   c. el gato
   d. el elefante

   _____

10. a. página
    b. lana
    c. guante
    d. pañuelo

    _____

K. Listen carefully to the word that is pronounced. Then choose a word that means the *same,* and write the letter on the blank line. Each word will be read twice only.

1. a. enfermo
   b. doctor
   c. esposo
   d. alumno

   _____

2. a. cocina
   b. criada
   c. cena
   d. sal

   _____

3. a. coche
   b. ciudad
   c. casa
   d. calle

   _____

7. a. querer
   b. salir
   c. tocar
   d. poder

   _____

4. a. dólares
   b. tienda
   c. tiempo
   d. compras

   _____

8. a. viaje
   b. calle
   c. parque
   d. automóvil

   _____

5. a. frase
   b. aeroplano
   c. biblioteca
   d. respuesta

   _____

9. a. cuento
   b. rosa
   c. mercado
   d. campo

   _____

6. a. escuchar
   b. preguntar
   c. cantar
   d. contestar

   _____

10. a. risa
    b. silla
    c. cuarto
    d. ventana

    _____

L. Listen carefully to each incomplete statement. Then choose the answer that completes the thought, and write the letter on the blank line. Each statement will be read twice.

1. a. Sin permiso
   b. ¿Qué tal?
   c. Dispense Vd.
   d. Adiós

   _____

6. a. hacemos el favor
   b. hace mucho frío
   c. doy las gracias
   d. doy la mano

   _____

2. a. tengo miedo
   b. tengo mucho
   c. tengo poco
   d. tengo interés

   _____

7. a. a la hora de jugar
   b. a la hora de trabajar
   c. a la hora de comer
   d. a la hora de viajar

   _____

3. a. tomar un avión
   b. ir en coche
   c. caminar rápidamente
   d. tomar el autobús

   _____

8. a. el año pasado
   b. otra vez
   c. ayer
   d. anoche

   _____

4. a. está enfermo
   b. está bien
   c. es interesante
   d. está bueno

   _____

9. a. estar de pie
   b. tocar un instrumento
   c. dar la mano
   d. prestar atención

   _____

5. a. ir de paseo
   b. hacer buen tiempo
   c. estudiar mucho
   d. jugar al béisbol

   _____

10. a. tomamos leche
    b. tomamos el tren
    c. tomamos el tiempo
    d. tomamos aspirina

    _____

423

M. Listen carefully to the word that is pronounced. Then choose the word that is the *opposite* meaning, and write the letter on the blank line. Each word will be read twice only.

1. a. viento
   b. frío
   c. tiempo
   d. lluvia

   _____

2. a. luna
   b. cielo
   c. aire
   d. calor

   _____

3. a. aquí
   b. sobre
   c. al lado
   d. detrás

   _____

4. a. partir
   b. ir
   c. entrar
   d. subir

   _____

5. a. otoño
   b. primavera
   c. mañana
   d. verano

   _____

6. a. contento
   b. cansado
   c. bajo
   d. despacio

   _____

7. a. comprender
   b. preguntar
   c. querer
   d. hacer

   _____

8. a. grande
   b. poco
   c. alto
   d. corto

   _____

9. a. zapatos
   b. cuellos
   c. pantalones
   d. medias

   _____

10. a. salir
    b. observar
    c. bajar
    d. cerrar

    _____

N. Listen carefully to the statement that is read. Then choose the word or words that match the description, and write the letter on the blank line. Each statement will be read twice only.

1. a. En la oficina
   b. En el avión
   c. En el gimnasio
   d. En el cine

   _____

2. a. En sus vacaciones
   b. En su cuarto
   c. En el teatro
   d. En la fiesta

   _____

3. a. En el dormitorio
   b. En la avenida
   c. En el patio
   d. En el aeropuerto

   _____

4. a. En la clase
   b. En la estación
   c. En las Naciones Unidas
   d. En la nieve

   _____

5. a. El verano
   b. El invierno
   c. El viento
   d. La primavera

   _____

6. a. En el parque
   b. En el teatro
   c. En el hospital
   d. En el museo

   _____

7. a. En la cocina
   b. En el jardín
   c. En la pizarra
   d. En los cuadernos

9. a. En el hotel
   b. En el árbol
   c. En la puerta
   d. En la flor

8. a. En el aeropuerto
   b. En la iglesia
   c. En el subterráneo
   d. En casa

10. a. En el subterráneo
    b. En la televisión
    c. En el concierto
    d. En la taza

O. Listen carefully to the statement that is read. On the blank line write **verdad** if the statement is true, or **mentira** if it is false. Each statement will be read twice only.

1. _____   2. _____   3. _____   4. _____   5. _____

6. _____   7. _____   8. _____   9. _____   10. _____

P. A brief paragraph will be read to you. Choose the correct answer based on the content of the paragraph, and write the letter on the blank line. Each paragraph will be read twice only.

1. La fecha es
   a. el 30 de junio
   b. el 15 de septiembre
   c. el 12 de octubre
   d. el 5 de febrero

6. Son las
   a. dos de la tarde
   b. tres de la mañana
   c. ocho de la noche
   d. siete de la mañana

2. La persona que va a preparar
   la comida es
   a. la madre
   b. el hermano
   c. la hija
   d. el padre

7. Antonio vuelve a casa
   a. para comer
   b. para bailar
   c. para dormir
   d. para conversar

3. Los jóvenes juegan al
   a. béisbol
   b. fútbol
   c. tenis
   d. golf

8. Tomás visita
   a. a su tía
   b. la biblioteca
   c. un campo de fútbol
   d. a su familia

4. Todos esperan
   a. al profesor
   b. al médico
   c. al policía
   d. a la maestra

9. Su padre halla una sorpresa en
   a. un cuaderno
   b. las noticias del día
   c. una revista
   d. una carta larga

5. Anita está
   a. con su animalito
   b. con su hermano
   c. con dos amigos
   d. cansada

10. Esta familia va a
    a. la iglesia
    b. Inglaterra
    c. un museo
    d. una casa de campo

425

11. Ella recibe el honor porque es
   a. la más rica
   b. la más bella
   c. la más inteligente
   d. la más española

12. La chica recibe
   a. un peso
   b. 18 pesos
   c. 80 pesos
   d. 10 pesos

13. ¿Adónde van Juan y María?
   a. a casa
   b. al mercado
   c. al cine
   d. al pueblo

14. ¿Por qué está triste Pablo?
   a. Le gusta leer.
   b. No le gusta el cine.
   c. Es fácil hacer su tarea.
   d. No puede ir al cine.

15. ¿Qué tiempo va a hacer?
   a. mal tiempo
   b. mucho tiempo
   c. buen tiempo
   d. un tiempo frío

16. ¿Qué problema tiene Pedro?
   a. No puede salir.
   b. No puede entrar.
   c. No tiene reloj.
   d. No tiene dinero.

17. ¿Qué tienen que hacer los alumnos?
   a. terminar
   b. comenzar
   c. leer
   d. estudiar

18. ¿En qué estación del año estamos?
   a. la primavera
   b. el verano
   c. el otoño
   d. el invierno

19. ¿Dónde está el niño?
   a. en el hospital
   b. en casa
   c. en la calle
   d. en la farmacia

20. ¿Por qué como el pescado?
   a. Es mi plato favorito.
   b. Es muy caro.
   c. Quiero ver alegre a mi abuela.
   d. No tengo plato favorito.

Q. A short dialogue will be read. Listen carefully, then choose the answer that indicates who the two speakers are, and write the letter on the blank line. Each dialogue will be read twice only.

1. a. madre y profesor
   b. alumno y músico
   c. padre e hijo
   d. policía y hombre

2. a. dentista y paciente
   b. médico y abogado
   c. dos padres
   d. niño y paciente

3. a. dos chicas
   b. dos amigas
   c. una chica y un chico
   d. un dependiente y el patrón

4. a. un doctor y su esposa
   b. un patrón y un empleado
   c. un taxista y un hombre
   d. un enfermo y una enfermera

5. a. una madre y un tío
   b. un chófer y su pasajera
   c. una mujer y un cocinero
   d. un profesor y el director

6. a. dos chicos
   b. dos familias
   c. dos hijos
   d. dos chicas

7. a. dos padres
   b. una madre y un hijo
   c. un policía y un chófer
   d. un banquero y una cliente

8. a. dos campesinos
   b. un hombre y su esposa
   c. un profesor y un alumno
   d. dos profesores

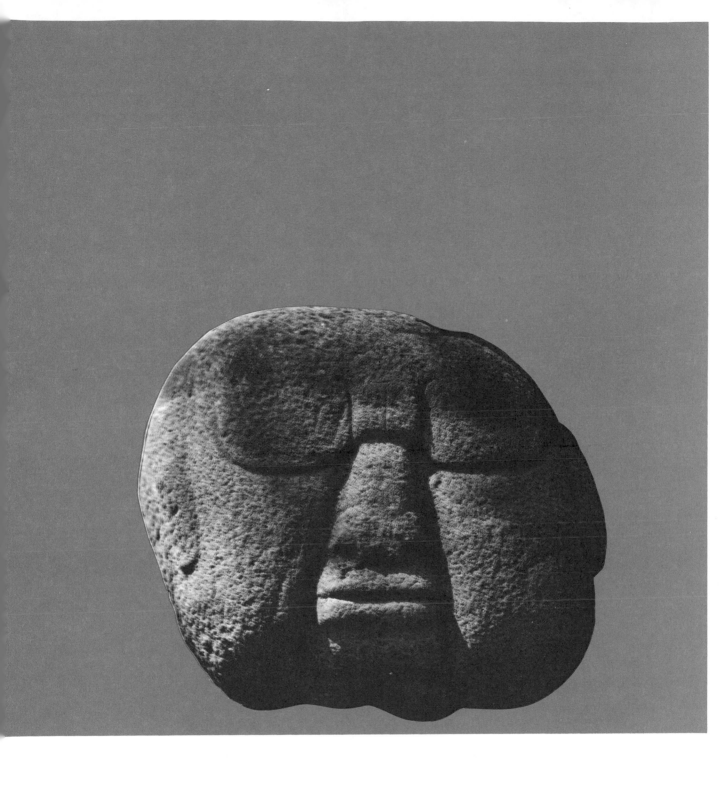

Part Five
READING COMPREHENSION

Part Five:
Skill in Reading Comprehension

A. Read the following statements. On the blank line write **verdad** if the statement is true and **falso** is the statement is false.

1. La semana tiene siete días. _____

2. El año tiene catorce meses. _____

3. Se preparan las comidas en la cocina. _____

4. Cuatro y cinco son nueve. _____

5. Cuando se dice: —Muchas gracias, se responde: —De nada. _____

6. Cuando se dice: —Buenos días, se responde: —Lo siento mucho. _____

7. El día que precede el jueves es sábado. _____

8. Se come sopa con un tenedor. _____

9. Cuando se dice: —Hasta la vista, se responde: —Hola. _____

10. Si uno tiene frío debe llevar un traje de baño. _____

11. Se habla español en la América del Sur. _____

12. Cuba es la capital de los Estados Unidos. _____

13. El presidente es un hombre importante. _____

14. Es necesario comer algo cuando uno tiene hambre. _____

15. Enero es el primer mes del año. _____

16. El zapatero vende sombreros. _____

17. Es imposible llevar un paraguas cuando llueve. _____

18. Las vacas dan leche. _____

19. Se usan platos en la mesa. _____

20. El lápiz sirve para escribir en la pizarra. _____

21. La manzana es una fruta. _____

22. El Océano Atlántico está entre América y Europa.   _____

23. Si uno tiene sed debe beber algo.   _____

24. El mes tiene veinte días.   _____

25. Los Estados Unidos es un país pequeño.   _____

26. El verano es la estación cuando hace mucho calor.   _____

27. Las ciudades tienen muchas calles y edificios altos   _____

28. El día tiene veinte y nueve horas.   _____

29. El béisbol es un pasatiempo nacional de los Estados Unidos.   _____

30. Los automóviles consumen mucha gasolina.   _____

31. Mi hermano es el hijo de mis padres.   _____

32. Mañana es otro día.   _____

33. En el invierno usamos poca ropa.   _____

34. Los campos tienen flores cuando hace frío.   _____

35. Mis primas son las hijas de mis tíos.   _____

36. Los periódicos tienen artículos sobre los eventos diarios.   _____

37. Cristóbal Colón descubrió a América en 1492.   _____

38. Cuando llueve vamos a la playa a nadar.   _____

39. En este país la nieve cae generalmente en el verano.   _____

40. Se usan cuchillos para cortar.   _____

41. Se toma jugo de naranja en el desayuno.   _____

42. Las bibliotecas venden libros.   _____

43. Vemos estrellas cuando hace sol.   _____

44. Si uno está triste canta mucho.   _____

45. Cuando estamos bien llamamos al médico.   _____

46. El hospital es para los enfermos.   _____

47. Los aviones son muy lentos.   _____

48. Los tigres son animales domésticos.   _____

49. Se come un postre al final de la comida.   _____

50. Usamos el teléfono para hablar.   _____

429

B. Read the following paragraph. Then write **verdad** or **falso** after each statement.

El señor Suárez y su mujer, Isabel, pasan un mes en Buenos Aires, capital de la Argentina. La señora tiene unas primas que viven en los suburbios de la capital. Por la mañana los señores Suárez visitan varios monumentos históricos de la ciudad. Pero por la tarde Isabel va a las tiendas sola a comprar cosas interesantes. El señor Suárez pasa la tarde en el café con varios amigos argentinos. De noche, los señores Suárez van a la casa de los primos donde pasan unas horas agradables en conversación con la familia.

51. Los señores Suárez pasan cuatro semanas en Buenos Aires. _____

52. Los primos tienen su casa cerca de Buenos Aires. _____

53. El señor Suárez pasa la tarde comprando cosas en las tiendas. _____

54. La señora Suárez va sola a visitar los monumentos. _____

55. Después de un día activo los Suárez hablan con sus primos. _____

C. Pictorial Stimuli. Choose the correct statement, and write the letter on the blank line.

1.
   a. Es la una.
   b. Es el mediodía.
   c. Son las doce y cinco.
   d. Es la una menos cinco. _____

2.
   a. Son las dos menos veinte.
   b. Son las seis y cinco.
   c. Es la una y media.
   d. Son las doce y media. _____

3.
   a. Son las doce y dos.
   b. Son las dos.
   c. Son las doce y diez.
   d. Es la hora del desayuno. _____

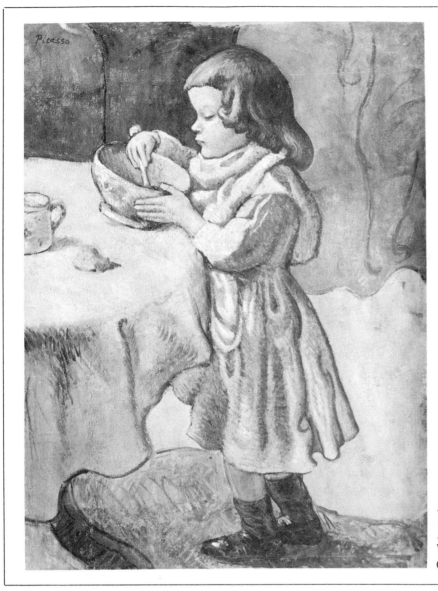

LE GOURMET
Pablo Picasso
National Galley of Art,
Washington, D.C.
Chester Dale Collection

4. Esta persona es
   a. una mujer joven
   b. una vieja
   c. una niña
   d. un chico

6. Esta persona desea
   a. comprar más ropa
   b. comer más sopa
   c. recibir más dulces
   d. leer más libros

5. En una mano tiene
   a. una cuchara
   b. una pelota
   c. un libro
   d. un lápiz

7. En la mesa vemos
   a. una lámpara
   b. una servilleta
   c. un mantel
   d. un abrigo

D. Choose the correct response, and write the letter on the blank line.

1. —Ana viaja a Puerto Rico. ¿Y tú?
   a. —Yo viajo a Puerto Rico también.
   b. —Yo veo el puerto también.
   c. —Tú eres rico también.
   d. —Tú vas al puerto también.

2. —Estos niños comen después de jugar. ¿Y Vds.? _____

    a. —Vds. siempre comen antes.   c. —Nosotros siempre comemos después.

    b. —Vds. siempre caminan después.   d. —Yo siempre como después.

3. —Mis amigos y yo caminamos por el parque. ¿Caminan sus amigos también? _____

    a. —Sí, comen en el parque también.   c. —Sí, es un camino también.

    b. —Sí, ellos caminan allí también.   d. —Sí, cantan mucho también.

4. —Este verano llueve mucho. ¿Y en septiembre? _____

    a. —En septiembre llegan muchos.   c. —En septiembre llevamos más.

    b. —En septiembre va a llover más.   d. —En septiembre lavamos más.

5. —Son las siete ya. ¿A qué hora entras en la clase hoy? _____

    a. —Hoy salgo a las tres.   c. —Hoy debo entrar a las ocho.

    b. —Hoy debo salir a la una.   d. —Hoy estoy entre ocho.

6. —Voy a comprar un paraguas. ¿Lo compras tú también? _____

    a. —Sí, lo haces tú también.   c. —Sí, compras uno también.

    b. —Sí, te vas a comprar uno.   d. —Sí, voy a comprar uno también.

7. —Para la próxima fiesta te invito a mi casa. ¿Van a venir tus padres? _____

    a. —Ellos van a venderla también.   c. —Ellos ven también.

    b. —Ellos la venden también.   d. —Ellos vienen también.

8. —Hoy hay patatas para el almuerzo. ¿Y para mañana? _____

    a. —Mañana hablan más.   c. —Mañana ando más.

    b. —Mañana hay más.   d. —¡Mañana abran más!

9. —Siento mucho recibir una mala nota. ¿Qué va a decir mi madre? _____

    a. —Ella va a sentirlo también.   c. —Tu madre la escribe también.

    b. —Tu madre la come también.   d. —Ella la prepara también.

10. —Juan estudió la gramática. ¿La estudió Vd. mucho? _____

    a. —Claro. Yo la voy a estudiar mucho.   c. —Claro. Tú la estudias mucho.

    b. —Claro. Tú la estudiaste mucho.   d. —Claro. Yo la estudié mucho.

E. Choose the best rejoinder, and write the letter on the blank line.

1. La amiga pregunta: —Buenos días, Juanita. ¿Cómo estás hoy? _____
   Juanita responde:

    a. —Hace buen tiempo hoy.   c. —Buenas noches, gracias.

    b. —Estoy así, así.   d. —¿Cómo te llamas tú?

2. Yo digo: —Estoy muy fatigado. _____
   Mi vecino responde:

    a. —Vd. necesita un paraguas.   c. —¡Siéntese Vd. en esta silla!

    b. —Vd. debe trabajar más.   d. —Vamos a caminar mucho.

3. Papá dice: —Hace mucho frío, pero tengo que salir. _____
   Mamá responde:

    a. —¡Tome Vd. una aspirina!   c. —¡Necesitas el abrigo!

    b. —¡Abra Vd. la ventana!   d. —¡Tome Vd. una gaseosa muy fría!

4. Mamá dice: —Mañana voy a comprarme ropa para el invierno. _____
   Papá responde:
   a. —El tiempo me gusta mucho.
   b. —Siempre eres muy amable.
   c. —Gracias. No necesito nada.
   d. —Bueno. Necesitas muchas cosas.

5. Mi padre me dice: —Pedro, dime la hora. _____
   Yo le respondo:
   a. —Gracias. Está bien por ahora.
   b. —Hasta luego, señor.
   c. —Es la una en punto.
   d. —Aquí tienes el reloj, Pedro.

6. Marta no quiere bailar con Juan. Ella le dice: _____
   a. —Este baile es muy bonito.
   b. —Me gusta mucho esta música.
   c. —Vd. es muy guapo.
   d. —No tengo interés en esta música.

7. Juanito llega muy tarde a su clase, toma asiento y dice: _____
   a. —Muy bien, gracias.
   b. —Perdón. El tren no llegó a tiempo.
   c. —Vd. no puede entrar a esta hora.
   d. —Hoy no asisto a la clase.

8. Pablo desea participar en el partido de béisbol. El dice: _____
   a. —Soy un buen jugador.
   b. —Quiero jugar al fútbol.
   c. —No tengo pelota.
   d. —Tengo un resfriado hoy.

9. Tu madre te dice: —Veo que no comes. ¿No tienes hambre hoy? _____
   Tú le respondes:
   a. —No leo muy tarde.
   b. —Lo siento pero tengo dolor de cabeza.
   c. —Me gusta tu abrigo.
   d. —Necesito unos libros en seguida.

10. Diego le pregunta: —¿Qué tiempo va a hacer el día de la parada? _____
    Vd. le contesta:
    a. —Yo voy a marchar con Vds.
    b. —Va a ser espléndido.
    c. —Yo también voy a verla.
    d. —Está lloviendo.

F. Choose the expression whose meaning best completes each sentence. Write the letter of the correct expression on the blank line.

1. En el verano generalmente hace _____
   a. frío
   b. calor
   c. mal tiempo
   d. fresco

2. Esta noche voy a una fiesta para pasar _____
   a. un mal rato
   b. una noche agradable
   c. por la sala
   d. un año

3. Tomamos el desayuno _____
   a. por la tarde
   b. a la medianoche
   c. al mediodía
   d. por la mañana

4. Un soldado tiene que _____
   a. vivir en el campo
   b. asistir a fiestas
   c. cantar bien
   d. defender su patria

5. Un buen niño _____
   a. juega en el camino
   b. tiene disputas con otros niños
   c. obedece a sus padres
   d. grita mucho

433

6. Antes de comer, es necesario
   a. poner la mesa
   b. entrar en la clase
   c. cruzar la calle
   d. cantar una melodía
   _____

7. Generalmente, se toma el almuerzo
   a. por la noche
   b. por la mañana
   c. al mediodía
   d. a la medianoche
   _____

8. El tren va a salir. Si Vd. quiere tomarlo
   a. ¡corra Vd. rápido!
   b. ¡ande Vd. lentamente!
   c. ¡vaya Vd. a la pizarra!
   d. ¡venga Vd. a mi casa!
   _____

9. El señor Bello no puede andar porque
   a. es simpático
   b. es paralítico
   c. es hermoso
   d. es atleta
   _____

10. No sé tocar el piano porque
    a. siempre quiero practicarlo
    b. la maestra enseña bien
    c. la música es bonita
    d. nunca lo aprendí
    _____

_____

G. Choose the word that belongs in the *same class* as the *italicized* word. Write the letter of the correct expression on the blank line.

1. El niño come *arroz.*
   a. dulces   b. chicle   c. maíz   d. tiza
   _____

2. Los pollitos corren a *la gallina.*
   a. el gallo   b. el gato   c. la gorra   d. el gusto
   _____

3. La criada pone *un vaso* en la mesa.
   a. un tenedor   b. una taza   c. una servilleta   d. un mantel
   _____

4. La sala está clara porque tiene *luz eléctrica.*
   a. una alfombra   b. una lámpara   c. un televisor   d. una cortina
   _____

5. Apreciamos *la música* de la guitarra.
   a. la vista   b. el sonido   c. el perfume   d. la forma
   _____

6. Tomamos *un refresco* cuando hace calor.
   a. un helado   b. una cocina   c. una ducha   d. un baño
   _____

7. Viajamos cómodamente en *el ferrocarril.*
   a. los aviones   b. los pájaros   c. los caballos   d. los instrumentos
   _____

8. *Los turistas* viajan a muchos países.
   a. vendedores   b. viajeros   c. artistas   d. coleccionistas
   _____

9. En este museo *los cuadros* originales son magníficos.
   a. las pinturas   b. las películas   c. los dramas   d. las poesías
   _____

10. Se oyen *los gritos* de la gente.
    a. silencio   b. ruidos   c. gustos   d. salud
    _____

H. Choose the word that is defined, and write its letter on the blank line.

1. La habitación donde uno duerme
   a. la sala   b. el comedor   c. la cocina   d. el dormitorio   _____

2. El hombre que sirve a los clientes que entran en la tienda
   a. vendedor   b. comprador   c. explorador   d. torero   _____

3. La hermana de mi madre
   a. mi tía   b. mi prima   c. mi hermana   d. mi abuela   _____

4. La persona que dirige el tráfico
   a. detective   b. policía   c. médico   d. chófer   _____

5. El hombre que sirve las comidas en el restaurante
   a. cocinero   b. camarero   c. criado   d. director   _____

6. El edificio donde la gente adora a Dios
   a. museo   b. escuela   c. tienda   d. iglesia   _____

7. La mujer que prepara las comidas en el restaurante
   a. cocinera   b. maestra   c. enfermera   d. camarera   _____

8. El hijo de mi hermano
   a. abuelo   b. tío   c. sobrino   d. primo   _____

9. El utensilio que se usa para comer carne
   a. cuchara   b. castañuela   c. coche   d. tenedor   _____

10. El mecanismo que se usa para hacer vestidos
    a. máquina de escribir   b. máquina de coser   c. coche   d. vestíbulo   _____

I. Choose the word that has the *same meaning* as the *italicized word*. Write the letter of the correct synonym on the blank line.

1. Esta universidad es muy *vieja*.
   a. viajera   b. famosa   c. antigua   d. nueva   _____

2. *La tarea* para mañana es fácil.
   a. el capítulo   b. el trabajo   c. la obra   d. el libro   _____

3. Cervantes fue un gran *autor*.
   a. abogado   b. soldado   c. escritor   d. actor   _____

4. La canción es muy *linda*.
   a. larga   b. corta   c. metódica   d. bonita   _____

5. Perico *vuelve* a la escuela.
   a. regresa   b. sale   c. vuela   d. viaja   _____

6. María está muy *contenta* hoy.
   a. triste   b. cansada   c. alegre   d. fea   _____

7. El pájaro cayó *al suelo*.
   a. a la tierra   b. al cielo   c. al río   d. al agua   _____

435

8. Este viejo *anda* con dificultad.
   a. nada   b. camina   c. corre   d. maneja   _____

9. Marta tiene *cabellos* rubios.
   a. pelo   b. color   c. cabeza   d. cara   _____

10. *El chico* canta alegremente.
    a. el hijo   b. el primo   c. el muchacho   d. el chicle   _____

11. Estos alumnos siempre *contestan* muy bien.
    a. preguntan   b. explican   c. responden   d. aprenden   _____

12. La sopa está *rica*.
    a. deliciosa   b. pobre   c. caliente   d. fría   _____

13. Sirven carne *con papas*.
    a. al padre   b. con patatas   c. a los hombres   d. con papel   _____

14. Están *fatigados* al fin del día.
    a. famosos   b. cansados   c. contentos   d. tristes   _____

15. Aquellos muchachos *flojos* no quieren trabajar.
    a. aplicados   b. perezosos   c. enérgicos   d. fuertes   _____

J. Choose the idiom or expression whose meaning best completes each sentence. Write the letter of the correct expression on the blank line.

1. Es necesario abrir la ventana porque aquí
   a. hace calor   c. hace frío
   b. tengo sed   d. tengo hambre   _____

2. Vuelvo a casa por el paraguas porque
   a. está lloviendo   c. hace calor
   b. tengo sueño   d. hay polvo   _____

3. Pepito está muy flaco; debe comer más cuando
   a. tiene sueño   c. lo visita el médico
   b. tiene hambre   d. va al parque   _____

4. ¿Por qué no tomas una aspirina si
   a. quieres ser maestro?   c. tienes dolor de cabeza?
   b. juegas a la pelota?   d. estás bien?   _____

5. Para votar hay que
   a. saber nadar   c. recibir buenas notas
   b. saber cantar   d. saber leer   _____

6. Pedro recibe malas notas después de
   a. hacer buenos exámenes   c. prestar atención
   b. hacer malos exámenes   d. asistir a las clases   _____

7. La maestra no conoce al alumno porque
   a. siempre está lloviendo   c. él no asiste a sus clases
   b. él estudia todo el tiempo d. nunca está ausente   _____

436

8. El niño va a la cama temprano cuando
   a. tiene sed
   b. desea comer
   c. tiene luz eléctrica
   d. tiene sueño
   _____

9. Cuando mi tío entra en mi casa yo le digo:
   a. —¡Llame Vd. a la puerta!
   b. —¡Haga Vd. el favor de gritar!
   c. —Hasta la vista
   d. —Bienvenido
   _____

10. No estudié y ahora en el examen
    a. cometo muchas faltas
    b. llamo a la puerta
    c. tengo quince años
    d. llueve
    _____

K. Choose the word that has the *opposite meaning* of the *italicized word.* Write the letter of the correct antonym on the blank line.

1. María tiene cinco años; es muy *joven.*
   a. bonita   b. rubia   c. vieja   d. alta
   _____

2. En la ciudad los edificios son *altos.*
   a. bajos   b. gordos   c. cortos   d. estrechos
   _____

3. Esta plaza es muy *ancha* y agradable.
   a. elegante   b. estrecha   c. larga   d. baja
   _____

4. Cuando no hace sol tengo *frío.*
   a. fresco   b. sed   c. hambre   d. calor
   _____

5. Juan está *alegre* hoy.
   a. moreno   b. triste   c. agradable   d. inteligente
   _____

6. La señorita tiene pelo *moreno* y ojos negros.
   a. rubio   b. guapo   c. simpático   d. americano
   _____

7. José come mucho y es un chico *gordo.*
   a. hermoso   b. guapo   c. delgado   d. sincero
   _____

8. Estas señoras compran ropa bonita pero ellas son *feas.*
   a. distintas   b. hermosas   c. bajas   d. francesas
   _____

9. Su *esposa* es la señora de López.
   a. mujer   b. marido   c. negocio   d. chico
   _____

10. Regresan a su casa *antes de* la una.
    a. al dar   b. sin   c. son   d. después de
    _____

L. Choose the missing word in each sentence to complete a particular structure or idiom. Write the letter of the correct word on the blank line.

1. ¡Venga otra vez _____ favor!
   a. de   b. por   c. en   d. a
   _____

2. Los alumnos entran _____ la tienda.
   a. por   b. en   c. entre   d. de
   _____

3. Van a salir _____ la escuela a las tres.
   a. de   b. por   c. con   d. en
   _____

437

4. Vamos _____ dar un paseo esta noche.
   a. delante de   b. a   c. en   d. al   _____

5. Hay _____ llamar a la puerta antes de entrar.
   a. que   b. en   c. de   d. por   _____

6. No sé qué _____ decir esta frase.
   a. quiere   b. desea   c. puede   d. va   _____

7. Tengo dolor _____ los pies después de andar.
   a. de   b. en   c. a   d. con   _____

8. Llegan _____ la estación para tomar el tren.
   a. en   b. a   c. antes   d. después de   _____

9. _____ las doce tomamos el almuerzo.
   a. por   b. delante   c. a   d. en   _____

10. _____ la mañana vamos a la escuela.
    a. para   b. a   c. por   d. de   _____

M. Choose the word or words that are *related to the situation* described. Write the letter of the correct expression on the blank line.

1. Voy a las tiendas. _____
   a. escuela   b. enfermedad   c. dinero
   d. camarero

2. Tienen un resfriado. _____
   a. blusa   b. zapatos   c. música
   d. pañuelo

3. Termino la comida. _____
   a. postre   b. sopa   c. clase
   d. cine

4. Visitamos otro país. _____
   a. comerciantes   b. turistas
   c. carniceros   d. soldados

5. Tenemos las vacaciones en abril. _____
   a. La Navidad   b. el cumpleaños
   c. La Pascua Florida   d. el fin de
   semana

6. Marta toca el piano y los amigos
   bailan. _____
   a. gramática   b. fiesta   c. campo
   d. lectura

7. Subimos al avión. _____
   a. trabajo   b. viaje   c. ejercicio
   d. palabra

8. La niña baja del autobús. _____
   a. regreso   b. lámpara   c. cama
   d. noche

9. Hablas por teléfono. _____
   a. leer   b. mirar   c. charlar
   d. escribir

10. Tengo sueño por la tarde. _____
    a. pan   b. siesta   c. biblioteca
    d. comedor

N. Choose *the word in parentheses that matches* each word in the first column. Write the correct matching word on the blank line.

1. cine _____ (cumpleaños)

2. parque _____ (animales)

3. fiesta _____ (película)

4. biblioteca _____ (paseo)

5. circo _____ (libros)

6. chófer _____ (avión)

7. piloto _____ (escuela)

8. camarero _____ (automóvil)

9. maestro _____ (hospital)

10. enfermera _____ (restaurante)

O. Summarizing. Read each of the following paragraphs. Then choose the statement that best summarizes **the main point** of the paragraph, and write the letter on the blank line.

I

Las noches de invierno cuando hace mucho frío, la familia se sienta en la sala para pasar unas horas agradables. Los niños no juegan. Escuchan las historias que el abuelo cuenta de sus años juveniles en España. Toda la familia escucha al abuelo describir cómo él y sus amigos vivieron de niños en aquel país remoto.

a. La familia conversa todas las noches del verano.

b. Toda la familia desea saber cómo vivió el abuelo de niño.

c. En el invierno hace mucho frío.

d. Los niños siempre juegan en la sala. _____

II

La casa de mis tíos es donde me gusta pasar el verano. Está en el campo y casi siempre hace fresco allí. El pequeño río que corre cerca nos ofrece su agua fresca. Uno puede nadar y refrescarse. Cerca, hay también caminos largos, blancos y solitarios que llegan a unos montes. ¡Qué hermoso es caminar allá!

a. El chico visita a sus abuelos en el campo.

b. El chico no quiere pasar el verano en el campo.

c. Le gusta el campo porque allí siempre hay cosas agradables que hacer.

d. No le gusta nadar en el río cuando hace calor. _____

III

Una bonita mañana de primavera encontré a mi amigo Juan en el patio de la escuela. Decidimos dar un paseo a las tres, antes de regresar a casa. Así, después de la escuela, nos dirigimos al parque. Cuando llegamos al lago que está allí, tomamos un bote y pasamos varias horas agradables. Por fin oímos un reloj. ¡Las cinco de la tarde! Regresamos a casa en media hora. Nuestras familias nos esperaron para la comida. Comimos con mucho apetito, después de nuestra aventura.

a. Los dos amigos salieron de la escuela a las cinco de la tarde.

b. El lago está en el patio de la escuela.

c. Entraron en sus casas y comieron con sus familias a las tres.

d. Los chicos pasaron una tarde en el lago y luego regresaron a casa. _____

P. Answering content questions. Read the following passages, then choose the best answer to each question, and write the letter on the blank line.

I

Es la clase de geografía. Pepe no es un alumno muy diligente. No aprende porque no estudia. La maestra le da un examen oral.

—¿Cuál es la capital de Chile?—pregunta ella.

—¿Dice usted la capital de Chile?—repite Pepe.

La plaza de toros.

—Sí, señor, la capital de Chile —repite la maestra con paciencia. —¿No sabe usted? Esa geografía fue parte de la tarea para hoy.

Pepe mira a sus compañeros de clase. Quién puede ayudarlo?

—San José —dice un alumno en voz baja.

—Lima —dice otro alumno.

—Santiago —dice otro alumno que está cerca.

Al fin Pepe contesta: —Chile tiene tres capitales.

1. ¿Qué quiere saber la profesora? _____
   a. el nombre de una ciudad.
   b. el nombre de Chile.
   c. la capital de Costa Rica.
   d. un producto de Colombia.

2. ¿Por qué debe saberlo Pepe? _____
   a. Es la lección para todo el año.
   b. Es la lección del día.
   c. Pepe pasó varios días en Chile.
   d. Pepe es de Santiago.

3. ¿Por qué no sabe contestar Pepe?_____
   a. Nadie le dice la respuesta.
   b. Chile no tiene capital.
   c. Chile tiene varias capitales.
   d. Pepe no es aplicado.

4. ¿Quiénes quieren ayudarlo? _____
   a. el maestro y un alumno.
   b. un compañero de clase y su madre.
   c. la maestra y su hermano.
   d. tres alumnos.

5. ¿Cómo contesta Pepe al fin? _____
   a. Que el país tiene varias capitales.
   b. Que Chile no tiene capital.
   c. Que San José y Lima son sus capitales.
   d. Que no sabe la respuesta.

II

La Navidad es una fiesta bonita para los niños norteamericanos. Algunas veces nieva el Día de la Navidad. Nos gusta ver la nieve cubrir las calles, los árboles y los techos de las casas. Todo está muy bonito y salimos a jugar en un mundo blanco. Además, tenemos muchos días de vacaciones. Pero el día más alegre es el veinte y cinco de diciembre cuando recibimos regalos. En muchos países hispanos por otro lado, los niños esperan para recibir sus regalos hasta el seis de enero, el Día de los Reyes Magos. Los niños hispanos necesitan mucha paciencia.

1. ¿Cuál es una fiesta favorita de los chicos norteamericanos? _____
   a. el Día de los Reyes Magos
   b. la Navidad
   c. su cumpleaños
   d. el Día de Año Nuevo

2. ¿Por qué le gusta esa fiesta al alumno? _____
   a. Desea asistir a la escuela el veinte y cinco de diciembre.
   b. Siempre nieva.
   c. Nunca recibe regalos.
   d. El tiempo, los regalos y los días sin escuela son agradables.

3. ¿Quiénes esperan para recibir sus regalos? _____
   a. los niños norteamericanos
   b. los niños malos
   c. todos los niños
   d. los niños hispanos

4. ¿Por qué está todo hermoso para los chicos? _____
   a. No hay nieve.
   b. El clima es perfecto.
   c. La nieve llega y cubre la ciudad.
   d. Nieva el Día de los Reyes Magos.

5. ¿Dónde juegan los niños? _____
   a. en los techos
   b. en las calles blancas
   c. en casa
   d. en la Navidad

III

El gato no es mi animal favorito. Prefiero los perros y detesto los gatos. El mes pasado mi hermana recibió un gatito muy bonito. ¡Qué sorpresa! Me gusta mucho ese gatito. Voy a decirle por qué. Es muy hermoso y muy inteligente.

Es un gato muy raro. Algunas veces hace cosas extraordinarias. Por ejemplo, este gatito nunca bebe leche. Luego, veo que le gusta buscar y traerme la pelota como hacen los perros. La inteligencia y la personalidad que tiene nuestro gatito son extraordinarias. ¿No es verdad?

1. ¿Cuáles son los animales que siempre le gustaron al chico? _____
   a. los tigres
   b. los perros
   c. los gatos
   d. los caballos

2. ¿Cuál es su opinión del gatito? _____
   a. Lo detesta.
   b. No lo admira.
   c. No es su juego favorito.
   d. Lo adora mucho.

3. ¿Por qué quiere el chico al gatito? _____
   a. Es muy grande.
   b. Es bonito e inteligente.
   c. Es feo.
   d. Es de su hermano.

4. ¿Por qué es el gato como un perro? _____
   a. Ladra toda la noche.
   b. Le trae la pelota al niño.
   c. Tiene ojos amarillos.
   d. Bebe mucha leche.

IV

María es una muchacha de quince años que asiste a una escuela secundaria. No es muy aplicada a sus estudios porque no le gusta leer. Ella nunca estudia en casa. Prefiere preparar unos platos para la familia. En la escuela está en una clase de cocina donde aprende bien a preparar platos nuevos. Un día María le habla a su padre de su clase favorita. Finalmente su padre le pregunta:

—Y ¿da la profesora permiso a las alumnas para comer los platos que ellas preparan?

—¿Si ella permite, papá? ¡Tenemos que comerlos!

1. ¿A qué escuela va María? _____
   a. a una escuela elemental
   b. a un colegio para muchachos
   c. a una escuela de cocina
   d. a una escuela superior

2. ¿Por qué no estudia María? _____
   a. Prefiere jugar con sus amigas.
   b. Le gusta mucho la televisión.
   c. No quiere asistir a la escuela.
   d. Prefiere trabajar en la cocina.

3. ¿Qué aprende la chica en su clase? _____
   a. Aprende a leer.
   b. Empieza a preparar varias comidas.
   c. Termina estudios de ciencia.
   d. Aprende a bailar.

4. ¿En qué insiste la profesora? _____
   a. Las chicas deben lavar los platos.
   b. Ellas deben comer las comidas.
   c. Tienen que estudiar gramática.
   d. Hay que practicar en casa.

5. ¿Qué tipo de alumna es María? _____
   a. Es perezosa.
   b. Es seria.
   c. Es aplicada.
   d. Es diligente.

V

Muchas de las casas de La Paz tienen colores alegres como el azul, el verde, el rojo y el rosado. Las mujeres nativas llevan colores brillantes en las calles, y en los mercados adonde van con sus hermosos vestidos de lana. El anaranjado y el rosado son los favoritos. Los indios también llevan ponchos de lana de varios colores. De los edificios públicos flota la bandera nacional con los colores: rojo, amarillo y verde que representan respectivamente los animales, los minerales y los vegetales.

1. ¿Por qué es la ciudad de La Paz atractiva? _____
   a. La gente lleva ropa de lana.
   b. Tiene muchos indios.
   c. Uno ve varios colores por todas partes.
   d. Las casas tienen banderas.

3. ¿Cuáles son los colores favoritos? _____
   a. el rosado y el negro.
   b. el rosado y el anaranjado.
   c. el verde y el azul.
   d. el rojo, el amarillo y el verde.

2. ¿Qué son de lana? _____
   a. los mercados y los edificios.
   b. los animales.
   c. la ropa de las mujeres.
   d. las banderas.

4. ¿Dónde están las banderas? _____
   a. en las casas bonitas.
   b. en los edificios públicos.
   c. en el mercado.
   d. en los ponchos de los indios.

5. ¿Qué color simboliza los minerales? _____
   a. el amarillo.
   b. el rojo.
   c. el verde.
   d. el rosado.

VI

Es una hermosa tarde de primavera. Doy un paseo por las calles de Madrid. Cuando llego a un café oigo las notas de una linda canción española. Me interesa la música, y entro en el café.

Tomo asiento en una mesa cerca de la puerta. El mozo viene a mi mesa. Quiero café con leche. Una señorita, un poco gorda pero bonita, canta. Un joven toca la guitarra. El mozo regresa y pone la taza en la mesa. Así paso unas horas muy agradables.

1. ¿Cómo es el día? _____
   a. fresco y bonito.
   b. frío y bonito.
   c. ocupado en el trabajo.
   d. nevado y bonito.

3. ¿Por qué entra én el café? _____
   a. Tiene sed.
   b. Quiere escuchar a la señorita.
   c. Tiene hambre.
   d. Está cansado y quiere descansar.

2. ¿Qué hace el hombre? _____
   a. Camina por la ciudad.
   b. Escucha la música de varios cafés.
   c. Camina por el parque.
   d. Compra un billete para un concierto.

4. ¿Qué toma en la mesa? _____
   a. un asiento cerca de los músicos
   b. un vaso de leche
   c. un café con azúcar
   d. una taza de café con leche

5. ¿Quiénes son los músicos? _____
   a. el mozo de la mesa y su madre
   b. una señorita que toca y un joven que canta
   c. unos señores
   d. una señorita que canta y un hombre que toca

VII

Un hombre le pregunta a un piloto: —¿Cuánto cuesta subir en avión? El aviador le contesta que cuesta cien dólares para dos personas si hablan, pero cuesta solamente cincuenta dólares si no dicen palabra.

—Acepto con gusto —dice el hombre, y sube al avión con su esposa.

Después de media hora el hombre baja del avión, y el piloto le dice:

— ¡Magnífico! El viaje le cuesta solamente cincuenta dólares porque Vds. no dijeron ni una palabra. El hombre responde: — Ya lo creo. Por eso, no dije nada cuando mi mujer se cayó del avión.

1. ¿Qué quieren hacer el hombre y su mujer? _____
   a. Desean viajar en un tren.
   b. Prefieren comprar un coche.
   c. Van a dar un paseo a pie.
   d. Quieren dar un paseo en un aeroplano.

2. ¿Cuánto cuesta? _____
   a. Vale cien dólares si hablan.
   b. Siempre cuesta mil dólares por persona.
   c. Nunca cuesta más de cincuenta.
   d. No cuesta nada si uno se cae del avión.

3. ¿Cuánto debe pagar el hombre? _____
   a. cien dólares
   b. cincuenta dólares
   c. cinco dólares
   d. nada

4. ¿Qué pasa en el avión? _____
   a. El hombre se cae del avión.
   b. El hombre grita.
   c. Su esposa habla.
   d. Su esposa se cae del avión.

5. ¿Por qué no dice el hombre ni una palabra en el avión? _____
   a. No habla español.
   b. No quiere pagar cien dólares.
   c. Nadie se cae del avión.
   d. No sabe pronunciar muy bien.

VIII

En un hospital, los enfermos hablan de los médicos.

— ¿Conocen Vds. — uno de los pacientes pregunta — el caso del médico que operó a un enfermo y dejó un guante en el estómago del paciente?

Cuando uno de los enfermos oye esto, se pone pálido.

— ¿Qué le pasa a Vd.? — le preguntan sus amigos.

El enfermo pálido responde: — Sufrí una operación de apendicitis la semana pasada y después de la operación mi médico buscó su paraguas.

1. ¿Quiénes hablan? _____
   a. los médicos
   b. los pacientes
   c. los parientes
   d. las enfermeras

2. ¿De qué hablan? _____
   a. Comparan guantes.
   b. Explican una palabra nueva.
   c. Hablan de dos enfermeras buenas.
   d. Notan la mala memoria de un médico.

3. ¿Qué olvidó el primer médico? _____
   a. un paraguas
   b. un cuchillo
   c. un guante
   d. una apendicitis

4. ¿Qué buscó el otro médico? _____
   a. una operación
   b. un hospital
   c. a un enfermo
   d. un artículo para el mal tiempo

5. ¿Por qué está pálido un paciente? _____
   a. Piensa que tiene un guante en el estómago.
   b. Tiene miedo de una apendicitis.
   c. Regresa a casa mañana.
   d. Piensa que tiene un paraguas en el estómago.

Part Six
SKILL IN WRITING

Part Six:
Skill in Writing

I. Copying sentences. Copy each statement or question after you have read and understood it. Then compare your copy with the original. See Spanish-English Vocabulary, pp. 465–489, as needed.

1. a. Es lunes._____ b. ¿Es mañana miércoles?_____

_____ c. No es miércoles. Es martes._____

_____ 2. a. María no va al parque

esta tarde._____ b. ¿Adónde

va ella mañana?_____ c. Va al cine con

sus amigas mañana._____

3. a. Esas chicas perezosas nunca me escriben cartas._____

_____ b. ¿Quiénes

le escriben?_____ c. Las buenas amigas me

escriben a menudo._____

4. a. Los papeles necesarios están sobre el escritorio negro del abuelo._____

_____

_____ b. ¿Dónde están los libros que busco?_____

_____ c. Aquellos libros están sobre la mesita

de madera de Juana._____

_____. 5. a. Siempre hace mucho frío en el

invierno._____

b. ¿Qué tiempo hace hoy?_____ c. Hoy

hace mucho frío pero ayer hizo calor._____

_____ 6. a. Juana es la chica simpática que me habla

en la clase de historia._____

_____ b. ¿De qué le habla Vd.?

_____ c. Yo le hablo de mis viajes que hice

446   el año pasado._____

_____ 7. a. Quiero ser piloto._____

_____ b. ¿No le gusta ser astronauta?_____

_____ c. No me gustan los viajes largos.

Sólo me gusta ser un buen piloto de avión._____

_____

8. a. Yo debo estudiar para ser médico._____

_____ b. ¿Cuánto debe Vd. estudiar?_____

_____ c. Tengo que estudiar muchas horas todos

los días para ser médico o científico._____

_____

9. a. ¡Haga Vd. el favor de cantar esa canción para nosotros!_____

_____

b. ¿No desea Vd. cantarla también?_____

_____ c. Gracias, no la deseo cantar. ¡Cántela Vd., por favor!_____

_____

_____ 10. a. Si no llueve voy a salir en seguida.

_____ b. ¿Por qué no vas a

salir conmigo esta noche?_____

_____ c. No puedo salir contigo porque si no llueve

voy a asistir a una fiesta esta noche._____

_____

_____

II. Writing a substitute for a portion of a sentence. Rewrite the sentence substituting each expression in heavy print for the words in _italics_. Be sure you understand the meaning of the sentence and of each expression. See Spanish-English Vocabulary, pp. 465–489, as needed.

Model: Doy un paseo _a caballo_. **en coche.** Doy un paseo en coche.

1. Doy un paseo _a caballo por el parque._   a. **en bicicleta por la ciudad**   b. **en automóvil por el campo**   c. **a pie por las calles**

a. _____

b. _____

c. _____

2. *Cuando hace calor* vamos a la playa. a. **Como es un día bonito** b. **Si hace sol**
c. **Porque tenemos calor**

a. _____

b. _____

c. _____

3. Ellos salieron *cuando Vd. entró.* a. **cuando tú llegaste** b. **si ellos pudieron**
c. **y nosotros regresamos.**

a. _____

b. _____

c. _____

4. El sábado *voy al circo* con mis amigos. a. **doy un paseo al centro** b. **asisto a una
fiesta** c. **visito a mis abuelos**

a. _____

b. _____

c. _____

5. ¿Van *Vds. a trabajar aquí antes de comer?* a. **.. ellos a jugar aquí después de estudiar**
b. **.. Ana y Clara a estar aquí sin hablar** c. **.. los abuelos a viajar allá para descansar**

a. _____

b. _____

c. _____

6. ¡Haga Vd. el favor *de entrar en el cuarto*! a. **de pasar al patio** b. **de asistir a la escuela**
c. **de venir a mi casa**

a. _____

b. _____

c. _____

7. Tengo que *estudiar para aprender.* a. **dormir para descansar** b. **volver para comer**
c. **salir para jugar** d. **dar para recibir**

a. _____

b. _____

c. _____

d. _____

8. *¿Dónde pueden* tocar la guitarra?   a. **cómo saben**   b. **quiénes quieren**   c. **cuándo desean**   d. **por qué deben**

a. _____

b. _____

c. _____

d. _____

9. ¡*Salga Vd. en seguida* por favor!   a. **venga Vd. a la una**   b. **vaya Vd. pronto**   c. **hablen Vds. bien**   d. **respondan Vds. ahora**

a. _____

b. _____

c. _____

d. _____

III. Writing words.

A. Write the word that your teacher reads; then **choose the word from those given below the line that has the opposite meaning, and write it** in the space on the right. Circle its letter.

1. _____ ;   _____
   a. sabemos   b. saludamos   c. partimos   d. entramos

2. _____ ;   _____
   a. detrás   b. arriba   c. bajo   d. después

3. _____ ;   _____
   a. volver   b. salir   c. telefonear   d. empezar

4. _____ ;   _____
   a. grande   b. ancho   c. largo   d. pequeño

5. _____ ;   _____
   a. buen tiempo   b. buen provecho   c. buenas noches   d. buena salud

6. _____ ;   _____
   a. menores   b. pocas veces   c. muchas veces   d. cuando

7. _____ ;   _____
   a. ahora   b. más tarde   c. si   d. pero

8. _____ ;   _____
   a. joven   b. menor   c. poco a poco   d. más

B. Write the word that your teacher reads; then **choose the word from those given below the line that has the same meaning,** and write it in the space on the right. Circle its letter.

1. _____ ; _____
   a. llevar   b. vender   c. comprar   d. llegar

2. _____ ; _____
   a. canto   b. fatigado   c. favorito   d. sentado

3. _____ ; _____
   a. alto   b. álgebra   c. feliz   d. federal

4. _____ ; _____
   a. conversar   b. andar   c. cantar   d. recibir

5. _____ ; _____
   a. autobús   b. ómnibus   c. ferrocarril   d. coche

6. _____ ; _____
   a. chicle   b. muchacho   c. mucho   d. chino

7. _____ ; _____
   a. contestar   b. andar   c. bailar   d. cantar

IV. Dictations. Listen to the directions and to the material read by the teacher.

A.   1. *Spot dictation*

a. Vivo en una _____ particular de dos _____. b. La casa

tiene un _____ por _____ y hay un

jardín por _____ de ella. c. _____

tenemos el techo; abajo está el _____. d. Hay en el

primer piso una _____, un _____ y una _____.

A.   2. *Complete dictation.*

a. _____

_____

b. _____

_____

_____

c. _____

450   d. _____

e. _____

f. _____

B. 1. *Spot dictation.*

a. Cuando estoy bien y no _____ de _____ de _____

me pongo _____ bonita y salgo a la calle. b. _____

un _____ o una _____ con una _____.

c. En los pies me pongo _____ y _____, y en las manos

_____.

B. 2. *Complete dictation.*

a. _____

_____

b. _____

c. _____

_____

d. _____

C. 1. *Spot dictation.*

a. Mi _____ favorito es el rojo. b. Me gustan las flores que son

_____ como las _____ y los _____

c. De las frutas que hay en mi _____ prefiero las _____

y las _____. d. En el verano visito el _____

donde _____ flores y _____ de muchos colores.

C. 2. *Complete dictation.*

a. _____

b. _____   **451**

c. _____

d. _____

e. _____

_____

f. _____

D. 1. *Spot dictation.*

a. En la _____ hay muchas cosas que mirar y que hacer. b. En el

_____ hay mucha _____ y mucho _____. c. Las

_____ son largas, las avenidas anchas y los _____ altos.

d. Los sábados podemos asistir al _____. e. Los domingos visitamos

_____ hermosas y _____ interesantes. f. Podemos ir

al _____.

D. 2. *Complete dictation.*

a. _____

_____

b. _____

c. _____

d. _____

E. 1. *Spot dictation.* (See Part two, Unit 2) *"Fill in missing words."*

a. En la _____ el _____ está fresco. b. Los

_____ y la _____ están verdes. c. Los _____

_____ cantan y el _____ está muy bonito. d. En el verano

_____ un día, y el otro hace _____. e. Vamos a la playa,

al campo o a las _____ para las _____.

E. 2. *Complete dictation.* (See Part two, Unit 2) *"Write entire passage."*

a. _____

b. _____

c. _____

d. _____

e. _____

V. A. Combining sentences. Combine the short sentences into one long sentence by using the word given in parentheses.

Model: Yo escribo muy bien. No hablo mal. (y) **Yo escribo muy bien y no hablo mal.**

1. Está ausente. No está bien. (cuando)_____

2. ¿Hace sol? ¿Llueve todavía? (o)_____

3. Asisto. Deseo aprender. (porque)_____

4. Luis lee. Ana va al cine. (y)_____

5. Va a España. Debe volver. (pero)_____

6. Voy al campo. Hace calor. (si)_____

7. Van a pie. Tienen tiempo. (como)_____

8. Maneja un taxi. Es nuevo. (que)_____

9. Veo a una chica. Es bonita. (que)_____

10. Vas al museo. Lo ves a Juan. (donde)_____

B. Combining sentences. Combine the two short sentences into one long sentence by using the word in parentheses and changing the italicized verb to the infinitive.

Model: Visito el museo. *Veo* pinturas.   (para) **Visito el museo para ver pinturas.**

1. Va al parque. *Descansa.* (para)_____

2. Estudio. *Salgo* bien. (para)_____

3. Dice: —Adiós. *Sale.* (antes de)_____

4. Comen algo. *Bailan.* (antes de)_____

5. Como. *Miro* el programa. (antes de)_____

6. ¡Salúdela Vd.! ¡*Entre*! (después de)_____

7. Descansa. *Trabaja.* (después de)_____

8. Escuchan el disco. *Hablan.* (sin)_____

9. Pasan el día. *Comen.* (sin)_____

10. Hace visitas. *Da* regalos. (sin)_____

453

VI. Building a sentence. Add the word in parentheses in the appropriate place.

Model: **Vienen.**

a. (las chicas) _____. **Las chicas vienen.**

b. (despacio) _____. **Las chicas vienen despacio.**

c. (no) _____. **Las chicas no vienen despacio.**

1. Está.

   a. (en casa) _____   b. (Ana) _____

   c. (nunca) _____

   d. (a esta hora) _____

   e. (del día) _____

2. Saben.

   a. (cantar) _____   b. (no) _____

   c. (bien) _____

   d. (los muchachos) _____

   e. (cansados) _____

3. ¿Prometes?

   a. (venir) _____   b. (tú) _____

   c. (conmigo) _____

   d. (a México) _____

   e. (en avión) _____

4. Hablan.

   a. (rápidamente) _____   b. (le) _____

   c. (los chóferes) _____

   d. (al policía) _____

   e. (del accidente) _____

VII. Parallel Writing.

A. Write a complete Spanish sentence similar to the sentence which is given. Use the new word cues. Make necessary additions and verb changes.

Model: Nosotros tenemos que escribirles hoy. Yo/tener/contestarle mañana.

                                   Yo tengo que contestarle mañana.

1. Yo pongo la mesa con vasos y platos.   Tú/poner/mesa/tenedores/cucharas.

2. Tú lees la revista y yo escucho la radio.   El/tocar/piano/si Ana/cantar/canción.

3. ¿Van Vds. a la playa a nadar este verano?   ¿Ir/Vd./montañas/esquiar/invierno?

4. No tengo que leer todos los periódicos para saber las nuevas.   Vds./no/tener que/viajar todos/años/conocer/países.

5. ¿Necesitamos nosotros comprar este paraguas antes de ir a Londres?   ¿Desear/ellas/llevar/vestido después/volver de/París?

B. Write a similar sentence about *your country*. Use word cues.

1. Juan dice: —Mi patria es España.

    Vd. responde: —_____

    los Estados Unidos

2. Juan dice: —Mi bandera es roja y amarilla.

    Vd. responde: —_____

    roja, blanca y azul

3. Juan dice: —El señor Franco es nuestro jefe.

    Vd. responde: —_____

    presidente

4. Juan dice: —Francia y Portugal son nuestros vecinos.

    Vd. responde: —_____

    el Canadá/México

5. Juan dice: —Los vecinos al norte hablan francés y al oeste hablan portugués.

    Vd. responde: —_____

    al norte/al sur

C. Write a complete sentence similar to the sentence which is given, making appropriate changes in the words in italics.

455

1. Mi *hermano* usa *una camisa* y *pantalones largos.*

Write that your sister wears a blouse and a short skirt. _____

2. Lleva también *una corbata, calcetines* y zapatos *negros.*

Write that she also wears a dress, stockings and white shoes. _____

3. Luego *él* se pone *una chaqueta corta* y *una gorra pequeña.*

Write that she then puts on a long coat and a wide hat. _____

4. *El* mete *el dinero* en *el bolsillo* porque tiene *una cita.*

Write that she puts a handkerchief in her pocketbook because she has a cold.

5. Está *bien* hoy y *no tiene* dolor de *estómago.*

Write that she is ill and has a headache.

D. Write in the first person plural **nosotros,** using the *present* tense. (See Part 1, Units 3 & 7). *Salgo* para España. *Pongo* la ropa en la maleta y *voy* al aeropuerto. Allí *subo* al avión para Madrid. Después de siete horas en el avión, *tomo* un taxi al hotel. *Dejo* la maleta en el cuarto y *bajo* a tomar un café. *Doy* un paseo por la calle principal donde *miro* las tiendas y los edificios. *Oigo* a la gente hablar castellano.

E. Write in the *preterite* tense continuing to keep each verb in the same person. (See Part 1, Units 25-26.) *Salgo* para España. *Pongo* mi ropa en la maleta y *voy* al aeropuerto. Allí *subo* al avión para Madrid. Después de siete horas en el avión, *tomo* un taxi que me *lleva* al hotel. *Dejo* la maleta en el cuarto y *bajo* a tomar un café. *Doy* un paseo por una de las calles principales. *Miro* las tiendas, los edificios y a la gente. *Oigo* a la gente hablar castellano. En un pequeño restaurante agradable un hombre en una mesa cercana *pregunta* por mi país y yo le *digo* muchas cosas porque *quiero* practicar el español. *Podemos* comprender sin dificultad. *Terminamos* la comida y *salimos*. *Estamos* contentos. No lo *veo* otra vez pero *tengo* una buena impresión de los españoles. *Regreso* a mi cuarto en el hotel. Dos criadas *preparan* el cuarto. Las dos *charlan* y *cantan* alegremente. Cuando *terminan* el trabajo *salen*. *Estoy* solo. *Pienso* en mi primer día en España. *Tengo* que salir temprano a la mañana siguiente para conocer este país magnífico.

_____

_____

_____

_____

_____

_____

_____

_____

_____

_____

_____

_____

_____

VIII. A. *Writing an appropriate rejoinder to one line of dialogue.* Write a complete sentence in correct Spanish *using the cue words.* Make necessary additions and verb changes.

1. Marta dice: —Hoy dan una buena película. *Vd. responde*: —Yo no/tener/dinero/para/cine.

   Vd. responde: —_____

2. Juan dice: —Si llueve mañana no sé qué hacer. *Vd. responde*: —Nosotros/poder/ir/museo.

   Vd. responde: —_____

3. Ellos dicen: —Vamos a jugar al béisbol. *Vds. responden*: —Nos/gustar/más/ir/centro.

   Vds. responden: —_____

4. El amigo dice: —Tengo hambre. *Vd. responde*: —Yo lo/invitar/café/comer/hamburguesas.

Vd. responde: —_____

5. Pedro dice: —La nueva alumna es bonita. *Vd. responde*: —Yo/creer/ella/llamarse/Ana.

Vd. responde: —_____

B. Write an appropriate rejoinder in a complete Spanish sentence according to each direction. Use the vocabulary aids provided.

1. Elena dice:—Bienvenido, Alberto. ¡Pasa a la sala!

Tú respondes: — _____(gracias/amable)
(Thank her and tell her that she is very kind.)

2. La maestra dice:—Pepe, debes entrar en la clase a tiempo.

Tú respondes: — _____(llegar/temprano)
(Tell her that you are going to arrive early tomorrow.)

3. El médico dice:—Veo que tienes fiebre.

Tú respondes: — _____(dolor de cabeza)
(Tell him that you have a headache, too.)

4. El alumno dice:—Tú conoces a la nueva profesora. ¿Verdad?

Tú respondes: — _____(simpática/joven)
(Tell him that she is very nice and very young)

5. El padre dice:—Es muy tarde y tu hermano, Roberto, todavía no está en casa.

Tú respondes: — _____(nueva amiga)
(Tell him that Robert has a new girlfriend and he

_____(pasar mucho tiempo)
spends a great deal of time with her.)

IX. A. Writing a pattern response. Write an answer which is patterned after each statement. Place *también* in an appropriate position in the sentence.
Model: Voy al centro. ¿Y él? **El también va al centro.**

1. Tengo que trabajar hoy. ¿Y Marta?_____

2. Ellas buscan ese libro. ¿Y Vd.?_____

3. Luis tiene frío. ¿Y las chicas?_____

4. Me gustan las rosas. ¿Y a su madre?_____

5. Fueron a Cuba el año pasado. ¿Y este año?_____

B. Write an affirmative answer in a complete Spanish sentence using the cue words.
Model: ¿Llegas temprano?   (me gusta) **Sí, me gusta llegar temprano.**

1. ¿Asistes al concierto? (debo) _____

2. ¿Escuchan a los maestros? (desean) _____

3. ¿Comen Vds. en ese café? (nos gusta) _____

4. ¿Está ella en casa hoy? (tiene que) _____

5. ¿Nadamos en el mar? (podemos) _____

X. A. Writing answers to written questions. Write an affirmative answer in a complete Spanish sentence.

1. ¿Le gusta caminar en el parque? _____

2. ¿Vuelve Vd. a casa a tiempo? _____

3. ¿Bailas en las fiestas? _____

4. ¿Tienes miedo del examen? _____

5. ¿Vió Vd. esa película otra vez? _____

B. Write an affimative answer in a complete Spanish sentence using the cue words.

1. ¿Dónde vemos flores? (por todas partes) _____

2. ¿Cuándo comes huevos? (todos los días) _____

3. ¿Cuánto limón tomas? (un poco de) _____

4. ¿Cómo hay que aprender? (poco a poco) _____

5. ¿Quién quiere al niño? (todo el mundo) _____

C. Write a factual or logical answer in a complete Spanish sentence.

1. ¿Vamos a la playa si llueve? _____

2. ¿Cuánto dinero necesito para el autobús? _____

3. ¿De qué color está el cielo si hace sol? _____

4. ¿Qué tienes si no bebes en la playa? _____

5. ¿Por qué comes allí? _____

XI. **Write an affirmative answer in a complete Spanish sentence to the questions your teacher will read to you.**

1. _____

2. _____

3. _____

4. _____

5. _____

6. _____

7. _____

8. _____

9. _____

10. _____

XII. Answering questions on content. Write an appropriate answer in a grammatically correct and complete Spanish sentence.

1. ¿En cuánto tiempo llega la tía?

_____

   Para mi cumpleaños mi tía me invita a pasar las vacaciones con ella en México. Ella viaja siempre en avión porque así puede llegar muy rápidamente. Sube al avión al mediodía y está en México en unas pocas horas.

2. ¿Cuándo come menos el chico?

_____

   Para el desayuno me gusta tomar huevos, pan con mantequilla y un vaso de leche con pastel. Luego para el almuerzo tengo poca hambre. Como queso o una ensalada. Para beber tomo una gaseosa fría.

3. ¿Dónde hay una lámpara de hierro?

_____

   Hay una alfombra de lana en el piso. Sobre el escritorio hay una lámpara de madera. La otra lámpara es de hierro y está cerca de la cama.

4. ¿Cuántos muebles tiene el dormitorio del chico?

_____

   En mi dormitorio hay dos ventanas grandes con sus cortinas de algodón, una cama, una cómoda, un escritorio con mi teléfono, una silla y un sillón. Mi dormitorio es grande y claro. Es mi cuarto favorito.

5. ¿Cómo es el muchacho? (Write as much as you can about him. Use the third person sing.)

_____

_____

_____

_____

Me presento. Soy un muchacho de quince años. No soy ni alto ni bajo. Tengo el pelo castaño y los ojos negros. No soy perezoso. Tengo mucho interés en mi clase de español pero quiero ser científico.

XIII. Writing three simple sentences as directed. Write three complete Spanish sentences according to each instruction. Use the vocabulary guides.

A. Write a description of yourself and of your friend, using appropriate endings:

1. quién es Vd. . . . (muchacho-a norteamericano-a o hispano-a)   2. cómo es Vd. . . . (inteligente/aplicado-a)   3. cómo es su amigo-a . . . (simpático-a/amable/generoso-a)

_____

_____

_____

B. Write about your country: 1. cómo se llama su patria . . . . (los Estados Unidos de América)   2. la lengua que Vds. hablan en su país . . . (inglés)   3. la otra lengua que Vd. comprende también . . . (español)

_____

_____

_____

C. Write about your country (continued):   1. si es grande o pequeño . . . . . (país)   2. cuáles son los países vecinos . . . (el Canadá/México)   3. qué lenguas hablan allí . . . . . (inglés y francés/español)

_____

_____

_____

_____
_____
_____
_____
_____
_____

D. Write about your Spanish class: 1. cuántos amigos Vd. tiene allí . . . (veinte)   2. a qué hora empieza . . . (las diez y media de la mañana)   3. qué aprenden Vds. allí . . . (mucho español)

_____
_____
_____
_____
_____

E. Write a letter to a friend telling him about your city: 1. There are many tall buildings, many people and a great deal of noise . . .   2. But the city also has interesting theaters, museums and pretty parks . . .   3. When the weather is good the city is often beautiful . . . (Some vocabulary is given below the writing line.)

Querido amigo,

_____

(Hay/edificios/altos/gente/ruido)

_____

(Pero/ciudad/también/tener/teatros/museos/interesantes/parques/bonitos)

_____

(Cuando/hacer/buen/tiempo/ciudad/ser/a menudo/hermosa)

Continue your letter telling him what you do in the city: 1. You take walks with friends in the parks and on the avenues . . .   2. When it rains you visit friends or go to the movies . . .   3. You hope to receive a visit from him very soon.

_____

(Yo/dar paseos/parques/avenidas)

_____

(Cuando llueve/yo/visitar/amigos/ir/cine/o/mirar/televisión)

_____

(Yo/esperar/recibir/visita/Vd./pronto)

XIV. Writing a question. Write a question about the sentence using the cue words.

Model: Le escriben a Gloria después de llegar a Puerto Rico.

(¿Cuándo?) Ask when they will write. **¿Cuándo le escriben a Gloria?**
___

1. Mis zapatos nuevos son negros. (¿De qué color . . . . . . ?) Ask about the color.
___

2. Es la una y media. (¿Qué . . . . ?) Ask about the time.
___

3. Hoy es martes el cinco de enero. (¿Cuál es . . . . ?) Ask about the date.
___

4. Salen para Puerto Rico. (¿Para dónde . . . . ?) Ask about the destination.
___

5. Las niñas esperan la Navidad con impaciencia. (¿Quiénes . . . ?) Ask about the children.
___

XV. Graphic stimuli. Write an answer in a complete Spanish sentence.

A. El payaso. (clown)

1. ¿Qué tiene el payaso en el bolsillo?
___
___

2. ¿Es gordo o flaco el payaso?
___

3. ¿Tiene una boca enorme o pequeña?
___

4. ¿Son anchos o estrechos sus pantalones?
___

5. ¿Juega al tenis o al béisbol?
___

B. La Clase

1. ¿Están los alumnos y la maestra sentados o de pie?

   _____

2. ¿Cuántas chicas hay en el grupo?

   _____

3. ¿A quién mira la maestra? ¿al chico o a la chica?

   _____

4. ¿Qué lleva la maestra? ¿pantalones o una falda?

   _____

5. ¿Quién toca música en la guitarra? ¿la maestra o el chico?

   _____

Vocabulary

Spanish-English

A

a at, in, to, on; **a causa de** because of; **a la derecha** on the right; **a menudo** often; **a veces** at times

abajo below

abierto, -a open

abogado *m.* lawyer; **abogado defensor** defense attorney

abrigo *m.* overcoat

abuelo *m.* grandfather; **abuela** *f.* grandmother; **abuelita** *f.* grandma; **abuelos** *m. pl.* grandparents, grandfathers

abrir to open

aburrido, -a bored

acá here, around here

acabar de (regresar) to have just (returned)

accidente *m.* accident

aceptar to accept

acerca de about, concerning

acostarse (ue) to go to bed

actividad *f.* activity

activo, -a active

actor *m.* actor

actriz *f.* actress

actual present day

además besides, moreover

adivinanza *f.* riddle

adiós good-bye

admirar to admire

¿adónde? where?

aeroplano *m.* airplane

aeropuerto *m.* airport

afortunadamente fortunately

afuera outside

agencia de viajes *f.* travel agency

agosto August

agradable agreeable

agua *f.* water

ahora now; **ahora mismo** right now; **por ahora** for now

aire *m.* air; **al aire libre** in the open air

ajá aha

a las doce (at) 12:00

a las once (at) 11:00

a las siete (at) 7:00

al to the, at the, in the **al aire libre** outdoors; **al fin** finally, at last; **al + *inf.*** upon ___ing; **al dar** upon striking

Alberto Albert

alcoba *f.* bedroom

aldea *f.* town

alegre happy, lively, cheerful; **me alegro mucho;** I'm very happy, I'm glad

alegremente happily

alemán, -a German

Alemania *f.* Germany

alfombra *f.* carpet

Alfredo Alfred

algo something

algodón *m.* cotton

alguien someone, somebody

algún (o) -a some; **algunas veces** sometimes

Alicia Alice

alimentos *m. pl.* food

allá there, around there

allí there

almacén *m.* department store

almorzar (ue) to lunch

almuerzo *m.* lunch; **tomar el almuerzo** to have lunch

alquiler *m.* rent

alto, -a tall, high

alumno, -a *m./f.* student

amable friendly, pleasant

amarillo, -a yellow

americano, -a American

amigo, -a *m./f.* friend

amor *m.* love

Ana Ann

anaranjado, -a orange

ancho, -a wide

anciano *m.* old man

andar to go, to walk; **andar en bicicleta** to go bicycle riding

animal *m.* animal

anoche last night

ansioso, -a anxious, worried

antes (de) before

antiguo, -a ancient, former

antipático, -a unpleasant

Antonio Anthony, Tony

año *m.* year; **Año Nuevo (el)** New Year; **año pasado (el)** last year; **tener años** to be years old; **¿cuántos años tiene Vd.?** how old are you?

apendicitis *f.* appendicitis

apetito *m.* appetite

aplicado, -a studious

apreciar tó appreciate

aprende he, she, you learn(s)

aprender to learn

aprisa in a hurry

aquel *m.* that; **aquella** *f.* that; **aquellas** *f. pl.* those;

aquellos *m. pl.* those
aquí here
árbol *m.* tree
arbusto *m.* bush
aritmética *f.* arithmetic
armario *m.* closet
arriba above, up
arroz *m.* rice
artículo *m.* article
artista *m./f.* artist
Arturo Arthur
asa *f.* handle
ascensor *m.* elevator
asesinato *m.* murder
así so, (in) this way; **así, así** so, so
asiento *m.* seat
asistir (a) to attend
aspirina *f.* aspirin
astronauta *m.* astronaut
atados tied up
atención *f.* attention; **prestar atención** to pay attention; **con atención** attentively
atentamente attentively
atleta *m./f.* athlete
atractivo, -a attractive
aún even
aunque although
autobús *m.* bus; **autobús turístico** sightseeing bus
automóvil *m.* automobile
autor *m.* author
avenida *f.* avenue
aventura *f.* adventure
aviador *m.* aviator
avión *m.* airplane
ayer yesterday
ayuda *f.* aid, help
azúcar *m.* sugar
azul blue

B

bailar to dance
baile *m.* dance
bajar to go down, to put down; **bajar (de)** to get down (from)
bajito, -a short

bajo, -a low, short
balcón *m.* balcony
banco *m.* bank, bench
bandera *f.* flag
banquero *m.* banker
bañarse to bathe
baño *m.* bath; **cuarto de baño** *m.* bathroom
barato, -a cheap
barbería *f.* barber shop
barco *m.* ship, boat
barra *t.* bar, rod
barrio *m.* district
bastante enough
beber to drink
bebida *f.* drink
béisbol *m.* baseball
bello, -a pretty
beso *m.* kiss
biblioteca *f.* library
bicicleta *f.* bicycle
bien well, good
bienvenido, -a welcome
billete *m.* ticket
blanco, -a white
blusa *f.* blouse
boca *f.* mouth
bodega *f.* grocery store
bola *f.* ball
bonito, -a pretty
borracho, -a drunk
borrador *m.* eraser
bolsillo *m.* pocket
bosque *m.* woods
bote *m.* boat
botella *f.* bottle
brazo *m.* arm
breve brief
brillante brilliant
bueno, -a good, well; all right
burro *m.* donkey
buscar to look for

C

caballo *m.* horse; **a caballo** on horseback
caballero *m.* gentleman
cabello *m.* hair
cabeza *f.* head
cada each

caer to fall; **caerse** to fall down; **se cayó** he fell down
café *m.* coffee, café (informal restaurant)
cafetería *f.* cafeteria
caja *f.* box
calabaza *f.* pumpkin
calcetines *m. pl.* socks
caliente warm, hot
calor *m.* heat; **hacer (mucho) calor** to be (very) warm (weather); **tener calor** to be warm (persons)
calle *f.* street
cama *f.* bed; **guardar cama** to stay in bed
camerero, -a waiter, waitress
cambiar to change, exchange
caminar to walk, to go
camino *m.* road
camisa *f.* shirt
campamento *m.* camp; **campamento de verano** summer camp
campo *m.* field, country
Canadá (el) *m.* Canada
canal *m.* channel
canción *f.* song
cansado, -a tired
cantar to sing
Caperucita Roja Little Red Riding Hood
capital *f.* capital
capitán *m.* captain
capítulo *m.* chapter
cara *f.* face
cárcel *f.* jail
cariñosamente affectionately
Carlos Charles
Carlota Charlotte
carnaval *m.* carnival
carne *f.* meat
carnicería *f.* butcher shop
carnicero *m.* butcher
caro, -a expensive, dear
carro *m.* car
carta *f.* letter
cartera *f.* wallet, purse

cartero *m.* letter carrier

cartón *m.* cardboard

casa *f.* house; **en casa** at home; **casa particular** private house; **casa de apartamientos (pisos)** apartment house; **Casa Blanca (la)** the White House

casarse (con) to marry

casi almost

caso *m.* case

castañuela *f.* castenet

castellano *m.* Spanish, Castilian

Castilla *f.* Castile

católico, -a Catholic

catorce fourteen

causa *f.* cause

caverna *f.* cave

cayó he, she, you fell

cebolla *f.* onion

celebrar to celebrate

celo *m.* zeal

cena *f.* supper; **tomar la cena** to have supper

centavo *m.* cent

central central

centro *m.* downtown

Centro América Central America

cerca (de) near

cercano, -a nearby

ceremonias *f.* ceremonies

cereza *f.* cherry

cero *m.* zero

cerrado, -a closed

cerrar (ie) to close

cesto, -a *m./f.* basket

cielo *m.* sky; **mi cielo** my darling

ciencia *f.* science

científico *m.* scientist

cien (to) a hundred

cierto, -a (a) certain

cinco five

cincuenta fifty

cine *m.* movie(s)

circo *m.* circus

cita *f.* date, appointment

ciudad *f.* city

claro, -a clear

¡claro! of course!

clase *f.* **sala de clase** classroom

clavel *m.* carnation

clima *m.* climate

coche *m.* car; **en (por) coche** by car; **coche patrullero** patrol car

cocina *f.* kitchen; **clase de cocina** *f.* cooking class

cocinar to cook

cocinero, -a *m./f.* cook

coleccionista *m.* collector

colegio *m.* high school, private boarding secondary school

Colón Columbus

color *m.* color

comedor *m.* dining room

comenzar (ie) to begin

comer to eat

comercial commercial

comerciante *m.* merchant

comestibles *m. pl.* groceries

cometer faltas to make errors

comida *f.* meal, dinner, food

como like, as

¿cómo? how? what do you mean? **¡cómo no!** of course! **¿cómo qué no?** what do you mean, "no"?

cómodo, -a comfortable; **cómodamente** comfortably

compañero, -a *m./f.* companion, friend

compañero, -a de clase *m./f.* classmate

comparar to compare

compra *f.* purchase; **ir de compras** to go shopping

comprador *m.* buyer

comprar to buy

comprender to understand

con with **conmigo** with me;

contigo with you *(fam.)*; **con ella** with her

¡concedido! agreed!

concierto *m.* concert

concurso *m.* contest

conducir to drive, to lead

congelado, -a frozen

conocer to know (acquainted)

consejo *m.* advice

consejero *m.* counselor

conservar to conserve

construir to construct

consultorio *m.* clinic

consultorio sentimental *m.* advice to the lovelorn

consumir to consume

contar (ue) to tell, to count; **cuenta** he tells

contento, -a happy; **contentamente** happily

contestar to answer

contra against

conversación *f.* conversation

conversar to converse, to chat

copa *f.* (wine) glass

copiar to copy

corbata *f.* tie

corona *f.* crown

correcto, -a *correct;* **correctamente** correctly

correr to run

cortar to cut

cortés polite(ly)

cortina *f.* curtain

corto, -a short

cosa *f.* thing

cosméticos *m. pl.* cosmetics

costa *f.* coast

costar (ue) to cost; **cuesta** it costs; **me costó** it cost me

crecer to grow

creer to believe, to think; **creer que sí (no)** to believe so (not)

crema *f.* cream

creo I believe

criado, -a *m./f.*

maid, servant
criminal *m.* criminal
crudo, -a raw
cruzar to cross
cuaderno *m.* notebook
cuadro *m.* picture
¿cuál? which (one)?, what?
cuando when; **¿cuándo?** when?
¿cuánto, -a? how much? **¿cuánto tiempo?** how long?; **¿cuántos, -as?** how many?; **¿cuántos años tiene?** How old is he (she)?; **¿a cuántos estamos hoy?** what's today's date?
cuarto *m.* room, quarter; **cuarto de baño** bathroom
cuatro four
cuatrocientos four hundred
Cuba *f.* Cuba, **cubano, -a** Cuban
cubrir to cover
cuchara *f.* spoon
cucharita *f.* teaspoon
cuchillo *m.* knife
cuello *m.* collar, neck
cuenta he tells
cuento *m.* story
cuerpo *m.* body
cuesta it costs
culpable guilty
cultivar to grow
cultural cultural
cumpleaños *m.* birthday
cuñado *m.* brother-in-law
curar to cure

CH

chal *m.* shawl
chaqueta *f.* jacket
charlar to chat
cheque *m.* check
chica girl; **chico** boy
chicle *m.* chewing gum
Chile South American country

chino, -a Chinese; **damas chinas** *f. pl.* checkers
chocar to crash
chocolate *m.* chocolate
chófer *m.* driver

D

dale give him
da(n) he, she, (they) (give)s
dar to give; **doy** I give; **dar la mano** to shake hands, **dar las gracias** to thank; **dar un paseo** to take a walk; **dar un paseo a caballo, a pie, en automóvil** to go horseback riding, to take a walk, to take a drive
de of, from; than; **de acuerdo** in agreement; **de compras** shopping; **de día** by day; **de la mañana** A.M.; **de la noche** P.M.; **de la tarde** P.M.; **de nada** you're welcome; **de ninguna manera** by no means; **de niño** as a child; **de noche** at night; **de nuevo** again; **de pie** on foot; **de repente** suddenly
debajo (de) below, underneath
deber to owe, must; ought to
deberes *m. pl.* duties, homework
débil weak
decidir to decide
decir to say, to tell; **dice(n)** he, she, you, (they) (tell)s; **¿cómo se dice...?** how do you say...?
decisión *f.* decision
defender (ie) to defend
dejar to leave, to let; **dejar caer** to drop
del of the, in the
delante (de) in front (of)
delgado, -a slender, thin
delito *m.* offense, crime

demás *m. pl.* others
demasiado, -a too much
democracia *f.* democracy
dentro inside
dependiente, -a *m./f.* clerk
derecho *m.* straight ahead; **a la derecha** to the right
desafortunadamente unfortunately
desayuno *m.* breakfast; **desayunar (se)** to eat breakfast; **tomar el desayuno** to have breakfast
descansar to rest
describir to describe
descubrir to discover
desde from, since
desear to wish, to want
desesperado, -a desperate
desierto, -a deserted
despacio slowly
despertarse (ie) to wake up
después (de) after(wards)
detestar to detest
detrás de behind
día *m.* day; **al día siguiente** the next day; **buenos días** good morning; **de día** by day; **todos los días** everyday
día de entrevistas entre los padres y maestros Open School Day
Día de la Raza Columbus Day (October 12)
Día de los Reyes Magos Day of the Epiphany (January 6)
Día de los Inocentes April Fool's Day (April 1)
diario, -a daily
diciembre December
dice(n) he says (they say)
dictado *m.* dictation.
dictadura *f.* dictatorship
diente *m.* tooth
diferencia *f.* difference
diferente different

469

difícil difficult

difícilmente with difficulty

dificultad f. difficulty

digo I say, I tell **(decir)**

dígame tell me

dijo he, she, you said **(decir)**

dile tell him (fam.)

diligente diligent

dinero m. money

Dios m. God; **¡Dios mío!** My God!

director, -a m./f. principal

dirigir to direct; **dirigirse** to go toward

disco m. record

dispense Vd. excuse me

disputa f. dispute

distinto, -a different

doblar la esquina to turn the corner

docena f. dozen

doctor m. doctor

dólar m. dollar

doler to hurt

dolor m. ache, pain; **dolor de cabeza (muelas, estómago)** headache (toothache, stomach-ache)

domingo m. Sunday, Dominic

dominó m. dominoes

donde where; **¿dónde?** where?

dormir (ue) to sleep

durmiendo sleeping

dormitorio m. bedroom

Dorotea Dorothy

dos two

dote m. dowry

doy (dar) I give; **doy las gracias** I thank; **doy un paseo** I take a walk; I take a ride

drama m. drama, play

ducha f. shower

duelo m. duel

duermo I sleep

dulce sweet; **dulces** m. pl. candy

*also: **malo, -a**

durante during; for (time)

duro, -a hard

E

e and

edad f. age

edificio m. building

ejercicio m. exercise

el m. the

él he, it

eléctrico, -a electric

elefante m. elephant

elegante elegant

elemental elementary

Elena Elaine

ella she, it; **ellas** they, them

empezar (ie) to begin

empieza (n) he, she, begins (they begin)

empiezo I begin

empleado m. employee, clerk

empleo m. job, employment

en in, on, at; **en casa** at home; **en punto** sharp, exactly; **¿en qué puedo servirle?** what can I do for you?; **en seguida** immediately; **en vez de** instead of; **en voz baja** in a whisper

enamorado, -a in love

encontrar (ue) to meet, to find

enero January

enfermedad f. illness

enfermera f. nurse

enfermo, -a sick, ill

enfermo m. sick person

enojado, -a angry

enorme enormous, large

Enrique Henry

ensalada f. salad; **ensalada de papas** potato salad

enseñanza f. teaching

enseñar to show, to teach

entender (ie) to understand

entero, -a entire, all

entonces then

entrada f. ticket, entrance

entrar (en) to enter

entre between, among

entrevista f. interview

enviar to send

equipo m. team

equivocado, -a mistaken

eran they were

eres you are (fam. s.) **(ser)**

error m. error

es is **(ser)**

esa f. that; **esas** f. pl. those

escape m. escape

escribir m. to write

escritor m. writer

escritorio m. desk

escuela f. school; **escuela de cocina** cooking school; **escuela superior** high school

escuchar to listen to

ese m. that; **esos** m. pl.

esencial essential

eso that (neut.) **por eso** therefore

esos m. pl. those

espacio m. space

España f. Spain

español, -a Spanish m./f. Spaniard

especialmente specially

esperanza f. hope

esperar to hope, to wait for

espléndido, -a splendid

esposa f. wife

esposo m. husband

esposos m. pl. husbands, husband and wife, Mr. and Mrs.

esquiar to ski

esta f. this; **esta noche** tonight

estación f. season, station

estado m. state

Estados Unidos (los) m. pl. the United States

estante m. shelf

estar to be; **estar bien (mal)*** to be well (ill); **está**

bien O.K.; **¿cómo está usted?** how are you?; **estar de pie** to be standing
estas *f. pl.* these
estás you are *(fam. s.)*
este *m.* this
este *m.* east
esto this *(neut.)*
estómago *m.* stomach
estos *m. pl.* these
estoy I am **(estar)**
estrecho, -a narrow
estrella *f.* star
estudia he, she studies
estudiante *m./f.* student
estudiar to study
estudios *m. pl.* studies
estudioso, -a studious
estufa *f.* stove
estupendo, -a stupendous
etiqueta *f.* label
Europa *f.* Europe
evento *m.* event
exactamente exactly
examen *m.* examination
examinar to test
excursión *f.* trip
exhausto, -a exhausted
experiencia *f.* experience
explicar to explain
explorador *m.* explorer, Boy Scout
explorar to explore
extraño, -a strange
extraordinario, -a extraordinary
extravagante extravagant

F

fábrica *f.* factory
fácil easy
fácilmente easily
falda *f.* skirt
falta *f.* mistake
faltar to be missing
familia *f.* family; **toda la familia** the whole family

familiar *m./f.* family member
famoso, -a famous
fantasma *m.* ghost
fantástico, -a fantastic
farmacia *f.* pharmacy
fatigado, -a tired
favor *m.* favor; **hacer el favor de** + *inf.* please; **por favor** please
favorito, -a favorite
fecha *f.* date; **¿cuál es la fecha de hoy?** what is today's date?; **¿a cuántos estamos hoy?** what is today's date?
Felipe Phillip
feliz happy, content
felizmente happily
feo, -a ugly
ferrocarril *m.* railroad
fiebre *f.* fever
fiesta *f.* party
fin *m.* end; **al fin** at last; **fin de semana** *m.* weekend; **por fin** finally
fiscal *m.* district attorney
flaco, -a thin, skinny
flojo, -a lazy
flor *f.* flower
flotar to float
forma *f.* form
foto (grafía) *f.* photo(graph)
francés *m.* French, Frenchman; **francesa** Frenchwoman (girl)
Francia *f.* France
Francisco Frank, Francis
frase *f.* sentence
frecuentemente frequently
frente *m.* front; **al frente** in front
fresco, -a fresh, cool; **hacer fresco** to be cool (weather)
frío, -a cold, cool; **hacer frío** to be cold (weather); **tener frío** to be cold (persons)
frito, -a fried
fruta *f.* fruit

fuerte strong
fumar to smoke
fútbol *m.* football, soccer

G

gallina *f.* hen
gallo *m.* rooster
ganar to earn, to win
garganta *f.* throat
gaseosa *f.* soda
gastar to spend
gatito *m.* kitten
gato *m.* cat
generalmente generally
generoso, -a generous
gente *f.* people
geografía *f.* geography
Gertrudis Gertrude
gimnasia *f.* gymnastics
gimnasio *m.* gymnasium
golpe *m.* blow
goma *f.* rubber
gordo, -a fat
gorra *f.* cap
gota *f.* drop
grabado *m.* picture
gracias *f. pl.* thanks; **dar las gracias** to thank; **muchas gracias** thank you very much
gramática *f.* grammar (book)
gran great
grande big, large
gratis free
grave serious
gris gray
gritar to shout
grito *m.* shout
guante *m.* glove; **guante de béisbol** baseball glove
guapo, -a handsome
guardar to keep; **guardar cama** to stay in bed
guía *m.* guide
Guillermo William
guitarra *f.* guitar
guitarrista *m./f.* guitarist

471

gustar to like, to be pleasing; **me, te, le gusta** I, you, (he), (she), you like(s); **nos, os, les gusta** we, you, they, you like.

gusto m. pleasure; **con mucho gusto** gladly, with much pleasure

H

ha conocido has known
había there was, were
habitación f. room
hablando speaking
hablar to speak; **¡hable!** speak!
hacer to do, to make; **hacer buen (mal) tiempo** to be good (bad) weather; **hacer frío (calor, sol, viento, fresco)** to be cold (warm, sunny, windy, cool) weather; **hacer el favor de** + *inf.* please; **hacer preguntas** to ask questions; **hace una semana (un mes, etc.)** (a month ago, etc.)
haga el favor de + *inf.* please
hago I do, I make **(hacer)**
hallar to find
hambre f. hunger; **tener hambre** to be hungry
hasta until, up to
hasta la vista until I see you again; **hasta luego** until then; **hasta mañana** until tomorrow
hay there is, there are; **no hay de qué** you're welcome; **hay que** + *inf.* one must
hebreo m. Hebrew
helado m. ice cream
hermana f. sister; **hermano** m. brother; **hermanos** m. pl. brother(s) and sister(s)
hermoso, -a beautiful

hice I made, did **(hacer)**
hierba f. grass
hierro m. iron
hija f. daughter; **hijo** m. son; **los hijos** m. pl. son(s) and daughter(s)
hispánico, -a Hispanic
hispano, -a Hispanic, Spanish-speaking
hispanoamericano, -a Spanish-American
historia f. story, history
histórico, -a historic
hoja f. leaf
hola hello
hombre m. man
honor m. honor
honrado honorable
hora f. hour; **por hora** by the hour; **¿a qué hora?** at what time?; **a la una** at one o'clock; **a las dos** at two o'clock; **a esta(s) hora(s)** at this time; **¿qué hora es?** what time is it?; **es la una** it's one o'clock; **son las dos** it's two o'clock
hormiga f. ant
hospital m. hospital
hotel m. hotel
hoy today
hueso m. bone
huevo m. egg; **huevos duros** hard-boiled eggs
huir to flee

I

idea f. idea
idioma m. language
iglesia f. church
imaginario, -a imaginary
importante important
imposible impossible
impresión f. impression
independencia f. independence
indio, -a m./f. Indian
Inés Agnes, Inez

información f. information
Inglaterra f. England; **inglés** m. English, Englishman; **inglesa** Englishwoman
inmediatamente immediately
inquieto, -a restless
insistir to insist
instrumento m. instrument
inteligencia f. intelligence
inteligente intelligent
interés m. interest
interesante interesting
interesar to interest
interrumpir to interrupt
invierno m. winter
invitado, -a m./f. guest; invited
invitación f. invitation
invitar to invite
ir go **voy, vas, va** I, you, (he), (she), you, (it) go(es); **vamos, vais, van** we, you, they, you go; **ir a casa (a la escuela, de paseo)** to go home (to school, for a walk); **ir de compras** to go shopping
isla f. island
Isabel Elizabeth
Italia f. Italy
italiano, -a Italian
izquierdo m. left; **a la izquierda** to the left

J

Jaime James
jardín m. garden
Jorge George
José Joseph
jota f. j (letter)
joven m./f. young person
Juan John
Juana Jane, Joan
juega (n) he, she, (you), (they) (play)s; **juegas** you play *(fam.)*
juego m. game

jueves *m.* Thursday
juez *m.* judge
jugador *m.* player
jugar (ue) (a) to play
jugo *m.* juice; **jugo de naranja** orange juice
julio July
junio June
junto together
juvenil juvenile

K

kilómetros *m. pl.* kilometers

L

la (las) *f. pl.* the; **las (veo)** (I see) them
labio *m.* lip
laboratorio *m.* laboratory
lado *m.* side; **al lado de** beside, next to; **por otro lado** on the other hand
ladrar to bark
ladrón *m.* thief
lago *m.* lake
lámpara *f.* lamp
lana *f.* wool
lápiz *m.* pencil
largo, -a long
las *f. pl.* the, them
lástima pity; **¡qué lástima!** what a shame!
latín *m.* Latin
latinoamericano, -a Latin-American
lavar (se) to wash (oneself)
La Paz Bolivian capital
le him, you *in Spain*
le to him, to her, to you, to it
le gusta he, she, (you), it (like)s
le gustaron he, she, you, it liked
lección *f.* lesson
lectura *f.* reading
leche *f.* milk

leer to read
legumbres *f. pl.* vegetables
lejos de far from
lengua *f.* language, tongue
lento, -a slow; **lentamente** slowly
león *m.* lion
les to them, to you
les gusta they, you like
letrero *m.* sign
levantado, -a up, standing
levantarse to get up
leve light
liberal liberal
libra *f.* pound
libre free
libro *m.* book
Lima Peru's capital
limón *m.* lemon
lindo, -a pretty
lista *f.* list; **lista de platos** menu
listo, -a ready
lo *m.* him, it, you; **los** *m. pl.* the, them, you; **lo siento (mucho)** I'm (very) sorry; **lo que** what
lobo *m.* wolf
loco, -a crazy
locutor *m.* announcer
Londres London
luego next, then; **hasta luego** until then, see you later
lugar *m.* place
Luis Louis
Luisa Louise
luna *f.* moon
lunes *m.* Monday
luz *f.* light

LL

llamar to call; **llamar a la puerta** to knock at the door; **llamar(se)** to (be) called; to (be) name(d); **¿cómo se llama Vd?** what's your name?

llave *f.* key
llegar to arrive
llenar to fill
llevar to carry, to wear, to take
llorar to cry
llover (ue) to rain
lloviendo raining
llueve it rains, it's raining
lluvia *f.* rain

M

madera *f.* wood; **de madera** wooden
madre *f.* mother
maestro, -a *m./f.* teacher; **maestro de ceremonias** master of ceremonies
magnífico, -a magnificent
maíz *m.* corn
mal badly, ill
maleta *f.* suitcase
malo, -a bad, ill
mamá *f.* mom, mommy
mandar to order, to send
manejar to drive
mano *f.* hand; **dar la mano** to shake hands; **entre las manos de** in the hands of
mantel *m.* tablecloth
mantequilla *f.* butter
mantilla *f.* lace shawl
manzana *f.* apple
mañana *f.* morning, tomorrow; **de la mañana** A.M.; **por la mañana** in the morning; **hasta mañana** until tomorrow
mapa *m.* map
máquina de coser *f.* sewing machine
máquina de escribir *f.* typewriter
mar *m.* sea
marchar to walk
María Mary
marido *m.* husband
marisco *m.* shellfish
Marta Martha

martes *m.* Tuesday

más most, more; **más tarde** later; **lo más pronto posible** as soon as possible

material *m.* material

mayo May

mayor older, larger

me (to) me, myself

me gusta (n) I like

me presento I introduce myself

mecanismo *m.* mechanism

medianoche *f.* midnight

medias *f. pl.* stockings

médico *m.* doctor

medio, -a half; **en medio de** in the middle of; **media hora** half an hour

mediodía *m.* noon

mejor better; **el mejor** best

melodía *f.* melody

memoria *f.* memory

menor younger, smaller

menos few, less, minus; **al menos** at least

menudo, -a small; **a menudo** often

mercado *m.* market

mes *m.* month; **el mes pasado** last month

mesa *f.* table; **poner la mesa** to set the table

mesita *f.* small table, end table

meter to put (in)

método *m.* method

mexicano, -a Mexican

México Mexico

mezcla *f.* mixture

mi, mis my

mí me

micrófono *m.* microphone

miedo *m.* fear

mientras while

miércoles Wednesday

Miguel Michael; **Miguelito** Mike

mil one thousand

mineral mineral

minuto *m.* minute

mío, -a (of) mine, my

mirar to look (at)

misa *f.* mass

mismo, -a same; **lo mismo** the same

mitad *f.* half

moderno, -a modern

molestar to bother

momento *m.* moment

mono *m.* monkey

montaña *f.* mountain

monte(s) *m. (pl.)* mountain(s)

monumento *m.* monument

moreno, -a dark-haired, dark-eyed, brunette

morir to die

mostrar (ue) to show

mover (ue) to move

mozo *m.* boy, waiter

muchacha *f.* girl; **muchacho** *m.* boy

mucho, -a much, a lot

muchos, -as many

muebles *m. pl.* furniture

muerto, -a dead

mujer *f.* woman, wife

mundo *m.* world; **todo el mundo** everyone

muñeca *f.* doll

museo *m.* museum

música *f.* music

músico *m.* musician

muy very; **muy bien** very well

N

nacer to be born

nación *f.* nation

nacional national

Naciones Unidas *f. pl.* (ONU) United Nations

nada nothing; **de nada** you're welcome

nadar to swim

nadie no one, anyone

naranja *f.* orange

nariz *f.* nose

natación *f.* swimming

naturalmente naturally

navaja *f.* razor

Navidad *f.* Christmas; **Feliz Navidad** Merry Christmas; **Día de Navidad** Christmas Day

neblina *f.* fog

necesario, -a necessary

necesitar to need

negocio *m.* business

negro, -a black

nene *m.* infant

nervioso, -a nervous

nevado, -a snowy, snowcapped

ni nor, not even

ni . . . ni neither . . . nor

nieta *f.* granddaughter; **nieto** *m.* grandson; **nietos** *m. pl.* grandchildren

nieva it snows, it's snowing

nieve *f.* snow

nilón *m.* nylon

ninguno, -a none

niño, -a *m./f.* child

¿no? really?, no?

no importa it doesn't matter

noche *f.* night; **buenas noches** good night, good evening; **de noche** at night; **de la noche** P.M.; **esta noche** tonight; **por la noche** in the evening, at night

nombre *m.* name

normal normal

norteamericano, -a North American

nos us, to us, ourselves

nos gusta we like

nosotros, -as we, us

nota *f.* grade, note

notar to note, to comment on

noticia *f.* news

novedad *f.* novelty; **sin novedad** as usual

novela *f.* novel

noventa ninety

noviembre November

nube *f.* cloud

nuestro, -a (of) our(s)

Nueva York New York
nueve nine
nuevo, -a new; **de nuevo** again
Nuevo Mundo New World
número *m.* number
numeroso, -a numerous
nunca never

O

o or
obedecer to obey
obra *f.* work
observar to observe
Océano Atlántico *m.* Atlantic Ocean
octubre October
ocupado, -a (en) busy (with)
ochenta eighty
ocho eight
oeste *m.* west
oficina *f.* office
ofrecer to offer
¡oiga! I hear
oigo I hear
oír to hear; **oye** he, she, (you) (hear)s; **se oyen** are heard; **oyó** he, she, you heard
ojo *m.* eye
olor *m.* odor
olvidar to forget
ómnibus *m.* bus
once eleven; **a las once** (at) 11:00
operación *f.* operation
operar to operate
opinión *f.* opinion
ordenar to order
oreja *f.* ear
Organización de Estados Americanos *f.* (OEA) Organization of American States
oro *m.* gold
otoño *m.* autumn
otro, -a (an) other; **otros, -as** other(s); **otras veces** on other occasions

oyó he heard **(oír)**

P

Pablo Paul
Paco Frank
paciencia *f.* patience
paciente *m./f.* patient
padre *m.* father; **padres** *m. pl.* parents, mother(s) and father(s)
pagar to pay (for)
página *f.* page
país *m.* country
pájaro *m.* bird
palabra *f.* word
palacio *m.* palace
pálido, -a pale; **se puso pálido** he turned pale
pan *m.* bread
panadería *f.* bakery
panadero *m.* baker
pantalones *m. pl.* pants
pañuelo *m.* handkerchief
papá *m.* dad, father
papas *f. pl.* potatoes; **papas fritas** French fries
papel *m.* paper
paquete *m.* package
par *m.* pair
para for, in order to; **para que** in order that; **¿para qué?** why?
parada *f.* stop, military parade
paraguas *m.* umbrella
paralítico, -a paralyzed
pardo, -a brown
parecer to look like, seem; **¿qué te parece?** what do you think of it?
pared *f.* wall
pareja *f.* pair, couple
pariente *m./f.* relative; **parientes** *pl.* relatives
parque *m.* park; **parque zoológico** *m.* zoo
párrafo *m.* paragraph
parte *f.* part; **por todas partes** everywhere
participar to participate
particular private

partido *m.* game, match
partir to leave
pasado *m.* past
pasado, -a past; **el año pasado** last year; **el mes pasado** last month; **la semana pasada** last week
pasajero, -a passenger
pasar to spend (time), to happen; **pasar un buen (mal) rato** to have a good (bad) time; **¡pase Vd.!** come in!; **¿qué le pasa a Vd.?** what's the matter with you? **¿qué pasa?** what's going on?
Pascua Florida *f.* Easter
paseo *m.* walk; **dar un paseo** to take a walk; **ir de paseo** to go for a walk
pasión passion
pasta *f.* dough, paste
pasta dentífrica *f.* toothpaste
pastel *m.* cake, pie
patatas *f. pl.* potatoes
patio *m.* yard
patria *f.* country
patrón, -a *m./f.* boss
payaso *m.* clown
pedir (ie) to ask for
Pedro Peter
película *f.* movie
peligroso, -a dangerous
pelo *m.* hair
pelota *f.* ball
pensar (ie) to think; **pensar en** to think of; **pensar +** *inf.* to intend
pensión *f.* boarding house
pequeño, -a small
pera *f.* pear
perder (ie) to lose
perdóneme excuse me
perezoso, -a lazy
perfecto, -a perfect
periódico *m.* newspaper
permiso *m.* permission; **con permiso** excuse me
pero but
perro *m.* dog; **perrito** *m.* puppy

persona *f.* person
personaje *m.* character
personalidad *f.* personality
pescado *m.* fish
peseta *f.* Spanish money
peso *m.* Mexican money
piano *m.* piano
pie *m.* foot; **a pie** on foot; **al pie de** at the bottom of; **estar de pie** to be standing
piedra *f.* stone
piensa he, she (you) (think)s **(pensar)**
pierna *f.* leg
piloto *m.* pilot
pimienta *f.* pepper
pintar to paint; **pintado, -a painted**
pintura *f.* painting
pipa *f.* pipe
piso *m.* floor, story, apartment; **piso de arriba (abajo)** upstairs (downstairs)
pizarra *f.* blackboard
planchar to iron
planta *f.* plant
plata *f.* silver
platillo *m.* saucer
plato *m.* dish (of food)
playa *f.* beach
plaza *f.* square, plaza
pluma *f.* pen
pobre poor
poco, -a few, little; **pocas veces** few times; **poco a poco** little by little; **poco después** shortly afterward **un poco de** *m.* a little of
poder (ue) to be able; **puede** he, she, (you) can, is (are) able; **no poder más** not to be able to go on
poesía *f.* poetry
policía *m.* policeman
polvo *m.* dust
pollitos *m. pl.* chicks
pollo *m.* chicken

poncho woolen blanket pulled overhead and worn as an overgarment
poner to put, to place; **poner la mesa** to set the table; **ponerse** to become, to put on; **me pongo** I put on; **se pone** he becomes
por for, through, by, times (multiply); **por ahora** for now; **por eso** therefore; **por favor** please; **por fin** at last; **por hora** per hour; **por la mañana (tarde, noche)** in the morning (afternoon, evening); **por otro lado** on the other hand; **por supuesto** of course; **por todas partes** everywhere
porque because
¿por qué? why?
portugués *m.* Portuguese
postre *m.* dessert
practicar to practice
práctico, -a practical
preceder to go before
precio *m.* price
preferido, -a favorite
preferir (ie) to prefer
prefiero I prefer
pregunta *f.* question; **hacer preguntas** to ask questions
preguntar to ask; **preguntar por** to ask about
prehistórico, -a prehistoric
preocupado, -a worried
preparar to prepare
presentar to present
presente *m.* present; **los presentes** those present; **me presento** I introduce myself
presidente *m.* president
prestar to lend; **prestar atención** to pay attention; **prestar juramento** to be sworn in

pretérito *m.* preterite
primavera *f.* spring
primero, -a first
primo, -a *m./f.* cousin
principal main
prisa *f.* speed, haste; **de (con) prisa** in a hurry
privilegio *m.* privilege
problema *m.* problem
procesión *f.* procession
produce you produce
producto *m.* product
profesor, -a *m./f.* teacher
programa *m.* program
prometer to promise
pronto soon
pronunciar to pronounce
propio, -a own
próximo, -a next
público *m.* public
pudieron they could, were able **(poder)**
pueblo *m.* town
puede(n) he, she can; (they can) **(poder)**
puedo I can **(poder)**
puente *m.* bridge
puerco *m.* pig
puerta *f.* door
puertorriqueño, -a Puerto Rican
pues well
puesto *m.* job, position
pulso *m.* pulse; caution
punto *m.* period; **en punto** on the dot (on time)
pupitre *m.* desk
puro, -a pure
puso he, she put **(poder); se puso pálido** he turned pale

Q

que that, than, who; **¡qué!** how . . .!, what a . . .!, what!; **¿qué?** what?, which?; **¿qué hay?** what's

the matter?, what's up?;
¿qué le pasa a Vd.?
what's the matter with
you?; **¿qué pasa?** what's
going on?; **¿qué tal?**
how's everything?; **que
viene** next, that is coming;
lo que what

quedar to remain

querer(ie) to want, to love;
querer a to love; **querer
decir** to mean

querido, -a dear

queso m. cheese

quien(es) who; **¿quién(es)?**
who?; **¿a quién(es)?** to
whom?; **¿de quién(es)?**
whose?, of whom?; **¿para
quién?** for whom?

querer to want (to); **¿qué
quiere decir...?** what
does . . . mean?

quieres you (fam. s.) want

quince fifteen

quinientos, -as five hundred

quitarse to remove, to take
off

R

rabo m. tail

radio f. radio

Ramón Raymond

rancho m. ranch

rápido, -a rapid;
rápidamente rapidly

raro, -a strange

rascacielos m. skyscraper

rato m. a while; **pasar un
buen (mal) rato** to have a
good (bad) time

real real

recibir to receive

recién recently

recordar (ue) to remember

recuerda he, she, (you)
(remember)s

recuerdo I remember

refrescarse to refresh oneself

refresco m. cool drink,
refreshment

regalo m. gift

regla f. rule

regresar to return

regreso m. return

reír to laugh

reloj m. watch

remoto, -a far away

repite he, she, (you) (repeat)s
(repetir)

representar to represent

resfriado m. cough, cold

respectivamente
respectively

respirar to breathe

responder to answer

respuesta f. answer

restaurante m. restaurant

reunión f. get-together,
meeting

revista f. magazine

Reyes Magos m. pl. Wise
Men

Ricardo Richard

rico, -a rich; **¡qué rico!** how
delicious!

rincón m. corner

río m. river

risa f. laughter

ritmo m. rhythm

robar to steal, to rob

Roberto Robert

rojo, -a red

romántico, -a romantic

ropa f. clothes; **ropa interior**
f. underwear

rosa f. rose

rosado, -a rose-colored

rubio, -a blond

ruido m. noise

ruso, -a Russian

S

sábado m. Sunday

sabe know(s)

saber to know; **saber** + inf.
to know how to

sabor m. flavor

sacar to take out, to stick out
(fam.); **sacar fotos** to take
pictures; **sacar una nota**
to get a mark

sal f. salt

sala f. living room; **sala de
clase** classroom

¡salgan Vds.! leave!

salgo I leave **(salir)**

salir (de) to leave, to go out;
salir bien (mal) to make
out well (badly), to pass
(fail), (unsuccessfully); **salir
el sol** sunrise

saltar to jump

salud f. health

saludar to greet

Santiago Chile's capital

santo, -a m./f. saint

sastre m. tailor

satisfecho, -a satisfied

se (reflex.) himself, herself,
yourself, itself, themselves,
yourselves; **se** + 3rd
person vb. one, they, you
(in a general sense)

se cayó (del avion) he fell
(out of the plane); **se levanta**
he, she, (you) (get)s up; **se
oyen** they are heard; **se puso
pálido** he turned pale; **se
sienta** he, she, (you) (sit)s
down

sé I know **(saber)**

secretaria f. secretary

secreto m. secret

secundario, -a secondary

sed f. thirst; **tener sed** to be
thirsty

seda f. silk

seguida; en seguida at once

seguir to follow

seguro, -a sure, certain

seis six

semana f. week; **todas las
semanas** every week

sencillo, -a simple

sentarse (ie) to sit down; **sentado, -a** seated; **se sienta** he, she, (you) (sit)s; **¡siéntese Vd.!** sit down!

sentido m. sense, feeling

sentir (ie) to feel, to regret; **lo siento (mucho)** I'm (very) sorry

señor m. Mr., sir, gentleman

señora f. Mrs., lady

señorita f. Miss, lady

septiembre September

ser to be; **ser la hora de + inf.** to be time to

serio, -a serious

serpiente f. serpent

servicio m. service

servidor, -a at your service

servilleta f. napkin

servir(i) to serve; **sirve para** is used for

sesenta sixty

setenta seventy

si if, whether

sí yes; **sí que** indeed

siempre always

sienta seats

¡siéntese Vd.! sit down!

siento I'm sorry

siesta f. nap, short rest

significar to mean; **esto significa** this means

siguiente following, next

silencio m. silence

silla f. chair

sillón m. armchair

simbolizar to symbolize

similar similar

simpático, -a nice, pleasant

sin without; **sin parar** without stopping

sincero, -a sincere

sirve para is used for

sirven they serve

sitio m. place

sobre on, over, about

sobre todo especially

sobrina f. niece; **sobrino** m. nephew; **sobrinos** m. pl.

nephew(s) and niece(s)

sofá m. couch, sofa

sol m. sun; **hacer sol** to be sunny; **salir el sol** sunrise

solamente only

soldado m. soldier

solitario, -a lonely

solo, -a alone

sólo only

solterón m. bachelor

solución f. solution

sombrero m. hat

somos we are **(ser)**

son they are **(ser)**

sonar to ring

sonido m. sound

sonreír to smile

sopa f. soup

sorprendido, -a surprised

sorpresa f. surprise

sótano m. basement

soy I am **(ser)**

su, sus his, her, their, your, its

subir to go up; **subir a** to get into, go up to; **subir en avión** to go up in a plane

subterráneo m. subway

suburbio m. suburb

sudar to sweat

sueldo m. salary

suelo m. ground

suena rings

sueño m. dream; **tener sueño** to be sleepy

suerte f. luck

sufrimiento m. suffering

sufrir to suffer

supermercado m. supermarket

supo he found out **(saber)**

sur m. south

Susana Susan

suyo, -a (of) his, (of) her(s), (of) your(s), (of) their(s)

T

tal such (a); **¿qué tal?** how are things?

talento m. talent

también also

tan so

tan . . .como as . . . as

tango m. Argentine dance

tanto, -a so much, as much

tapa f. cover

tarde f. afternoon, late; **buenas tardes** good afternoon; **de la tarde** P.M.; **más tarde** later; **por la tarde** in the afternoon; **tarde o temprano** sooner or later

tarea f. task, homework

tarjeta f. card

taxi m. taxi

taxista m. taxi driver

taza f. cup

te you, to you, yourself

te gusta you (fam.) like

té m. tea

teatro m. theater

techo m. ceiling, roof

telefonear to telephone

teléfono m. telephone

televidente m. TV viewer

televisión f. television

televisor m. television set

temperatura f. temperature

templo m. temple

temprano early

tendero m. storekeeper

tenedor m. fork

tener to have;

tener . . . años to be . . . years old; **tener calor** to be warm; **tener hambre** to be hungry; **tener interés** to be interested; **tener miedo** to fear; **tener prisa** to be in a hurry; **tener que + inf.** to have to; **tener razón** to be right; **tener sed** to be thirsty; **tener sueño** to be sleepy; **¿qué tiene Vd.?** what's the matter with you?

tengo I have; **tengo que + inf.** I have to, must **(tener)**

tenis *m.* tennis
tercer third
Teresa Teresa
terminar to end, to finish
tertulia *f.* chat, social gathering
testigo *m.* witness
ti you
tiempo *m.* time, weather; **a tiempo** on time; **hacer buen (mal) tiempo** to be good (bad) weather; **mucho tiempo** for a long time; **al mismo tiempo** at the same time
tienda *f.* store; **tienda de ropa** clothing store; **tienda de comestibles** grocery store
tiene(n) he, she, (you, they) has (have); **tiene(n) que** he, she, (you, they) has (have) to, must; **¿qué tiene?** what is the matter with him?
tierra *f.* earth
tigre *m.* tiger
tijeras *f. pl.* scissors
timbre *m.* bell
tinta *f.* ink
tío *m.* uncle; **tía** *f.* aunt; **tíos** *m. pl.* aunt(s) and uncle(s)
tirar to throw
tiza *f.* chalk
tocadiscos *m.* record player
tocar to play (an instrument); to touch, to knock
todo, -a all, everything; **todo el día** *m.* all day; **todo el mundo** everybody
todos, -as every, all; **todos los días** everyday; **todas las semanas** every week
toldo *m.* awning
tomar to take, to drink; **tomar el almuerzo** to have lunch; **tomar la cena** to have supper; **tomar el desayuno** to have breakfast; **tomar asiento**

to get seated
Tomás Thomas
tonto, -a silly, stupid, dumb
tópico *m.* topic
torero *m.* bullfighter
toro bull
torpe dull, stupid
tortilla *f.* omelet
tostado *m.* toast
trabajar to work
trabajador hardworking
trabajo *m.* work
traer to bring
traficante *m.* dealer
tráfico *m.* traffic
traigo I bring **(traer)**
traje *m.* suit; **traje de baño** bathing suit
treinta thirty
tren *m.* train
tres three
triste sad
tristemente sadly
tristeza *f.* sadness
tu, tus your *(fam.)*
tú you
tulipán *m.* tulip
turista *m./f.* tourist
tuyo, -a (of) your(s) *(fam.)*

U

un(o), una *m./f.* a, an, one; **unos, -as** some, a few; **un poco de** . . . a bit of . . .
único, -a only
Unión Soviética *f.* Soviet Union
universidad *f.* university
usar to use, to wear
usted (es) you *(pl.)*
utensilio *m.* utensil
útil useful

V

va he, she, you go (es) **(ir)**
vaca *f.* cow
vacaciones *f. pl.* vacation;

las vacaciones de verano summer vacation
vago *m.* vagrant, bum
valer to be worth; **vale** it costs
vamos we go, we're going; let's go **(ir)**
van they go **(ir)**
vapor *m.* steamship
varios, -as several
vaso *m.* glass
¡vaya! go! **(ir)**
Vd(s). you (abbrev.)
veces times; **a veces** at times; **algunas veces** sometimes; **otras veces** other times
vecindario *m.* neighborhood
vecino, -a *m./f.* neighbor, *(adj.)* neighboring
vegetal *m.* vegetable
veinte twenty
vendedor *m.* seller
vender to sell
¡venga! come **(venir)**
vengo I come
venir to come; **viene** he, she, (you) (come)s
venta sale; **a la venta** for sale
ventana *f.* window
ventanilla *f.* window (of a car or bus)
veo I see **(ver)**
ver to see; **a ver** let's see; **veo** I see
verano *m.* summer
verdad *f.* truth; **¿no es verdad?** isn't it so?; **¿verdad?** right?
verde green
vestíbulo *m.* vestibule
vestido *m.* dress, suit
vestido, -a(de) dressed (in)
vez *f.* time; **por primera vez** for the first time; **a veces** at times; **algunas veces** sometimes; **muchas veces** many times, often; **otra vez** again; **otras**

479

veces on other occasions;
pocas veces a few times
viajar to travel
viaje *m.* trip
viajero *m./f.* traveler
Vicente Vincent
vida *f.* life; **mi vida** my darling
vidrio *m.* glass
viejo, -a old; **el viejo** old man
viene he, she, (you) (come)s
viento *m.* wind; **hacer viento** to be windy
viernes *m.* Friday
vino *m.* wine
violeta *f.* violet
violín *m.* violin
visita *f.* visit
visitar to visit

Víspera *f.* **de Todos los Santos** Halloween
vista *f.* view, sight; **hasta la vista** until I see you again
vivir to live
volar (ue) to fly
volumen *m.* volume, book
volver (ue) to return; **vuelve a casa** he, she, (you) (return)s home; **volver a mirarlo** to see something again
votar to vote
voy I go; **va** he, she, (you) (go)es; **van** they, you go **(ir)**
voz *f.* voice; **en voz baja** in a whisper
vuela he, she flies **(volar)**

vuestro, -a (of) your(s) *(fam.)*

Y

y and
ya now, already
ya no no longer
¡ya lo creo! I should say so!
yo I
yo no not I

Z

zapatería *f.* shoestore
zapatero *m.* shoemaker
zapatos *m.* shoes

Vocabulary

English - Spanish

A

a, an **un, -a**
able, can **poder (ue)**
above **arriba, sobre**
absent **ausente**
advice **consejo;** to the
   lovelorn **consultorio**
   sentimental
affectionately **cariñosamente**
after **después (de)**
afternoon **la tarde;** good
   afternoon **buenas tardes;**
   in the afternoon **por la**
   tarde; P.M. **de la tarde**
again **de nuevo, otra vez**
against **contra**
agreed! **¡concedido!** in
   agreement **de acuerdo**
air **el aire;** in the open air **al**
   aire libre
airplane **el avión**
all **todo, -a**
all day **todo el día**
all right **bueno, -a**
always **siempre**
A.M. **de la mañana**
angry **enojado, -a**
animal **el animal**
announcer **el locutor**
another **otro, -a**
answer **la respuesta;** to
   answer **contestar,**
   responder
ant **la hormiga**
apartment **el piso, el**
   apartamiento
apple **la manzana**
appointment **la cita**

April **abril**
arm **el brazo**
armchair **el sillón**
to arrive **llegar**
as **como;** as . . . as
   tan . . . como
to ask for **pedir**
at **a, en;** at once **en**
   seguida; at the **al, a la,**
   en el, en la; at last **al fin;**
   at least **al menos**
to attend **asistir (a)**
attention **la atención;** to pay
   attention **prestar atención**
attentively **con atención**
August **agosto**
aunt **la tía**
automobile **el automóvil**
autumn **el otoño**
avenue **la avenida**

B

bad **malo, -a**
bachelor **el solterón, el**
   soltero
baker **el panadero**
bakery **la panadería**
barber shop **la barbería**
basement **el sótano**
basket **el cesto, la cesta**
bathroom **el cuarto de baño**
to be **estar;** to be standing
   estar de pie; to be well (ill)
   estar bien (mal)
to be **ser;** to be time to **ser**
   hora de + *inf.;* to be afraid
   tener miedo; be cold
   tener frío; be hungry

tener **hambre;** be in a
   hurry **tener prisa;** be
   sleepy **tener sueño;** be
   thirsty **tener sed;** be warm
   tener calor; be . . . years
   old **tener . . . años**
beach **la playa**
beautiful **hermoso, -a**
because **porque;** because of
   a causa de
bed **la cama**
bedroom **el dormitorio**
before **antes (de)**
behind **detrás (de)**
to believe **creer;** believe so
   (not) **creer que sí (no)**
bell **el timbre**
below **abajo**
between **entre**
better **mejor**
best **el mejor**
bicycle **la bicicleta**
big **grande**
bird **el pájaro**
birthday **el cumpleaños**
bit of **un poco de . . .**
blackboard **la pizarra**
blond **rubio, -a**
blouse **la blusa**
blow **el golpe**
blue **azul**
boat **el barco, el bote**
body **el cuerpo**
bone **el hueso**
book **el libro**
bored **aburrido, -a**
to be born **nacer**
to bother **molestar**

boy **el chico, el muchacho**
bread **el pan**
breakfast **el desayuno;** to
    breakfast **tomar el**
    desayuno
bridge **el puente**
to bring **traer**
brother **el hermano;** brother-
    in-law **el cuñado**
brown **pardo, -a**
brunette **moreno, -a**
building **el edificio**
bus **el autobús, la guagua**
    (Carib.)
butcher **el carnicero**
butchershop **la carnicería**
butter **la mantequilla**
to buy **comprar**
by **por;** by no means **de**
    ninguna manera

C

camp **el campamento;**
    summer camp **el**
    campamento de verano
can **poder (ue)**
Canada **el Canadá**
cap **la gorra**
captain **el capitán**
car **el carro, el coche**
cardboard **el cartón**
carnation **el clavel**
carnival **el carnaval**
carpet **la alfombra**
to carry **llevar**
Castillian **el castellano**
cat **el gato**
cave **la caverna**
chair **la silla**
chalk **la tiza**
to change **cambiar**
channel **el canal**
character **el personaje**
cheerful **alegre**
cheese **el queso**
cherry **la cereza**
Chinese **el chino**
Christmas **la Navidad**

church **la iglesia**
class **la clase**
classsroom **la sala de clase**
clinic **el consultorio**
closet **el armario**
clothes **la ropa;** clothing store
    la tienda de ropa
cloud **la nube**
coffee (house) **el café**
cold **el frío; el resfriado**
    (sick); to be cold (persons)
    tener frío; to be cold
    weather **hacer frío**
color **el color**
Columbus **Colón**
Columbus Day **el Día de la**
    Raza
to come **venir**
comfortable **cómodo, -a**
concert **el concierto**
to conserve **conservar**
to construct **construir**
to consume **consumir**
contest **el concurso**
cool **fresco, -a;** to be cool
    hacer fresco
cotton **el algodón**
country **el país, la patria**
    (nation)
cousin **el primo, la prima**
cover **la tapa**
cow **la vaca**
to crash **chocar**
crazy **loco, -a**
cup **la taza, la copa**
curtain **la cortina**
to cut **cortar**

D

to dance **bailar**
dangerous **peligroso, -a**
date **la fecha;** what's today's
    date? **¿cuál es la fecha**
    de hoy? ¿a cuántos
    estamos hoy?
daughter **la hija**
day **el día;** the next day **al**
    día siguiente; everyday

    todos los días
December **diciembre**
defense attorney **el abogado**
    defensor
democracy **la democracia**
department store **el almacén**
desk **el escritorio, el pupitre**
dessert **el postre**
dictation **el dictado**
dictatorship **la dictadura**
to die **morir**
different **diferente**
difficult **difícil**
to dine **cenar, comer;** dining
    room **el comedor;** dinner
    la cena, la comida
dish **el plato**
district **el barrio**
district attorney **el fiscal**
divided by **dividido por**
to do **hacer;** to do well (on an
    examination) **salir bien;** to
    do poorly **salir mal**
doctor **el doctor, el médico**
dog **el perro**
doll **la muñeca**
door **la puerta**
downstairs **piso de abajo**
dozen **la docena**
dreaming **soñando**
dress **el vestido**
to drink **beber, tomar**
driver **el chófer**
to drive **conducir, manejar,**
    guiar
to drop **dejar caer**
drunk **borracho, -a**
duty **el deber**

E

ear **la oreja, el oído**
early **temprano**
to earn **ganar**
earth **la tierra**
east **el este**
Easter **la Pascua Florida**
easy **fácil**
to eat **comer**   483

egg **el huevo;** hard-boiled eggs **huevos duros**

eight **ocho**

eighteen **diez y ocho**

elephant **el elefante**

elevator **el ascensor**

eleven **once**

to end **terminar**

England **Inglaterra;** English **el inglés;** Englishman **el inglés**

enough **bastante**

to enter **entrar**

equals **son**

eraser **el borrador**

error **la falta**

evening **la noche;** in the evening **por la noche;** P.M. **de la noche**

ever **aún**

every **todo, -a;** everybody **todo el mundo;** every Sunday **todos los domingos;** everything **todo;** every week **todas las semanas;** everywhere **por todas partes**

examination **el examen**

to exchange **cambiar**

excuse me! **¡dispense Vd.!, ¡perdón!**

exercise **el ejercicio**

exhausted **exhausto, -a**

expensive **caro, -a**

to explain **explicar**

eye **el ojo**

F

face **la cara**

factory **la fábrica**

to fall **caer**

fall **el otoño**

family **la familia**

far (from) **lejos (de)**

farmer **el campesino**

father **el padre**

to fear (be afraid) **tener miedo de**

February **febrero**

feeling **el sentido**

few **poco, -a**

field **el campo**

fifteen **quince**

to fill **llenar**

finger **el dedo**

five **cinco**

flag **la bandera**

to flee **huir**

floor **el piso**

flower **la flor**

to fly **volar (ue)**

fog **la neblina**

to follow **seguir**

foot **el pie**

for **para, por**

fork **el tenedor**

fortunately **afortunadamente**

four **cuatro**

fourth **(el) cuarto**

France **Francia**

free **libre;** (for) free **gratis**

French **el francés;** Frenchman **el francés**

Friday **viernes**

friend **la amiga, el amigo**

from **de, desde**

front **el frente**

frozen **congelado, -a**

fruit **la fruta**

furniture **los muebles**

G

garden **el jardín**

gentleman **el señor**

Germany **Alemania;** German **el alemán**

Gertrude **Gertrudis**

to get off, down (from) **bajar de**

to get on **subir a**

to get seated **tomar asiento**

ghost **el fantasma**

girl **la chica, la muchacha**

to give **dar;** give thanks **dar las gracias**

glass **el vaso** (for drinking); **el vidrio**

gloves **los guantes**

to go **ir;** go down **bajar;** go for a walk **ir de paseo, dar un paseo;** go home **ir a casa;** go on foot **ir a pie;** go out **salir;** go shopping **ir de compras;** go to school **ir a la escuela;** go up **subir**

gold **el oro**

good **bien, bueno, -a**

goodbye **adiós**

granddaughter **la nieta**

grandfather **el abuelo**

grandmother **la abuela**

grandparents **los abuelos**

grandson **el nieto**

grass **la hierba**

gray **gris**

green **verde**

groceries **los comestibles**

grocery store **la bodega (Carib.), la tienda de comestibles**

ground **el suelo**

guide **el guía**

guilty **culpable**

gymnasium **el gimnasio**

H

hair **el pelo, el cabello**

half **medio, -a;** (one) half **la mitad;** half an hour **media hora**

Halloween **la Víspera de Todos los Santos**

hand **la mano;** to shake hands **dar la mano**

handkerchief **el pañuelo**

to happen **pasar**

happy **alegre, contento, -a, feliz**

hardworking **trabajador, -a**

hat **el sombrero**

to have **tener;** to have to **tener que;** to have just **acabar de**

head **la cabeza;** headache **el dolor de cabeza**
health **la salud**
to hear **oír**
heat **el calor;** to be warm (weather) **hacer calor;** to be warm (persons) **tener calor**
Hebrew **el hebreo**
hello **hola**
help **la ayuda**
to help **ayudar**
hen **la gallina**
her **su, sus, la (para) ella**
here **aquí**
high **alto, -a**
him **lo, le, (para) él**
his **su, sus**
home **la casa;** at home **en casa**
homework **la tarea, el trabajo**
horse **el caballo**
hospital **el hospital**
hotel **el hotel**
hour **la hora**
house **la casa;** private house **una casa particular**
how? **¿cómo?;** how are you? **¿cómo está Vd.?;** how are things? **¿qué tal?**
how many? **¿cuántos, -as?**
how much? **¿cuánto, -a?**
how old is he (she)? **¿cuántos años tiene?**
hunger **el hambre** *(fem.);* to be hungry **tener hambre**
hurry **la prisa;** in a hurry **de (con) prisa**
to hurt **doler**
husband **el marido**

I

illness **la enfermedad**
imaginary **imaginario, -a**
important **importante**
in **a, en**
in a hurry **a prisa**
infant **el nene**

in front **al frente**
in front of **delante de**
ink **la tinta**
in order to **para**
inside **dentro**
intelligent **inteligente**
interview **la entrevista**
invitation **la invitación**
iron **el hierro**
Italian **el italiano**
Italy **Italia**

J

jacket **la chaqueta**
January **enero**
jail **la cárcel**
job **el empleo, el puesto**
judge **el juez**
July **julio**
to jump **saltar**

K

to keep **guardar**
key **la llave**
kitchen **la cocina**
knife **el cuchillo**
to know **conocer;** (acquainted), **saber;** to know how **saber +** *inf.*

L

label **la etiqueta**
lamp **la lámpara**
language **la lengua**
large **grande**
late **tarde**
later **más tarde**
Latin **el latín**
lawyer **el abogado**
lazy **perezoso, -a**
to learn **aprender**
at least **a lo menos**
to leave **salir (de)**
left **el izquierdo;** to the left **a la izquierda**

leg **la pierna**
lemon **el limón**
lesson **la lección**
letter-carrier **el cartero**
life **la vida**
to like (be pleasing) **gustar**
lion **el león**
lips **los labios**
to listen (to) **escuchar**
little **poco, -a;** little by little **poco a poco**
to live **vivir**
living room **la sala**
loafer **el holgazán**
long **largo, -a**
to look (at) **mirar**
love **el amor**
to love **querer (a)**
luck **la suerte**
lunch **el almuerzo;** to have lunch **almorzar (ue), tomar el almuerzo**

M

magazine **la revista**
to make **hacer**
many **muchos, -as**
map **el mapa**
March **marzo**
mark **la nota;** to get a mark **sacar una nota**
market **el mercado**
to marry **casarse (con)**
master of ceremonies **maestro de ceremonias**
May **mayo**
meal **la comida**
to mean **querer decir, significar;** what does . . . mean? **¿qué quiere decir . . . ?**
meat **la carne**
menu **la lista de platos**
merchant **el comerciante**
Merry Christmas **Feliz Navidad**
method **el método**
Mexico **México**
Michael **Miguel**

485

microphone **el micrófono**
midnight **la medianoche**
in the middle **en medio de**
milk **la leche**
minus **menos**
minute **el minuto**
Miss **(la) señorita**
to be missing **faltar**
mistaken **equivocado, -a**
mixture **la mezcla**
Monday **lunes**
money **el dinero**
monkey **el mono**
month **el mes**
moon **la luna**
more **más**
morning **la mañana;** good morning **buenos días;** in the morning **por la mañana**
mother **la madre**
mountain **el monte**
mouth **la boca**
movie **la película**
movies **el cine**
Mr. **(el) señor**
much **mucho, -a**
murder **el asesinato**
museum **el museo**
music **la música**
my **mi, mis; mío, -a**

N

name **el nombre;** what is your name? **¿cómo se llama Vd.?, ¿cómo te llamas?;** to be called **llamarse**
napkin **la servilleta**
narrow **estrecho, -a**
near **cerca (de)**
to need **necesitar**
neighbor **el vecino, la vecina**
neighborhood **el vecindario, el barrio**
nephew **el sobrino**
never **nunca**

new **nuevo, -a;** nothing's new **sin novedad**
New York **Nueva York**
newspaper **el periódico**
niece **la sobrina**
night **la noche;** good night (evening) **buenas noches;** last night **anoche;** at night **de noche**
nine **nueve**
nineteen **diez y nueve**
no? **¿no?**
noise **el ruido**
none **ninguno, -a**
noon **el mediodía**
no one **nadie**
north **el norte**
nose **la nariz**
not I **yo no**
notebook **el cuaderno**
nothing **nada**
November **noviembre**
now **ahora**
number **el número**
nurse **la enfermera**
nylon **el nilón**

O

October **octubre**
of **de;** of course **por supuesto**
office **la oficina**
often **a menudo**
O.K. **está bien**
old **viejo, -a**
older **mayor**
omelet **la tortilla**
on **en, sobre**
one **un, una, uno**
only **solamente, sólo; único, -a**
to open **abrir**
or **o, u**
orange **la naranja**
orange (color) **anaranjado, -a**
orange juice **jugo de naranja**
other(s) **otro(s)**

our **nuestro, -a**
outside **afuera**
over **sobre**
overcoat **el abrigo**
to owe **deber**
own **propio, -a**

P

package **el paquete**
page **la página**
pair **el par, la pareja**
palace **el palacio**
pants **los pantalones**
paper **el papel**
paragraph **el párrafo**
parents **los padres**
park **el parque**
party **la fiesta**
past **el pasado**
patrol car **el coche patrullero**
pear **la pera**
pen **la pluma**
pencil **el lápiz**
people **la gente**
pepper **la pimienta**
permission **el permiso;** excuse me **con (su) permiso**
pharmacy **la farmacia**
picture **el cuadro, el grabado**
pig **el puerco**
pilot **el piloto**
pity **lástima;** what a pity! **¡qué lástima!**
place **el lugar, el sitio**
plant **la planta**
to play a game **jugar a (ue)**
to play the piano **tocar el piano**
pleasant **simpático, -a**
please **hacer el favor de +** *inf.* **por favor**
plus **y**
P.M. **de la tarde, de la noche**
pocket **el bolsillo**
poor **pobre**

Portuguese **el portugués**
potatoes **las patatas, las papas** (Latin-American)
pound **la libra**
prehistoric **prehistórico, -a**
to prepare **preparar**
to present **presentar**
present **el regalo**
president **el presidente**
pretty **bonito, -a, lindo, -a**
price **el precio**
principal **el director, la directora**
privilege **el privilegio**
program **el programa**
to put **poner**

Q

quarter **el cuarto**
question **la pregunta;** to question **preguntar**

R

radio **la radio, el radio**
railroad **el ferrocarril**
rain **la lluvia;** to rain **llover (ue)**
raw **crudo, -a**
razor **la navaja**
to read **leer**
ready **listo, -a**
record **el disco**
record player **el tocadiscos**
red **rojo, -a**
relative **el pariente, la pariente;** relatives **los parientes**
rent **el alquiler**
republic **la república**
restaurant **el restaurante**
to return **regresar, volver (ue)**
rich **rico, -a**
riddle **la adivinanza**
right? **¿verdad?**

right **el derecho;** to the right **a la derecha;** to be right **tener razón**
to ring **sonar;** it rings **suena**
river **el río**
road **el camino**
romantic **romántico, -a**
roof **el techo**
room **el cuarto, la habitación**
rooster **el gallo**
rose **la rosa**
rule **la regla**
Russian **el ruso**

S

sad **triste;** sadness **la tristeza**
salad **la ensalada**
salary **el sueldo**
salt **la sal**
same **mismo, -a**
Saturday **sábado**
saucer **el platillo**
to say, tell **decir;** how do you say . . .? **¿cómo se dice . . .?**
scientist **el científico**
scissors **las tijeras**
sea **el mar**
season **la estación**
seat **el asiento**
secret **el secreto**
to see **ver**
to send **enviar**
sentence **la frase**
September **septiembre**
serpent **la serpiente**
seven **siete**
seventeen **diez y siete**
shellfish **el marisco**
sharp **en punto**
shirt **la camisa**
shoes **los zapatos**
shoestore **la zapatería**
short **bajo, -a, bajito, -a, corto, -a**
sick **enfermo, -a; mal (o, -a)**

sightseeing bus **el autobús turístico**
sign **el letrero**
silver **la plata**
similar **similar**
simple **sencillo, -a**
to sing **cantar**
sir **(el) señor**
six **seis**
sixteen **diez y seis**
skirt **la falda**
sky **el cielo**
sleep **dormir (ue);** to be sleepy **tener sueño**
slender **delgado, -a**
small **pequeño, -a**
smile **la sonrisa**
to smoke **fumar**
snow **la nieve;** to snow **nevar (ie);** it snows **nieva**
so **tan;** so much **tanto**
so, so **así, así**
socks **los calcetines**
soda **la gaseosa**
sofa **el sofá**
soldier **el soldado**
solution **la solución**
son **el hijo**
song **la canción**
soon **pronto;** as soon as possible **lo más pronto posible;** sooner or later **tarde o temprano**
south **el sur**
South America **la América del Sur, Sudamérica;** South American **sudamericano, -a**
Spain **España;** Spaniard **el (la) español, (-a)**
to speak **hablar**
speed **la prisa**
to spend (time) **pasar;** (money) **gastar**
spoon **la cuchara**
spring **la primavera**
star **la estrella**
to stay in bed **guardar cama**
steamship **el vapor**

487

to stick out **sacar**

stockings **las medias**

store **la tienda**

story **el cuento**

stove **la estufa**

strange **extraño, -a**

street **la calle**

strong **fuerte**

student **el alumno, la alumna**

to study **estudiar**

stupid **tonto, -a**

subway **el subterráneo**

such (a) **tal**

suddenly **de repente**

suffering **el sufrimiento**

sugar **el azúcar**

suit **el traje**

summer **el verano**

summer vacation **las vacaciones de verano**

sun **el sol;** to be sunny **hacer sol**

Sunday **domingo**

supermarket **el supermercado**

supper **la cena**

surprised **sorprendido, -a**

to sweat **sudar**

swimming **la natación**

T

table **la mesa;** to set the table **poner la mesa**

tablecloth **el mantel**

tailor **el sastre**

to take **tomar;** to take a walk **dar un paseo;** take a horseback ride **dar un paseo a caballo;** to go on foot **ir a pie;** to take a car ride **dar un paseo en automóvil;** to take out **sacar,** to take pictures **sacar fotos**

tall **alto, -a**

taxi **el taxi**

tea **el té**

to teach **enseñar;** teaching **la enseñanza**

teacher **el maestro, el profesor; la maestra, la profesora**

team **el equipo**

teaspoon **la cucharita**

telephone **el teléfono**

television **la televisión;** T.V. viewer **el televidente**

temple **el templo**

ten **diez**

thank you (very much) **(muchas) gracias**

that **ese, esa, aquel, aquella** *(dem. adj.),* **que** *(rel. pro.)*

the **el, los** *(masc.),* **la, las** *(fem.)*

theater **el teatro**

their **su, sus**

them **los, las, (para) ellos, -as,**

then **luego**

there **allí**

therefore **por eso**

there is, are **hay;** there was, were **había**

these **estos, -as**

thin **delgado, -a; flaco, -a**

to think (of) **pensar (en)**

third **tercer**

thirst **la sed;** to be thirsty **tener sed**

thirteen **trece**

thirty **treinta**

those **aquellos, -as; esos, -as**

thousand **mil**

three **tres**

throat **la garganta**

to throw **tirar**

Thursday **jueves**

tie **la corbata**

tiger **el tigre**

time **el tiempo;** at the same time **al mismo tiempo;** on time **a tiempo** (instance) few times **pocas veces;** many times **muchas veces**

time **la hora;** at what time? **¿a qué hora?;** at one o'clock **a la una;** at two o'clock **a las dos;** what time is it? **¿qué hora es?;** it's one o'clock **es la una;** it's two o'clock **son las dos;** on the dot **en punto**

times (multiply) **por**

tired **cansado, -a; fatigado, -a**

to **a, en**

today **hoy**

together **junto**

tomorrow **mañana;** until tomorrow **hasta mañana**

tongue **la lengua**

too much **demasiado**

tooth **el diente**

to the **al, a la, a los, a las**

town **el pueblo, la aldea**

train **el tren**

to travel **viajar;** travel agency **la agencia de viajes**

tree **el árbol**

trip **la excursión, el viaje**

truth **la verdad**

Tuesday **martes**

tulip **el tulipán**

twelve **doce**

twenty **veinte**

two **dos**

U

ugly **feo, -a**

umbrella **el paraguas**

uncle **el tío**

under **debajo (de)**

to understand **comprender, entender (ie)**

underwear **la ropa interior**

unfortunately **desafortunadamente**

United Nations **las Naciones Unidas**

United States **los Estados Unidos**

until I see you again **hasta la vista**

until then **hasta luego**

up **arriba;** upstairs **piso de arriba**

us **nos, para nosotros, -as**

to use **usar**

useful **útil**

V

vacation **las vacaciones**

vagrant **el vago**

vegetables **las legumbres, los vegetales**

very **muy**

violet **la violeta**

to visit **visitar**

voice **la voz;** in a low voice **en voz baja**

W

waiter **el mozo, el camerero**

walk **el paseo;** to walk **caminar;** to take a walk **dar un paseo**

wall **la pared**

wallet **la cartera**

to want **desear, querer (ie)**

watch **el reloj**

water **el agua** *(fem.)*

we **nosotros, -as**

weak **débil**

to wear **llevar, usar**

weather **el tiempo;** to be good (bad) weather **hacer**

buen (mal) **tiempo;** to be warm (cold) **hacer calor (frío);** to be sunny (windy) **hacer sol (viento);** to be cool **hacer fresco**

Wednesday **miércoles**

week **la semana;** last week **la semana pasada;** next week **la semana próxima, que viene**

welcome **bienvenido, -a;** you're welcome **de nada, no hay de qué**

well **bien, bueno, -a**

west **el oeste**

what? **¿qué?, ¿cuál?;** what's going on? **¿qué pasa?;** what's the matter? **¿qué hay?;** what's the matter with him? **¿qué tiene él?**

when **cuando**

when? **¿cuándo?**

where **donde**

where? **¿dónde?**

which **que** *(rel. pro.)*

which? **¿qué + *noun*?**

which (one)? **¿cuál?;** which (ones)? **¿cuáles?**

white **blanco, -a**

White House **la Casa Blanca**

who **que** *(rel. pro.);* who? **¿quién?;** of whom? **¿a quién?;** whose? **¿de quién?**

why? **¿por qué?, ¿para qué?**

wide **ancho, -a**

wind **el viento;** to be windy **hacer viento**

window **la ventana, la ventanilla** *(car or bus)*

wine **el vino**

winter **el invierno**

to wish **desear, querer**

with **con;** with me **conmigo;** with you *(fam.)* **contigo**

without **sin;** without stopping **sin parar**

witness **el testigo**

wolf **el lobo**

woman **la mujer**

wood **la madera**

wooden **de madera**

woods **el bosque**

wool **la lana**

word **la palabra**

work **el trabajo**

to work **trabajar**

worried **preocupado, -a; ansioso, -a**

to be worth **valer**

to write **escribir**

Y

year **el año**

yellow **amarillo, -a**

yesterday **ayer**

you **tú** *(fam.)*

you **usted (es)** *(formal);* **Vd(s).** (abbrev.)

young man (woman) **el (la) joven**

younger **menor**

your **tu, tus** *(fam.)*

your **su, sus** *(formal)*

Z

zoo **el parque zoológico**

Index